Ägypten

Michel Rauch

Unter Mitarbeit von Claudia Haj Ali

Inhalt

Ägypten – Zwischen Pharaonen und Islam

Über Ägypten	8
Tipp Die wichtigsten Sehenswürdigkeiten	9
Landeskunde im Schnelldurchgang	10
Natur und Landschaft	12
Der Nil	12
Vegetation	14
Tierwelt	15
Natur- und Landschaftsschutz	16
Thema Tushka – Lasst die Wüste blüh'n	18
Geschichte	20
Thema Der Pyramiden-Kult	24
Thema Kleopatra	28
Thema Nassers unglückliches Erbe	34
Historischer Überblick – Zeittafel	39
Politische Strukturen	42
Thema Fundamentalismus	44
Bevölkerung	47
Minderheiten: Christen, Juden, Beduinen	47
Thema Die Stadt, der Pfarrer und der Müll	48
Thema Feministische Vorkämpferinnen: Doria Shafik und Hoda Shaarawi	50
Wirtschaft und Tourismus	52
Religion: Kreuz und Halbmond	54
Islam	56
Thema Aberglaube	56
Die Kopten	63
Religion und Totenkult der alten Ägypter	66
Gottheiten, wohin man blickt	70
Alte und neue Kunst in Ägypten	73
Pharaonische Kunst	73
Koptische Kunst	74
Islamische Kunst	77
Thema Umm Kalthum	78
Moderne Kunst	80

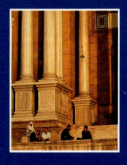

Thema	Raks Sharq: Der Tanz des Orients	82
Thema	Omar Sharif: Leben im verblassten Ruhm	84
	Zeitgenössische Literatur	87
Thema	Nagib Machfus: Vater des arabischen Romans	88

Reisen in Ägypten

Kairo – Die Mutter der Welt

Kairo		94
Vom Ägyptischen Museum zur Oper		98
Thema	Tiermumien zur Adoption freigegeben	101
Islamisches Kairo		103
Im Norden des islamischen Viertels		109
Tipp	Kairo von oben	111
Tipp	Der Mukattam-Suk in Kairo	114
Alt-Kairo		115
Ausflüge rund um Kairo		119
Die Pyramiden von Giza und der Sphinx		119
Thema	Die Grabräuber-Dynastie Abdel Rasul	126
Tipp	Mena House Hotel	127
Memphis und Sakkara		130
Von Kairo nach Fayoum		134
Thema	Zweitfrau: Heute ich, morgen die andere	138

Im fruchtbaren Nildelta

Das Delta		142
Die Alexandria Desert Road		142
Die Delta-Landstraße		144
Rashid – Dumiat – Ras el Barr		147
Thema	Der Rosetta-Stein – Die Entzifferung der Hieroglyphen	148
Alexandria – »Hauptstadt der Erinnerung«		150
Thema	Bibliothek von Alexandria	163

| *Thema* | Unterwasserarchäologie: Herakleion & Kleopatra-Palast | 158 |
| *Thema* | Die Villa der Vögel | 161 |

Durch die Wüste nach Siwa

Von Alexandria nach Siwa — 164

| *Thema* | Die Schlacht von El Alamein | 166 |

Siwa — 168

Im Niltal nach Süden

Von Kairo flussaufwärts nach Luxor — 174

| *Thema* | König Skorpion oder Wer erfand die Schrift | 178 |

Luxor und Karnak — 182
Luxor-Tempel — 185
Karnak — 187
Museen — 191

Theben-West — 194
Von Luxor ins Tal der Könige — 194
Tal der Könige — 199

| *Thema* | KV5: Die Entdeckung eines Grabes | 200 |
| *Tipp* | Die Haj-Maler | 205 |

Tempel der Hatschepsut — 206

Von Luxor nach Assuan — 208
Esna — 208
Edfu — 210
Kom Ombo — 212

| *Tipp* | Kamelmärkte | 213 |

Assuan — 215

| *Thema* | Ein eigenes Museum für die Nubier | 218 |

Umgebung von Assuan — 220
Philae-Tempel — 220
Alter und neuer Damm — 221
Tempel von Kalabscha — 223
Abu Simbel — 223

| *Thema* | Ökologische Folgen des Hochdammes | 228 |

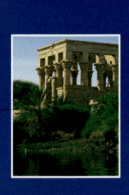

Sueskanal und östliche Mittelmeerküste

Den Sueskanal entlang nach Norden 232
Von Sues bis Qantara 232
Port Said/Port Fuad 236

Entlang der Mittelmeerküste nach El Arish 239

Sinai

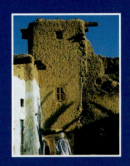

Der westliche Sinai 244
Von Kairo entlang der Küste nach Abu Zenima
und ins Wadi Nasib 244

Durch den Zentral-Sinai 248
Das Katharinen-Kloster 250

Sharm el Sheikh und die Sonnenküste 258
Sharm el Sheikh 258

Tipp Wellness im Palast der Düfte 260

Nationalpark Ras Mohammed 261

Tipp Ein Paradies für Taucher 262

Von Sharm el Sheikh nach Dahab 264
Dahab 266
Zur Oase Ain Khudra und zum Nationalpark
Ras Abu Galum 267
Nuweiba 268

Tipp Schwimmstunde mit Delphin 270

Taba und Umgebung 270
Eilat 271

Thema Ägyptens Beduinen 273

Zwischen Wüste und Strand

Am Roten Meer: Von Sues bis Hurghada 278
Ain Sukhna – Antoniuskloster – Pauluskloster 278
Hurghada 283

Thema Unterwasserwelt der Rotmeerküste 284

Von Hurghada nach Marsa Alam 289

Tipp Surfen, Angeln, Tauchen 294

Oasen in der Libyschen Wüste

Baharija	299
Thema Die Oase der goldenen Mumien	300
Farafra	302
Dakhla	303
Kharga und Baris	303
Thema Mit dem Zug ans Rote Meer	306

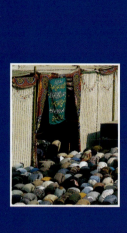

Tipps und Adressen

Tipps und Adressen von Ort zu Ort	312
Reiseinformationen von A bis Z	348
Kleines arabisches Wörterbuch	369
Literaturtipps	372
Literatur- und Abbildungsnachweis	373
Register	374

Verzeichnis der Karten und Pläne

Kairo: Vom Ägyptischen Museum zur Oper	98
Islamisches Kairo	105
Alt-Kairo	115
Giza, Memphis, Sakkara	120
Oase Fayoum	135
Von Kairo ins Delta	143
Stadtplan Alexandria	154
Von Alexandria zur Oase Siwa	164
Oase Siwa	169
Von Minya nach Dendera	177
Luxor und Karnak	184
Theben-West	196
Von Luxor nach Assuan	210
Assuan	216
Umgebung von Assuan	221
Von Assuan nach Abu Simbel	225
Von Sues nach El Arish	233
Stadtplan Port Said	236
Sinai	245
Am Roten Meer: Von Sues bis Hurghada	279
Von Hurghada nach Marsa Alam	290
Oasen in der Libyschen Wüste	299

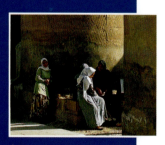

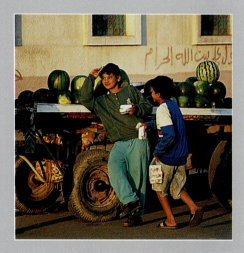

Zwischen Pharaonen und Islam

Über Ägypten

Als der Herr die Welten schuf, verteilte er gerecht unter allen Ländern Stein, Wasser, Wiese und Tal. Jedes Land bekam etwas von diesen Schätzen des Allmächtigen, und auch Arabien erhielt seinen Anteil. Dann beschloss der Herr der Welten, jedem Land auch ein wenig Sand zu geben. Mit einem prallen Sack schickte er den Erzengel Gabriel los, den Sand gerecht zu verteilen. Als aber Gabriel über Arabien schwebte, schlich sich der Satan heimlich heran, schnitt den Sack auf, und aller Sand ergoss sich, trocknete die Seen aus und vertrieb das Wasser aus seinen Flüssen. So entstand nach der Sage, wie sie der Schriftsteller Essad Bey in seiner Mohammed-Biographie wiedergibt, die Weite der Wüste.

Da ergrimmte der Herrscher der Welten und sprach: »Arm ist mein Arabien geworden, ich aber will es mit Gold überdecken.« Und er schuf in seiner Gnade eine Riesenkuppel aus leuchtendem Gold. Diese sollte in der Nacht die Wüste erleuchten. Aber auch das wollte der Satan vereiteln und schickte seine Dschinnen, die das leuchtende Himmelsgold mit dicken schwarzen Schleiern bedeckten. Doch der Herr der Welten wollte nicht klein beigeben. Er schickte seine Engel los, und die stießen mit ihren Lanzen kleine Löcher in die dichten schwarzen Satansschleier. So entstanden die arabischen Sterne, das göttliche Gold.

Was die Wüste angeht, 96 % der Landesfläche, so ist Ägypten ohne Zweifel Arabiens Fortsetzung im Norden Afrikas. Aber im übrigen hat das Land, außer Sprache und Glauben, wenig gemein mit seinen Nachbarn jenseits des Roten Meeres, meist einfachen Beduinenkulturen, die durch Ölreichtum im 20. Jh. in die Moderne katapuliert wurden. Ägypten dagegen blickt voller Stolz auf eine über 5000jährige Geschichte zurück, beginnend mit den ersten pharaonischen Dynastien. Von den architektonischen und anderen kunstgeschichtlichen Relikten, von Pyramiden und Tempeln, die seit Napoleons Ägyptenfeldzug 1798 Forscher und Touristen an den Nil locken, lebt das Land heute zu einem Gutteil. 85 % der Bevölkerung profitieren nach einer Statistik direkt oder indirekt vom Tourismus, dem Ägypten zusammen mit seiner kolonialen Vergangenheit und seiner exponierten strategischen Lage seit über 200 Jahren das besondere Augenmerk des Okzidents verdankt.

Ägypten ist für den Urlauber, egal ob auf Studien- oder Badereise, mit Sicherheit eines der spannendsten Länder des Islam: freundlich und tolerant, aufgeschlossen und interessiert an Fremden. Aber als eines der ärmsten Länder der Welt ist es auch gefangen in wirtschaftlichen Problemen und auf der Suche nach einer eigenen Identität obendrein bemüht, westliche Einflüsse auf den eigenen Lebensstil in Einklang zu bringen mit den Geboten des Islam, der sich – nach muslimischer Zeitrechnung – noch mit einem Bein in der ersten Hälfte des 15. Jh. befindet ... das andere Bein Ägyptens hat längst zum Schritt ins 21. Jh. angesetzt.

In Kairo und den großen Touristenorten wie Sharm el Sheikh und Hurghada am Roten Meer gehören Computer, Diskos, Bars, Thai- und Sushi-Restaurants und US-amerikanische Filme zum All-

Die wichtigsten Sehenswürdigkeiten

- Kairo: Ägyptisches Museum (s. S. 98)
- Kairo: Islamisches Kairo und Islamisches Museum (s. S. 103)
- Kairo: Zitadelle (s. S. 104)
- Kairo: Basar Khan el Khalili (s. S. 109)
- Kairo: Koptisches Viertel und Koptisches Museum (s. S. 116)
- Pyramiden von Giza (s. S. 119)
- Alexandria: Katakomben Kom el Shukafa (s. S. 150)
- Libysche Wüste: Oase Siwa (s. S. 168)
- Luxor: Luxor-Tempel (s. S. 185)
- Luxor: Karnak (s. S. 187)
- Luxor: Luxor-Museum (s. S. 191)
- Luxor: Mumien-Museum (s. S. 192)
- Luxor: Nefertari-Grab im Tal der Königinnen (s. S. 198)
- Luxor: Tal der Könige (s. S. 199)
- Luxor: Hatschepsut-Tempel (s. S. 206)
- Assuan: Kitchener-Insel (s. S. 217)
- Assuan: Nubisches Museum (s. S. 218)
- Abu Simbel (s. S. 223)
- Sinai: Katharinen-Kloster (s. S. 250)
- Arabische Wüste: Antonius- und Paulus-Kloster (s. S. 279)

tag, wenn auch nur zum Alltag einer kleinen Oberschicht. Die große Masse der Bevölkerung, vor allem in den armen Vierteln und in den ländlichen Gebieten, lebt aber sehr einfach nach strikten Traditionen und verfolgt vor allem dort, wo es keinen Tourismus gibt, mit Misstrauen die unaufhaltsame Verwestlichung Ägyptens, gegen die auch konservative Muslime bis hin zu militanten Fundamentalisten zu Felde ziehen. Wer sich als Reisender nicht nur mit Tempeln, Hieroglyphen und Moscheen beschäftigt, sondern auch ein offenes Auge für das moderne Leben und die Bevölkerung hat, dem wird schnell begreiflich, welche widerstreitenden Kräfte das Ägypten des 21. Jh. formen wollen. Ganz plakativ in den Extremen gesprochen: Vom wirtschaftlichen Aufschwung zum ›Tiger am Nil‹ träumen die einen, von einer islamischen Theokratie die anderen, wobei das eine so unwahrscheinlich sein mag wie das andere.

Landeskunde im Schnelldurchgang

Fläche: 1 001 049 km²
Einwohner: 69 Mio.
Hauptstadt: Kairo
Amtssprache: Arabisch
Währung: Ägyptisches Pfund (LE, Livre Egyptienne)

Lage: Die Arabische Republik Ägypten liegt im Nordosten von Afrika, mit der Sinai-Halbinsel zu Asien gehörend. 2 450 km beträgt die Küstenfläche am Mittelmeer, von Libyen im Westen bis Israel im Osten. Ägypten grenzt im Süden an den Sudan. Der Nil, längster Fluss der Erde (6 671 km), ist Ägyptens Lebensader. Nur 4 % des Landes entlang des Niltals sind üppig grün und fruchtbar, der Rest ist Wüste und unbewohnbar.

Geschichte: In der Jungsteinzeit besiedeln nomadische Jäger das Niltal. Größere Ortschaften bilden sich, die als so genannte Gaue verwaltet werden. Ca. 3000 v. Chr. entsteht eine kultivierte Gesellschaft in Ägypten mit Pharao Menes an ihrer Spitze. Die 1. Dynastie beginnt. Ober- und Unterägypten werden vereint, Hauptstadt ist Memphis. Die alten Ägypter führen Religionskult und Beamtentum ein, erfinden unter anderem die Hieroglyphen-Schrift und einen Kalender mit 365 Tagen.

Das Zeitalter der Pyramiden beginnt im Alten Reich; König Djoser aus der 3. Dynastie lässt die erste Stufenpyramide bauen, die in den Pyramiden von Cheops, Chephren und Mykerinos (4. Dynastie) ihre Perfektion finden. Mit Mentuhotep I. (ca. 2040 v. Chr.) setzt eine neue Blütezeit ein, die Bürgerkrieg und Unruhen beendet.

Zwischen 1600 und 1535 v. Chr. regieren die semitischen Hyksos Ägypten. Mit der Vertreibung der Besatzer um 1550 v. Chr. steigt Ägypten zur Großmacht auf. Die 18. Dynastie wird eingeleitet, aus der die berühmtesten Pharaonen hervorgehen; Hatschepsut, Echnaton, Tutanchamun und Ramses II., auch der Große genannt.

Ramses II. regiert 67 Jahre lang, führt Kriege und schließt den ersten Friedensvertrag mit den Hetithern ab. Nach seinem Tod setzt der Untergang des pharaonischen Reiches ein, um 1000 v. Chr. steht Ägypten vor dem Ruin. 332 v. Chr. begründet Alexander III. der Große die griechische Herrschaft, die von 30 v. Chr. bis 395 n. Chr. von den Römern übernommen wird. Ägypten wird wirtschaftlich ausgebeutet.

395 – 641 n.Chr. regieren byzantinische Kaiser. Das Christentum breitet sich aus. Mit dem Sieg über die Byzantiner um 642 n. Chr. führt der arabische Feldherr Amr Ibn el As den Islam ein. Von 969 bis 1171 regieren die schiitischen Fatimiden und legen den Grundstein für das heutige Kairo.

Dem Aijubiden-Führer Saladin, der die Fatimiden vertreibt, folgen die Mamelucken von 1250 bis 1517, die durch einen Putsch an die Macht kommen. Ihre Herrschaft ist geprägt von politischen Morden und Diskriminierung von Juden und Christen.

Als Vater des modernen Ägypten geht der aus Albanien stammende Mohammed Ali zu Beginn des 19. Jh. in die Geschichte ein. Er erneuert das Militärwesen und siedelt Industrie an. Sein Nachfolger Ismail treibt das Land in den Staatsbankrott. 1914 wird Ägypten zum britischen Staatsprotektorat erklärt und 1922 als unabhängig betrachtet. Dennoch behalten sich die Briten Sonderrechte vor, die die Souveränität des Landes einschränken. 1937 tritt König Faruk die Herrschaft an, er gilt als eine Marionette der Briten. Gamal Abdel Nasser stürzt den König 1952 und ruft 1953 die Republik Ägypten aus.

Staat und Politik: Ägypten ist ein zentralistischer Präsidialstaat mit demokratischen Elementen. Seit dem 14. Oktober 1981 ist Mohammed Hosni Mubarak Präsident; er regiert auf der Basis eines kurzfristig beschlossenen parlamentarischen Sondergesetzes zum vierten Mal, obwohl gesetzlich nur zwei Amtsperioden möglich sind. Das Parlament besteht aus zwei Kammern, dem Volksrat mit 454 und der Schura mit 264 Sitzen, deren Abgeordnete überwiegend der Regierungspartei NDP angehören.

Wirtschaft: Ägypten erlebte in den 90er Jahren einen wirtschaftlichen Aufschwung. Gründe waren die Einbeziehung des Internationalen Währungsfonds (IMF), ein internationaler Schuldenerlass, der aus der Teilnahme Ägyptens an der Golfkriegskoalition resultierte, und die steigenden Tourismuszahlen. Ägypten gehört zu den größten Empfängern US-amerikanischer Wirtschaftshilfe (2,1 Mrd. Dollar/Jahr), Deutschland steuert weitere 110 Mio. € jährlich bei. Durch eine solide Finanz- und Währungspolitik war es der Regierung in Kairo möglich, die Inflationsrate zu zähmen, Haushaltsdefizite zu kürzen und Auslandsreserven aufzubauen.

Nur langsam und entgegen den Vorstellungen des IMF öffnet sich Ägypten zu einer marktorientierten Wirtschaft und lockt damit Investoren ins Land. Der IMF und die Weltbank verlangen von Ägypten zügige Wirtschaftsreformen und die Privatisierung verstaatlichter Betriebe. Zwischen 1998 und Anfang 1999 verlor die Wirtschaft Millionen von US-$. Resultat: keine Dollars und höhere Wechselkurse. Grund dafür waren die drastischen Rückgänge im Öl- und Tourismusgeschäft sowie sinkende Einnahmen der Sueskanal-Gebühren.

Mitte 1999 erholten sich die Ölpreise, und die Tourismuszahlen stiegen wieder an.

Bevölkerung: Dank der zahlreichen Eroberer ist die ägyptische Bevölkerung eine religiöse, ethnische und kulturelle Mischgesellschaft. Es gibt hellhäutige Europide und negroide Nubier; ein kleiner Teil der Bevölkerung sind Beduinen. Die Mehrheit der Ägypter lebt in den großen Städten entlang des Nils, in Kairo, Alexandria, Luxor und Assuan. Die anhaltende Landflucht in die Hauptstadt stellt ein enormes Problem dar.

Religion: Offiziell sind knapp 90 % der Bevölkerung sunnitische Muslime, die Kopten reklamieren für sich 10–15 %. Zu den ethnischen Minderheiten zählen rund 80 000 römisch-katholische und griechisch-orthodoxe Christen, Protestanten und Juden.

Klima und Reisezeit: Ägypten hat teils subtropisches, teils Wüstenklima. Von Oktober bis April ist die beste Reisezeit. Im März/April schlägt der Wüstenwind Chamsin zu und bedeckt das Land mit feinem Sandstaub. Die Sommer sind heiß und feucht mit Tagestemperaturen bis 45°C und mehr, im Winter kühlt es abends bis 9°C ab, am Tag ist es angenehm bei 20°C.

Natur und Landschaft

Grundverschiedene Landschaften prägen Ägypten: Üppig grünes, fruchtbares Land entlang des Nils und seiner Arme, die sich zum Nildelta in einer Ost-West-Ausdehnung bis 260 km verzweigen, die großen Wüsten, die Küsten von Mittelmeer und Rotem Meer, der Sinai und die wunderbare Unterwasserwelt des Roten Meeres.

Ägypten erstreckt sich zwischen dem 24. und 36. Breitengrad und dem 22. und 31. Längengrad. Das Land hat eine Gesamtfläche von 1 001 049 km^2, davon gehören 59 202 km^2 (Halbinsel Sinai) zu Asien. Bewohn- und kultivierbar sind lediglich 4 % der Gesamtfläche; dort leben über 69 Mio. Menschen. Der übergroße Rest von 96 % des Landes ist Wüste. Die Nachbarn sind im Westen Libyen, im Süden der Sudan, im Osten, jenseits des Roten Meeres Saudi-Arabien, im Nordosten jenseits des Golfes von Aqaba Jordanien und an den Sinai grenzend Israel.

Im wesentlichen gliedert sich Ägypten in fünf Großlandschaften. Das etwa 1000 km lange und nur 3–20 km breite Niltal Oberägyptens ist in die Wüstentafel eingesenkt. Nördlich von Kairo, also in Unterägypten, erstreckt sich in beinahe doppelt so großer Ausdehnung von 22 000 km^2 das Nildelta.

Im Westen der Flussoase erstreckt sich über zwei Drittel der gesamten Landesfläche die Libysche (Westliche) Wüste. Die Hochflächen erreichen an die 1000 m. Dazwischen liegen Senken; die Salzwüste der Kattara-Senke etwa liegt 137 m unter dem Meeresspiegel und ist damit die tiefste Stelle Afrikas. Östlich des Nildeltas erstreckt sich die Arabische Wüste, die – von Wadis zerfurcht – Höhen zwischen 1000 und 2000 m erreicht. Der Steilabfall des großen Grabenbruches führt zum Roten Meer.

Die Halbinsel Sinai verbindet die Kontinente Afrika und Asien. Der Sinai entstand vor etwa 30–40 Mio. Jahren. Zu jener Zeit driftete Arabien von Afrika weg. Das Ergebnis war ein sich nach Norden verästelnder Bruch, der sich mit Wasser füllte: Das Rote Meer mit seinen Ausläufern.

Der Nil

Der Nil, mit 6671 km der längste Strom der Welt, entspringt nahe des Viktoria-Sees und wird als Vater Ägyptens bezeichnet. Hapi hieß im alten Ägypten der Nil-Gott der Fruchtbarkeit, der nicht treffender dargestellt werden konnte denn als Gottheit mit Brüsten. Das schmale Tal, schon im Altertum von Eroberern als Kornkammer geschätzt, ist die Lebensader Ägyptens und mit einem Einzugsgebiet von 2,8 Mio. km^2 eine der längsten Flussoasen der Welt.

Der über die Jahrtausende angeschwemmte, fruchtbare Schlamm erlaubt den Bauern eine höchst intensive Bodennutzung mit bis zu fünf Ernten in zwei Jahren. Doch das Wasser verteilt sich nicht von selbst über das Tal. Heute wie vor 6000 Jahren benutzen die Fellachen den *shafud*, eine Art Ziehbrunnen zur Berieselung. »So ist der Nil«, schreibt Egon Friedell, »der höchste Segen des Landes, aber auch dessen höchste Sorge, die schon in frühesten Zeiten zur organisatorischen Zusammenfassung der Volkskräfte geführt hat. Die Bestellung der Felder, die Anlage der Deiche, die Bedienung der Schöpfwerke war eine Art Arbeitsdienstpflicht, zu der man ausgehoben wurde wie zum Militär.«

Wie sehr man vom Nil abhängig ist, bewies sich zuletzt 1988. Nach der langen Trockenheit im Sudan führte der Strom nur noch Niedrigwasser, und eine Mißernte stand bevor. Als der Sudan bekanntgab, eventuell den Nil zu stauen und Ägypten von der überlebensnotwendigen Wasserversorgung abzuschneiden, drohte das Land sofort mit Krieg. Kurz bevor es für die Ernte tatsächlich kritisch wurde, setzten im Sudan gewaltige Regenfälle ein. Es waren die ersten nach sieben mageren Jahren. Aber das Problem bleibt, wie es der koptische Ägypter Boutros Ghali, ehemaliger UN-Generalsekretär, formulierte: »Ägyptens nationale Sicherheit, die absolut von den Wassern des Nils abhängt, liegt in der Hand acht anderer afrikanischer Staaten.«

Um sich von dem Sieben-Jahres-Rhythmus der fetten und mageren Jahre und den unkontrollierbaren Überschwemmungen zu befreien, legten die Ägypter seit dem 19. Jh. Staudämme an. Zwischen 1892 und 1902 entstand deshalb der Assuan-Damm, und 1970 folgte der weltgrößte Stausee (155 Mio. km^3), Sadd el Ali. Ernte- und Anbaufläche konnten um knapp 20 % ausgeweitet werden. Der Hochdamm, einst als Geschenk des Himmels angesehen, er-

Typische Vegetation auf der Kitchener-Insel im Nil bei Assuan

Kamelreiter in Oberägypten

weist sich zusehends als tückische Gabe, da die Bodenfruchtbarkeit langsam zurückgeht und sich die Wasserqualität verschlechtert.

Vegetation

Spätestens im Blumenladen fällt auf, wie teuer in Ägypten Rosen und Nelken im Vergleich zu den übrigen Lebenshaltungskosten sind. Das hat seinen guten Grund. Das Land, von dessen einst üppiger Vegetation altägyptische Wandbilder berichten, hat Mühe, seine über 69 Mio. Bewohner zu ernähren. Verständlich also, dass die Fellachen den Anbau auf Nutzpflanzen konzentrieren. Wiesen und Wälder gibt es so gut wie gar nicht, allenfalls Palmenhaine. Ölbäume kommen in geringer Zahl nur in den Oasen vor, häufiger sieht man Eukalyptusbäume und Feigenkakteen. Die karge Baumvegetation besteht aus den gelbblühenden Nil-Akazien, die sich meist in Ufernähe finden, dazu Maulbeer- und Johannisbrotbäume, Tamarisken und Flammenbäume.

Obst aller Art gedeiht ebenfalls in dem subtropischen Klima: Mangos, Feigen, Pfirsiche, Apfelsinen, dazu Ölfrüchte, Gewürze, Gemüse und Getreide, wie Hirse, Weizen und Reis.

Von der Mittelmeerküste bis zum Sinai prägen Steppen mit kargem Sträucher- und Buschbewuchs das Bild. Auf dem Sinai setzt sich diese unwirtliche Landschaft in Form von Sand- und Kiessteinwüsten fort, die ganzjährige Vegetation allenfalls in den Trockentälern, den Wadis, erlauben. Trockensträucher, nach Niederschlägen auch wild wuchernde Kräuterflora und Blütenteppiche, charakterisieren die Arabische Wüste bis hin zum Roten Meer. Im Niltal, dem Garten Ägyptens, begegnet man auch Jasmin, Oleander, Bougainvillea, Hibiskus und Bambus.

Ziegenherde in der Halboase Fayoum

Tierwelt

»Ägypten ist zwar Libyen benachbart«, schrieb Herodot, »aber nicht sehr reich an Tieren.« Wie wahr. Seinen Lesern konnte der griechische Geschichtsschreiber vor 2400 Jahren wenigstens noch die bemerkenswerteste Methode, ein Krokodil zu fangen, mit auf die eventuelle Reise an den Nil geben: »Wenn einer einen Schweinsrücken als Köder an einer Angel befestigt hat, lässt er ihn mitten in den Fluss hinunter, er selbst aber hält am Flussufer ein lebendes Ferkel und schlägt es. Wenn das Krokodil das Quieken hört, folgt es den Tönen, und auf den Schweinsrücken stoßend, verschluckt es ihn; die Leute aber an Land ziehen. Wenn es ans Ufer gezogen ist, verklebt ihm zuerst der Jäger mit Lehm die Augen; hat er das getan, so bekommt er es ganz leicht vollends in seine Gewalt, hat er es aber nicht getan, dann nur mit Mühe.« Krokodile, die es lange Zeit in Ägypten kaum noch gab, stellen neuerdings ein Problem im Nasser-See dar – seit 1984 besteht nämlich ein Verbot der Krokodiljagd. Etwa 10 000 Panzerechsen, die größten bis zu 10 m lang, schwimmen heute nach Schätzungen bereits in dem See. In der Region leben gerade 7000 Menschen, die nach etlichen Angriffen auf Fischer nun eine Legalisierung der Jagd verlangen, wohinter auch ein kommerzielles Interesse steckt: Man erhofft sich ein lebhaftes Geschäft mit Krokodillederprodukten.

Ausgestorben in Ägypten sind Nilpferde, Giraffen, Leoparden, Löwen und Strauße. Die Klimaveränderung zwang sie, im Inneren des afrikanischen Kontinentes einen neuen, geeigneteren Lebensraum zu suchen. Bei Wüstentouren kann man statt dessen noch gelegentlich die entfernte Bekanntschaft einer Hyäne, eines Schakales, eines Wüstenfuchses oder von Aasgeiern machen –

Datteln in der Oase Siwa

oder die der Wüstenspringmaus. Eidechsen und Geckos als nützliche Insektenvertilger ergänzen das Spektrum. Gefährlich sind Schlangen (Kobras und Sandvipern) und grüne und schwarze Skorpione, die sich gerne unter Steinen und in Sträuchern aufhalten.

Die Vogelwelt kommt dem Europäer ziemlich bekannt vor – die heimischen Zugvögel lassen sich in Ägypten nieder. Den Schwarzen Milan und den Falken (er ist Wappentier und im arabischen Raum beliebtes Symbol der Macht) kann man sogar nahe Kairo ab und an am Himmel beobachten. Zur ornithologischen Vielfalt gehören unter anderem Fischreiher, und Gleitaare, Fahlsegler, Nebelkrähe und der Zwerglangschwanz-Nektarvogel, der im Englischen treffender Nile Valley Sunbird heißt, dazu Schwalben, Wiedehopfe, Stelzen, Kragentrappen und Wüstensperlinge, die sich von Mücken, Schmetterlingen und Libellen ernähren.

Als Haus- und Nutztiere gibt es Rinder, Schafe, Ziegen, Tauben, Hühner, Gänse, Enten, Wasserbüffel, Pferde, Esel und Kamele. Schweine werden in Ägypten nur von den Kopten gehalten, da der Verzehr des Fleisches den Muslimen verboten ist. Katzen, die schon im pharaonischen Ägypten verehrt wurden, sind gut gelittene Hausgenossen. Jedoch ohne triftigen Grund (z. B. zur Bewachung oder zur Jagd) einen Hund im Haus zu halten, das hat der Prophet den Muslimen verboten, weil der Hund durch sein Lecken erstens Haushaltsgegenstände verunreinige und zweitens »jeden Tag ein großes Maß seines (des Besitzers) Lohnes« für Futter verbrauche.

Natur- und Landschaftsschutz

Der ökologische Gedanke findet in Ägypten erst seit Ende der 80er Jahre zaghaften Eingang in die Politik. 1990 wurde nach dreijähriger Prüfung die Grüne Partei zugelassen, die ihre Vorbilder in der deutschen Umweltschutzbewegung und in Greenpeace sieht. Im alltäglichen Leben spielt der Umweltgedanke aber nach wie vor eine untergeordnete Rolle. Die Bevölkerungsexplosion, die stete Wirtschaftsmisere – die Menschen hier haben andere Probleme.

In Kairo spürt man in der Nase und auf der Haut, wie verpestet und schadstoffbeladen die Luft ist. Autoabgase, Industrieschornsteine und Abfall, der nur zum Teil abtransportiert, zum größeren Teil aber in den Straßen dahinrottet oder verbrannt wird, bilden eine giftige Mischung. Oft hängt über der Stadt eine Dunst- und Smogglocke, die einem das

Atmen schwer macht. Kairos Luft nimmt sich allerdings noch wie Frischluft aus, verglichen mit dem Industriegebiet Maqs nahe Alexandria oder dem Stahlrevier Heluan bei Kairo. Ungefiltert blasen die Schlote schwarzen und rostfarbenen Rauch in den Himmel. Über Heluan hängen gelb-braune Wolken, ein Gemisch aus Zement-, Stahl- und Chemiepartikeln. Die Bodenbelastung mit dem giftigen Staub liegt 24mal höher, als die international festgelegten Belastungsobergrenzen erlauben. Asthma und Bronchitis gehören zum Behandlungsalltag am Heluaner Hospital.

Entlang des Nils leiten Ortschaften ihre Abwässer ungeklärt in den Strom, dazu kommt weiterer Müll, ob privat oder industriell. Wer einmal vom Wasser des Nils getrunken hat, sagt ein altes Sprichwort, der kommt wieder. Wer das heute tut, der kommt – um.

Umweltpolitik ist teilbar. So nachlässig wie mit der Problematik in den touristenfreien Gebieten umgegangen wird – in den Zentren, wie z. B. am Roten Meer, versuchen sich die Touristikmanager mit den örtlichen Verwaltungen an einem gewissen minimalen Standard, bauen Kläranlagen oder verbieten in ihren Bungalowdörfern die Zufahrt mit Autos. Außerhalb der Anlagen sammelt sich aber auf den Straßen der stinkende Müll, sind die Wüstenränder eingedeckt mit verwehten Plastiktüten, Flaschen und jedem erdenklichen Unrat.

Die Tauchreviere im Roten Meer sind dem ökologischen Kollaps vor allem in Hurghada schon ganz nah, da Korallenriffe wie die gesamte Unterwasserflora von den Tauchbooten und Schnorchlern alles andere als pfleglich behandelt wurden. Erst 1991 begann man der Öko-Katastrophe entgegenzusteuern. Am Tag der Umwelt (5. Juni) eröffnete das Ras

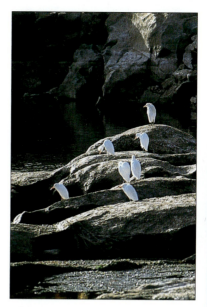

Ibisse in Assuan

Mohammed Marine National Park Project am südlichsten Zipfel der Sinai-Halbinsel, von der Europäischen Gemeinschaft mit 1,5 Mio. DM gefördert. 2,5 Mio. DM zahlte Ägypten. Jährlich steuern dieses Bade- und Erholungszentrum rund 300 000 Urlauber an, darunter über 150 000 Taucher. In dem Küstengebiet existieren rund 150 Korallenarten, die zwischen 75 000 und 20 Mio. Jahre alt sind. Außerdem leben in den Gewässern Tausende Fischarten, die sowohl von der Sues-Schiffahrt als auch von den Tauchern bedroht sind. Tanker verklappen Öl, entledigen sich des Mülls, und Matrosen der Taucherschiffe werfen noch immer Anker, die die Riffe zerstören.

Der frankokanadische Meeresbiologe und Leiter des Projekts Michael Pearson erreichte, dass das Gelände des Parkes von 97 auf 200 km² ausgedehnt wurde. Ein Regierungserlass gibt den Parkauf-

Tushka – Lasst die Wüste blüh'n

Tushka – das Wort ist zum Synonym für eines der größten Projekte seit dem Bau der Pyramiden geworden. Tushka – so heißt ein mehrere hundert Kilometer langer Kanal, der aus versteppter Wüste und Einöde ein zweites fruchtbares Nildelta machen soll: Mit über 20 neuen Städten, Lebensraum für Hunderttausende Menschen. Tushka – das ist Ägyptens Hoffnung, seine wirtschaftliche Not im 21. Jh. in den Griff zu bekommen. Westlich des Nasser-Sees und des Assuan-Staudammes, nahe der Grenze zum Sudan, liegt die voraussichtlich 30 Milliarden Dollar teure »Brücke zur glorreichen Zukunft Ägyptens«. So sagte es Präsident Hosni Mubarak beim ersten Spatenstich, genauer, einem Knopfdruck, der eine Dynamitladung auslöste. Ehe der erste TNT-Donner echolos in der Weite verhallt war, rückten Bulldozer, Raupen, Arbeiter und Sprengmeister an, um ab nun der Wüste 4200 km² Ackerland abzutrotzen, die fünfeinhalbfache Fläche Hamburgs. Das Projekt stellt den größten Versuch dar, den Teufelskreis aus wachsender Bevölkerung und unverändert unzureichender Lebensmittelversorgung durch Landgewinnung zu durchbrechen. Neben dem von Assuan bis zum Mittelmeer 1200 km langen Nil soll der neue Kanal Ägyptens zweite Lebensader werden und die Reis- und Weizenfelder eines neuen Nildeltas im tropischen Süden zum Blühen bringen. 26 Pumpstationen, so die Pläne, werden jährlich 2,3 Mrd. m³ Wasser aus dem Assuan-Hochdamm durch den Kanal bis zu den Oasen El Kharga und El Dakhla leiten. Nach Abschluss der ersten Phase rechnet die Regierung damit, dass bereits um das Jahr 2001 die ersten Fellachen Obst und Gemüse anbauen können. Doch viele Kritiker fürchten bereits, dass Tushka das ägyptische Synonym für einen schönen Traum wird, der sich in der Realität zum Alptraum wandeln kann. Sie argumentieren, dass das hochgepumpte Wasser die Wüste noch nicht automatisch in Ackerland verwandelt. Dünger und

sehern, den Rangers, Vollmacht, Umweltsünder notfalls zu verhaften. Ein weiterer Nationalpark entsteht 40 km nördlich von Ras Mohammed im Mangroven-gebiet von Nabq.

Ein anderes Problem scheint man langsam in den Griff zu bekommen: Zum Teil gestoppt wurde die Praxis auf den Nilschiffen, nachts – wenn alles schläft – den Müll einfach über Bord zu kippen. Wirtschaftskrise, Armut und Rohstoffknappheit haben aber auch einen bemerkenswerten Effekt. Abfall wurde in Ägypten schon recycelt, noch

Wassermangel verhindert das Anlegen neuer Felder

Humus, die mit dem Sand vermischt werden müssten, brächten erst nach Jahrzehnten fruchtbaren Boden hervor.

Außerdem machte der Strom, der für die 26 Pumpwerke benötigt werde, möglicherweise den Ertrag unrentabel. Weiterhin entnimmt Ägypten schon jetzt dem Nil mehr Wasser als den ihm jährlich zustehenden Anteil von 55,5 Mio. km^3, wie es in Verträgen mit den acht anderen Nilanrainerstaaten, u. a. Sudan und Äthiopien, geregelt ist. Wird der Sudan – im Kampf um das blaue Gold erklärtermaßen auch zu Krieg bereit – tolerieren, dass der nördliche Nachbar jährlich weitere 2,3 Mrd. km^3 in das Tushka-Projekt abzweigt?

Die Berechnungen für das benötigte Wasser gingen, so Kritiker, von Jahren großer Nilfluten aus, wie es sie z. B. 1996 gab, als das Tushka-Projekt geboren wurde. Solche Fluten kämen aber nur vier- bis fünfmal pro Jahrhundert vor. In mageren Jahren könne es passieren, dass Tushka dem Nil das Wasser abgrabe.

ehe es dieses Wort gab. Beispiel Auto: Ein Vehikel wird gefahren, bis es am Ende beinahe nur noch von Schweißnähten zusammengehalten wird, und dann schlachtet man es aus. Der Schrottplatz existiert weder in der arabischen Sprache als Wort noch im ägyptischen Alltag als Blechhalde. Aus den Achsen lassen sich zwei Eselskarren bauen, mit dem Restblech repariert man andere Autos, Sitze finden sich dann später als Wohnzimmerbestuhlung! Gegen Schadstoffemissionen geschieht allerdings bisher kaum etwas.

Geschichte

Wenn es so etwas wie einen roten Faden gibt, der sich durch die Geschichte Ägyptens zieht, dann ist es die geopolitisch herausragende Lage des Landes am Nil, die sich Besatzer seit jeher nutzbar machen wollten. Ägypten als Tor Afrikas. Ägypten als Brückenkopf zwischen Vorderasien und Afrika – und früher als prall gefüllte Kornkammer am Nil. Immer wieder fielen die großen Könige und Feldherren, von der Zeit der pharaonischen Dynastien über die Antike bis zur Neuzeit, über Ägypten her.

Die einzigen Eroberer, die dem Land bis in die Gegenwart ihren unverwechselbaren Stempel aufdrücken konnten, waren die Araber unter dem Feldherrn Amr Ibn el As. Sie vertrieben 641 n. Chr. im Namen Mohammeds die Byzantiner, machten nahe Fustat Kairo zur Hauptstadt und gaben den Ägyptern eine neue Sprache, das Arabische, sowie mit dem Islam eine neue, das gesamte Leben bestimmende Religion.

Damit waren alle noch vorhandenen Bande zur Zeit der Pharaonen unwiederbringbar zerschnitten. Kulturell hatten die Araber, Söhne der Wüste, den Ägyptern, Volk der Schrift, nicht viel Neues zu geben. Tatsächlich verhält es sich bis heute so, dass ägyptische Lehrer, Techniker, Ingenieure und Ärzte Gastarbeiter in der übrigen Arabischen Welt sind. Und das moderne Ägypten versteht seine Kapitale als heimliche Hauptstadt Afrikas und des Nahen Ostens. So wie man hier einst die auf der Weihrauchstraße gehandelten Harze umschlug, so funktioniert Kairo heute in vielen Bereichen als Drehkreuz zwischen dem Westen und dem Nahen Osten. In keiner arabischen Stadt gibt es mehr diplomatische Niederlassungen als in Kairo, darunter die größte US-Botschaft der Welt. Informationen und politische Kontakte werden hier ebenso gehandelt und arrangiert wie große Waffengeschäfte. Diese heutige geostrategische und weltpolitische Bedeutung, Kairo ist auch Sitz der Arabischen Liga, resultiert aus dem schier unlösbar scheinenden Nahostkonflikt.

Bei politischen Diskussionen wird von Ägyptern und Arabern fast schon im Übermaß Geschichte referiert – aber immer nur die Historie seit der Islamisierung. Die Zeit davor, sie ist im modernen Ägypten, Archäologen und Ägyptologen ausgenommen, ein abgeschlossenes Kapitel.

Die Vorgeschichte

Während der Jungsteinzeit (5000–3000 v. Chr.) war das Niltal zu beiden Seiten besiedelt, und zwar von nomadischen Jägern. Die Wissenschaft geht von umwälzenden Klimaveränderungen in Nordafrika aus, durch die während dieser Zeit auch Bewohner der Savanne an den fruchtbaren Nil umzusiedeln gezwungen waren. Dort begannen sie mit Viehzucht ihren Lebensunterhalt zu bestreiten. Um 4000 v. Chr. machten die Ägypter eine Erfindung, die Herodot so beschreibt: »Was nun menschliche Dinge betrifft, so sagten sie in Übereinstimmung miteinander, als erste unter allen Menschen hätten die Aigyptier das Jahr erfunden, das sie nach den Jahreszeiten in zwölf Teile geteilt hätten. Wie sie sagten, hätten sie das aus den Sternen gefunden. Sie zählten insofern geschickter als die Griechen, wie mir scheint, als die Griechen jedes dritte Jahr der Jahreszeit wegen einen Schaltmonat einfügen, die Aigyptier aber, welche die zwölf Monate in je dreißig Tagen ablaufen lassen, jedes Jahr fünf Tage außerhalb der Reihe anfügen, so dass der Kreislauf der Jahreszeiten bei ihnen immer auf dasselbe hinauskommt.«

Die Frühzeit

Als Thiniten-Zeit, benannt nach Thinis bei Abydos, wird die von 3000 v. Chr.–ca. 2700 v. Chr. dauernde Epoche bezeichnet, in die die ersten Dynastien der Pharaonen fallen. Ganz Ägypten soll nach Herodot »außer dem thebaischen Gau ein Sumpf gewesen« sein, als der legendäre König Menes aus Thinis, der erste bekannte Pharao Unter- und Oberägypten zu einem Reich vereinte und Memphis, das etwa 30 km südlich des heutigen Kairo lag, zur Hauptstadt gemacht haben soll. Allerdings hat es einen historischen Menes wohl nie gegeben; vielmehr steht sein Name für einige Lokalkönige, die an der Einigung des Reiches, das schon damals vom Delta bis zum ersten Nilkatarakt reichte, mitgewirkt haben. In jener Zeit finden sich die ersten religiösen Texte, die in Hieroglyphen geschrieben sind, einer bildhaften Lautschrift.

Das Alte Reich

Von ca. 2700 v. Chr.–ca. 2150 v. Chr. währte das Alte Reich. Es beginnt mit der 3. Dynastie, und der König herrscht nun über die 42 Gaue, in die das Land

Der alte Leuchtturm von Alexandria war eines der Sieben Weltwunder der Antike

eingeteilt wird. Als Pharao ist er Mensch, Gott und Gottessohn in einer Person. Die Ägypter machen in dieser Zeit eine Erfindung, die sie seither bis zur Unerträglichkeit perfektioniert haben (nicht nur die Ägypter!): Ein Beamtentum wird geschaffen – wahrscheinlich der einzig wirkliche Fluch der Pharaonen. Unter König Djoser (ca. 2609–2590 v. Chr.) beginnt der Baumeister Imhotep mit der Arbeit an der Stufenpyramide in Sakkara. Sie gilt als ältestes Werk der nun in wahrlich himmelsähnlichen Ausmaßen einsetzenden Steinarchitektur, die in der 4. Dynastie mit den Pyramiden der Pharaonen Cheops und Chephren fortgesetzt wird. Herodot berichtet: »Die Aigyptier erzählen, dieser Cheops habe als König fünfzig Jahre geherrscht, und nach seinem Tod habe sein Bruder Chephren die Königsherrschaft übernommen. Er habe aber genauso gehandelt wie der andere und habe unter anderem auch jene Pyramide gebaut, die allerdings an die Maße der jenes Mannes nicht heranreichte. Das haben wir nämlich selbst durch Messungen festgestellt.«

Wandlungen durchlebt die Religion während des Alten Reiches. Der Kult setzt den Pharao dem Sonnengott Re gleich. Der Sonnenkult beendet im Zusammenspiel mit der Angst vor Grabräubern, die die Totenruhe stören, die monumentale Zeit der Pyramidenarchitektur. Das Land schwimmt geradezu in Wohlstand und Luxus. Beamte und Wesire errichten sich gewaltige Grabanlagen. Gegen Ende der 6. Dynastie erstarken die Fürsten der Gaue. Vom alten Glanz der Pharaonen bleibt kaum etwas übrig. Das Reich, verstrickt in innere Unruhen, sorgt für seinen eigenen Untergang.

Der höchste Punkt eines Obelisken war ursprünglich immer mit einer Spitze aus Elektrum, einer natürlich vorkommenden Legierung aus Gold und Silber, versehen

Die Erste Zwischenzeit

Die 7. bis 10. Dynastie umfasst die Erste Zwischenzeit (ca. 2150–2050 v. Chr.). Die Gaufürsten haben ihre Macht ausgebaut. Das von Bürgerkriegen und Unruhen erschütterte Reich wird zeitweise von mehreren Königen regiert, die in Memphis und Herakleopolis nahe dem heutigen Fayoum thronen. Mit dem Verfall des Staatssystems erlebt auch die Religion ihren Niedergang. Nach nun allgemeiner Glaubenslehre kann nicht mehr nur der Pharao, sondern jeder Mensch im Tode zu Osiris werden.

Das Mittlere Reich

Mentuhotep I. heißt der Pharao, der zu Beginn des Mittleren Reiches (ca. 2040–1650 v. Chr.) das auseinander gebrochene Land befriedet und eint. Er leitet damit eine neue Blütezeit der Pharaonen ein, die Macht der Gaufürsten ist gebrochen. Sein Nachfolger Sesostris I. sonnt sich in einer Eroberungspolitik ohnegleichen. Die Grenzen Ägyptens liegen im Süden in Nubien, im Norden in Palästina. Der Hauptgott heißt nun Amun. Kultur und Reich verfallen durch innere Wirren und Bürgerkriege, was sich auch in Kunst und Architektur widerspiegelt, als sich, um mit einem modernen Begriff zu sprechen, Dekadenz in allen Bereichen der Gesellschaft ausbreitet.

Die Zweite Zwischenzeit

Von Asien her greifen die semitischen Hyksos Ägypten an und unterwerfen es, sie akzeptieren aber weiterhin lokale Könige. Diese Epoche (ca. 1650–ca. 1535 v. Chr.) unterscheidet sich von anderen Besatzungen dadurch, dass die Ägypter ihre kulturelle Selbständigkeit weitgehend behalten dürfen. Die Hyksos bringen verbesserte Waffen sowie Pferd und Streitwagen mit, wie wir aus der Malerei wissen. Mit der Vertreibung der Besatzer beginnt um 1550 v. Chr. eine rund 500jährige Periode, in der Ägypten zur Großmacht aufsteigt.

Das Neue Reich

Während der 18. Dynastie weitet Ägypten sein Staatsgebiet – selbstverständlich militärisch – bis tief in den Sudan und im Norden bis nach Syrien aus. Thutmosis' I. Tochter, die legendäre Königin Hatschepsut (1490–1468) tut sich nach dem Tod ihres Mannes Thutmosis II. weniger als kriegerische Herrscherin, denn als musische Freundin der Kunst und der Architektur hervor. Mit dem Hatschepsut-Tempel in Deir el Bahari in Theben-West, eines der be-

Hieroglyphen, eingelegt mit farbigem Glas

eindruckendsten Monumente Ägyptens, setzt sie sich ein Denkmal, das seinesgleichen sucht. Ihr Stiefsohn Thutmosis III., Eroberungszügen ganz und gar nicht abgeneigt, dehnt das Territorium Ägyptens weiter nach Süden aus. Er setzt den unterworfenen Ländern aber keine fremden Statthalter vor die Nase, sondern ernennt zur leichteren Sicherung der Macht überall Marionettenregenten.

Das Neue Reich stellt die wohl schillerndste Zeit der Pharaonen aller 30 Dynastien dar. Verbunden mit dieser Epoche sind die Namen der Pharaonen Echnaton (Mann der Nofretete), Tutanchamun oder Ramses II. Echnaton

Der Pyramiden-Kult

"Neulich hat mir eine Kassiererin anvertraut, sie sei eine reinkarnierte Fliege aus dem alten Ägypten. Ich habe sie sofort gefragt: Woher wissen Sie, dass Sie gerade in Ägypten gelebt haben? Und sie behauptete, sie erinnere sich ganz deutlich an die Risse zwischen den Steinquadern der Pyramiden." So erzählte es die deutsche Filmregisseurin Doris Dörrie in einem Interview. Und die Schauspielerin Shirley McLaine, die eine Nacht meditierend in der Cheops-Pyramide zubrachte, erläuterte danach, die Totenstätte sei 70 000 v. Chr. erbaut worden, und darunter befände sich eine Kristallpyramide. Die Pyramiden von Giza – kaum ein Monument der Welt zieht so viele Esoteriker an wie die Cheops-Pyramide, durch deren Spitze viele Menschen kosmische Energieströme spüren.

Einer der Väter des Kults ist Erich von Däniken, der schon in den 70er Jahren behauptete, Wesen von außerhalb hätten vor dem Untergang der Welt die Cheops-Pyramide als eine Art Arche Noah des Wissens geplant. Ein Grab sei die Pyramide nie gewesen, da sie keinerlei Formeln und magische Sprüche des Totenbuches enthielte, die für die Reise im Jenseits zwingend nötig gewesen seien. Ein anderer Autor, Bouval, befand, die Pyramiden von Giza seien in exakt der gleichen Konstellation wie das Orion-Sternbild gebaut worden, was auch stimmt, wenn man wie Bouval nur ausgewählte Punkte des Orion-Sternbildes auf die Pyramidenanlage projiziert.

Die Kanten der Cheops-Pyramiden summierten sich außerdem exakt zu 36 524 Inches – exakt 365,24 Tage habe das Sonnenjahr. Verlängerte Innenkanten der Pyramide liefen im Christus-Winkel von 26° 18' 9,63", so eine andere Berechnung, genau durch Jesu Geburtsort Bethlehem, woraus sich kombiniert mit anderer Pyramidenarithmetik errechnen lasse, dass der neue Heiland im Jahr 2004 auf die Erde komme. Als Altar des Herrn, von dem der Prophet Jesaja einmal spricht, entlarven andere die Pyramide. Da im Hebräischen Wörter auch Zahlenwerte bedeuten können, summierten sie Jesaja 19,18–20 zur Zahl 2.139, was nach jüdischem Maß genau der Höhe der Pyramide entspreche. Schlussfolgerung: Götter und/oder Außerirdische, Propheten und Messiasse haben die Pyramide gebaut, zumindest aber mathematische Verschlüsselungen darin versteckt.

In Kairo lässt man die Pyramidomanen aus aller Welt, die Räuber der verlorenen Arche, die Jünger des Zwölften Atlantis oder die Rosenkranz-Exodisten gerne gewähren. Um nächtliche Sitzungen im Innern der Totentempel oder der Pyramide abzuhalten, müssen sie viel Geld an die Antikenverwaltung bezahlen, und Direktor Zahi Hawas sieht es gelassen: »Solange sie nichts kaputt machen, stört uns das nicht.«

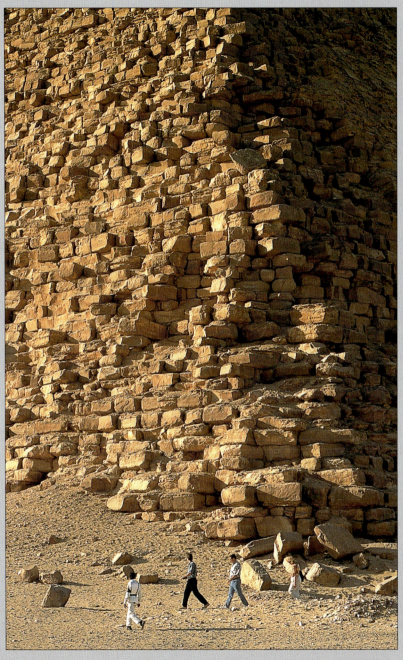

Pyramide von Dashur: Deutlich erkennt man die Schichtung der gewaltigen Steinbrocken

(1364–1347 v. Chr.) schaffte das gesamte Pantheon ab, und fortan gab es anstelle der Amun-Religion nur noch eine Gottheit – Aton, den Sonnengott. Der König selbst verfasste für ihn Lieder und Hymnen, doch die Aton-Verehrung blieb auf die Lebenszeit des »Ketzers« beschränkt.

Echnatons Nachfolger Tutanchamun (ca. 1347–1339 v. Chr.) widerrief den Aton-Glauben und kehrte zurück zu Amun. Die Regentschaft Tutanchamuns gilt als unbedeutend und steht in keinem Verhältnis zu dem Ruhm, den sein Grab im Tal der Könige seit der sensationellen Entdeckung im Jahre 1922 erfahren hat.

67 Jahre, so lange wie kein anderer Pharao, regierte Ramses II. das Land. Fast ein Drittel der Zeit führte er Kriege, meist gegen die Hethiter, ehe er in einem langen Frieden eine Reihe der bedeutendsten Monumentalbauten (u. a. Abu Simbel, Karnak, Abydos) errichten ließ. Mit seinem Tod begann der erneute Niedergang des Landes, das sich in Bürgerkriegen verstrickte. In Ramses' II. Regentschaft fällt nach der Überlieferung der Exodus der Israeliten aus Ägypten.

Die Spätzeit bis zur byzantinischen Herrschaft

Zwischen 1070 v. Chr. und 641 n. Chr. setzt sich der Untergang des pharaonischen Ägyptens fort. Amun-Priester halten in Oberägypten das Zepter in der Hand, später verehrt man statt der Reichsgötter nur noch lokale Gottheiten. Während der 23. Dynastie marschieren die Truppen der nubischen Könige über Oberägypten bis Memphis vor, dann erobern die Äthiopier Ägypten. Darauf folgen als Besatzer die Assyrer.

Nach einer kurzen friedlichen Phase mit reichlichem Wohlstand, der Zeit der Saïtenkönige (664 v. Chr.–525 v. Chr.), kommen mit dem persischen König Kambyses neue Herren. Und bevor Alexander der Große 332 v. Chr. Ägypten dem Reich der Griechen eingliedert, erlebt das Land eine kurze, nicht einmal acht Jahrzehnte während Zeit der Unabhängigkeit. Auf Alexander folgen die Römer, deren Herrschaft (30 v. Chr.–395 n. Chr.) wiederum der spätere Kaiser Augustus mit dem Sieg über die Flotte Kleopatras und Antonius' einleitet. Politik mit Herz und Sexappeal versuchte die sagenumwobene Kleopatra, die sich den Thron mit ihrem Bruder Ptolemäus XIV. teilte (s. S. 26).

Von 395 n. Chr.–641 n. Chr. regieren die byzantinischen Kaiser über die oströmische Provinz Ägypten, in der sich das Christentum rasch ausgebreitet hat. Als Kornkammer des Römischen Reiches wird das Land von seinen römischen und byzantinischen Herrschern wirtschaftlich ausgesaugt, und es verarmt.

Die Islamisierung

Mit dem Sieg der Araber unter dem Feldherrn Amr Ibn el As über die Byzantiner bei Memphis (641 n. Chr.) beginnt für das marode Ägypten ein neuer, bis heute wirkender Zeitabschnitt. Im Lande weht die grüne Fahne des Propheten Mohammed. Obwohl der Feldzug von Amr Ibn el As, Feldherr des Kalifen Omar, nicht mit einem religiösen Eroberungszug gleichgesetzt werden kann, lassen sich die Ägypter unter sanftem Druck zum Islam bekehren.

Die arabische Sprache wird Amts- und später Volkssprache. In den folgenden 900 Jahren erlebt Ägypten Zeiten großer innerer Unruhen. Unter dem

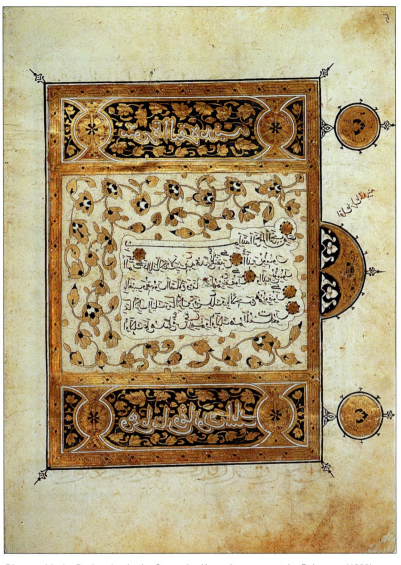

Diese arabische Buchmalerei zeigt Suren des Koran in ornamentaler Rahmung (1389)

Omaijaden aus Damaskus werden den Ägyptern unerbittlich hohe Steuern abgepresst; die Abassiden, Kalifen aus Bagdad, hetzen Ägyptens Kopten. Die Fatimiden (969–1171) schließlich vertreiben den letzten König der Kairoer Ikhshididen und legen nahe Fustat den Grundstein für El Qahira (›die Siegreiche‹), das heutige Kairo. Die Fatimiden sind Schiiten, die sich auf Mohammeds Tochter

Kleopatra

Sie war ein Luder, ein Biest, vielleicht der Prototyp eines Vamps. Blaise Pascal, der Philosoph, behauptete im 17. Jh., wäre ihre Nase nur ein bisschen kürzer gewesen, dann hätte sie das Gesicht der Welt verändert. Klassisch griechisch ausgeprägt war diese Nase und immerhin attraktiv genug, dass über sie zwei der mächtigsten Männer ihrer Zeit ins Unglück stolperten: Cäsar und Antonius, Herren des Römischen Reiches, wackere Eroberer, gewiefte Feldherren und kühle Strategen. Kleopatra, die Griechin aus dem Herrscherhaus der Ptolemäer, war gerade 21 Jahre alt, als sie 51 v. Chr. Pharaonin von Ägypten wurde, damals das reichste Land der Erde.

Konsul Cäsar, 52 Jahre alt, wusste das, als er von Rom nach Alexandria segelte, um dort alte Schulden einzutreiben und seine Geldnot zu lindern. Kleopatra, mittlerweile nach inneren Wirren als Regentin entmachtet, setzte alles daran, Cäsar zu sehen. Ihm, dem Geldeintreiber, war es gleich, wer Ägypten regierte. Sie aber wusste, würde sie ihn treffen, dann gehörte der begehrte Thron bald wieder ihr. In einen Teppich eingewickelt, so die Legende, ließ sich Kleopatra zu Cäsar schmuggeln. Und ehe der Römer, im ganzen Imperium als Frauenbetörer verschrien, sein Salve sagen konnte, hatte er schon sein Herz verloren. Kleopatras Schönheit, überlieferte Plutarch, sei zwar nicht von unvergleichlicher Art gewesen. Aber ihr Charme, ihre Stimme, ihre Art zu sprechen, ihre durchdringende Bestimmtheit brachte Männer im Nu um den Verstand.

Ohne Zögern gab Cäsar Kleopatra gegen jede politische Vernunft den Thron zurück. Unter dem Schutz ihres Liebhabers begann sie, ihr Reich – gegen römische Interessen – auszudehnen. Cäsar machte seine Konkubine zur Alleinherrscherin. Im Jahr 47 war Kleopatra schwanger und gebar, so der Biograph Michael Grant, dem verheirateten Cäsar, der angeblich steril war, einen Sohn namens Cäsarion. Die römische Gerüchteküche brodelte. Cäsar plane, so wurde agitiert, Alexandria zur Hauptstadt des Römischen Reiches zu machen. Am 15. März 44 ermordete Brutus mit 23 Dolchstichen den von Epilepsieanfällen geschwächten Cäsar.

Fatima und ihren ermordeten Mann Ali berufen. Sie lehnen das sunnitische Kalifentum (*khalifa* = Nachfolger des Propheten Mohammed) ab, zwingen Ägypten (vorübergehend) die schiitische Glaubensrichtung auf und gründen die Al Azhar-Moschee, die bis heute als oberste Instanz in Glaubensfragen des Islam gilt.

Saladin aus der Aijubiden-Dynastie (1171–1250), berühmt wegen der Ver-

Zurück in Alexandria vergiftete Kleopatra ihren Bruder, um ihrem Sohn Cäsarion den ägyptischen Thron zu sichern. In Rom verstand man den Brudermord aber als Kleopatras Versuch, in Cäsarion einen römischen Herrscher aufzubauen, um selbst Rom zu beherrschen. Vor allem Cäsars Adoptivsohn Oktavian, der spätere Kaiser Augustus, fühlte sich brüskiert. Doch das Problem Kleopatra beschäftigte fürs erste einen anderen. Bei der Aufteilung des Reiches bekam Oktavian den Westen und Marcus Antonius das Ostreich, Ägypten inklusive. Antonius, 41 Jahre alt, verheiratet mit Fulvia, bestellte Kleopatra ins kleinasiatische Tarsus. Und im Winter brachte Kleopatra einen Sohn und im Jahr darauf Zwillinge zur Welt.

Dann musste Antonius nach Rom zurück. Seine Frau Fulvia war mit einer Rebellion gescheitert und starb kurz darauf. Antonius heiratete, um die Wogen zu glätten, Oktavians Schwester Oktavia, eine bildschöne Intellektuelle. Kleopatra blieb gelassen und bestach erst einmal den Hofastrologen, damit er Antonius immer wieder riet, sich so weit wie möglich von Oktavia zu entfernen, wenn er seine edle Persönlichkeit weiterentwickeln wollte. Er hörte auf den Wahrsager. Nach vierjähriger Trennung von Kleopatra segelte er nach Alexandria und gewann von dort aus auch den Krieg gegen die Parther. Den Triumphzug feierte er in Alexandria. Rom war schockiert: Ein römischer Sieg wurde im Ausland gefeiert, nicht im kapitolinischen Jupitertempel. Der erste, der Antonius wegen seiner Affäre mit Kleopatra öffentlich anprangerte, war Oktavian. Im Jahr 32 entzog der römische Senat Antonius alle Ämter. Ein Jahr später verlor er bei Actium die Schlacht gegen seinen ärgsten Widersacher Oktavian, der sich mit der Flucht Kleopatras nicht zufrieden geben konnte. Antonius bot seinen Selbstmord an, wenn Kleopatra geschont werde. Oktavian brauchte aber Kleopatras Vermögen, um seine Soldaten bezahlen und selbst überleben zu können.

Am 1. August 30 verbarrikadierte sich Kleopatra in ihrem Mausoleum in Alexandria. Antonius ließ sie einen wirren, missverständlichen Brief bringen, aus dem er ihren Selbstmord herauslas – und sich in sein Schwert stürzte. Dem Sterbenden konnte ein Diener nur noch sagen, Kleopatra hätte ihn eigentlich nur sehen wollen. Auf einer Trage wurde Antonius ins Mausoleum gebracht, wo Oktavians Leute kurz darauf Kleopatra neben der Leiche Antonius' überwältigten. Die Garde hielt sie vom Selbstmord ab. Noch hätte ihr Tod Oktavians Ruf mehr geschadet als genützt. Noch. Elf Tage später war das nicht mehr so; man ließ Kleopatra alleine. Sie legte ihr königliches Kleid an, golden wie das der Venus. Auf einer Couch liegend nahm sie Kobragift. Ihr Abschiedsbrief sagte knapp: »Ich will begraben sein neben Antonius.«

---

treibung der Kreuzfahrer aus Jerusalem, beendet die Fatimiden-Herrschaft samt ihrer schiitischen Ausrichtung; in Kairo erbaute er die Zitadelle. Von 1250–1517 währt die Herrschaft der Mamelucken, eine aus türkischen Militärsklaven hervorgehende Dynastie, die durch einen Putsch an die Macht kommen. Ihre Herrschaft, geprägt von politischen Morden und Diskriminierung von Juden und

Christen, ist eines der dunkelsten Kapitel ägyptischer Geschichte. Ganz im Kontrast zum politischen Leben blühte wegen unermesslichen Reichtums die islamische Kunst wie selten zuvor. Von innen destabilisiert, war Ägypten für den nächsten Eroberer eine leichte Beute.

1517 beginnen mit der Einnahme Kairos durch den türkischen Sultan Selim I. die 281 Jahre Ägyptens als osmanische Provinz. Paschas regieren, und auch Mamelucken-Fürsten bestimmen im Lande mit. Die andauernden Fehden der herrschenden Mamelucken kommen einem gewissen Napoleon Bonaparte gerade recht.

Napoleon in Ägypten

Die ägyptische Führung ist in sich zerstritten und das Land geschwächt, als Napoleon Bonaparte 1798 die Gelegenheit gekommen sieht, die Vorherrschaft der Briten im Mittelmeerraum einzudämmen. Mit einem Feldzug will er ihnen den kurzen Weg nach Indien abschneiden. Bei den Pyramiden besiegen Napoleons Soldaten die Mamelucken, aber die Freude darüber währt nicht lange. Der britische Admiral Nelson fügt im August 1798 in der Seeschlacht von Abukir, östlich von Alexandria, den Franzosen eine herbe Niederlage zu. Napoleon ignoriert dies, muss aber drei Jahre später aufgeben und Ägypten auf Druck der Engländer räumen.

Napoleons Verdienst um Ägypten mag militärisch ein Fehlschlag gewesen sein, aber der kleine Korse hatte eine Schar Gelehrter bei sich, die die historische Bedeutung Ägyptens richtig einschätzten, systematisch mit wissenschaftlichen Methoden das Land im Wortsinn zu durchpflügen begannen und die Ägyptologie zur Wissenschaft machten. Einen der bedeutenden Funde dieser Zeit stellt der Stein von Rosetta dar, mit dem der Franzose Jean François Champollion Jahrzehnte nach der Entdeckung im Juli 1799 die Hieroglyphen zu entziffern vermochte (s. S. 148).

Lord Horatio Nelson

Die Geburt des modernen Ägypten

Der Glücksfall für das Ägypten zu Beginn des 19. Jh. stammt aus Albanien, heißt Mohammed Ali und ist als Politiker wie als Krieger mit allen Wassern gewaschen. 1805 wird er als türkischer Statthalter zum Pascha Ägyptens ernannt. Zwei Jahre später vertreibt er zusammen mit den Mamelucken die Engländer. Mit der Unterstützung Mohammed Alis schaufeln sich die Mamelucken allerdings das eigene

Mohammed Ali, Statthalter von Ägypten (zeitgenössische Darstellung)

Grab. 1811 lädt der skrupellose Herrscher über 480 Mamelucken-Führer zum Gastmahl in die Zitadelle von Kairo. Aber die Gäste sollten nicht einmal mehr die Vorspeise erleben. Alle Mamelucken bis auf einen werden von seinen Soldaten abgeschlachtet. (Ein Nachfahre des einzig Überlebenden, Hassan al Alfi, ist ehemaliger Innenminister.)

Mit dem Mamelucken-Massaker hat sich der gewiefte Taktiker den Weg zur unumschränkten Herrschaft gemordet. Er nutzt seine Macht, das Militärwesen und die (Land-)Wirtschaft von Grund auf zu erneuern und Industrie anzusiedeln. Mohammed Alis Nachfolger Ismail dagegen treibt das Land in den Staatsbankrott, und zwar mit einem Projekt, aus dem Ägypten heute größten wirtschaftlichen Nutzen zieht: dem Sueskanal.

1856 schließt Ismail für den zu bauenden Sueskanal den ersten Konzessionsvertrag mit der von Ferdinand von Lesseps gegründeten Compagnie Universelle du Canal Maritime de Suez ab. Am 25. April 1859 beginnen die Bauarbeiten. Zehn Jahre später, am 17. November 1869, eröffnet Frankreichs Kaiserin Eugénie den Kanal; ein 99 Jahre währender Konzessionsvertrag wird geschlossen (Laufzeit bis 1968). Frankreich und England haben die Finanzkontrolle über Ägypten. 1888 wird die Sueskanal-Konvention, die bis 1968 die freie Durchfahrt für Kriegs- und Handelsschiffe in Kriegs- und Friedenszeiten garantiert, zwischen Großbritannien, Frankreich, Deutschland, Österreich-Ungarn, Italien, Russland, Spanien, der Türkei und den Niederlanden geschlossen.

Giuseppe Verdi (1813–1901), seine Oper Aida und die Eröffnung des Sueskanals – hartnäckig hält sich die Mär, Aida sei zu dessen Einweihung geschrieben worden. Verdi hatte aber seine Komposition nicht rechtzeitig fertiggestellt, so dass dann Rigoletto gegeben werden musste.

Die Engländer

Schrittweise machen sich die Kolonialisten im Lande breit. 1875 kaufen sie die Sueskanal-Aktien. Sieben Jahre später besetzen sie Ägypten. 1892 löscht General Kitchener, Englands Mann am Nil, die Armee der Mahdi, die sich im Sudan erhoben haben, aus. Das lange Ende der englischen Herrschaft leitet 1906 der Zwischenfall von Dinshawi ein. Britische Soldaten, so wurde berichtet, traktieren wieder einmal ägyptische Landbewohner. Doch diesmal schlagen die Fellachen zurück und verprügeln die Offiziere. Ein Engländer stirbt, daraufhin werden die Fellachen drakonisch bestraft, einige sogar öffentlich gehängt. Die erstarkende Unabhängigkeitsbewegung hat ihre Märtyrer.

1914 erklärt England das Land am Nil zum Protektorat, nachdem die türkische Herrschaft beendet wurde. 1922 erkennt die Krone zwar die Unabhängigkeit Ägyptens an, doch die Briten behalten sich eine Reihe von Sonderrechten vor, die die Souveränität des Landes einschränken. Der Sueskanal bleibt unter britischem Hoheitsrecht, und außerdem behält man sich die Verteidigungspolitik vor. Erst 1946 ziehen die britischen Truppen ab, halten aber weiterhin Stützpunkte in der Kanalzone – bis Staatspräsident Nasser 1956 den Sueskanal verstaatlicht.

König Faruk und die Putschisten

Das 20. Jh. zeichnet sich durch eine erstarkende Unabhängigkeitsbewegung aus, die der fremden Einflüsse und Besatzer überdrüssig die absolute Selbständigkeit Ägyptens anstrebt. Die Wur-

Faruk I., König von Ägypten, bei einem Manöver mit britischen Truppen (1940)

zeln dieser Bewegung reichen weit zurück in der Geschichte des Landes. Die Dreistigkeit, mit der aber gerade die Briten jeden Nicht-Ägypter in einer Quasi-Immunität im Lande gewähren lassen, heizt die Ausländerfeindlichkeit an. König Faruk tritt 1937 die Herrschaft an, aber viele sehen in ihm eine Marionette der Briten, und sein ausschweifender Lebenswandel kostet ihn die wenigen verbleibenden Sympathien. 1948 wird Faruk auch Ägyptens Niederlage gegen den im Mai desselben Jahres proklamierten Staat Israel angelastet. Fortan sammeln sich vor allem in der Armee die Feinde des Königs, die am 26. Juli 1952 putschen. Dem Militärregime gehört als Innenminister der spätere Präsident Gamal Abdel Nasser an; die Absetzung des Königs verkündet über Radio ebenfalls ein späterer Präsident: Anwar el Sadat. Ein Jahr später, 1953, wird die Republik Ägypten ausgerufen. 1954–1956 ziehen die restlichen britischen Truppen ab, und Nasser tritt 1956 das Amt des Staatspräsidenten an.

Sinaikrieg 1956

Verschiedene Ereignisse führen 1956 zum Krieg: Vom ägyptisch besetzten Gaza werden immer öfter Angriffe gegen Israel gestartet. Ägyptens Präsident Gamal Abdel Nasser verstaatlicht den Sueskanal und blockiert die Straße von Tiran, wodurch Israels Handelszugang über das Rote Meer zum Indischen Ozean und nach Asien abgeschnitten ist.

Großbritannien und Frankreich, laut 99jährigem Pachtvertrag Miteigentümer des Kanals, entscheiden sich in Absprache mit Israel für eine militärische Option. Am 29. Oktober 1956 beginnt der Krieg, aus dem der israelische Heereschef Moshe Dajan als Held hervorgehen wird. Er marschiert mit seinen Truppen über Gaza auf der Halbinsel Sinai ein. Zwei Tage später bombardieren Frankreich und Großbritannien Ägypten, dessen Niederlage am 6. November besiegelt ist, als die USA ein Ende des Krieges erzwingen, um ihr Image im arabischen Lager aufzupolieren. Als sich schließlich auch noch die Vereinten Nationen beinahe geschlossen hinter Ägypten stellen, müssen die einstigen Kolonialmächte und Israel klein beigeben.

Nasser aber avanciert zum panarabischen Idol. Sein Ehrgeiz gilt einem arabischen Sozialismus sowjetischer Prägung – mit Fünfjahresplan, Landenteignungen, Verstaatlichungen und Mietpreisbindungen (s. S. 34).

Sechstagekrieg 1967

Eine UN-Truppe auf dem Sinai und im Gaza sichert seit 1957 den Frieden an der ägyptisch-israelischen Grenze. Doch an den Grenzen zu Syrien und Jordanien kommt es seit 1962 immer häufiger zu Gefechten und Kämpfen, die im Juli 1966 zu schweren Zusammenstößen von syrischen und israelischen Panzerverbänden führen. Die arabischen Staaten, so argumentiert Israel, hätten die Jahre seit dem Sinaikrieg 1956 in erster Linie dazu genutzt, sich für den Endschlag gegen Israel hochzurüsten. Als auf Ägyptens Drängen die UN ihre Friedenstruppen aus dem Sinai und vom Gaza abziehen müssen und Nasser kurz darauf abermals die Straße von Tiran sperrt und erklärt, dass »allein die Existenz Israels eine Provokation ist«, macht Israel mobil.

Die Großmächte reagieren unterschiedlich auf die Bedrohung, deren Be-

Nassers unglückliches Erbe

Ägypten und sein Wirtschaftsdesaster – das ist nicht nur eine Folge der Bevölkerungsexplosion. Gamal Abdel Nasser, nach dem Sturz der Monarchie bis 1970 Präsident, hat mit seiner Politik entscheidend und langfristig dazu beigetragen. Mit seinem arabischen Sozialismus (seit 1961), einem Mittelding zwischen Kommunismus und Kapitalismus, verstaatlichte er die Industrie, entzog Großgrundbesitzern ihre Pachtrechte und fror Mietpreise ein. Mit der Verstaatlichung des höchst rentablen Sueskanals, die Nasser bis heute hoch angerechnet wird, nahm er 1956 publikumswirksam das Ablaufen des 99jährigen Pachtvertrages mit England um 12 Jahre gewaltsam vorweg. Während Nassers Nachfolger Sadat mit seiner Politik der Öffnung die Abschottung Ägyptens gegenüber dem Westen, die Anlehnung an die Sowjetunion und damit den Nasser-Sozialismus revidierte, blieb Sadats Nachfolger Hosni Mubarak die Last der großen inneren Veränderungen. Doch Mubarak betreibt aus Angst vor inneren Unruhen nur einen zögerlichen Reformkurs. Gerade in den armen Bevölkerungsschichten genießt Nasser, der's den Reichen nahm und den Armen gab, zunehmend hohes Ansehen. Am Beispiel dreier Bereiche kann man Nassers folgenschwere Politik veranschaulichen:

– Die Wohnungssituation in Kairo ist katastrophal. Mehr als 300 000 Menschen leben in Kairo auf Friedhöfen, weil sie kein Dach über dem Kopf haben, obwohl mindestens 400 000 Wohnungen leerstehen. Zerfallene Häuser und Mietskasernen prägen das Bild im ganzen Land. Denn seit Nasser die Mietpreise einfrieren ließ, kümmern sich viele Hausbesitzer nicht um die Instandhaltung ihres Eigentums. Viele Menschen zahlen noch heute die gleiche Monatsmiete von ein bis zwei Pfund, für die sie oder ihre Eltern vor 30 oder 40 Jahren die Wohnung bekamen. Da die Verträge und damit der fixe Mietpreis (noch) vererbbar sind, setzen Hausbesitzer lieber auf den baldigen Einsturz ihres Hauses, um dann in einem Neubau Eigentumswohnungen zu aktuellen Preisen rentabel zu verkaufen. Auf der Strecke bleibt dabei die Masse der Ägypter, die kaum imstande ist, mehr als zehn bis zwanzig Pfund für die monatliche Miete aufzubringen.

– Am 1. Oktober 1997 trat das Agrargesetz in Kraft, das bereits 1992 verabschiedet worden war. 1952 hatte Nasser nach dem Militärputsch gegen König Faruk die Landbesitzer de facto enteignet und verpflichtet, ihre Nutzflächen billig zu verpachten. Die Preise durften weder erhöht, noch das Land an neue Pächter abgegeben werden. Rund 6 Mio. Bauern müssen nun seit dem Inkrafttreten des Gesetzes Pachten bezahlen, die sich meist von einem Tag auf den anderen verhundertfacht hatten. Erst als es bei Auseinandersetzungen mit der Polizei Todesopfer gab und Außenstellen des Landwirtschaftsministeriums in Flammen aufgingen, stellte die Regierung Kreditfonds zum Grundstückserwerb zur Verfügung.

– Nassers Verstaatlichung der Betriebe hat dazu geführt, dass diese Ho-

Gamal Abdel Nasser (1918–1970)

tels, Firmen und Konzerne mehr Angestellte und Arbeiter beschäftigen als nötig. Die Folge der verdeckten Arbeitslosigkeit sind geringe Löhne, die allenfalls als magerer Grundstock für das dienen, was zusammen mit Zweit- und Drittjobs ein nicht mehr als entbehrungsreiches Auskommen ermöglicht. Allerdings ist eine rigorose Privatisierung, der sich Mubaraks Regierung heute auch auf Druck des Weltwährungsfonds verschrieben hat, keine Lösung, denn sie wird noch mehr Menschen arbeitslos machen.

ginn greifbar nahe liegt. Frankreich will keinen Krieg. Die USA und Großbritannien stellen sich auf die Seite Israels, und die Sowjetunion erklärt sich zu Ägyptens Schutzmacht. Nahost-Konflikte haben von nun an immer eine weltpolitische Dimension.

Am 1. Juni 1967 bildet Israels Premier Eschkol eine Regierung der nationalen Einheit; Verteidigungsminister wird der Sues-Held Moshe Dajan, der Mann mit der Augenklappe. Am 5. Juni 1967 starten 183 israelische Kampfjets Richtung Ägypten und zerstören in zwei Wellen, die nur knapp fünf Stunden dauern, 304 ägyptische Kampfflieger auf dem Boden, drei Viertel der ägyptischen Luftwaffe, die nicht vorbereitet ist. Nun greifen Jordanien und Syrien in den Krieg ein. Jordanien verliert seine gesamte Luftwaffe, Syrien etwa die Hälfte. Am 6. Juni besetzt Israel den Gazastreifen, am 7. und 8. Juni Hebron, Ramallah, Nablus und Jericho, am 10. Juni den Sinai. Doch am wichtigsten ist die Einnahme Jerusalems vom 5. auf den 6. Juni gewesen. Moshe Dajan kann den Israelis stolz die Klagemauer zurückgeben. Am 9. Juni führt Syrien von den Golan-Höhen aus Angriffe gegen Israel; einen Tag später ist der Golan gefallen, der Krieg zu Ende. Israel hat eine Fläche von knapp 67 000 km^2 dazugewonnen, das Dreifache des eigenen Territoriums vor diesem Sechstagekrieg.

Neun Tage nach Kriegsende bietet Israel Syrien und Ägypten die Rückgabe des Golan und der Sinai-Halbinsel als »Gegenleistung für Frieden und Entmilitarisierung«, die Formel, die später auch während der Verhandlungen unter den Regierungen Rabin und Peres verwendet wurde. Ob das Angebot 1967 ernst gemeint ist oder nur Rhetorik, wohl wissend, dass die Araber nie akzeptieren würden, ist bis heute höchst umstritten.

1970 stirbt Nasser, und sein Nachfolger Anwar el Sadat schlägt eine andere politische Marschrichtung ein: weg vom Sozialismus und der UdSSR, hin zum Kapitalismus, den USA und dem Westen.

Oktoberkrieg

Die Spannungen zwischen Israel und den Arabern haben sich seit dem Sechstagekrieg 1967 neu aufgebaut und verschärft. Vom Frühjahr 1969 an beschießen Ägypter über den Sueskanal hinweg den besetzten Sinai. Die palästinensische Terrorwelle erreicht mit dem Anschlag bei den Olympischen Spielen in München 1972 ihren Höhepunkt. Doch der Krieg, der 1973 an Yom Kippur (6. Oktober) losbricht, überrascht die Israelis, deren Armee nicht mobilisiert ist, nicht minder als die übrige Welt. Ägypten und Syrien beginnen mit ihren Angriffen: Panzerverbände rollen zeitgleich auf dem Sinai und dem Golan ein. Der Sieg scheint für die Araber greifbar nahe. Doch am 16. Oktober ist die ägyptische Armee eingekesselt, und die Israelis stehen jenseits des Sueskanals 220 km vor Kairo. Der 18tägige Krieg endet durch das Drängen der UN auf Verhandlungen, was wohl auch die Absicht ist, die Ägyptens Präsident Anwar el Sadat mit seinem Angriff verfolgte – Gespräche am grünen Tisch. Sein Kalkül geht auf, als Ägypten ab 1979 den Sinai zurückbekommt. Der Yom-Kippur-Krieg, von beiden Seiten als Sieg gefeiert, ist wohl eine greifbar nahe Niederlage, die Ägypten diesmal erspart bleibt. Die arabische Welt reagiert mit dem Ölembargo, das international ein Umdenken in Energiefragen einleitet. Auf Initiative des US-Außenministers begann nach 1973 die Suche nach dem Frieden.

Jehan und Anwar el Sadat

Frieden mit dem Todfeind

Nach vier Kriegen zwischen Ägypten und Israel macht Sadat einen Schritt, der ihn im arabischen Lager isoliert und am 6. Oktober 1981 bei einem Attentat das Leben kosten soll. Israels Premierminister Menachem Begin ruft am 21. Juni 1977 die Führer Jordaniens, Syriens und Ägyptens auf, mit ihm über Frieden zu sprechen. Einzig Ägyptens Sadat ergreift die Chance und reist am 19. Juli 1977 nach Jerusalem, wo er sich in Yad Vashem vor den Opfern des Holocaust verbeugt und am Nachmittag in der Knesset spricht: »Frieden ist nicht mehr als ein leeres Wort, wenn er nicht auf Gerechtigkeit basiert, sondern auf der Okkupation von Land, das anderen gehört ... Wir bestehen auf dem vollständigen Abzug aus diesen Gebieten, einschließlich aus dem arabischen Jerusalem.«

Im einzelnen fordert Sadat die Autonomie des palästinensischen Volkes und die Einhaltung der UN-Charta. Begin wiederholt daraufhin sein Friedensangebot an Israels arabische Nachbarn. Im Dezember reist Begin nach Ägypten und löst mit seiner Ankündigung, den Palästinensern die Autonomie geben zu wollen, in Israel den Protest der jüdischen Siedler aus. Israels religiöse Parteien, von jeher mit mehr politischem Einfluss, als ihnen nach Wählerstimmen zustünde, argumentieren mit der Bibel in der Hand gegen die Landrückgabe. Den Koran beschwörend, versucht das arabische Lager, Sadat zurückzuhalten.

Am 26. März 1979 wird in Camp David, offizieller Landsitz des US-Präsidenten Jimmy Carter, der Friedensvertrag zwischen Israel und Ägypten geschlossen. Die meisten arabischen Länder lehnen diesen Separatfrieden ab. Ägypten wird von der Arabischen Liga ausgeschlossen, und Sadat, der mit Begin dafür den Friedensnobelpreis erhält, unterschreibt mit der Friedensurkunde auch sein Todesurteil. Am 6. Oktober 1981 wird er bei der Militärparade anlässlich des Oktoberkrieg-Jubiläums unter bis heute nicht ganz geklärten Umständen, was die Drahtzieher des Attentates angeht, von fundamentalistischen Terroristen »wegen seines Verrates« erschossen.

Der Frieden zwischen Ägypten und Israel ist bis heute ein kalter Frieden geblieben. Aber die Verhandlungen von Camp David bereiten den Weg für die Nahost-Friedensgespräche in den 90er Jahren.

Die Ära Mubarak

Zum Nachfolger des ermordeten Anwar el Sadat wird 1981 Mohammed Hosni Mubarak gewählt, ein ehemaliger Luftwaffenpilot und Vizepräsident unter Sadat. Seine Amtsführung, zuletzt 1999 vom Parlament um weitere sechs Jahre verlängert, zeichnet sich durch außenpolitische Fortune aus, vor allem seit Mubaraks Krisenmanagement während des Golf-Krieges 1991.

In der Innenpolitik aber sagt kaum jemand Mubarak das Gelingen großer Würfe nach. Nach wie vor gilt die Notstandsgesetzgebung, die nach der Ermordung Sadats 1981 zur Abwehr radikaler Islamisten der Untergrundgruppe Gamaa Islamija verhängt wurde. Der Weg zu einem halbwegs demokratischen Staat ist noch weit.

Wirtschaftliche Reformen, die Bekämpfung der weitverbreiteten Korruption und der Vetternwirtschaft geht der Präsident zaudernd an, meist nur auf Druck der internationalen Kreditgeber wie des Internationalen Währungsfonds oder der Weltbank. Ein gewichtiges Problem stellen auch die Gruppen terroristischer Muslime dar, die von einem Gottesstaat à la Iran träumen – nur fehlt ihnen dafür der Rückhalt bei der breiten Masse des Volkes. Dennoch: In den Elendsvierteln Kairos und bei der armen

Kinder demonstrieren nach dem Attentat in Luxor gegen terroristische Anschläge

Landbevölkerung betreiben diese so genannten Fundamentalisten aktive Sozialpolitik. Sie geben Bedürftigen Geld, verteilen Lebensmittel und versprechen eine blühende Zukunft in einem islamischen Gottesstaat (s. S. 44).

Außenpolitisch darf sich Mubarak im Glanz internationaler Anerkennung sonnen. 1989 wurde das Land nach zehnjährigem Ausschluss – wegen des Camp-David-Friedens mit Israel – wieder in die Arabische Liga aufgenommen. Ägypten wurde damit wieder eine der wichtigen Stimmen des Nahen Ostens. Sein außenpolitisches Glanzstück vollbringt Mubarak nach der Besetzung Kuwaits durch den Irak am 2. August 1990. Ägypten setzt sich an die Spitze der Anti-Irak-Front, schickt Soldaten in den Kriegseinsatz und ringt den arabischen Brüdern das Zugeständnis ab, die USA an der Spitze einer arabischen Allianz Kuwait befreien zu lassen. Diese Rolle des Politmaklers wurde im nachhinein vom Westen finanziell belohnt. Die Rolle des Moderators und Mittlers behielt Mubarak, unterstützt von den USA, bei: In den schwierigen Verhandlungen zwischen Israelis und Palästinensern über die Umsetzung des Oslo-Abkommens verhandelt der Ägypter parallel zur und in Absprache mit der US-Regierung mit allen beteiligten Parteien.

1997 gründen Ägypten und sieben andere Staaten (Türkei, Iran, Indonesien, Bangladesch, Malaysia, Pakistan, Nigeria) mit der »Erklärung von Istanbul« die D 8-Organisation, die nach dem Beispiel der sieben führenden Industrienationen (G 7) die wirtschaftlichen Interessen dieser Länder mit fast 800 Mio. Menschen wahrnehmen soll. Angesicht bereits existierender Bündnisse wie der Organisation der Islamischen Konferenz gab es selbst im islamischen Lager Zweifel über den Sinn der D 8-Organisation.

Mit zwei Attentaten widerlegt die fundamentalistische Gamaa Islamija-Bewegung die offizielle Lesart, dass der Terrorismus besiegt sei. Im September 1997 sterben vor dem Ägyptischen Museum neun Touristen und der einheimische Busfahrer, im November werden bei einem Massaker vor dem Hatschepsut-Tempel in Theben 64 Menschen ermordet. Der Tourismus geht daraufhin 1998 um 90% zurück, 2000 und 2001 werden aber die erfolgreichsten Tourismus-Jahre für Ägypten.

Historischer Überblick – Zeittafel

ab 20 000 v. Chr. Am Nil leben Menschen als nomadische Jäger und Sammler.

3000–2650 v. Chr. Menes, möglicherweise Sammelname mehrerer Provinzfür-
(1.–2. Dynastie) sten, einigt Ober- und Unterägypten zum Königreich; Beginn der Hochkultur.

Altes Reich Pharaonen regieren einen voll entwickelten Staat, der durch
2650–2160 v. Chr. Kriegszüge und Expeditionen seinen Machtbereich aus-
(3.–6. Dynastie) dehnt; König Djosers Baumeister Imhotep erbaut die Stufenpyramide in Sakkara; in Giza entsteht u. a. die Cheops-Pyramide.

Erste Zwischenzeit Das Land zerfällt durch das Machtstreben kleiner Gaufür-
2160–2040 v. Chr. sten, versinkt in sozialen Unruhen und Bürgerkriegen.
(7.–10. Dynastie)

Mittleres Reich Mentuhotep I. befriedet das Reich, leitet eine neue Blütezeit
2040–1650 v. Chr. ein; Amun tritt an die Stelle des Sonnengottes Re.
(11.–14. Dynastie)

Zweite Zwischenzeit Die vorderasiatischen Hyksos erobern Ägypten.
1650–1550 v. Chr.
(15.–17. Dynastie)

Neues Reich Mit der Vertreibung der Hyksos beginnt Ägyptens Blütezeit.
1550–1070 v. Chr. Es entstehen die großen pharaonischen Bauten in Luxor und
(18.–20. Dynastie) Abu Simbel.

Spätzeit Auf die Blüte folgt durch innere Unruhen der Reichszerfall;
1070–332 v. Chr. die Ägypter verlieren die Macht an Libyer, Äthiopier, Perser.
(21.–30. Dynastie)

332–30 v. Chr. Alexander der Große erobert Ägypten; unter seinen Nachfolgern, den Ptolemäern, übernimmt das Land für 300 Jahre hellenistische Kultur; Tempelbauten in Philae und Edfu.

30 v. Chr.–395 n. Chr. Ägypten wird nach Oktavians Sieg über Kleopatras Flotte römische Provinz. Das Christentum breitet sich trotz grausamer Verfolgung aus.

395–641 Ägypten verarmt unter byzantinischer Herrschaft. Die ägyptische, nun koptisch genannte Kirche trennt sich von der oströmischen.

Straßenbahnhaltestelle am Strand von Alexandria (1911)

ab 641	Amr Ibn el As erobert Ägypten, gründet Fustat (das spätere Kairo) und islamisiert das Land.
641–1798	Kalifen aus Bagdad und Osmanen herrschen und errichten großartige islamische Monumente, aber das ausgebeutete Land versinkt in Bedeutungslosigkeit.
1798/1799	Die Türkenherrschaft (seit 1517) endet mit Napoleons Ägyptenfeldzug. Engländer vertreiben die Franzosen; französische Gelehrte begründen die Ägyptologie.
1805–1849	Der Albaner Mohammed Ali erringt als Pascha die Macht und zwingt die Engländer aus dem Land. Er reformiert den maroden Staat (Schulen, Landwirtschaft), baut ein Bildungssystem auf, wird zum Vater des modernen Ägypten.
1869	Der Sueskanal, der das Land an den Rande des Ruins brachte, wird eröffnet. Ägypten muss wegen der Schuldenlast den Kanal für 99 Jahre einer internationalen, mehrheitlich aber britisch-französischen Gesellschaft überlassen.
1914	England, das Ägypten wieder besetzt hatte, erklärt das Land zum Protektorat, erkennt aber acht Jahre später dessen Unabhängigkeit an, Ägypten wird Königreich.
1937	König Faruk besteigt den Thron.
1946	Die Briten ziehen (außer von der Sueskanal-Zone) ab.
1952	Die Freien Offiziere (u. a. Nasser und Sadat) stürzen König Faruk.
1953	Am 18. Juni wird die Republik ausgerufen, Faruk verbannt.

1954	Nasser wird Ministerpräsident, zwei Jahre später Staatspräsident. Die britischen Truppen verlassen das Land. Die Verstaatlichung des Sueskanals provoziert die Suezkrise und macht Nasser zum panarabischen Idol und Helden.
1967	Sechstagekrieg. Ägypten hat die Straße von Tiran gesperrt, Israel besetzt den Sinai.
1970	Nach Nassers Tod wird Anwar el Sadat neuer Präsident und korrigiert den sozialistischen Kurs Nassers.
1973	Im Oktoberkrieg (Yom-Kippur-Krieg) bekommt Ägypten einen Teil des Sinai zurück.
1979	Israel und Ägypten schließen in Camp David (USA) Frieden. Wegen des Separatfriedens wird Ägypten aus der Arabischen Liga ausgeschlossen, im islamischen Lager isoliert.
1981	Staatspräsident Sadat wird – wegen des »verräterischen Friedens mit Israel« ermordet; sein Stellvertreter Hosni Mubarak folgt ihm im Amt. Mubarak verhängt den bis heute andauernden Ausnahmezustand.
1982	Israel gibt das letzte Stück Sinai zurück, nur um Taba wird noch bis 1989 verhandelt.
1990/1991	Im Golfkrieg profiliert sich Ägypten als Kopf der Anti-Irak-Front, kann damit im arabischen Lager die alte Rolle des politischen Vermittlers gewinnen; der Westen honoriert dieses Engagement mit enormem Schuldenerlass.
1992–1996	Attentate islamischer Fundamentalisten auf kritische Journalisten, Kopten, Touristen. Anschläge mit Autobomben und Heckenschützen gegen Informations-, Innen- und Premierminister; Messerattentat auf den Nobelpreisträger Nagib Machfus. Der Tourismus erleidet Einbußen bis zu 60 %. Militärgerichte verhängen gegen Terroristen Todesstrafen.
Frühjahr 1997	Bis 2017 sollen nach einem Regierungsplan über 40 neue Städte, teilweise in der Wüste und am Roten Meer, gegründet werden. Der Bau des mehrere hundert Kilometer langen Tushka-Kanals soll innerhalb von 25 Jahren 40 000 km² Wüste in fruchtbares Kulturland umwandeln.
Herbst 1997	Terroristen töten neun deutsche Urlauber und den ägyptischen Busfahrer vor dem ägyptischen Museum in Kairo. Im November ermorden Terroristen 64 Touristen am Hatschepsut-Tempel in Luxor.
1998	Der deutsche Archäologe Edgar Pusch entdeckt in der Ramses-Stadt einen golddurchwirkten Fußboden.
Herbst 1999	Mubarak wird zum vierten Mal vom Volk zum Staatspräsidenten gewählt und vom Parlament bestätigt.
Herbst 2000	Bei den Parlamentswahlen kommt es zu gewalttätigen Auseinandersetzungen zwischen Polizei und Wählern. Dabei sterben mindestens neun Menschen, Dutzende werden verletzt, mehr als 200 verhaftet.

Politische Strukturen

Verfassung und Regierung

Hinter der Bezeichnung Arabische Republik Ägypten, wie seit September 1971 der offizielle Name des Landes lautet, verbirgt sich ein zentralistischer Präsidialstaat mit demokratischen Elementen. Der Staatspräsident heißt Mohammed Hosni Mubarak. Er bestimmt die Politik, ernennt den Premierminister, die Minister, die Gouverneure und eventuell einen Vizepräsidenten (Mubarak hat keinen Stellvertreter). Der Präsident verkündet Gesetze und erlässt Dekrete. Er ist Oberbefehlshaber der Streitkräfte, er erklärt mit Billigung des Abgeordnetenhauses Krieg und schließt Verträge.

Der Präsident wird alle sechs Jahre vom Abgeordnetenhaus gewählt; zwei Amtsperioden sind möglich. Mubarak regiert auf der Basis eines kurzfristig beschlossenen parlamentarischen Sondergesetzes zum vierten Mal. Grundlage des Staates ist die Verfassung vom 11. September 1971, die sechs Kapitel mit 193 Artikeln enthält.

Der Islam ist Staatsreligion, aber da die Sharia, das islamische Recht, nur Hauptquelle, nicht aber alleinige Grundlage der Gesetzgebung ist, ist Ägypten kein rein islamischer Staat. Elemente aus der europäischen Gesetzgebungstradition sind reichlich vorhanden; die Todesstrafe ist erlaubt und wird auch vollstreckt.

Das Volk wird im Abgeordnetenhaus (Maglis el Shaab) vertreten, und zwar von 454 Abgeordneten. 444 davon werden auf fünf Jahre direkt gewählt; 10 Abgeordnete ernennt der Staatspräsident. Erst seit 1986 können – nach Anfechtung durch die Opposition – auch Parteilose für das Abgeordnetenhaus kandidieren. Als beratende Kammer steht dem Parlament der Shura-Rat zur Seite. Ein Drittel der mindestens 210 Mitglieder ernennt der Staatspräsident.

Nach der Ermordung Anwar el Sadats am 11. Oktober 1981 wurde der Ausnahmezustand verhängt und seither immer wieder verlängert. Aus Gründen der Staatssicherheit können Polizei und Gerichte die von der Verfassung garantierten Freiheitsrechte jederzeit einschränken und aufheben. Über die Jahre hinweg hat sich dieses sensible Instrument allerdings zu einem brachialen Machthebel entwickelt, mit dem unliebsame, nicht systemkonforme Journalisten ebenso wie allzu kritische Intellektuelle und Künstler mundtot gemacht werden.

Wahlen

Bei den Wahlen 2000 errang Mubaraks Nationaldemokratische Partei (NDP) 388 der 444 Sitze im Parlament. Von den 256 gewählten unabhängigen Kandidaten traten 218 umgehend zur NDP über. Oppositionsparteien erreichten 35 Mandate. Vor den Wahllokalen war es zu massiven Wahlbehinderungen gekommen. Von der Polizei beschützte bzw. tolerierte Rollkommandos hatten viele Nicht-Mubarak-Wähler vom Gang zur Urne abgehalten. Durch Gewaltakte kamen mindestens neun Menschen um; es gab Dutzende Verletzte, darunter zahlreiche ausländische Journalisten.

Wegen des hohen Analphabetismus werden Kandidaten der verschiedenen Parteien auf Wahlplakaten traditionell einprägsame Symbole zugeordnet. Die regierende NDP bekam von den staatlichen Wahlbehörden das (in Arabien hoch geschätzte) Kamel als Signet zugeordnet, während eine Oppositionspartei ihre Kandidatenplakate mit einem Revolver zieren musste.

Parteien

Erst seit 1980 sind wieder mehrere Parteien zugelassen. Bis dahin regierte, von 1962 an, die Arabische Sozialistische Union (ASU) als Einheitspartei. Ihre Rolle hat im Rahmen des Demokratisierungsprozesses nach Nasser die von Sadat 1978 gegründete Nationaldemokratische Partei (NDP) übernommen, der heute Präsident Mubarak vorsitzt. Sie stellt die überwältigende Mehrheit der Parlamentsabgeordneten, und nach dem Vorbild vergangener Einheitsparteien schadet es auch in Verwaltung, Staatsbetrieben, Universitäten und Schulen nicht, Mitglied in der NDP zu sein. Die liberal-konservativen Kräfte sammeln sich in der El Wafd-Partei und der Partei der Liberalen.

Dem Ideal des Nasserschen Marxismus fühlt sich die kleine Tagammu-Partei verpflichtet. Die Arbeiterpartei gilt als Vertretung der Muslime, denen die Parteigründung, ebenso wie einer geplanten Vereinigung der Kopten, nicht möglich ist: religiöse Parteien sind verboten.

Nach jahrelanger Prüfung wurde 1990 die Umweltschutzpartei der Khodr zugelassen. Obwohl bei den Grünen äußerst engagierte Akademiker vereint sind, hat man die Gründung dieser Partei mehr aus kosmetischen Gründen denn aus wirklichem ökologischem Verständnis heraus gestattet. Tatsächlich sind den Mitgliedern die Hände weitgehend gebunden. Selbstverständlich bezuschusst der Staat die Grünen nicht, und Aus-

Wandbild des Präsidenten in Luxor

Fundamentalismus

Oktober 1981: Ermordung des ägyptischen Präsidenten Sadat. Oktober 1994: Bewaffneter Angriff auf den Literaturnobelpreisträger Nagib Machfus. Juni 1995: Gescheitertes Attentat in Addis Abeba auf Präsident Mubarak. April 1996: Mordanschlag auf eine griechische Reisegruppe vor einem Hotel nahe der Pyramiden – 18 Tote. April 1997: Hinterhältiger Mord an Betenden in einer koptischen Kirche. September 1997: Bombenanschlag auf einen mit Touristen besetzten Bus. November 1997: 64 ausländische Besucher werden in Theben-West (Luxor) Opfer eines Überfalls.

Seit im Frühjahr 1992 muslimische Extremisten der ägyptischen Regierung den Krieg erklärten, sind weit über 1100 Zivilisten und Polizisten umgekommen.

Die Gamaa Islamija (Islamische Vereinigung), Ägyptens größte Terrororganisation, versucht mit Anschlägen auf Sicherheitskräfte, Touristen, Kopten und Prominente den ägyptischen Staat zu destabilisieren, die Regierung zu stürzen und durch ein fundamentalistisches Regime wie im Iran oder Sudan zu ersetzen. In Assiut und Minya (Oberägypten), sind die Kaderschmieden der Gruppen, die angeblich vom Iran finanziert werden. Ihr geistiger Führer, der Scheich Omar Abdel Rahman, sitzt wegen des Bombenanschlags auf das New Yorker World Trade Center lebenslang in einem Gefängnis in den USA.

Fundamentalismus in Ägypten – das Phänomen hat seine Ursachen. Die Hoffnungslosigkeit der jungen Generation, miserable Studienbedingungen, Arbeitslosigkeit, Korruption und Misswirtschaft in Verwaltung und Regierung schüren den Hass gegen das Regime, den extreme und militante Islamisten für ihre Zwecke instrumentalisieren. Und unzählige Prediger missdeuten den Koran eloquent als Anleitung zur Gewaltanwendung. Die Wurzeln der verschiedenen Bewegungen reichen weit zurück.

Die Gamaa Islamija ebenso wie die Jihad (Heiliger Krieg) und Takfir wal Hijra (Bekehrung und Auswanderung, in Anspielung auf die Auswanderung des Propheten von Mekka nach Medina) sind Ableger der 1928 von Hassan el Banna gegründeten Muslimbrüder. Hassan el Banna, ein Lehrer aus Ismailia, gründete die größte muslimische Organisation, als sich zu Beginn des 20. Jh. Ägypten unter dem Einfluss der Engländer mehr und mehr am Westen orientierte.

Die Muslimbrüder streben – auch unter Gewaltanwendung – einen islamischen Staat an, der die Sharia, das islamische Recht, als einzige Rechtsquelle anerkennt. Nasser ließ Muslimbrüder in den 60er Jahren des 20. Jh. verfolgen, verhaften und ermorden; Sadat ließ sie wieder agieren, um linken Strömungen entgegenzuwirken. Als die Ikhwat el Muslimin ab 1970 einen gemäßigten Kurs einschlug, spalteten sich die radikalen Gruppen ab.

Ägypten trennt Religion und Staat nicht vollständig voneinander. In Artikel 2 der Verfassung heißt es: »Die Sharia ist die Hauptquelle der Gesetzgebung.« Doch die Elemente französischen Rechts sind unverkennbar. Es herrscht zwar ein Mehrparteiensystem, doch religiöse Parteien, wie die Muslimbrüder, sind verboten. Die Muslimbrüder werfen dem Staat Extremismus vor, wie sie ihn meinen: »Darunter verstehen wir das Abweichen von der Sharia. Wer Dinge einführt, die keine Sharia-Pflichten sind, und andererseits Sharia-Pflichten nicht nachkommt, ist für uns ein Extremist.«

Als Mitte des 20. Jh. die Ikhwat el Muslimin ein Attentat auf den damaligen Präsidenten Gamal Abdel Nasser verübten, galten die Muslimbrüder als illegal, wurden aber geduldet.

Mehrere Versuche, eine nach außen hin nicht religiöse Partei zu gründen, schlugen fehl. Die Regierung wirft ihnen konstant vor, sich zu tarnen, und weist alle Anträge auf Parteigründung zurück. Alle Parlamentswahlen sind begleitet von Verhaftungswellen, aus Angst, ein Zusammenschluss der Arbeiterpartei und der Muslimbrüder könnte in einer ernsthaften Opposition resultieren.

Die neue Strategie der Muslimbrüder ist der Marsch durch die Institutionen. Ihre Anhängerschaft sitzt längst in führenden Positionen der Gewerkschaften der Anwälte, Mediziner, Ingenieure und Apotheker. Wegen ihrer vielfältigen Bemühungen im sozialen Bereich treffen die Gruppen aber auch auf große Sympathien bei der armen Bevölkerung.

landsspenden – die immer wieder angeboten werden – sind Oppositionsparteien verboten. Auf publicityträchtige Aktionen à la Greenpeace muss die Partei verzichten, da die Notstandsgesetzgebung Versammlungen von mehr als fünf Personen untersagt.

So bleibt die Ökologiebewegung bis auf weiteres nur die Amateurpolitik einer gebildeten Schicht, weit entfernt von einer breiteren Basis.

Gewerkschaften

21 Einzelgewerkschaften mit über 2,5 Mio. Mitgliedern sind seit 1957 zur Egyptian Trade Union Federation (ETUF) zusammengeschlossen. Die mitgliederstärksten Gewerkschaften sind die der Textil-, Transport- und Landarbeiter sowie der am Bau Beschäftigten. Streik und Aussperrung sind in Ägypten nicht erlaubt. Die ETUF verhält sich äußerst regierungsfreundlich.

Verwaltung

Die Verwaltung ist hierarchisch und zentralistisch auf Kairo hin ausgerichtet. Den deutschen Bundesländern entsprechen in etwa die 25 Gouvernements, denen der Gouverneur im Ministerrang vorsteht.

Darunter sind die Kreise, Städte, Stadtviertel und Dörfer angesiedelt. Viele der Gouverneure sind verdiente Armeegenerale. Die Gouvernements entlang der Staatsgrenzen werden von Militärgouverneuren geleitet und haben weniger Selbstverwaltungsrechte als die übrigen Distrikte des Landes.

Militär

Das Militär ist einer der mächtigsten Apparate im Land. Dagegen könnte keine Regierung regieren, was auch unwahrscheinlich wäre, da niemand ernsthafter Präsidentenkandidat werden könnte, der nicht aus den Reihen des Generalstabs kommt oder zumindest das uneingeschränkte Vertrauen der Streitkräfte genießt.

Innerhalb der ägyptischen Gesellschaft steht dem Militär ab den mittleren Rängen seit jeher eine Reihe von Privilegien zur Verfügung, wie günstige Kredite für den Wohnungs- oder Autokauf und äußerst preiswerte Mietwohnungen. Die ägyptischen Streitkräfte zählen 350 000 Mann (Wehrpflicht drei Jahre). Der Etat betrug 1995/96 rund 2,4 Mrd. US$; das sind rund 100 Mio. US$ mehr als die gesamte US-Entwicklungshilfe für das gleiche Jahr betrug.

Presse und Rundfunk

Die Medien Ägyptens sind mit wenigen Ausnahmen staatseigen und/oder regierungsnah. Hörfunk und Fernsehen, beide in der staatseigenen Egyptian Radio and Television Union unter einem Dach vereint, verstehen sich in ihrem Programmauftrag weitgehend als Regierungssender. Trotz der hohen Analphabetenrate ist das Zeitungswesen hoch entwickelt: es erscheinen rund 50 Tageszeitungen und 200 Wochenzeitungen. Die größten Tageszeitungen sind Al Akhbar (ca. 1 Mio. Auflage), Al Ahram (ca. 900 000) und Al Gomhouriya (ca. 650 000). 1992 gab es in Ägypten rund 18 Mio. Radiogeräte und rund 6,5 Mio. Fernseher. Die Medien unterliegen der Zensur. Der Generalstaatsanwalt hat das Recht, Zeitungen prophylaktisch und/oder zur Strafe das Erscheinen für mehrere Ausgaben zu verbieten.

Die ägyptische Flagge zeigt den Adler Saladins auf rot-weiß-schwarz-gestreiftem Grund

Bevölkerung

Anfang 2001 lebten in Ägypten über 66,5 Mio. Menschen. Ägypten liegt damit an 15. Stelle der Welt. Das Bevölkerungswachstum beträgt 1,86 %. Im Durchschnitt besteht jede Familie aus 3,3 Personen. Mehr als ein Drittel der Menschen ist unter 15 Jahre alt. In den letzten 50 Jahren hat sich die ägyptische Bevölkerung mehr als verdreifacht. Schätzungen zufolge leben im Jahr 2029 123 Mio. Menschen in Ägypten. Alle 23,5 Sekunden wird ein Kind geboren, d. h. 3680 Menschen kommen tagtäglich dazu. Allein im Großraum Kairo lebt jeder fünfte Bewohner in Slums. Wie in anderen Entwicklungsländern gibt es eine große Landflucht, und im gesamten Land existieren nach Schätzungen rund 1000 Elendssiedlungen mit rund 20 Mio. Personen. Was die Analphabetenrate angeht, so schwanken die Zahlen erheblich. Bei 39 % liegen die offiziellen Angaben; ausländische Experten gehen aber von mindestens 51 % aus.

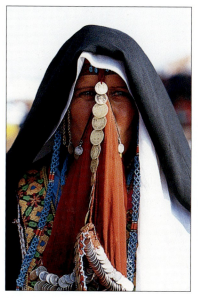

Beduinen-Frau mit typischem Gesichts- und Kopfschmuck

Minderheiten: Christen, Juden, Beduinen

Probleme zwischen den verschiedenen Gruppen gibt es in Ägypten zunehmend. Knapp 90 % der Bevölkerung sind Muslime, wie es offiziell heißt. Die Kopten mit dem Patriarchen von Alexandria reklamieren für sich andererseits einen Bevölkerungsanteil von mindestens 10–15 %. Dazu kommen noch kleine Minderheiten von rund 80 000 römisch-katholischen, protestantischen und griechisch-orthodoxen Christen sowie eine kleine jüdische Gemeinde.

Die Kopten gelten als besonders gut ausgebildet und haben überproportional viele herausragende Positionen (Ärzte, Lehrer, Anwälte) inne. Neuerdings sind die Kopten vermehrt das Ziel von Ausschreitungen radikaler Islamisten. In Oberägypten kam es nicht nur zu Überfällen auf Kirchen mit zahlreichen Toten. Vermehrt beklagen sich die Christen auch über Schutzgelderpressungen durch Muslime, die außerdem versuchen, Kopten zur Konvertierung zu bewegen. Ehen zwischen Kopten und Muslimen, sozial geächtet, kommen nur höchst selten vor, bedeuten sie doch für die jeweiligen Familien Schande.

Verschwindend klein sind mittlerweile die jüdische und die christliche Gemeinde Ägyptens. Von einst 50 000

Die Stadt, der Pfarrer und der Müll

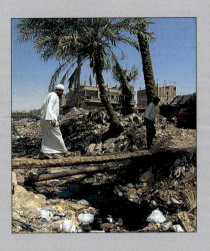

Missmutig blickt Pater Mena auf den meterhohen Müllberg, der sich direkt vor seiner Kirche auftürmt. Der Gestank verschlägt ihm den Atem. Jeden Morgen, wenn er mit seinem Auto in das Viertel fährt und diesen Haufen sieht, überkommt ihn ein wenig Bitterkeit. Der 42jährige zupft an seinem langen dunklen Bart und klopft sich den Schmutz aus seinem schwarzen Rock. Oft schon hat er seine Pfarrgemeinde angefleht, den Müll nicht vor dem Gotteshaus abzuladen. Seit sieben Jahren leitet der Vater zweier Söhne das Priesteramt auf Kairos zweitgrößter Mülldeponie.

Ard el Liwa, ›Erde des Generals‹, ist einer der ärmsten Bezirke Kairos. Hier stapeln sich Berge von zertretenen Plastikflaschen, Dosen, zerrissenen Kleidungsstücken und Papier. Herrscher der Müllberge sind rund 5000 Kopten, die christliche Minderheit Ägyptens. Die *zabalin*, die Müllsammler, hausen zumeist in zerfallenen Hütten. In kleinen Vorhöfen halten sie Schweine und Ziegen. »Die Muslime wollen nichts mit Dreck und Schweinen zu tun haben«, sagt Abuna Mena. Darum sei das Müllgeschäft in koptischer Hand.

Morgens früh fahren die *zabalin* in die reichen Viertel Kairos und sammeln den Müll. Arme Gegenden werden nicht bedient, denn sie versprechen kein lukratives Geschäft. Frauen und Kinder sortieren die heimgebrachten Abfälle. Mit bloßen Händen verfüttern sie verfaulte Essensreste an die wohlgenährten Schweine. Metall, Glas und Plastik werden, fein säuberlich getrennt, an Händler verkauft. Mehr als 80 % des eingesammelten Mülls wird dadurch recycelt.

Was Kairo fehlt, ist eine organisierte städtische Müllabfuhr. Statt dessen regelt offiziell die Kairoer ›Beautification‹ Behörde (CBA) die Routen der *zabalin* und der Müllabfuhren aus dem Privatsektor, für den Rest ist die CBA zuständig. Zumindest ist das die Idee. 20 % des Kairoer Mülls bleibt dennoch liegen, insbesondere in armen Gegenden. Die CBA hat kein Geld, um sich genügend Lastwagen zu kaufen und die Arbeiter gut zu bezahlen. Der von CBA eingesammelte Müll wird ungetrennt auf einer wilden Deponie am Stadtrand abgeladen und einfach verbrannt.

Systematisch begann der Pater, die »verwahrloste Gemeinschaft zu organisieren und zu missionieren. Keiner der hier lebenden Kopten hat von Hygiene einen blassen Schimmer gehabt, konnte lesen oder schreiben. Gott war ihnen zwar ein Begriff, aber die Kirche eher ein Fremdwort«, sagt der Priester. Kinderhygiene stand für ihn an erster Stelle. Er zog von Haus zu Haus, sammelte unter den skeptischen Blicken der Eltern fünf völlig zerlumpte, schmutzige Kinder auf, wusch sie, gab ihnen zu essen, kleidete sie ein und lehrte sie lesen und schreiben. Heute sind 120 Kinder im Alter von zwei bis fünf Jahren auf mehrere Vorschulklassen verteilt.

1990 glich die Kirche Mari Girgis eher einer erbärmlichen Hütte. Heute ragt ein unübersehbarer Betonklotz mit zwei Glockentürmen in den Himmel – finanziert aus Spenden. Hinter den Mauern verbergen sich eine Schule, eine Zahnarztpraxis und ein noch nicht fertiggestelltes Krankenhaus.

Für den Kirchenneubau musste Abuna Mena die Zustimmung des Präsidenten einholen, wie es ein Gesetz von 1856 verlangt. Selbst einen Anbau oder die Reparatur der Toilette muss der Staatschef absegnen. Nach der Zahlung von umgerechnet rund 2500 € an die Regierung, die der Priester lächelnd als Geschenk bezeichnet, konnte er mit muslimischem Wohlwollen den Neubau starten.

Abuna Mena hat noch viel vor: »Die Regierung hat erst vor kurzem Strom- und Telefonleitungen installieren lassen. Wir brauchen noch dringend frisches Leitungswasser. Außerdem muss der Müll aus unserem Viertel, sonst ersticken wir irgendwann darin. Und das Hospital muss unbedingt fertiggestellt werden.«

Die Müllsammler von Kairo sorgen dafür, dass fast alles wiederverwertet wird

Feministische Vorkämpferinnen: Doria Shafik und Hoda Shaarawi

Am 19. Februar 1951 stürmt die ägyptische Feministin Doria Shafik eine Plenardebatte des Parlaments unter König Faruk. Ungerührt von der Empörung der Abgeordneten fordert sie die Beteiligung der Frauen am öffentlichen Leben und gleiche Ausbildungschancen ein. 1500 Frauen belagern derweil das Parlamentsgebäude. Kurz darauf beginnt Shafik ihren ersten Hungerstreik, der von der Weltöffentlichkeit verfolgt wird und sie unantastbar für das wütende männliche Establishment macht, das fünf Jahre später den Frauen die Rechte gewährt, für die Shafik protestiert und die bereits 25 Jahre vor ihr Hoda Shaarawi gefordert hatte. Doria Shafik (1908–1975) und Hoda Shaarawi (1879–1947) kämpften, um die »ägyptische Frau aus ihrem Dilemma zu befreien, unter dem sie über Jahrhunderte hinweg gelitten hat«. Zwei außergewöhnliche Frauen, geistige Mütter moderner Frauenrechtlerinnen wie der marokkanischen Soziologin Fatima Mernissi oder der ägyptischen Ärztin Nawal el Saadawi.

Als Hoda Shaarawi 1923 aus Italien zurückkehrt (sie führte die erste ägyptische Delegation zum »Internationalen Bündnis der Frauen« an) und von Bord des Schiffes geht, stockt der islamischen Welt der Atem. Die Muslimin, die mit 13 Jahren in den Harem des Politikers Ali Shaarawi einheiraten musste, legt in aller Öffentlichkeit ihren Schleier ab. Damit beginnt die feministische Ära Ägyptens. Zwei Jahre später gründet die Tochter eines der reichsten Gutsbesitzer des Landes die erste feministische Organisation im Nahen Osten, die »Vereinigung ägyptischer Feministinnen«.

Shafiks Weg zeichnet sich früh ab, denn als Kind erlebt sie schon ein soziales Umfeld, das sich vor allem durch Polygamie und Gewalt gegen Frauen auszeichnet. Die beiden Frauenrechtlerinnen begegnen sich erstmals 1928, im selben Jahr, in dem Shafik, hochgewachsen und schlank, 19 Jahre alt, ihre erste Ansprache bei einem Wettbewerb für junge ägyptische Schriftstellerinnen hält: »Ich frage mich, warum bestehen Männer darauf, ihre Frauen zu isolieren? Glauben sie, dass jahrhundertealte Traditionen in unsere moderne Zeit passen? Oder verstehen sie einfach nicht den absoluten Wert von Freiheit? Vielleicht sollten wir sie ein oder zwei Jahre einsperren, damit sie fühlen, was sie den Frauen auferlegen!«

Um das feministische Bewusstsein zu wecken, gründet Shafik nach ihrer Rückkehr aus Paris, wo sie an der Sorbonne im Fach Philosophie promovierte, 1940 in Kairo das Frauen-Magazin »La Femme Nouvelle« und fünf Jahre später in arabischer Sprache »Bint El Nil« (Tochter des Nils). Es gelingt ihr sogar, hohe Gelehrte der Al

Azhar-Universität, des islamischen Vatikans, davon zu überzeugen, dass sich ihr Engagement nicht gegen den Koran richtet, sondern einzig die Lage der Frauen verbessern will.

1948 gründet Shafik die Organisation »Bint El Nil Union«, die sich wie Shaarawis »Vereinigung ägyptischer Feministinnen« darauf konzentriert, das aktive und passive Wahlrecht für Frauen durchzusetzen, die Polygamie abzuschaffen sowie europäisches Scheidungsrecht in Ägypten einzuführen. Bis heute hat der Mann ohne Angaben von Gründen das sofortige Recht zur Scheidung, während die Frau triftige (sie wird z. B. geschlagen oder betrogen) Gründe vor Gericht darlegen muss – und dabei noch oft scheitert.

Im Februar 1957 unterstreicht sie ihren Aufschrei, Ägypten befände sich unter Gamal Abdel Nasser auf dem besten Wege zur Diktatur, mit einem zweiten Hungerstreik. Ehe die Weltöffentlichkeit davon erfährt, stellt Präsident Nasser die Frauenrechtlerin unter Hausarrest, die von der internationalen Presse als »parfümierte Führerin«, die »Gefahr für die muslimische Nation«, die »Radikale«, die »Frau mit den 88 Augenbrauen« bezeichnet wird. Das Ende beginnt. Ihre Magazine und Bücher werden auf den Index gesetzt, ihre beiden Verlagshäuser geschlossen. Ihr Name darf in der ausschließlich staatlich gelenkten Presse nicht mehr erscheinen.

Mit ihrem Selbstmord im September 1975 taucht der Name Shafik nach 18jähriger Vergessenheit noch einmal kurz in den Schlagzeilen aller internationaler Zeitungen auf, die sie einst als »einzigen Mann Ägyptens« gefeiert hatten.

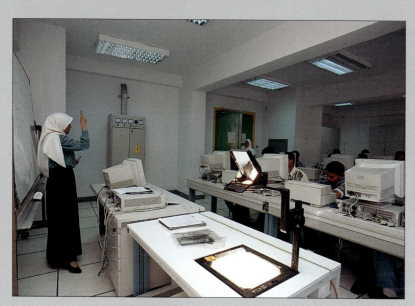

Computerfachfrauen unterrichten an einer technischen Schule in Kairo

ägyptischen Juden leben heute nur noch etwa 60 in Kairo, etwa 30 in Alexandria. Die meisten verließen unter dem Einfluss der israelisch-arabischen Kriege seit 1948 und der antijüdischen Stimmung das Land. Von früher zwölf Synagogen gibt es noch zwei. Wenige tausend Ägypter, vor allem in Oberägypten, bekennen sich zum römisch-katholischen Glauben. Wie die Kopten sehen sie sich zunehmend islamischem Druck zur Konvertierung ausgesetzt.

Eine weitere Minderheit stellen die Beduinen (ca. 500 000) dar; etwa 10 % von ihnen leben auf dem Sinai, weitere 5–10 % in der Arabischen Wüste zwischen Rotem Meer und Nil. Umherziehen tun sie allerdings kaum noch. Sowohl Ägypten als auch Israel (während der Sinai-Besetzung) taten viel, um die Nomaden sesshaft zu machen, wobei die Israelis geschickter vorgingen und noch heute die große Sympathien der Beduinen genießen. Sie stellten stetig Geld für Brunnen, Siedlungen und ärztliche Versorgung bereit, was die Ägypter nur in äußerst unbedeutendem Umfang fortsetzten. Zudem versucht die ägyptische Regierung immer wieder, mit mehr oder minder festem Druck den Nomaden die Sesshaftigkeit zu verordnen, sie aus den Wüstenzelten in monotone Betonsiedlungen zu verpflanzen oder sie zum Militärdienst zu zwingen.

Über das Leben der arabischen Beduinen (Ababdas, Ma'asas und Bishari) der Östlichen Wüste ist weit weniger bekannt als über die Sinai-Beduinen. Sie standen immer im Ruf, Wegelagerer und Piraten der Sandmeere zu sein, gefürchtet wegen ihrer sagenhaften Räuberkarawanen. Doch der Großteil ernährt sich von Viehzucht, Fischfang und Kleinhandel; die ursprünglich aus dem westlichen Afrika stammenden Bishari gelten als Meister der Kräuterkunde, die für jedes Leiden die passende Medizin zusammenzubrauen verstehen. Viele von ihnen sind über die durchlässige sudanische Grenze ins Niltal gezogen, dort sesshaft geworden und haben einheimische Ehepartner genommen.

Wirtschaft und Tourismus

Einen zunehmend größeren Beitrag zum sich noch langsam entwickelnden wirtschaftlichen Aufschwung Ägyptens sollen der Sinai und die Region Rotes Meer leisten. Beide haben als natürliches Kapital ganzjährigen Sonnenschein, ideale Voraussetzung für Tourismus.

Mit zusätzlichen Flughäfen, neuen Hotels und verbesserter Infrastruktur will Ägypten den Luxus-Tourismus ausbauen. Wichtige Urlaubsziele könnten dadurch in Zukunft statt mit Zwischenstopp in Kairo direkt angeflogen werden.

Im Jahr 2000 übersprang Ägypten bei den Besucherzahlen die Fünf-Millionen-Marke. 1999 besuchten 4,8 Mio. Besucher das Land am Nil und übertrafen das Vorjahresergebnis um 38,9 %. Aus Deutschland reisten sogar doppelt so viele Touristen an wie 1998.

Mit landesweit elf Glolfplätzen und dem neuen Badeziel am Roten Meer, Marsa Alam will Ägypten nicht mehr nur die traditionellen Studienreisenden und Tauchurlauber ansprechen. Mit Studientouristen alleine lassen sich

Im Hafen von Sharm el Sheikh: Luxusliner und seine Besatzung

keine nennenswerten Zugewinne mehr machen. Doch der ausgewiesene starke Trend, die Bildungsreise mit einem Badeurlaub zu verknüpfen oder einzig wegen der Sonne und des Meeres anzureisen, ohne auch nur ein einziges pharaonisches Monument zu besichtigen, lässt Ägyptens Tourismusminister weiterhin hoffen.

Nach vier Krisenjahren, ausgelöst durch den Golfkrieg und den im Anschluss einsetzenden fundamentalistischen Terror begann sich der Reisemarkt 1997 wieder zu erholen. Die wichtigsten Herkunftsländer der Touristen sind Deutschland (mit knapp 400 000 Urlaubern die größte Gruppe), Italien und USA. Ägypten als Ziel entdecken neuerdings auch Reisende aus Japan und den ehemaligen Ostblockstaaten. Die Terroranschläge von 1997 brachten den Tourismus aber kurzzeitig fast zum Erliegen.

Sinai und Rotes Meer haben sich zu Beginn des neuen Jahrhunderts in eine viele hundert Kilometer lange Hotel- und Ferienclubanlage verwandelt. Die Grundstücke mit Meerzugang sind jedenfalls zu 97 % an Investoren verkauft oder zumindest mit Optionen belegt. Alleine in Sharm el Sheikh stehen über 30 000 Touristenbetten bereit; schon bei 8000 Hotelbetten im Jahr 1997 mussten Lkws und Tankschiffe den Hotels – trotz einer großen Meerwasser-Entsalzungsanlage in Sharm el Sheikh – Trinkwasser zum Preis von 5 US$ pro m^3 liefern!

Das Hoffen auf den großen Devisenregen durch einen anhaltenden Urlauber-Boom wird verständlich, wenn man die wirtschaftliche Lage Ägyptens betrachtet, die einem auf dem Sinai oder am Roten Meer nicht bewusst werden kann.

Ägypten zählt zu den ärmsten Ländern der Welt: das jährliche Pro-Kopf-Einkommen liegt bei rund 900 US$. Die Auslandsverpflichtungen belaufen sich nach etlichen internationalen Schuldenerlassen auf über 30 Mrd. US$. Mit Israel gehört Ägypten zu den größten Empfängern US-amerikanischer Wirtschaftshilfe (2,1 Mrd. Dollar/Jahr). Deutschland steuert weitere 110 Mio. € jährlich bei.

Leben auf Pump, das war nicht immer Ägyptens Wirtschaftspolitik. Nach dem Zweiten Weltkrieg war das Land noch potenter Kreditgeber. England stand damals mit 525 Mio. Pfund Sterling beim Königreich Ägypten in der Kreide. Nach Nassers unheilvoller Regierung übernahm Sadat das Land mit 1,3 Mrd. US$ Schulden, die sich bis zum Amtsantritt Mubaraks bereits auf 22 Mrd. US$ summiert hatten. Und Mubarak verwaltet nun schon über 40 Mrd. US$ Defizit (Auslands- und Inlandsschulden). Der Internationale Währungsfond und die Weltbank verlangen von Ägypten zügige Wirtschaftsreformen und die Privatisierung verstaatlichter Betriebe.

Doch angesichts der kaum gebremst wachsenden Bevölkerung kommt ein Teil der angestrebten Reformen über den guten Vorsatz nicht hinaus. So werden seit Jahren etwa 55–65 % der Lebensmittel (4 Mrd. US$ jährlich) importiert; Getreide stammt zu 70 % aus dem Ausland. Ägyptische Produkte gehen der Devisen wegen häufig in den Export. 1998 aber stieg der Import gegenüber dem Export um 9 %. Darüber hinaus verlor die Wirtschaft Millionen von US$ durch drastische Rückgänge im Öl- und Tourismusgeschäft. Zwar haben sich die Touristenzahlen nach den Terroranschlägen 1997 wieder erholt, aber nur weil Ägypten-Aufenthalte längere Zeit zu Dumpingpreisen verkauft wurden und – vor allem Aufenthalte am Roten Meer – teilweise immer noch zu solchen verkauft werden.

Industrie und Bergbau erreichen zusammen nur 18 %, Landwirtschaft 16 %. Die Handelsbilanz weist ein Minus von 11,4 Mio. US$ (1999/2000) auf. Die Arbeitslosigkeit liegt nach inoffiziellen Schätzungen bei über 20 %. Die Inflationsrate bewegt sich offiziell bei über 3,7 %.

Religion: Kreuz und Halbmond

Religion prägt in Ägypten das Alltagsleben weit mehr als in Europa – am augenfälligsten in der Existenz von landesweit mehr als 30 000 Moscheen und einer verschwindend geringen Zahl von nur einigen Dutzend christlichen Kirchen und Klöstern. Unüberhörbar ist die Omnipräsenz des Islam, wenn die Muezzins mehrmals täglich über meist krächzende Lautsprecher zum Gebet rufen, erstmals morgens gegen 4 Uhr. Und wenn das Leben im Land tagsüber fast zum Erliegen kommt, dann ist dafür der Ramadan verantwortlich, der islamische Fastenmonat, der von Sonnenaufgang bis Sonnenuntergang Essen und Trinken und jeden anderen Konsum verbietet. Ägyptens Islam ist tolerant, dennoch gibt es nicht zu unterschätzende fundamentalistische Kräfte, und zu gewalttätigen Übergriffen auf z. B. Kopten kommt es regelmäßig.

Angesichts der über 5000jährigen Geschichte Ägyptens ist der Monotheismus eine relativ neue Erscheinung, die mit Christentum und Islam einhergeht.

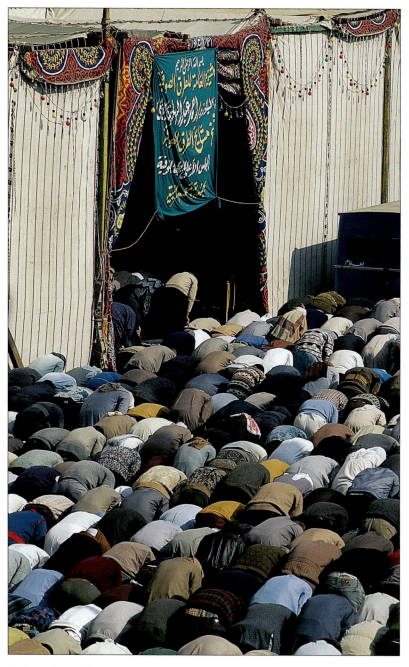

Freitagsgebet an der Hussein-Moschee in Kairo

Aberglaube

Sie waren schon vor Adam und Eva da, und seither haben sie sich unendlich vermehrt – die Dschinnen, die bösen Geister, und die *sheytan* (Satane), die zu nichts anderem taugen, als dem Menschen Böses zu tun. Fast jeder Ägypter wird schwören, dass er schon unzählige Begegnungen mit ihnen hatte. »Die Araber sind sehr abergläubische Leute, aber niemand ist es mehr als die Ägypter.« Dies konstatierte schon vor über 160 Jahren der Engländer Edward William Lane in seinem Buch »Manners and Customs of the Modern Egyptians« (1836). Besonders auf dem Land halten sich unzählige Formen dieses Glaubens. Quer durch alle Schichten fürchtet man am meisten den bösen Blick des Neides und der Missgunst, vor dem sich viele mit einem türkisblauen Amulett oder Schmucksteinauge schützen. Als Medaillon um den Hals getragen, bricht es den bösen Blick und wirft ihn zurück. Schützend wirkt auch die blaue Hand, deren fünf Finger man in vielerlei Variationen begegnet. Wohnungen, Kanzleien und Geschäfte sucht man zu schützen, indem man – beliebt etwa bei Einweihungen von Geschäften und Büros – ein Lamm schlachtet, die Hand im noch warmen Blut badet und dann an einer Wand nahe dem Eingang den blutigen Handabdruck hinterlässt. Blaue Medaillons und Hände sieht man außerdem an Rückspiegeln, als Schlüssel-

Ein kaum zu überblickendes Pantheon bildet die Grundlage der pharaonischen Dynastien, deren heute noch erhaltenen Bauten allesamt einen sakralen Zweck erfüllten.

Islam

Die Gottlosigkeit der vorislamischen Araber hatte einen Namen und einen Ort: Mekka, die reiche Kaufmannsstadt im heutigen Saudi-Arabien. Im Zentrum des Ortes stand die Kaaba, das Heiligtum mit dem mystischen schwarzen Stein, und einmal im Jahr feierten die geschäftstüchtigen Kaufleute hier ein großes Fest, einen Jahrmarkt, zu dem Beduinen aus ganz Arabien zusammenkamen. Es gab Wein und Frauen aus Persien und Griechenland, tagelanges Amüsement. Der Gott, dem die Kaaba einst geweiht worden war, war längst vergessen. Da jeder Clan in Mekka und jeder Beduinenstamm seinem eigenen Gott huldigte, stellten die Kaufleute unzählige Idole in der Kaaba auf, und so veranstaltete während des Jahrmarktes jeder Clan, jeder Stamm Prozessionen. Dichter trafen sich hier zu Wettbewer-

anhänger, und in jeder Stadt gibt es Geschäfte, die einzig das Sortiment zur Abwehr des Teufels und des bösen Blickes führen.

Der Koran bestätigt die Existenz der Teufel und des bösen Blickes ausdrücklich; viel zitiert ist die Geschichte der Prophetentochter Fatma, die eine ihr missgünstige, neidische Bekannte empfangen hatte, welche ihre Zwillinge Hassan und Hussein sehen wollte. Aus Angst vor dem bösen Blick des Gastes legte Fatma in das Kinderbettchen statt der Babys aber einen Felsbrocken und deckte ihn gut zu. Als die Besucherin Fatma verließ, war der Stein in zwei Teile zerbrochen. Der böse Blick, sagt eine Redewendung in Ägypten, bricht sogar den Stein.

Suren aus dem Koran, gerahmt und über Eingängen und in Zimmern aufgehängt, halten die Dschinnen fern. Während des Fastenmonats Ramadan sind sie allerdings gefangen. Am Abend des letzten Ramadantages, bevor die Geister wieder wirken, streuen deshalb viele Frauen Salz auf den Boden ihrer Wohnung. Und viele Ägypter nebeln ihre vier Wände und Geschäfte mehrmals wöchentlich mit dicken Weihrauchwolken ein. Salz und Weihrauch sollen für Dschinnen so verträglich sein wie Knoblauch für Vampire. Ein eigener Berufsstand ist damit beschäftigt, beweihräuchernd von Haus zu Haus zu ziehen.

Die Ziffer 5 und jede mit ihr zusammenhängende Variation schützen – wovor auch immer.

Wird ein Besucher auch nur ansatzweise des bösen Blickes verdächtigt, weil er etwa die Kinder, das Haus, den neuen Fernseher oder den wunderbaren Wagen der Familie allzu überschwenglich lobt, dann kann man darauf wetten, dass ins Gespräch ab sofort immer wieder, so unsinnig der Zusammenhang auch sein mag, die Zahl 5 einfließt: Gestern sei man 5 km zu Fuß gegangen, habe 5 kg Obst und Gemüse gekauft, habe fünf Tassen Tee getrunken und mit fünf Freunden telefoniert, sei erst um fünf Uhr eingeschlafen.

Aberglaube

ben, und ein Gang durch die engen Gassen der Stadt war gefährlich, da das Spektakel auch Räuber, Mörder und allerlei Gesindel anzog, dazu Magier und Wahrsager. In dieser Stadt des Lasters wurde 571 n. Chr. der Mann geboren, den Gott auserwählt hatte, die Menschen zum Glauben Abrahams und aller Propheten zurückzuführen: Mohammed, Begründer des Islam. Bei der Geburt sah seine Mutter ein Licht aus ihrem Leibe ausgehen, das bis weit über Mekka hinaus strahlte.

Man kann sich vorstellen, wie die Ortsansässigen auf einen der ihren reagierten, bekannt als leiser, gerechter und erfolgreicher Händler, der sich nach der ersten Offenbarung plötzlich auf einen Berg bei Mekka stellte und dem Volk verkündete, Gott habe ihn als Gesandten geschickt. Nur Mohammeds Frau Hadiga, sein Adoptivsohn Ali und ein Diener begeisterten sich sofort für die neue Religion, die nur langsam ihre Anhänger fand (den Kaufleuten konnte schon aus wirtschaftlichen Interessen nicht daran gelegen sein, das lebenslustige Mekka in eine gottgefällige Stadt zu verwandeln – zu viel verdiente man in Arabiens Lasterhöhle).

Das Ende des Fastenmonats Ramadan wird immer ausgelassen gefeiert

Im Jahre 622 n. Chr. wanderte Mohammed mit seiner islamischen Urgemeinde als verfolgte Minderheit nach Medina aus, und dort, weniger angefeindet als in Mekka, gründete er als Oberhaupt eines neuen Gemeinwesens den ersten islamischen Staat, dem – bis zu ihrer Vertreibung oder Ermordung – auch die örtlichen Juden angehörten und der bald mit aller militärischer Kraft gegen das Sündenbabel Mekka loszog. Mit dieser so genannten Hidschra beginnt für die Muslime die Zeitrechnung, der das Mondjahr zugrundeliegt. Bei Medina und Mekka im heutigen Saudi-Arabien offenbarte Gott dem Kaufmann und Analphabeten Mohammed über den Engel Gabriel in arabischer Sprache den Koran. Mohammed stieß erst auf große Ablehnung, da Mekkas Kaufleute vor allem von Pilgern lebten, die wahllos eine Vielzahl von Gottheiten verehrten. Doch innerhalb von zwei Jahrzehnten war der beinahe gesamte arabische Raum islamisiert, anfangs gewaltfrei, später zunehmend mit Hilfe von Druck, wie z. B. Sondersteuern für Ungläubige.

»Es gibt keinen Gott außer Allah, und Mohammed ist sein Prophet«, so lautet das Glaubensbekenntnis der Muslime. Das Wort Islam bedeutet soviel wie Hingabe an Gott, Ergebung in seinen Willen. Fünf Pfeiler tragen den Islam: Das fünfmal täglich zu verrichtende Gebet *(salah)*, dem eine rituelle Waschung zur spirituellen Reinigung vorausgeht, ist ein Pfeiler. Die vier weiteren Pflichten sind das Fasten *(saum)* im Ramadan, die freiwillige Almosensteuer *(zakat)* von jährlich 2,5 % des Einkommens, die Pilgerfahrt *(hadsch)* nach Mekka für den, der sie sich leisten kann, und – wichtigster Pfeiler – die *shahada*, das Zeugnis von der Einheit Gottes. Die *shahada* schließt den Glauben an Jesu aus, denn Gott wurde nicht gezeugt und zeugt nicht. Der Islam kennt keinen mächtigen Klerus und untersagt offiziell jeden Personen- und Heiligenkult, was aber nicht heißt, dass nicht eine geraume Anzahl von Heiligen verehrt und deren Geburtstage sowie der des Propheten groß gefeiert würden. Wegen des nicht gestatteten Personenkults verbietet sich die Bezeichnung Mohammedaner für Muslime, und deswegen verzichtet man auch auf bildhafte Darstellungen und verwendet eine ausgefeilte Ornamentik und ausgezeichnete Kalligraphie.

Als *kitab,* Buch, wird der heilige Koran im Arabischen kurz und bündig oft bezeichnet. Koran bedeutet einfach Vorlesung. Dieses Offenbarungsbuch geht über die Bedeutung der Bibel für Christen im alltäglichen Leben weit hinaus. 114 Suren (so heißen die Kapitel des Koran) sowie die *ahadith* (Einzahl: *hadith*), die Aussprüche des Propheten, und die Sunna, die umfassende Lebenspraxis des Propheten, sind dem Gläubigen Leitpfad. Dieser eifert die Mehrheit, die Gruppe der Sunniten nach. Inwieweit die *ahadith* authentisch sind oder Ergänzungen aus späteren Jahrhunderten, ist eine der schwierigsten Forschungsfragen der Islamwissenschaft, die hierauf keine zuverlässigen Antworten geben kann.

Eine Minderheit stellen die schiitischen Muslime dar, etwa 10 % aller Gläubigen. Die Schia entstand aus Machtkämpfen der Nachfolger des Propheten in der Mitte des 7. Jh. Der Name bezieht sich auf die Schiat Ali, die Partei Alis, ein Schwiegersohn Mohammeds, der 656 in Medina zum Kalifen ausgerufen wurde, aber in den folgenden Kämpfen seinem Gegenspieler Muawija aus der Militäradelsfamilie der Omaijaden unterlag und 661 ermordet wurde. Muawija begründete als Kalif die sunnitische Omaijaden-Dynastie. Einig sind sich Schiiten und Sunniten über die Rechtmäßigkeit der ersten vier Kalifen Abu Bakr, Omar, Othman und Ali. Alis omaijadische und abbasidische Nachfolger werden allerdings von den Schiiten im Gegensatz zu den Sunniten nicht mehr anerkannt. Dafür erkennt die größte Gruppe, die so genannten Zwölferschiiten, als rechtmäßige Nachfolger Mohammeds zwölf Imame an, beginnend mit Alis Söhnen Hassan und Hussein, beide Kinder aus der Ehe mit der Prophetentochter Fatima (Fatma). Nach dem Glauben der Zwölferschia wartet die Welt noch auf den zwölften Imam, der in Verborgenheit lebt und am Ende aller Zeiten als so genannter Mahdi zurückkehren wird.

Bis es aber soweit ist, vertreten ihn als Stellvertreter auf Erden Religionsgelehrte (arabisch: *mudschahid,* persisch: *ayatollah*). Die meisten Zwölferschiiten leben im Iran und im Irak. Lediglich sie-

Beim Beten ist Kopfbedeckung Pflicht

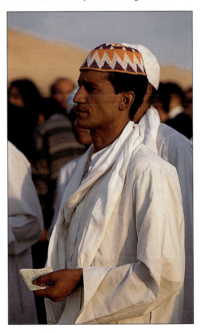

Für viele Besucher ist die Ibn Tulun-Moschee das schönste Gotteshaus Kairos

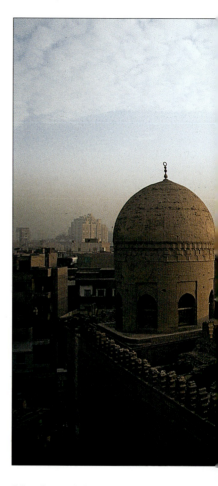

ben Imame erkennen die Ismailiten an, aus denen auch die in Israel, im Libanon und in Syrien heimischen Drusen hervorgingen. Eine dritte Gruppe der Schiiten sind die Saiditen, die sich von den Sunniten schon nach dem fünften Imam abspalteten. Im Gegensatz zu den Sunniten vertreten die Schiiten religiös und staatspolitisch teilweise radikalere Vorstellungen. In Ägypten spielten Schiiten nur unter den Fatimiden eine größere Rolle.

Als oberste Instanz in Fragen der Religionsauslegung wird von Sunniten die Al Azhar-Universitätsmoschee in Kairo angesehen, deren Spruchpraxis auf Grund eines unabhängigen Zwei-Kammern-Systems aber häufig sehr widersprüchlich ist. An diese Kammern kann jeder herantreten, um in Religionsgutachten *(fatwa)* klären zu lassen, ob etwas *halal,* religiös erlaubt, oder *haram,* religiös verboten ist.

Der Koran
Der Koran, das heilige Buch der jüngsten der drei Offenbarungen, stellt ein unnachahmliches Meisterwerk arabischer Prosa dar, dem auch Johann Wolfgang von Goethe im »Westöstlichen Diwan« (1819) seine kritische Bewunderung zollte. Vergleichbar der Bibel, enthält der Koran, wenn auch nicht thematisch geordnet, die wichtigsten Stationen der Heilsgeschichte von der Erschaffung der Welt bis zu Mohammeds Sendung. Darüber hinaus enthält der Koran Berichte über Lohn und Strafe im Jenseits, formuliert die Speisegesetze, die den Konsum von Alkohol und Schweinefleisch verbieten, und widmet sich ausführlich dem Familien- und Erbrecht, nach dem zum Beispiel männliche Nachkommen – weil sie die Versorger der Familie sind – immer doppelt soviel erben wie die weiblichen.

Der Islam erlebt zum Anfang des 21. Jh. eine größtenteils friedliche Renaissance, die man in den meisten arabischen Ländern beobachten kann. Eine andere Sache ist der militante Fundamentalismus, der oft zur Mobilisierung der Massen und zur Motivierung der Kämpfer den Dschihad ausruft, was allerdings mit Heiliger Krieg nur unzulänglich übersetzt ist. Vielmehr meint es

grundsätzlich das Bemühen, Gottes Wort zu folgen, ein guter Mensch zu sein. Die militante Komponente steht jedenfalls nicht an erster Stelle, wenn auch ein hehres Ziel ist, den Islam so weit wie möglich zu verbreiten.

Reform- und Modernisierungsversuche des Islam gab es vor allem während des 19. Jh. zuhauf, als islamische Denker in den Werken der europäischen Aufklärung auch Zukunftsweisendes für den Islam fanden. Doch die überwältigende Mehrheit, Anhänger der so genannten reinen Lehre, hält am Überbrachten fest, verschließt sich Veränderungen.

Sharia – Islamisches Recht

Bis zum 9. Jh., als der Rechtsgelehrte Shafii die Normen des Koran systematisierte, hatte jeder Ort, jede Region eine eigene Rechtsschule, eine eigene Auslegung der Prophetenworte, oft geleitet von traditionellen Geboten. Abu Abdallah Shafii (787–820) stellte das Recht auf vier Pfeiler, die den Einfluss persönlicher Meinung weitgehend verdrängen sollte: auf den Koran, die Prophetentradition, den Konsens der Gelehrten und den Analogieschluss. Eine einheitliche Rechtsprechung gibt es dennoch bis heute nicht, zumal unter dem kolonialen Einfluss Europas das Recht in Ägypten zahlreiche Elemente, etwa der französischen Jurisdiktion, übernahm und bis heute beibehält. Die Übernahme internationaler Rechtsnormen festigte den Einfluss westlich geprägter Vorstellungen: Drakonische Strafen wie Kreuzigung, Handabhacken oder Steinigung, die im Jemen oder in Saudi-Arabien nach wie vor verhängt werden, gibt es in Ägypten nicht. Allerdings sehen viele Rechtsgelehrte und islamistische Politiker daher diese nicht hundertprozentige Erfüllung der Sharia als Abfall vom rechten Glauben.

Die Moschee

Moschee (arabisch *masdschid*) heißt übersetzt Gebetshaus. Die Moschee erfüllt aber weit mehr Funktionen als eine Kirche im christlichen Sinn. Es ist der Platz, an dem sich die Gemeinschaft zum Beten trifft, an dem man jederzeit ausruhen, entspannen, meditieren und Korankundige um Rat und um Auslegung des heiligen Buches befragen kann. An Arme wird dort auch das Geld verteilt, das Muslime spenden. Für das wichtigste Wochengebet am Freitag kommen die Gläubigen in den Freitagsmoscheen *(dschami)* zusammen. Man findet keinerlei bildliche Darstellungen, dafür aber kunstvolle Kalligraphien mit Suren aus dem Koran, die Wände und Kuppeln zieren. Moscheen sind stets mit Teppichen ausgelegt; Stühle oder Bänke gibt es nicht. Männer beten räumlich getrennt von Frauen, die in der Mehrheit das große Freitagsgebet zu Hause verrichten.

Die räumliche Aufteilung des Gebetshauses hat sich seit den Anfängen kaum verändert; sie fällt bei kleineren Moscheen nur bescheidener aus: Arkaden *(liwan)* umrahmen einen großen Innenhof *(sahn)*. Die Architektur beugt sich dem praktischen Zweck und den religiösen Normen: Die Nische *(mihrab)* in der nach Mekka ausgerichteten Wand *(kibla)* weist dem Gläubigen die Richtung, in die er zu beten hat. Weitere typische Elemente sind die Predigerkanzel *(minbar)* und das Brunnenhaus *(hanaffja)* im Hof. Der Muezzin, der die Gläubigen zum Gebet ruft, tut das von einem hohen, schlanken Minarett aus.

Nichtgläubige können fast alle Moscheen jederzeit betreten – wie die Muslime ohne Schuhe. Während des Gebetes, das in Ägypten Richtung Südosten nach Mekka gerichtet wird, sollten sich Nicht-Muslime allerdings deplaziert fühlen.

Dem Gebet geht stets eine rituelle Waschung voraus, die als deutliche Zäsur auch der Sammlung und Konzentration auf Gott dienen soll.

Koran und Bibel, Islam und Christentum zeichnen sich durch eine Reihe von Gemeinsamkeiten aus. Neben Noah, Abraham, Moses und Mohammed zählt im Islam Jesus, er heißt auf arabisch Isa, zu den Propheten im Koran. Wesentliche Gemeinsamkeiten und grundlegende Unterschiede vereinen sich in seiner Person. Der Koran erkennt Gottgleichheit und Kreuzigungstod nicht an, verteidigt aber Maria samt ihrer Jungfräulichkeit. Abgelehnt wird auch der Glaube an die Erbsünde. Ausdrücklich verlangt der Koran den Respekt vor den anderen Offenbarungsreligionen.

Als äußeres Zeichen der Rückbesinnung auf Religion sieht man bei vielen Männern ein braunes Stirnmal, etwa so groß wie ein Fünfmarkstück. *Sipp'ha* heißt es und soll von besonderem Beteifer zeugen (wenn die Stirn beim Beten den Boden berührt). Außer von der Bettüchtigkeit zeugt es auch davon, dass ein rauher Teppich als Untergrund verwendet wurde, der die Reibung erhöht und die Bildung der *sipp'ha* fördert. Weitverbreitet ist eine von Männern bevorzugte Kette mit aufgefädelten Perlen, die unablässig mit den Fingern scheinbar beiläufig abgezählt wird. Auch das hat seinen religiösen Hintergrund. Allah hat 99 Namen, z. B.: der Erhabene, der Allmächtige, der Großzügige. Meist haben die Ketten 33 Perlen, und so zählt man bei drei Durchgängen alle Namen Allahs auf. Den 99 Namen Allahs begegnet man auch in vielen Geschäften, Wohnungen und Büros als Kalligraphie.

Die Kopten

Die Kopten beanspruchen für sich, die direkten Nachfahren der altägyptischen Bevölkerung der Pharaonenzeit zu sein. Aus ihrem Namen entstand das griechische *aigiptios,* das im Deutschen zu Ägypten wurde. Mit 7–10 Mio. Kopten stellt diese christliche Gemeinde die zweitgrößte Religionsgruppe Ägyptens, die als Minderheit oft benachteiligt wird. Hohe Regierungsämter sind für Kopten – mit Ausnahmen – so gut wie nicht erreichbar. Gewalttätige Übergriffe von radikalen Muslimen häufen sich, und Schutzgelderpressungen ebenfalls durch Fundamentalisten nehmen zu. Mit Geld wird zudem versucht, Kopten zur Konvertierung zum Islam zu bewegen. Neubauten von Kirchen und selbst kleinste Renovierungen müssen vom Präsidenten genehmigt werden.

Über Alexandria brachte der Apostel Markus 68 n. Chr. das Christentum nach Ägypten, wo es sich rasch ausbreitete und den römischen Machthabern alleine deswegen missfiel. Kaiser Diokletian ließ im 3. Jh. Hunderttausende Kopten ermorden. Im 5. Jh. geriet die ägyptische Kirche in theologischen Streit mit der Kirche in Byzanz. Es ging um die monophysitische Lehre, wonach Jesus der Fleisch gewordene Gott ist. Die byzantinische Kirche ging von zwei Naturen aus: Gott und Jesus. Die Ägypter unter-

Eine Grabstele aus der Halboase Fayoum

lagen bei dem Konzil von Chalcedon im Jahr 451 und spalteten sich von der Kirche ab.

Bis zur muslimischen Eroberung Ägyptens im 7. Jh. beuteten die byzantinischen Herrscher – nur kurzzeitig von persischen Sassiniden abgelöst – das Land erbarmungslos aus. Im Einfallen der muslimischen Heere 641 sahen die Kopten die Befreiung ihres Landes von der Tyrannei. Und tatsächlich unternahmen die Muslime in den nächsten vier

Koptische Mönche im Kloster Bishoi im Wadi Natrun

Jahrhunderten kaum Anstrengungen, die Kopten zu bekehren. Erst im 11. Jh. wurden sie mit Gewalt zum Religionswechsel gezwungen, die koptische Gemeinde schrumpfte zu einer Minderheit.

Das Oberhaupt, Patriarch Shenuda III., residiert heute in Alexandria und Kairo. Seinen politischen Kurs hat er darauf festgelegt, sich im Dialog mit dem Staat zuallererst als Ägypter zu präsentieren. Seine Amtsführung kritisieren viele Kopten als despotisch, da er von innerkirchlicher Demokratie angeblich wenig hält, widersprechende Pfarrer und Bischöfe schnell des Amts enthebt und Gläubige, die nach Jerusalem pilgern, exkommuniziert, da für ihn – als Ägypter – Israel, das Jerusalem besetzt halte, Feindesland sei.

Wie die muslimischen Mitbürger halten die Kopten eine Reihe von langen, teils wochenlangen Fastenperioden ein. Vorgeschrieben ist allerdings nur der Verzicht auf Fleisch- und Milchprodukte – auch in winzigsten Mengen.

Die koptische Sprache, geschrieben mit dem griechischen Alphabet und abgeleitet aus dem Altägyptischen, wird nur noch bei Gottesdiensten verwendet. Die Liturgie unterscheidet sich wesentlich von der katholischen oder der evangelischen; sie wurde im Laufe der Jahrhunderte kaum verändert.

Ein Kopte, der an einer Messe teilnimmt, muss neun Stunden zuvor fasten. Ebenso lange darf der Altar nach einem Gottesdienst nicht erneut benutzt werden. Diese Tradition ehrt Marias neunmonatige Schwangerschaft. Um dennoch mehrere Messen kurz hintereinander zelebrieren zu können, ist der Altarraum häufig mit mehreren Altären nebeneinander ausgestattet, oder es existieren weitere Räume. Der Altarraum wird nur während der Gottesdienste geöffnet; ansonsten ist er vom

Gemeinderaum mit einer dreitürigen, mit Ikonen besetzten Wand (Ikonostase) getrennt. Männer links und Frauen rechts sitzen strikt voneinander getrennt; auch bei der Kommunion gilt Geschlechtertrennung. Der Altar bietet hier zwei verschiedene Bereiche. Frauen, die menstruieren, dürfen nicht am Abendmahl teilnehmen.

Am Anfang einer jeden Messe (die Vorbereitungen dafür beginnt der Pater im Beisein der Gläubigen) steht die Lesung von Kapiteln aus der Bibel. Anschließend werden koptische Lieder gesungen, dazu spricht der Pater für sich leise das Gebet und bereitet dabei den Altar vor. Dann deckt er den mit einem Tuch geschützten Abendmahlskelch und den mit Brot gefüllten Bastkorb ab, seine Zwiesprache mit Gott setzt er unterdessen fort.

Begleitet wird der Gottesdienst von mindestens zwei Diakonen, die die Engel darstellen und rechts und links vom Altar auf Holzbänken sitzen beziehungsweise im Laufe der Messe hinter dem Altar stehen.

Ein wichtiges Ritual ist die Auswahl des Brotes. Der Pater steht vor der Gemeinde, flankiert von zwei Diakonen oder Priestern. Der Helfer rechts vom Pater hält den runden Korb, der mit einem weißen Stofftuch, das mit einem Kreuz bestickt ist, ausgelegt ist. Der Adlatus auf der linken Seite hält den Kelch. Zuerst wird dem Pater der Korb gereicht, in dem neun runde Laib Brot kreuzförmig arrangiert sind. Das Brot kommt aus der hauseigenen Bäckerei, die den Namen »Haus Bethlehem« trägt und in der Regel gleich an die Kirche angeschlossen ist. Nur makelloses Brot und ein guter Messwein dürfen zum Gottesdienst gereicht werden. Ebenmäßig und rein muss das Brot sein. Unter diesem Aspekt wählt der Pater einen Laib mit der rechten Hand aus und prüft ihn mit kreisenden Bewegungen. Ist er nicht gefällig, nimmt er das Brot in die linke Hand und wählt ein neues – solange bis er ein perfektes Stück gefunden hat; dies alles geschieht in Erinnerung an den Tod Jesu. Mit seiner Wahl, noch immer in der rechten Hand, die als Zeichen für Macht und Stärke steht, schreitet er dreimal um den Altar und spricht leise, das rechte Brot gefunden zu haben. Während dieser Handlung kniet die Gemeinde, und die Diakone singen. Auch der Messwein wird der gleichen strengen Prüfung unterzogen. Verströmt der Wein einen sonderbaren Geruch, wird Gott um Vergebung gebeten und der Wein ersetzt. Einziges Ziel der koptischen Messe ist, Brot und Wein symbolisch zu Körper und Blut Jesu zu transformieren.

Der Danksagung an Gott, der schützend über der Gemeinde steht, folgen die sieben wichtigsten Gebete, wobei die ersten drei einen höheren Rang einnehmen: das Gebet für den Frieden, den Pater und Patriarchen, das Gebet für die Gemeinde, das Gebet der Barmherzigkeit, schließlich die Gebete für Wasser, Pflanzen und für die Früchte.

Während der Messe werden Kapitel aus den Evangelien von Matthäus und Lukas gelesen. Die Gemeinde spricht das orthodoxe Glaubensbekenntnis, bevor das geheiligte Brot in drei Teile geteilt wird – im Namen des Vaters, des Sohnes und des Heiligen Geistes. Die Gemeinde verharrt in einminütigem Schweigen. Auch der Wein wird gesegnet, und wieder verstummen dabei die Gläubigen in Andacht.

Der Gottesdienst dauert bis zu drei Stunden und wird entweder auf arabisch oder koptisch gehalten. Dafür sind auf dem Altar eigens zwei verschiedene Pulte errichtet.

Religion und Totenkult der Alten Ägypter

Die Frage, was denn nach dem Tode komme, bewegte und bestimmte auch die Religion der Alten Ägypter. Für sie existierte der Tod nicht, vielmehr begann ein neues, besseres Leben, so wie auch die modernen monotheistischen Offenbarungsreligionen mehr oder minder präzise Vorstellungen vom Leben danach hegen, wobei das Jenseits, das Paradies, wie auch immer es heißen mag, stets dazu instrumentalisiert wurde, durch Belohnungen nach dem Tod zu einem guten Leben anzuspornen. Nicht anders in pharaonischen Zeiten. Damals starb zwar der Körper, aber die Seele hatte ein anderes, ungleich längeres Leben fortzuführen. Das Jenseits war ein Abbild des Diesseits.

Die Kraft zum Weiterleben gaben dem Toten *ka,* der Doppelgänger im Tod, *ba,* die Seele, die zum Himmel fliegt, und *ach,* die Unsterblichkeit – alles das macht zusammen mit dem Leib, dem Namen und dem Schatten den Menschen aus. »Osiris, ich steige zu dir empor, und meine Läuterung liegt auf meinen Händen ... Die Fessel ist gelöst, der Riegel ist zurückgeschoben, um durch diese Pforte zu treten. Alles Böse, das auf mir lastet, habe ich von mir geworfen.« So steht es auf einem Relief in Abydos, Haupttheiligtum des Totengottes Osiris, das eine wunderbare Auferstehung erzählt: »Erhebe dich und erwache!« Den Toten erwartet die heilige Barke, die jede Nacht die zwölf Regionen der Unterwelt befährt, und Osiris: »Oh, mächtiger Osiris. Ich wurde geboren. Siehe, soeben bin ich geboren worden.«

Die Toten hatten also Anspruch darauf, angemessen fortleben zu können. Dafür mussten die Angehörigen die Wohnung für die Ewigkeit mit allen nötigen Grabbeigaben ausstatten. Dazu zählten Papyri, die so genannten Toten- oder Pfortenbücher, Sammlungen von beschwörenden und schützenden Gebeten, magischen Formeln nicht unähnlich. Im Grab Tutanchamuns fand man bei der Entdeckung 1922 36 Weinkrüge, 350 Liter Öle, 40 Alabastervasen Salben und Parfums und über 100 Krüge mit Lebensmitteln für das leibliche Wohl der Toten. Knauserten die Lebenden mit den Grabbeigaben, mussten sie fürchten, dass die Toten »mit dem Wind wiederkehren«, wie es im Turiner Papyrus heißt. Es war also nicht nur Selbstlosigkeit, das Grab so gut wie möglich für das nächste Leben auszustatten, sondern auch die Angst vor der Rückkehr des Toten, der sich für die Vernachlässigung bitter rächen könnte.

Der Turiner Papyrus berichtet von einem Beamten, dem über Jahre die Fröhlichkeit abhanden kam, nachdem seine Frau starb, während er im Lande umherreiste. Für seine nicht enden wollende Traurigkeit machte er die Rache seiner Frau verantwortlich und legte ihr einen Brief ins Grab: »An den erhabenen Geist Anch-iri. Welches Übel habe ich dir zugefügt, dass ich so elend geworden bin, wie ich bin? Warum drückst du mich nieder, mich, der ich stets dein getreuer Gatte war?«

Das Totenbuch
Das Totenbuch, auch Buch der Pforten genannt, besteht aus knapp 200 Sprüchen. »Ziehe hin, Toter-in-Osiris, in der Barke des Re. Fahre hin in Frieden, Toter-in-Osiris, bevor du eins wirst wie Maat mit ihrer Sonnenscheibe, in der unendlichen Umarmung ihres Lichts«. An einen Aufstieg in eine höhere oder niedrigere Gesellschaftsschicht glaubten die alten Ägypter nicht; ein Pharao

fand sich nicht plötzlich als kleiner Priester – oder umgekehrt – im Totenreich wieder, das nach allgemeiner Vorstellung von einem breiten Strom geteilt wurde, in dessen Mitte wiederum eine fruchtbare Insel lag. Diese Unterwelt umfasste zwölf Regionen, wie auch Ober- und Unterägypten zwölf Gaue über entschied auch eine Waage, in deren eine Schale das Herz des Toten gelegt wurde, in die andere die Maat, die Wahrheit. Ging die Maat-Schale nach unten und hatten ihn die Richter verurteilt, dann wurde der Tote für immer ausgelöscht und nicht in die Unterwelt aufgenommen. Sprachen die

Die Göttin Hathor führt die Königin Nefertari (Tal der Königinnen)

zählte, so wie Tag und Nacht je zwölf Stunden zählen. Mächtige Pforten (daher der Name) trennten zum Schutz vor unerwünschten Toten die einzelnen Regionen.

Doch vor allen Pforten thronte in der Halle der Wahrheiten das Totengericht mit Osiris als Vorsitzendem, dazu Ankläger und 41 Schöffen. Hier wurde entschieden, ob ein Toter vernichtet oder in das Jenseits aufgenommen wurde. Darüber Richter den Toten frei, öffnete sich ihm die erste Pforte.

Unzählige Geister und Götter hielten sich in der Unterwelt auf, und nur wer die Sprüche des Totenbuches kannte, durfte nachts auf der göttlichen Barke des Gottes Re durch die zwölf Regionen fahren und am nächsten Morgen mit Re neu im Licht der aufgehenden Sonne im Universum über Ägypten erstrahlen, geboren werden.

Während die Menschen nur eine Gestalt hatten, konnten die Götter ihr Aussehen beinahe beliebig wechseln. Möglich und beliebt waren Tiergestalten wie Katzen, Kühe und Stiere. Gott Sobek zeigte man mit Krokodilskopf, die Göttin Hathor als Kuh, als Frau oder auch als Mischwesen. Gegensätze prägten das religiöse Denken: Dem Chaos, der Zustand vor der Schöpfung, folgte Kosmos, der Zustand der Ordnung. Götter vereinten gegensätzliche Charakteristiken in sich. Osiris war sowohl Toten- als auch Fruchtbarkeitsgott. Vergehen und Werden galten als unendlicher Kreislauf wie Sonnenaufgang und -untergang. Auch topographisch ließ sich der Kontrast festmachen. Der Osten gehörte den Lebenden, das Totenreich beanspruchte für sich aber den schönen Westen. Die Anlage von Luxor und Theben spiegeln das anschaulich wider. Luxor, auf der Ostseite des Nils, gehörte den Lebenden und der Götterverehrung.

Jenseits des Nils aber, in Theben, machten sich die Pharaonen auf ihre Reise ins Totenreich. Und diese erforderte besondere Vorbereitungen, denn der Totenkult verlangte, den Leichnam in eine unsterbliche Hülle für die Ewigkeit zu transformieren, während die Familie und Klageweiber mit Geschrei, wie man es noch heute in Ägypten pflegt, den Tod beklagten. 70 Tage verstrichen bis zur Beerdigung.

Die Mumifizierung

Seit mindestens 3400 v. Chr. wurden die Leichname durch eine spezielle Behandlung, die Mumifizierung, für die Reise ins Jenseits vorbereitet und dabei für die Ewigkeit haltbar gemacht. Ein gewöhnlicher Leichnam stieg dabei auf zu einem Toten in Osiris, wie das Totenbuch immer wieder sagt. 70 Tage dauerte die Einbalsamierung in der langwierigsten und teuersten Technik. Amt, sozialer Status und natürlich Vermögen bestimmten, ob der Leichnam erstklassig behandelt wurde und die Mumien dann Jahrtausende überstanden.

Die Arbeit des altägyptischen Balsamierers begann mit dem Ausweiden des Körpers. Mit Haken, wie sie im Ägyptischen Museum zu sehen sind, zog er durch die Nase Großteile des Gehirns heraus; den Rest lösten speziell eingeführte Flüssigkeiten auf.

Danach wurde der Unterleib mit bloßen Händen entleert, darauf der Oberkörper von der Lunge befreit. Nur das Herz musste im Körper bleiben, da es zum Fortleben im Jenseits nötig war. Die anschließend gesäuberten Eingeweide wurden in besonderen Gefäßen, den Kanopen, aufbewahrt und später im Grab plaziert. Danach schichtete man

Gefäß für die inneren Organe der Verstorbenen im neuen Mumien-Museum (Luxor)

um den Körper herum Natronblöcke, die dem Leichnam alles Fett und jede Flüssigkeit entzogen. (Bei weniger aufwendigen Beerdigungen führte man über den Darm ätzende Flüssigkeiten in das Innere und ließ später die Säure mit den darin aufgelösten Eingeweiden einfach abfließen.)

Durch die Natronbehandlung unansehnlich geworden, musste der ›gepökelte‹ Leichnam nun kosmetisch behandelt, eingefallene Backen und verschwundene Muskeln wieder aufgebaut werden. Sägespäne und Fette als Ersatz für verlorenes Gewebe verliehen dem Leichnam das alte Aussehen. Die Sägespäne-Fett-Prozedur erwies sich als explosives Gemisch, denn im Laufe der Zeit quoll die Mischung auf und sprengte die Haut.

Bedeutend war die Öffnung des Mundes, dann der Ohren und der Augen mit einem Stäbchen, denn dadurch erhielt der Tote für das Jenseits Sprache und Kreativität zurück.

Zuletzt wurde der stark parfümierte Mumienkörper mit Leinenbinden umwickelt, allesamt imprägniert mit Ölen. Diese Öle und Harze ließen die Mumien im Laufe der Zeit tiefschwarz, fast wie verkohlt aussehen. Miteingewickelt hatten die Balsamierer eine Anzahl von Amuletten, von denen man sich Schutz für den Toten versprach, z. B.: »Der Tod soll den mit seinen Schwingen erschlagen, der die Ruhe des Pharaos stört.« Besonderen Wert hatte der Skarabäus auf dem Herzen, der beim Totengericht verhinderte, dass das Gewissen etwas Negatives über den Verstorbenen berichtet.

Dieser Skarabäus sorgte um 1900 für eine der großen gesellschaftlichen Vergnügungen: In den feinen Salons von New York, Paris, London und Berlin amüsierte man sich in fröhlicher Runde beim langsamen und genussvollen Auswickeln von Mumien, die man zu Zehntausenden in Ägypten besorgt hatte. Mumien-Export war ein einträgliches Geschäft, zumal sie pulverisiert als Allheilmittel galten und für teures Geld noch in den 30er Jahren in Apotheken verkauft wurden.

Die Mumie Thutmosis' IV. im Äyptischen Museum in Kairo

Mumien sind heute mit die wichtigsten Forschungsobjekte. Mit Hilfe von Computertomographie und der Analyse der DNS, des genetischen Logbuchs des Körpers, lässt sich viel über das Leben im alten Ägypten herausfinden: dass Bilharziose schon damals eine Volksseuche war, dass Haschisch und andere Rauschmittel weit verbreitet waren oder dass Mangelerscheinungen, ausgelöst durch die wiederkehrenden Hungersnöte, an der Tagesordnung waren.

Gottheiten, wohin man blickt

Funktion und Charakteristik

Darstellung

Amun
Reichsgott Thebens, Luftgott, Schöpfer der Welt

Menschenkopf, manchmal mit Widderkopf, Krone mit Doppelfeder, in der Hand ein Zepter (langer Rohrstab)

Anubis
Schutzpatron der Balsamierer, Gott und Wächter der Nekropolen

Mensch mit Schakal- oder Hundekopf oder großer schwarzer Hund

Apis
Symbol der Fruchtbarkeit, auch ein Totengott

Stier mit Sonnenscheibe, Flecken auf Stirn und Rücken

Aton
Sonnengott

Sonnenscheibe, deren Strahlen als geöffnete Hände enden

Bastet
Göttin der Liebe, der Freude, der Feste, ursprünglich aus Bubastis

Menschengestalt mit Katzen- oder Löwenkopf und mit einem Körbchen am Arm, später auch als hockende Katze

Bes
Guter Geist, schützt vor Schlangen, hilft bei der Geburt

Eine Löwenmaske tragender Gnom

Amun

Amun

Anubis

Apis
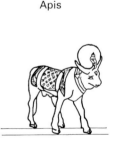

Chnum
Schöpfergott, der die Menschen auf einer Töpferscheibe formt, Wächter der Nilquellen

Menschengestalt an der Töpferscheibe sitzend, auf dem Widderkopf doppelt gedrehtes Horn

Hathor
Mutter- und Himmelsgöttin, Göttin der Liebe, der Freude, des Tanzes, des Weins, Amme der Könige, Herrin der fernen Länder

Menschengestalt, manchmal mit lyraförmigen Hörnern und Kuhohren, in der Hand Papyrusrolle; oft auch als Kuh dargestellt

Horus
Himmels- und Lichtgott mit Sonne und Mond als Augen

Menschengestalt mit Falkenkopf, darauf die Doppelkrone

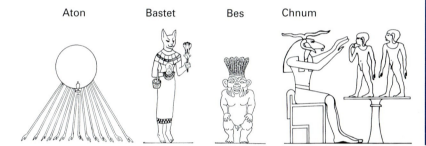

Aton Bastet Bes Chnum

Imhotep
Zum Gott erhobener Baumeister und Minister König Djosers, Schutzherr der Baumeister, der gelehrten Schreiber, der Ärzte

Ernster, meist sitzender Gelehrter mit einer offenen Papyrusrolle auf den Knien

Isis
Muttergöttin, Schwester und Gattin des Osiris, Idealbild der Treue

Menschengestalt, auf dem Kopf zwischen den Kuhhörnern die Sonnenscheibe, in der Hand einen Papyrusstengel mit geöffneter Blüte

Maat
Göttin der Gerechtigkeit, der Wahrheit, wiegt das Herz des Toten beim Totengericht

Menschengestalt mit Maatfeder auf dem Kopf

Mut
Gemahlin des Amun, personifiziert in der jeweils herrschenden Königin

Menschengestalt mit Geierhaube und/oder Krone

Osiris
Gott der Fruchtbarkeit, später Gott der Unterwelt, Erwecker der Toten

Federkrone auf dem Kopf, in Mumienwickeln gehüllt, Bart, die Arme angewinkelt, in den Händen Zepter und Geißel

Ptah
Schöpfergott von Memphis, Erfinder der Künste, Schutzpatron der Handwerker

Kahlköpfige Menschengestalt mit anliegender Kappe, eng anliegendem Gewand, Bart, Zepter

Hathor   Horus   Mut   Osiris   Ptah   Re

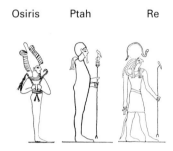

Re
Anfangs die sichtbare Sonne, dann Sonnengott von Heliopolis

Menschengestalt mit Falkenkopf und Sonnenscheibe als Re-Harachte; als Re-Atum in Menschengestalt mit Bart

Serapis
Zum Osiris gewordener Apis-Stier, entspricht Zeus/Dionysos

Zeusbüste mit Widderhörnern

Sobek
Krokodilsgott, Herr der Gewässer

Mensch mit Krokodilskopf

Thoth
Eigentlich ein Mondgott, wurde er zum Patron des Maßes und der Zeit, außerdem Erfinder der Schrift, Götterbote

Menschengestalt mit Ibiskopf, oft mit Schreibpinsel und Palette in der Hand, wenn er beim Totengericht Protokoll führt; oft als Pavian abgebildet

Uräus
Prähistorische Schutzgöttin von Unterägypten, königliche Schlange, soll Feuer gegen die Feinde speien

Weibliche Kobra als zum Kampf aufgerichtetes Tier; sitzt an vielen Thronen und oft vor der Sonnenscheibe

Alte und neue Kunst in Ägypten

Pharaonische Kunst

Die Pharaonenreiche waren perfekte Gottesstaaten, und die Verehrung der Gottheiten hatte höchsten Stellenwert. Die Kunst trug dem uneingeschränkt Rechnung. Pyramiden, Tempel, Gräber, Wandbilder, Statuen, Dichtung – jede Ausdrucksform diente dem einen, obersten Ziel: Reliefs und Malerei drehen sich hauptsächlich um den Pharao, den Mittler, das Bindeglied zwischen Göttern und Menschen, den Pharao als idealisierten Helden in allen Lebenslagen. Sein Leben, sein Wirken, seine Freuden, sein Sterben, dazu Kampf- und Opferszenen und das Beisammensein mit den Göttern sind die Themen.

Wer sich die Zeit nimmt, sich in die altägyptische Malerei in Friesen und Wandbildern zu vertiefen, kann – zumindest in den Gräbern der Noblen und Beamten – viel über das tägliche Leben herauslesen. Viele Bilder berühren den Betrachter auf eigentümliche Weise, wie etwa im Grab des Amun-Priesters Nacht in Theben die Darstellung der anmutigen musizierenden Mädchen mit Flöte, Harfe und Laute. Oder die biographischen Darstellungen, welche die Familie des Toten zeigen und seinen Besitz und sein Tun verewigen.

Aus dem Glauben an das Weiterleben nach dem Tod entwickelten sich aus einfachen Gräbern in der Wüste, in die man in vordynastischen Zeiten, wie üblich in Arabien, die Leichname ohne Grabbeigaben gelegt hatte, die Mastabas, Häuser für den Toten, die tatsächlich ausgestattet waren mit Lagerräumen, Zimmern und unterirdischen Grabkammern. Priester und Verwandte trafen sich hier an Gedenktagen und opferten den Göttern auf kleinen Altären. Wände und Decken waren zwar über und über bemalt mit Motiven aus dem Leben und Wirken des Toten, dienten aber in erster Linie der Sicherung des komfortablen Weiterlebens im Jenseits. Denn jeder gemalte Gerstenhalm erwachte nach dem Glauben zum Leben und stand dem Toten zur Verfügung.

Imhotep, Minister und Baumeister König Djosers (28. Jh. v. Chr.) gilt durch Entwurf und Bau der Stufenpyramide von Sakkara, der Fortentwicklung der Mastaba, als Vater der Steinarchitektur. Die Unzerstörbarkeit der Pyramiden galt als Voraussetzung für das ewige Weiterleben des darin beigesetzten Pharaos, der angesichts der Bauzeiten von 15 bis 20 Jahren als erste Amts-

Dieses Kalksteinrelief zeigt die Pharaonin Kleopatra als Göttin Isis

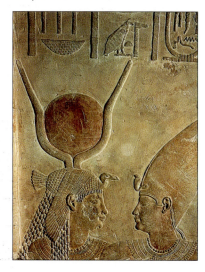

handlung nach seiner Inthronisation sein eigenes Grab in Auftrag gab. Tempel waren Teil der Pyramidenanlage und dienten den Priestern als Ort der Verehrung des Toten.

Durch Grabräuber aufgeschreckt, welche die vermeintlich sicheren Pyramiden plündern konnten, ersetzte man sie im Alten Reich durch verborgene Felsgräber, die anfangs noch einfache, in den Fels getriebene Stollen waren. Um aber den Hinterbliebenen und den Priestern das Gedenken nahe bei den Toten zu ermöglichen, trieben die Baumeister alsbald die Stollen immer tiefer in den Fels, schufen von außen zugängliche Opferbereiche. Im Neuen Reich, in dem auch das Tal der Könige entstand, drängte sich ein Aspekt besonders in den Vordergrund: Sicherheit, Schutz vor Räubern. Die Plätze der Gräber blieben nun geheim; Verwandte mussten dem Weiterleben der Toten zuliebe auf Besuche der Totenstätte verzichten. Dennoch bestand für die Familie die Pflicht des Gedenkens. Damit gewannen neben den Kultbauten zur Götterverehrung die Totentempel, wenn auch vom Grab nun weiter entfernt, an Bedeutung. Waren zur Zeit der Pyramidenbauten Tempel und Grab noch sichtbar miteinander verbunden, so musste dieses Konzept nun aufgegeben werden.

Alle Bauten für die Ewigkeit sind aus Stein. Bei den weltlichen Bereichen – egal ob Hütte oder Palast – begnügte man sich mit vergänglichem Lehmziegel. Doch wo die Götter wohnten, da benutzte man Granit, schuf großzügige Priesterbezirke und Heiligenstädte, umgeben von Mauern, ausgestattet mit Prozessionswegen, Hallen und Höfen und in den meisten Bereichen unzugänglich für Normalsterbliche. Die Bedeutung der Kulttempel kann man an Karnak ermessen, das Pharaonen über 2000 Jahre hinweg ständig erweiterten. Eine besondere Rolle spielten seit den Gräbern des Alten Reiches Säulen und Pfeiler. Unentbehrlich als tragende Elemente, wurden sie nicht nur reich verziert mit Reliefs und Bildern, sondern man gestaltete sie nach Vorbildern aus der Natur bevorzugt in Form von Baumstamm-, Papyrus-, Lotos- und Palmensäulen. Besonderes Augenmerk widmeten die Steinmetze auch dem Kapitell, oft eine Dolde oder Blüte. Aus der Reihe fällt die Hathor-Säule, die als Kapitell einen kleinen Tempel mit den Gesichtszügen der Himmelsgöttin trägt.

Koptische Kunst

Die Kunst der christlichen Kopten ist die Darstellungsform einer Übergangszeit. Eine Unterscheidung zwischen Kunst und Handwerk kennt sie nicht. Altägyptisch-pharaonische Darstellungsformen und Motive vermischen sich mit Ausdrucksformen der hellenistisch beeinflussten Römer. Herkules und Aphrodite kommen in der Schnitzerei ebenso vor wie, typischstes Merkmal koptischer Motivwahl, die einfachen Leute: Bauern, Beamte, Arbeiter, Handwerker – und natürlich Mönche und Eremiten. Dem Sakralen wendet sich die koptische Kunst erst ab dem 4. Jh. zu: Wie sehr koptische Kunst das pharaonische Erbe, den importierten Hellenismus und Eigenschöpfungen geradezu ungeniert vermischt, zeigt die verwendete Symbolik: Neben dem Kreuz Christi steht gleichberechtigt das pharaonische Henkelkreuz »Ank« (Hieroglyphen-Zeichen für »Leben«), das die frühen Kopten als ihr Christus-Kreuz erwählten. Oft werden die beiden Kreuze flankiert vom Alpha und Omega des griechischen Alphabets, Zeichen für aller Dinge Anfang und Ende. Motive

Das koptische Kreuz ziert den Eingang einer Kirche in Kairo

aus der Bibel stehen im Mittelpunkt von Fresken und Ikonen. Auch hier wird das pharaonische Erbe nicht verleugnet, sondern aufgenommen und variiert: Isis mit dem Horusknaben mutiert zur Gottesmutter Maria mit dem Kind; der Heilige Geist nimmt die Gestalt jenes Vogels mit den breiten Schwingen an, der im pharaonischen Totenkult die Seele des Verstorbenen darstellte. In der Architektur steht der Säulengang der Tempel als Vorbild für die Basilika. Die für Friese verwendeten Farben, wie sie z. B. in der Makarius-Kirche im Kloster Wadi Natrun erhalten blieben, sind frisch und fröhlich, muten oft wie naive Malerei an. Die Lust der Künstler an Ornamenten setzt sich in der islamischen Kunst fort, die ab dem 14. Jh. die koptische Kunst völlig verdrängt.

Viele Beispiele koptischer Kunst gingen oft durch die Archäologen selbst verloren. Mit koptischen Motiven übermalte pharaonische Reliefs trug man ab, ohne sie wenigstens zu kopieren oder zu fotografieren. Der Blick galt lange Zeit nur dem Alten Ägypten. Champollion beispielsweise, der den Rosetta-Stein entschlüsselte, entdeckte in Theben eine wunderbar erhaltene Kirche aus dem 5. Jh. In seinen offiziellen Berichten erwähnte er sie kein einziges Mal. Die Tempel von Dendera, Edfu und Esna sind nur drei Beispiele, wie koptische Christen Tempel zum Teil in Kirchen umwandelten, pharaonische Vorhallen für diesen Zweck erweiterten und neu gestalteten. Aber auch davon sind allenfalls schriftliche Zeugnisse von frühen Ägyptologen erhalten.

Am ehesten findet man Spuren der Umwidmung von pharaonischen in koptische Kultstätten noch in Gräbern, die die ersten Eremiten häufig als Wohnstätten nutzten und für ihre sakralen Zwecke um Nischen und Zellen erweiterten, deren Wände sie mit Inschriften und Fresken versahen.

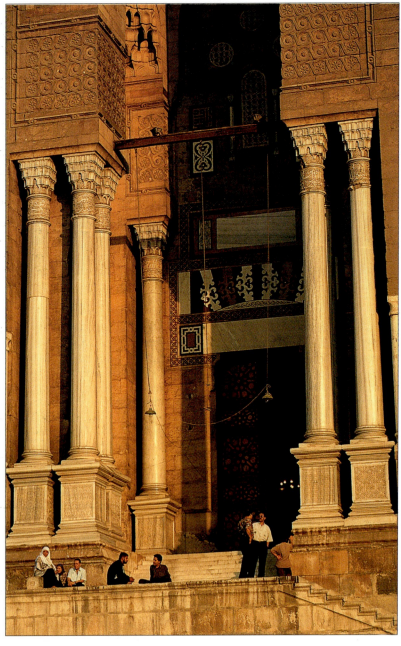

Am Eingang der Rifai-Moschee in Kairo sind die gewaltigen Säulen mit kunstvollen Kapitellen und einem schönen Kalligraphie-Band geschmückt

Islamische Kunst

Islamische Kunst ist religiöse Kunst, die sich den Geboten des Islam unterwirft, wozu das Verbot bildlicher Darstellung gehört. Weder der Prophet Mohammed noch andere Propheten oder Heilige, wie es sie zwar im Volksglauben, nicht aber nach dem reinen Islam gibt, dürfen abgebildet werden. Moderne Verfilmungen des Lebens des Propheten müssen damit auskommen, Mohammed aus dem *off* reden zu lassen und dabei allenfalls das Pferd zu zeigen, von dem herab er gerade spricht.

Als Folge des Bilderverbots entstand eine hochentwickelte Kunst in der Gestaltung von Flächen und in der Arbeit mit Ornamenten und der Verwendung von Schrift als gestalterischem Element. Die Fatimiden bedienten sich meist erfahrener koptischer Künstler, die der neuen Religion künstlerischen Ausdruck verliehen. Kalligraphie ist die höchste Kunst des Islam. Überall begegnen dem Reisenden gerahmte Drucke, die in Goldlettern einzig ein Wort darstellen – Allah. Üblich ist auch die Ausstattung von Moscheen bis hinauf zur Kuppel mit Suren aus dem Koran; Schrift, Farbe, geometrische und pflanzliche Ornamente sind die Gestaltungselemente.

Die Architektur konzentriert sich auf den Bau von Moscheen, die weit mehr darstellen als Versammlungsorte; sie sind auch Treffpunkt der Gläubigen, die sich still meditierend zurückziehen wollen, sie sind – wie in der Al Azhar-Moschee in Kairo – Studienplatz der Koranstudenten. Weite und Großzügigkeit sind die augenfälligsten Elemente der stets mit handgeknüpften Teppichen ausgelegten Gotteshäuser.

Zu größeren Moscheen gehört meist auch die Medrese, sowohl Koranschule als auch theologische Anstalt der Gelehrten, die Saladin zur Abwehr des fatimidischen Shiitentums erstmals in Ägypten – nach iranischem Vorbild – etablierte. Typisch für die Medrese sind sowohl der von Säulengängen umlaufene Innenhof als auch die großen Hallen und Räume. Die Wohn- und Schlafräume sind im Vergleich zu den Hallen für Unterricht und Diskussion geradezu schmucklos und meist architektonisch am Rand der Anlage versteckt.

Von ca. 750 bis 969 datiert die frühe islamische Epoche, in der es noch keine einheitlichen Strukturen gibt. Die Ornamentierung ist reich, vor allem an Stuck. Man nimmt Anleihen von bereits existierenden Moscheen, wie in Samarra nahe Bagdad. Kairos Ibn Tulun Moschee ist ein gutes Beispiel für diese Periode, auf die die fatimidisch-ajjubidische Epoche (969–1250) folgte. Die Al Azhar-Moschee entsteht in dieser Zeit nach einem tunesischen Vorbild, das aber der Stadtarchitektur Kairos angepasst wird. Die Fatimiden verwendeten weiterhin Stuck und fügten in ihre Sakralbauten griechisch-römische Säulen ein, die man von anderen Gebäuden dafür entfernte. Diese Säulen wurden häufig von Eisenringen und Holzbalken zusammengefasst und zusammengehalten. Als Neuheit führten die Fatimiden die Umfriedung der Moschee mit wuchtigen Mauern und Toren ein. Unter den Ajjubiden wandelte sich die Kalligraphie von eher eckigen Lettern zu einer fließenden, runden Schrift.

Architektonische Experimente begannen unter den Mamelucken (1250–1517), die weitläufige Eingangsbereiche schufen und Minarette neu gestalteten – weg vom monoton viereckigen Minarett, hin zum achteckigen oder runden Minarett. Statt Stuck bevorzugten die Baumeister nun oft farbigen Marmor

Umm Kalthum

Sie sang von leidenschaftlicher Liebe, entzweiten Herzen und brennender Eifersucht. »Fakkarruni« (Sie ließen mich Dich nicht vergessen), »Inta umri« (Du bist mein Leben) und »Amal el Hayati« (Du bist der Traum meines Lebens) sind ihre populärsten Lieder. Ihrer bezaubernden Stimme lauschte man gebannt von Marokko bis in den Irak. Sogar Gamal Abdel Nasser, der nach seinem Putsch schonungslos Künstler und Intellektuelle gejagt hatte, die der gestürzten Monarchie nahestanden, hörte jedes ihrer wöchentlich über Radio Kairos internationales Kurzwellenprogramm ausgestrahlten Konzerte. Gefragt, warum er ihre Nähe zur Monarchie nie rächte, war seine Antwort stets, auch die Sonne habe schließlich während der Monarchie gestrahlt.

1911 erkannte Umm Kalthums Vater, welch ergreifend schöne Stimme seine damals 14jährige Tochter besaß. Ihre Koranrezitationen im Kreise der Familie ließen die Verwandten regelmäßig vor Rührung in Tränen ausbrechen. Der Vater verkleidete seine Tochter als Beduinenjungen und verschaffte ihr so Auftritte bei religiösen Festen – mit sensationellem Erfolg. Umm Kalthums Weg aus dem engen Kleinbürgertum in Mansura, einer Stadt im Nildelta, stand nichts mehr im Wege, auch nicht, als der kleine Schwindel mit der Verkleidung zugegeben werden musste, da der Junge unübersehbar weibliche Formen entwickelte.

»Sayidit il ghinaq il arabi«, die Kaiserin unter den arabischen Sängerinnen, war eine der ersten Ägypterinnen, die ein Privileg der Männer auslebte und öffentlich und auch noch unverschleiert auftrat. Ihr erstes Lied imponierte König Fuad so sehr, dass er sie bei Hofe einführte. Mit 35 Jahren erlebte Umm Kalthum ihren Durchbruch. Sie hatte ihren ersten Film gedreht, durfte bei der Einweihung des später einflussreichen panarabischen Senders Sot-el-Arab (Stimme Arabiens) sowie bei der Krönung König Faruks singen.

Der arabische Dichter Ahmed Rami ergänzte Umm Kalthums religiös orientiertes Repertoire, das sie zu Beginn ihrer Karriere nur a cappella gesungen

und Mosaike. Ende des 15. Jh. konnten – besonders natürlich in Kairo – gleichmäßig angelegte und weite Moscheebauten nicht mehr realisiert werden. Die Stadt platzte bereits aus den Nähten, und für Neubauten musste der vorhandene Platz so gut wie möglich genutzt werden. Man bemühte sich fast schon mit Besessenheit darum, selbst auf ungleichmäßigen Grundstücken Mo-

hatte, um Chansons mit Musikbegleitung. Rami verliebte sich unsterblich in die Sängerin. Weil sie aber seine Liebe nicht erwiderte, schrieb er für sie die schönsten und anspruchsvollsten Liebeslieder – Poesie pur, Hymnen bis heute. Fortan trat die Kalthum mit imposanter Orchesterbesetzung auf: Die korpulente Sängerin stand bewegungslos in einem langen dunklen Soiree-Kleid auf der Bühne, das Mikrophon in der einen, ein weißes Taschentuch in der anderen Hand. Ihr schwarzes Haar hatte sie am Ansatz toupiert und zu einem Knoten im Nacken geschlungen. Wegen eines Augenleidens trug sie eine dicke Hornbrille. Oft verstrichen zehn Minuten Orchesterauftakt, in denen sie nicht einmal mit dem Fuß im Rhythmus wippte, ehe sie mit ihrer gewaltigen, tiefen und erotischen Stimme ihre schweren Texte intonierte.

Die bis heute ungebrochene Popularität hat sehr stark auch mit Umm Kalthums politischem Engagement zu tun. Inmitten der nachrevolutionären Umwälzungen im eigenen Land einte Umm Kalthum in den 50er und 60er Jahren die auseinanderfallende Nation, sie blieb und war *die* Stimme, *das* Symbol. Sie sang, auch das ist bis heute unvergessen, das Kampflied im Sueskrieg, das jeder Soldat, wie einst im Zweiten Weltkrieg »Lili Marleen«, auswendig kannte. Sie sang für den panarabischen Zusammenhalt, der den ägyptischen Dialekt über die Landesgrenzen hinaus in den arabischen Raum trug. Nach dem Sechstagekrieg 1967, in dem Israel die ägyptische Armee vernichtend schlug und den Angriffszeitpunkt geschickt auf die Zeit ihres wöchentlichen Radio-Konzertes gelegt hatte, in diesem Jahr der Demütigung des arabischen Stolzes spendete sie Millionen von Pfund, um das ägyptische Militär zu unterstützen. Es war diese Frau, welche die Nation aus dem Schock der Niederlage riss und ihr Mut und Selbstbewusstsein gab. 1972 ehrte Präsident Sadat Umm Kalthum mit dem hohen Titel »Künstlerin des Volkes«.

Ihr Haus in Zamalek, einem Nobelviertel in Kairo, ist auch heute noch Pilgerstätte der treuen Fans, egal welcher Ideologie und welchen Glaubens. Denn in einem sind sich die Ägypter einig: Umm Kalthum war die »Stimme des Orients«. Ihre alten Konzerte flimmern immer noch mehrmals wöchentlich ungekürzt über alle arabischen Programme oder laufen in voller Länge, immerhin rund fünf Stunden, im Radio und jeder Taxifahrer hört ihre Musik.

Als Umm Kalthum im Alter von 78 Jahren einer Gehirnblutung erlag, strömten über vier Mio. Menschen schweigend auf Kairos Straßen. Die gesamte arabische Welt trauerte um den »Stern des Orients«, wie sie liebevoll genannt wurde.

Am 3. Februar 1975 starb Umm Kalthum – und wurde unsterblich.

---

scheen so zu bauen, dass sie nach außen den Eindruck von einer gleichmäßigen, rechteckigen Grundstruktur vermitteln (besonders gut zu sehen im Bereich des Bab Zuweila in Kairo). In dieser späten mameluckischen Periode erreichen die Ornamente – Arabesken zum Beispiel – aus Marmor und Stein höchste Qualität. Kunstvoll sind die mameluckischen Moscheebauer auch im Detail, sie verwenden kunstvolle Holzeinlegearbeiten für Koranständer und Predigerkanzel.

Mit den Türken (ab 1517) verlagert sich das Interesse weg vom Sakralbau zum Profanbau (Häuser, Karawansereien). Die entstehenden Moscheen verlieren ihre großzügigen Arkaden; wie Bleistifte sehen die sich nach oben verjüngenden Minarette nun aus.

Die moderne islamische Architektur in Ägypten bedient sich beim Bau großer Moscheen vieler Zitate aus allen Epochen. Zu den skurriler anmutenden Sakralbauten zählt etwa die Moschee des Badeortes Agami am Mittelmeer, gestiftet von Japan. Hier sind als Dank an den Spender pagodenähnliche Elemente im Minarett unverkennbar.

Moderne Kunst

Das imposante Erbe an altägyptischer, koptischer und islamischer Kunst ist die größte Last der zeitgenössischen Kunst. Die europäischen Gelehrten und Künstler, die in den letzten 200 Jahren Ägyptens Schaffende mit einer völlig neuen Ästhetik konfrontierten, stifteten – andauernd bis heute – reichlich Verwirrung über die Frage: Was ist, was kann, was darf ägyptische Kunst sein? Soll sie das pharaonische Erbe ignorieren, weiterentwickeln oder aufnehmen und variieren? Dazu kommt das Bilderverbot des Islam, das konservative Gelehrte jede Art von bildlicher Darstellung, nicht nur religiöser, als Teufelswerk verdammen lässt, und die Herausbildung von Malschulen im europäischen Sinne von Anfang an verhinderte. Das Wirken im Stile eines Michelangelo wäre im Islam als Frevel bis heute unmöglich.

Kunst als Instrument der Politik entdeckte der Bildhauer Mahmud Mukhtar (1883–1934), um den sich ab 1921 eine nationale Bewegung gesammelt hatte, die ihre Kunst dem Kampf um das vaterländische Erwachen widmete. Neopharaonismus, der alle Stile umfassen müsse, nannte Mukhtar diese Bewegung. Mit Bedacht wählte der Bildhauer rosa Granit, wie ihn die Pharaonen geschätzt hatten, beispielsweise für »Ägyptens Erwachen«, eine Kolossalskulptur, die heute vor dem Tor der Kairoer Universität an das Aufbegehren gegen die ausländischen Besatzer erinnert.

Auch eine Form von Kunst:
Die Häuser der Mekka-Pilger sind farbenprächtig in naiver Weise bemalt (s. S. 205)

Weit mehr als er selbst ahnen konnte, gab Mukhtar die Richtung für die ägyptische Kunst des 20. Jh. vor. Alltagsleben und Mut zum sozialen Engagement, zur Gesellschaftskritik finden sich in der zeitgenössischen Malerei als wiederkehrende Themen und Motive. Aus Europa kommend und eingedenk der okzidentalen Maltradition, mögen viele Werke ob der gelegentlich ungelenken Bildsprache zum Schmunzeln verleiten. Doch dabei sollte der Betrachter nicht übersehen, dass ägyptische Malerei eben in den Kinderschuhen steckt und noch längere Zeit auf der Suche nach der eigenen Identität sein wird.

Abdel Wahab Morsi wie auch Abdel Hadi Al Gazzar (1925–1966) haben auf der Suche nach der wahren ägyptischen Identität Symbole pharaonischer Malerei in ihre Werke miteingebracht, wie den Falkengott Horus, die strahlende Sonne, die Echnaton anbetete, edle Katzen sowie geometrische Figuren, die auf Gräbern, Tempeln und Säulen abgebildet sind. Dabei verbinden sie Landschaften und Menschen mit altägyptischen Motiven. In den 60er Jahren wandelte sich die Kunstszene, und eine revolutionäre Bewegung brach mit dem nationalen Klischee.

Unbekümmert geht die moderne Architektur mit dem Erbe um, stellt in den Metropolen Hochhäuser mit Glasspiegelfassaden ungerührt neben Bauten, die deutlich die Handschrift des briti-

Raks Sharq: Der Tanz des Orients

Um die geschmeidig kreisende Hüfte ist ein dunkles, mit Strass besetztes Seidentuch drapiert. Der Körper windet sich im hautengen Paillettenkleid um die Körperachse. Die langen schwarzen Haare fallen wellenförmig bis auf die Taille. Die Arme schlängeln sich rhythmisch zur Musik um den Körper; Bauch und Nabel sind frei. Lasziv blicken die braunen Augen der Tänzerin ins Publikum. Ein Mann springt vom Sessel auf, entledigt sich des Sakkos und schwingt mit der Tänzerin die Hüften. Das Publikum klatscht, und bald tanzen vom Kleinkind bis zur Oma alle mit – kaum ein ägyptisches Fest verläuft anders. Ägyptens Gesellschaftstanz ist der *raks sharq*, wörtlich übersetzt der Tanz des Orients.

Als *haram*, als religiös verboten und verderblich für Sitte und Moral, stufte die Al Azhar-Universitätsmoschee ihn ein, verbot 1997 gar bedürftigen Muslimen, Almosen von professionellen Tänzerinnen anzunehmen, lieber eingedenk Allahs zu hungern. Doch die traditionsbewussten Ägypter scheren sich wenig um dieses Verbot, wie man im Land unschwer feststellt. Schon kleine Mädchen beherrschen die Kunst. Kein Fest, kein Night Club ohne Bauchtanz. »Badwanis bik«, gesungen von Ägyptens Popstar Warda, ist bei fast jeder Party einer der Klassiker.

Schon Pharaonen und Adlige ließen sich vor 3000 Jahren die Abendstunden von tanzenden Sängerinnen und Musikerinnen versüßen. Wandreliefs, wie das der berühmten drei Musikantinnen im Grab des Nacht in Theben, zeigen die leicht bekleideten Künstlerinnen. Diese Freudenfeste, die sich die pharaonischen Ägypter gönnten, waren eine eher private Sache und hatten nichts mit dem heutigen Vergnügen zu tun. Beim damaligen *ika'i* (›mit dem Tempo‹) präsentierten Tänzer zu eher langsamer Musik Figuren, wie man sie ebenfalls von Reliefs kennt, verharrten für Sekunden in bestimmten Stellungen, etwa die Arme über der Brust verschränkt, eine mit wenig Verve dargebotene Vorstellung.

Die Türken waren es, die den modernen Bauchtanz nach Ägypten brachten. Da der Islam aber Frauen eher verpackt als enthüllt, schlüpften ab dem 15. Jh. feminine Knaben, oft Homosexuelle und Transvestiten, in die Rolle der Tänzerinnen. Im Zuge der berühmt-berüchtigten Knabenlese wählten sich Edelleute die schönsten Männer als Lustknaben, und statt sie für die Militärgarde des Sultans, die Janitscharen, zu rekrutieren, engagierte man sie als Tänzer und männliche Konkubinen. Zu Beginn des 19. Jh. konnten in Kairo jedoch Tänzerinnen von der Straße weg angeheuert werden, wie der britische Chronist Edward William Lane damals notierte und wohl auch erlebt hatte: »Kurtisanen betreten den Raum, in dem nur Männer sitzen. Sie tragen durchsichtige, tief ausgeschnittene Blusen, trinken bis fast zur Bewusstlosigkeit Brandy und Likör, ehe ihnen die ebenso betrunkenen Männer mit Speichel benetzte Münzen auf Kinn, Lippen und Bauch legen.« Tanz als verdeckte Prostitution – das ist bis heute in Ägypten ein Problem, vor allem für die seriösen Tänzerinnen.

Der Faszination des orientalischen Tanzes erlagen im 19. Jh. auch die Europäer. Frankreichs Bourgeoisie adaptierte die morgenländische Kultur, die verführerische Kleidung und die arabische Musik. Der Romancier Gustave Flaubert stürzte sich während seiner Ägypten-Reise Hals über Kopf in ein leidenschaftliches Abenteuer mit Kutchuk Hanem und verewigte die bekannte Tänzerin in mehreren Romanen.

Ägypten hat aus dem Heer der Bauchtänzerinnen viele Sternchen, aber nur wenige Stars, wie Samia Gamal, Taheya Karioka, Nagwa Fouad, Naema Akef oder Kitty hervorgebracht. Deren zahllose Tanz- und Revuefilme aus den 40er, 50er, 60er und 70er Jahren bilden bis heute die Top 100 der meistwiederholten Filme des ägyptischen Fernsehens. Die Enkelinnen dieser Diven, Fifi Abdou, Lucy und Dina kassieren heute Traumgagen, während das Gros der ägyptischen Tänzerinnen am Existenzminimum dahinvegetiert, obendrein missachtet als Ehefrauen, geschätzt nur als Liebhaberinnen. Für einen dreißigminütigen Auftritt kassieren Dina & Co. 3000 US$ und mehr. Minimum 20 000 US$ plus Spesen werden je Auftritt in den reichen Golfstaaten fällig. Dina, die beste zeitgenössische Bauchtänzerin, die Elemente des Modern Dance einfließen lässt, musste nach Presseberichten alleine 1996/97 umgerechnet 130 000 € Steuern nachzahlen.

Mehr und mehr drängen Europäerinnen auf ägyptische Bühnen, weil viele Tänzerinnen aus Angst vor fundamentalistischen Übergriffen sich entweder zurückziehen oder aus religiösen Gründen verschleiern. Ost- und Westeuropäerinnen, sogar US-Amerikanerinnen sind mittlerweile fester Bestandteil der

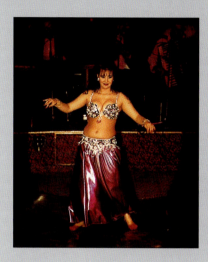

ägyptischen Bauchtanzszene. Was sie in New York und Wien, in Paris oder Budapest gelernt haben, suchen viele Frauen in Kairo zum Beruf zu machen. »Technisch«, meint Dina, »sind sie perfekter als wir. Aber was den Europäerinnen fehlt, das ist die Hingabe, mit der wir Araberinnen uns tanzend ausdrücken und uns dabei in der gleichen Gefühlswelt bewegen wie unser Publikum.« »Die Europäerinnen«, so die Schwedin Samasem, erfolgreichste ausländische Tänzerin Ägyptens, »haben den Bauchtanz verfremdet, wollen häufig nicht so temperamentvoll, nicht so sexy tanzen, wie es sein muss. Sie suchen im Bauchtanz eher Erfüllung und Versöhnung und Einklang mit ihrem Körper. Das ist schade. Denn das entspricht nicht der Seele des Tanzes.«

Omar Sharif: Leben im verblassten Ruhm

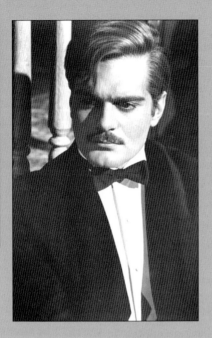

Als Omar Sharif in den Hotellift einsteigt, starrt ihm ein junges deutsches Paar neugierig entgegen. Beide fangen an zu kichern und flüstern sich gegenseitig etwas zu. Endlich fasst die Frau Mut und fragt ihn mit ihrer bittersüßen Stimme: »Dr. Shiwago«? Sharif schmunzelt charmant, und antwortet würdevoll: »Ja«.

Doch eigentlich möchte der 68-jährige ergraute Sharif am liebsten, dass ihn alle vergessen. Er hasst es, über sich selbst zu sprechen, in alten Erinnerungen zu schwelgen, als er noch ein Star am Hollywood-Himmel war, Simon de Beauvoir gut kannte und einmal in der Woche mit Samuel Beckett dinierte. 29 Jahre ist das her. Übrig blieb nur sein Ruf als Frauenheld, Säufer und Spieler.

Ein Absturz vom Sternenhimmel, wie ihn nur Wenige geschafft haben. »Ich habe nichts erreicht und nur wenig wirklich Gutes getan. Vieles war sogar ziemlich schlimm«, resumiert Sharif traurig. Er lallt ein wenig, als sei er angeheitert. Dabei schien sein kometenhafter Aufstieg unaufhaltsam.

1953 hatte der ägyptische Regisseur Youssef Chahine den Sohn einer wohlhabenden christlich-libanesischen Familie entdeckt – Michel Dimitri-Shalhoub alias Omar Sharif. Seine ägyptischen Kino-Fans lieben ihn, auch wenn er Arabisch mit einem *khawwaga* (ausländischen) Akzent spricht. Als er die Schauspielerin Faten Hamama heiratet, konvertiert Sharif zum Islam. Die Gerüchte, dass seine Mutter eine Jüdin ist, sind bis heute nicht verstummt. Sharif sagt nichts dazu.

1962 gibt ihm David Lean an der Seite von Peter O'Toole die Rolle des Sherif Ali in »Lawrence von Arabien«, weil er »Englisch mit einem ausländischen Akzent spricht«. Hollywood hat einen neuen Superstar: Omar Sharif. Steckbrief: schwarzes, gewelltes Haar, braune Augen, volle, sinnliche Lippen. Für Millionen von Frauen ist er der Prototyp des *oriental lover*. »Ich hatte einfach

Glück und eine wunderbare Rolle. Mit diesem Part wäre jeder erfolgreich gewesen, allein das Kostüm und dieser Auftritt. Ich muss zugeben, ich habe umwerfend ausgesehen.«

Sharifs Ehrlichkeit ist entwaffnend. Seine Bitterkeit und seine schlechte Laune verstecken nur zum Teil den warmen, verletzlichen Charakter. Sharif zeigt eine Bescheidenheit und einen Fatalismus, der schon Anderen aufgefallen ist, verrät einen Anflug von Traurigkeit und das Gefühl einer verlorenen Seele. Vielleicht ist das eine Erklärung, warum ihm so viele Frauen zu Füßen lagen. Aber keine hielt es bei ihm aus. Nicht einmal Faten Hamama, die einzige Frau, die er jemals geliebt hat – sagt er.

Sharif ist bis heute der einzige arabische Schauspieler, der ein Weltstar wurde, für seine Rollen in »Lawrence von Arabien«, »Dr. Schiwago« und »Funny Girl« eine Oskarnominierung und drei Golden Globes erhielt. Den Höhepunkt seiner Karriere erreicht er, als Gamal Abdel Nasser die Macht in Ägypten übernimmt und die Arabische Einheit bröckelt. »Die Leute im Westen sahen in Nasser den Teufel per se.«

Als Sharif 1967 »Funny Girl« mit Barbara Streisand dreht, greifen israelische Kampfjets Ägypten an und zerstören drei Viertel der ägyptischen Luftwaffe, die nicht vorbereitet ist. Der Sechstagekrieg bricht aus. Omar Sharif darf keine Interviews geben: »Das Nasser-Regime fürchtete, ich würde anti-nationalistische Parolen schwingen.« Obwohl er es ablehnt, Nasser zu rechtfertigen, ist er glücklich, das heutige Regime zu verteidigen. »Als Nasser Präsident war, liebten uns die Araber, dafür hassten uns die Abendländer. Mit Sadat war es umgekehrt. Und Mubarak stellt mehr oder weniger alle Seiten zufrieden.«

Seine Leidenschaft für Bridge beendet in den 70er Jahren Sharifs rasante Karriere. Weil er sich in immense Schulden stürzt, nimmt er zweitklassige Rollen an, für die er nur eine Ausrede findet: »Bridge ist eine Sucht, eine wundervolle Zeitvertreibung, ein schlaues Spiel.« 20 Jahre lebt er im Ausland, zuletzt in Paris. Nach einer Herzoperation beschließt er, heimzukehren: »Mit meinen Freunden im Westen sprach ich nicht über meine Schultage ... «, er seufzt, atmet tief durch .... »und niemand wollte etwas über meine erste Liebe wissen.«

Neben dem Bridgespiel hielt sich der skandalumwitterte Exzentriker an Whiskey, sein Lieblingsgetränk schon am frühen Morgen. Hin und wieder macht er Werbung für Hotels. Dafür darf er im königlichen Old Winter Palace-Hotel in Luxor oder im Old Cataract in Assuan kostenlos logieren. Gelegentlich präsentiert er für US-Sender Ägypten-Features. Er ist ein guter Repräsentant des Landes, sagen die Ägypter.

Seine letzte große Rolle spielte Sharif in Ägypten 1995 in dem Film »Dihk wa Lib wa Gad wa Hubb« (Gelächter, Spiel, Ernst und Liebe). Im selben Jahr drehte er »Muwatin Misri« (Ein ägyptischer Bürger). Beim Publikum beliebt war seine TV-Rolle als Al-Aragouz, der Puppenspieler.

Trotzdem... Alle Filme in denen Omar Sharif nach 1969 im In- und Ausland mitwirkte, waren kommerzielle Flops. Sharif schaffte es nicht, an seine erfolgreichen Rollen anzuknüpfen. »Ich suche. Ich suche seit drei oder vier Jahren. Jeden Tag lese ich neue Skripts, aber ich finde nichts, das mir gefällt«, sagt Sharif resigniert. Der charmante Weltstar von einst ist gealtert. Aber die Fans warten noch auf seinen großen Auftritt – fernab des Bridge-Tisches.

schen Kolonialstils tragen, und es verliert sich vielleicht noch zwischen zwei neuen Fertigbauten eine kleine alte Moschee.

Großartiges für Ägyptens moderne Architektur leistete der Architekt Hassan Fathy. Fathy, der an der Al Azhar-Universität in Kairo Philosophie und Ästhetik in Stadtplanung und Architektur lehrte, verfolgt nicht bloß das Ziel, armen Menschen schönere Häuser zu bauen. Für ihn stand fest, dass herkömmliche Familienstrukturen, die sich durch den Wandel der Zeit, durch die heute nötige gesellschaftliche Mobilität veränderten, durch architektonische Einflüsse erhalten bleiben können. »Ich hätte nie gedacht, welche soziale Bedeutung Architektur für eine Familie haben kann. Macht ein Junge aus einer ländlichen Familie seinen Weg durch Schule und Universität, wird Rechtsanwalt, Doktor, Lehrer, Offizier oder mehr – was immer mehr auch den Jungen vom Land möglich ist, dann schämt er sich seines alten Elternhauses und wird nicht zurückkommen in den Schmutz und die Hässlichkeit, in der seine Eltern leben.« Fathys Musterprojekt sollte Neu-Gurna in Theben-West werden. Um rund 7000 Bewohner Alt-Gurnas 1940 zum Schutz der antiken Grabstätten aus dem Tal der Noblen umzusiedeln, gab die ägyptische Regierung den Bau eines neuen Dorfes in Auftrag. Das berühmte Mo-

Die Menschen auf der Straße sind oft Thema der zeitgenössischen Literatur

dellprojekt »Architecture for the Poor« (auch als Buch erschienen), das Hassan Fathy entwarf, verfällt heute in zunehmendem Maße.

Dabei zählt Neu-Gurna von Konzeption und Ausführung zu den architektonischen Schätzen Ägyptens, vergleicht man den althergebrachten Baustil mit den kalten Betonklötzen, die moderne Kairoer Trabantenstädte wie 6th of October City und 10th of Ramadan City prägen. Der 1900 in Alexandria geborene Fathy kombiniert traditionelles Wohnen mit modernen Entwicklungen, indem er preiswerte Lehmhäuser entwarf, die den Klimabedingungen wesentlich besser entsprachen als die üblichen Ziegelhäuser. Lehm schützt sowohl vor Hitze als auch vor Kälte. Darüber hinaus teilte er die Häuser in ihrer klassischen Grundform auf; Frauen- und Familienbereich sowie allgemeine Wohnräume.

1948 kam das Projekt, das bis dahin nur zu einem Drittel realisiert worden war, zum völligen Stillstand, weil verschiedene politische Kräfte Widerstand leisteten und die Bewohner Alt-Gurnas sich weigerten, in die Häuser einzuziehen. Bis in den 70er Jahren glich das Dorf einer Geisterstadt, in die dann letztendlich 2000 Menschen einzogen. Teile des Dorfes waren damals schon verfallen oder zerstört.

Die beiden Schüler Fathys, Rami el Dahan und Soheir Farid, die im Stil ihres Mentors und Vorbildes entlang der Küste des Roten Meeres Urlaubsressorts bauen, bedauern den Zerfall Neu-Gurnas und die Ignoranz der Behörden zutiefst. Beide hatten Fathy bei Restaurationsarbeiten 1982 geholfen und waren Zeugen des allmählichen Verfalls der Häuser geworden. »Jeder kosmetische Versuch, Neu-Gurna wieder aufleben zu lassen, wird fehlschlagen. Das Dorf muss von Grund auf restauriert werden«, sagt Rami el Dahan. »In Neu-Gurna hat Fathy seine Ideen und Arbeiten verwirklicht; es wäre ein entsetzlicher Verlust, wenn sich seine Architektur für die Armen nur in der Hotelarchitektur für die Reichen durchsetzen würde.«

Zeitgenössische Literatur

Nagib Machfus dürfte der einzige ägyptische Autor sein, der deutschen Lesern auf Anhieb einfällt, obwohl seit seiner Auszeichnung mit dem Nobelpreis (1988) vermehrt Werke ägyptischer Autoren übersetzt worden sind. dass der Nobelpreis mehr als Verbeugung vor der gesamten Literatur des Landes als vor dem persönlichen Werk Machfus' zu

verstehen ist, betont der Ausgezeichnete mit viel Realitätssinn selbst immer wieder. Taha Husseins und Tawfiq el Hakims Werke sind nicht minder tiefgründig und lesenswert.

Einen kleinen Boom erlebte die arabische Frauenliteratur. Nawal el Saadawi ist eine prominente Vertreterin, die für ihre Werke im Gefängnis saß und immer wieder der Nestbeschmutzung wegen ihrer Kritik an der arabisch-islamischen Männergesellschaft beschuldigt wird. Kurzgeschichten über die einfachen Frauen schreibt Alifa Rifaat, die erst nach dem Tod ihres Mannes veröffentlichen durfte; zeitlebens hatte er ihr die Schriftstellerei untersagt. Die neuere Generation der ägyptischen Literaten vertritt Salwa Bakra, die derzeit als eine der besten Autorinnen des Landes gilt. Ihre Helden sind Frauen, Kinder und Tiere. Anders als etwa bei Saadawi geben sich ihre Heldinnen weniger nach außen orientiert und reflektieren mehr ihre eigene Lage.

Viele Werke ägyptischer Autoren, auch von Nagib Machfus, sind in Ägypten verboten. Die Zensur ist zwar nicht rigoros, aber unberechenbar, und das ist für die Literatur vielleicht noch schlimmer und lähmender. Die Grenzen der Toleranz sind eng, vor allem bei religiösen Themen. Al Azhars mächtige Sheikhs hören nicht auf zu sagen, ›falsche Gedanken‹ müssten wie Krankheiten bekämpft werden.

Wie die darstellende Kunst versucht auch die Literatur die Abnabelung von westlichen Einflüssen und Idealen. Die Symbolik ägyptischer Literatur, der Hang zum Parabelhaften, macht die Lektüre oft beschwerlich. Lyrik, die im Arabischen einen höheren Stellenwert als Prosa einnimmt, ist wegen der äußerst bildhaften Sprache zudem nur sehr schwer zu übersetzen.

Nagib Machfus: Vater des arabischen Romans

Abdel Gawad hasst die Engländer. Niemand weiß über seinen Hass, weil er ihn nicht zugibt, weder vor seiner Familie, noch vor seinen Freunden oder gar den englischen Besatzern. Der Kaufmann ist ein Heuchler, wie viele seiner Zeitgenossen: tagsüber täuscht er das Bild eines aufrechten, gläubigen Muslims vor, abends zieht es ihn in verruchte Bars. Am Tag wacht er eisern über ein sittsames Leben von Frau und Kindern, nachts vergnügt er sich mit leichten Sängerinnen. Zu Hause ist er wieder der demütige Muslim und brave Ehrenmann.

Die Trilogie ist die Geschichte des Kaufmanns Abdel Gawad und seiner Familie, die den ägyptischen Kaufmannsstand zu Beginn des 20. Jh. symbolisiert; bürgerliche Mittelklasse, nationalistisch denkend, doch politisch nicht engagiert. Es ist aber auch die Geschichte von Nagib Machfus, der seine eigenen Erinnerungen von Bürgerlichkeit und Spießigkeit, Freiheit und Gerechtigkeit niederschreibt. Schauplatz ist das Viertel, in dem er aufwuchs – El Hussein, der Kairoer Stadtteil rund um den Basar Khan el Khalili; die Menschen sind die, mit denen er tagein tagaus zu tun hatte.

Ägypten ist 1919 im Umbruch. Daran kann auch die von Engländern blutig niedergeschlagene große Demonstration (die so genannte »bürgerliche Revolution«) nichts ändern. Um Machfus herum, der 1911 in Kairo als Sohn eines kleinen Staatsbeamten geboren wird, entsteht ein modernes, kulturell aufstrebendes Land. Die ersten ägyptischen Intellektuellen, die in Paris oder London studierten, kehren nach Kairo zurück. Sie verlangen eine Trennung von Staat und Religion, wollen eine Aufklärung, wie sie Europa erlebt hatte.

Diesem Wandel der Zeit passt sich Machfus, der ab 1930 Literatur und Philosophie an der Kairoer Universität studiert, seine Magisterarbeit über den »Begriff der Schönheit in der islamischen Philosophie« aber nicht vollendet, an. Zum umstrittenen Literaten wird Machfus, der sich in seinen Büchern zwischen sozialistischem Realismus und europäischem Gesellschaftsroman bewegt, 1959.

Als »Awlad Haritna« (Die Kinder unseres Viertels) erscheint, tobt der Nahe Osten. Was europäische Kritiker als originell, spannend und den Höhepunkt moderner arabischer Geistesgeschichte bezeichnen, verdammen Muslime als Gotteslästerung und Verletzung der islamischen Moral. Protagonisten des Romans sind Moses, Jesus und Mohammed. Islamische Fundamentalisten argumentieren, Machfus zweifle an der Existenz Gottes, verhöhne die Propheten und bezeichne muslimische Gläubige als Wüstenmäuse. Nicht alle Stücke von Machfus sind in europäische Sprachen übersetzt. In Arabien stehen viele Stücke trotz der Förderung von Präsident Mubarak auf dem Index.

Die Al Azhar-Universität, deren *fatwa* (Rechtsgutachten) Gültigkeit für Millionen Muslime haben, bekräftigt regelmäßig das Verbot und nennt »Die Kinder unseres Viertels«, das unter Schriftstellern als das erste moderne arabische Romanwerk gilt, destruktiv und beleidigend für die Propheten. »Die Kinder unseres Viertels« waren ausschlaggebend für den Literaturnobelpreis, der Nagib Machfus 1988 verliehen wurde. Er selbst wertete die Würdigung als generelle Verbeugung vor der Literatur Arabiens. Der Vater des arabischen Romans schrieb über 40 Romane, Novellen, Theaterstücke und etwa 30 Drehbücher. Zu den berühmtesten Werken zählt sein Erstlingswerk über das historische Ägypten der Pharaonen, die »Midaq-Gasse« (Porträt einer kleinen Straße von Kairo, 1945), »Trilogie« (1956), »Die Kinder unseres Viertels« (1959), »At-Tariq« (Der Weg, 1964), »Der Dieb und die Hunde« (1961), »Die Moschee in der Gasse« (1978).

Einen Gottlosen sah in Machfus der blinde Scheich Omar Abdel Rahman, in den USA inhaftiertes Oberhaupt der extremistischen Organisation Jihad. Er fordert im April 1989 seine Anhänger auf, Machfus zu töten. Im Oktober 1994 wird Scheich Rahmans Befehl erfüllt: Islamisten stechen vor seinem Haus auf den damals 83jährigen Machfus ein. Er überlebt schwer verletzt; seine Publikationen, vor allem Zeitungskolumnen, kann er fortan nur noch diktieren.

Reisen in Ägypten

Kairo –
Die Mutter der Welt

Kairo

Stadtplan hintere Umschlagklappe
Tipps und Adressen S. 330

■ 17-Millionen-Moloch, eine Symphonie aus Chaos, Schmutz, Lärm und Unregierbarkeit – anders kann man Ägyptens Hauptstadt nicht beschreiben. Aber auch nicht unzutreffender. Wer erstmals Kairo besucht und sich vielleicht noch das erstemal im Orient aufhält, der möchte vor dem Wirrwarr des Straßenlabyrinths, vor den rüden Sitten im Verkehr, vor den Huporgien, vor den drängelnden Menschenmassen in allen Straßen und Gassen und zu beinahe jeder Tages- und Nachtzeit am liebsten fliehen, egal wohin, nur weit weg. Manche tun das nach nur einem Tag. Wenn dann auch noch mitten in den engen Gassen eine Köchin wie auf dem Lande ihre Hühner- oder Ziegenhaltung betreibt und mitten auf dem Weg schlachtet, das Tier ausweidet und zerlegt, dann ist für viele das Synonym zu Kairo nur noch ein einziges Wort: Alptraum.

Doch weit gefehlt. In kaum einer Metropole der Erde kann der Besucher mit Geduld und offenen Augen besser die Symbiose aus Okzident und Orient, aus Moderne und Tradition, aus reich und arm erleben als in der größten Stadt Afrikas, die genaugenommen ein Konglomerat aus unzähligen Dörfern und Städten darstellt. Kairo bei Nacht ist mit seinen Bars und Diskos so westlich, wie die Muezzins, die zu den Gebetszeiten einen kakophonen Gesangsteppich ausbreiten, Kairo bei Tag als tief gottesfürchtige islamische Stadt der tausend Minarette erscheinen lassen. In Vierteln wie Bulaq und rund um den Basar, um nur zwei zu nennen, leben die unsterblichen Romanfiguren aus den Büchern des Nagib Machfus, die kleinen Gauner, die resoluten Ehefrauen, die Krämer, die Friseure, die Polizisten, die kleinen Leute eben, die in Kairo hart arbeiten müssen, oft zwei und mehr Jobs haben, um überleben zu können, während in Vierteln wie Zamalek, Mohandessin und Maadi reiche Ägypter und Ausländer unbehelligt ein komfortables Leben nach westlichen Maßstäben und Werten führen. Doch selbst von diesen Vierteln ist die Armut, sind die sozialen Probleme des Landes nur ein paar Ecken entfernt. Und keine 15 Minuten mit dem Auto liegen die Totenstädte, die man mit Umsicht und Zurückhaltung auch als Reisender besuchen kann, auch wenn das nicht dem Besuchsprogramm entspricht, wie es sich der Tourismusminister vorstellt.

Zwischen dem Mukattam-Berg im Südosten und dem Fatimidenviertel findet man die östliche Totenstadt, einer der Friedhöfe, auf denen rund 400 000 Menschen leben, die keine andere Bleibe finden können. Ein Kairoer, der nicht dort lebt, würde diese Ecke seiner Stadt nie freiwillig betreten. Aus Angst, aber auch weil Armut als Tabu behandelt wird: von Allah gegeben, wie Leben und Tod. Zu verstecken versucht man vor dem Besucher auch die Viertel der *zabalin* (s. S. 48), der Mülleute, die etwa unterhalb des Mukattam-Berges leben, den Müll der Stadt von Hand trennen und dafür tiefste Geringschätzung ernten, obwohl ohne sie die Stadt in ihrem Unrat buchstäblich ersticken würde. Das System der *zabalin* ist

Die Totenstadt am Mukattam-Berg

streng hierarchisch gegliedert. Eine Oberschicht hat die Bezirke Kairos unter sich aufgeteilt und kassiert Geld dafür, dass die Untergebenen den Müll abholen. Aus dem Verkauf des noch Verwertbaren (Zeitungen, Glas, Alu) wiederum müssen die Unteren Provisionen an die Oberen zahlen.

Die Nacht konterkariert das Bild von Kairo bei Tag und lässt die 150 km² große Metropole in einem unendlichen Lichtermeer glänzen. Blinkende und gleißende Neonreklamen, die für Coca Cola oder einen neuen ägyptischen Kinohit werben, färben die City bonbonbunt. Beinahe alle großen Hotels, Mittelpunkt des gehobenen gesellschaftlichen Lebens, laden in pompösen Clubs zu Bauchtanz-Shows mit den Superstars der Szene wie Dina oder Fifi Abdou (s. S. 83). In den edlen Bars und Diskos schlürfen die Kinder der Reichen und die Schönen der Nacht Gin und Cocktails, huldigen einer MTV-Kultur, die der Satellit frei Haus bringt.

Und wieder muss man nur hinausblicken auf den Nil. Dort ziehen Ausflugsdampfer und kleine Motorboote ihre Runden um die Inseln. Die Passagiere drehen die Musik aus ihren Kassettenrecordern bis zum Anschlag auf, klatschen mit und tanzen; Pärchen flanieren an den Nilpromenaden und genießen den kühlen Abendwind. Auf Grünstreifen, und mögen sie zwischen zwei vierspurigen Fahrbahnen einer Ausfallstraße liegen, picknicken an Feiertagen fröhliche Familien, tollen Kinder bis tief in die Nacht, als sei die Stadt ein riesiger Rummelplatz. Die Freude am kleinen Vergnügen, die Leichtigkeit der Nacht scheinen die Sorgen des Tages aufzuheben oder zumindest erträglich zu machen. Vielleicht ist es diese Unbeschwertheit, die Kairo so liebenswert macht, die Freude am Leben.

Die Kunst des Brottragens ...

Kairo, das sich beiderseits des Nils erstreckt, hat in dem Vorläufer Chere-Ohe (›Platz des Kampfes‹) bereits in der Zeit vor 3000 v. Chr. existiert. Die Götter Horus und Seth sollen sich hier einen Zweikampf geliefert haben. Chere-Ohe ist nur einer der vielen Namen, die der Ort und die Umgebung trugen, die heute Kairo heißen. Babylon (nicht zu verwechseln mit Babylon am Euphrat) nannten es im 6. Jh. die Perser, während die Griechen Kerkassoros sagten.

641 n. Chr. beginnt die entscheidende Stadtgeschichte. Der arabische Feldherr Amr Ibn el As nahm den Byzantinern die Stadt nach langer Belagerung ab und gründete Fustat, das Zeltlager – die erste islamische Hauptstadt. In den folgenden Jahrhunderten wurde die aus allen Nähten platzende Siedlung immer wieder von ihren Statthaltern erweitert. Im 8. Jh. kam El Askar dazu. Der türkische Statthalter Ahmed Ibn Tulun erweiterte im 9. Jh. den Ort um El Katai. Den heutigen Namen gaben 969 die fatimidischen Eroberer, die von Westen her Nordafrika eroberten und die Stadt Misr El Qahira tauften. El Qahira heißt die Siegreiche.

Während der nächsten Jahrhunderte sonnten sich vor allem die fatimidischen Herrscher in maßlosem Prunk und Glanz. Der Palastbereich umfasste an die 20 000 Gebäude. Doch davon blieb nicht viel übrig, da die Stadt 1168 in einem fast zweimonatigen Feuer niederbrannte. Das alte Kairo von heute entspricht weitgehend dem Wiederaufbau des kurdischen Sultans Saladin ab 1175. Die Mamelucken aber waren es, die zwischen 1250 und 1517 Kairo zum Wirtschaftszentrum der damaligen islamischen Welt formten. Unter der Herrschaft der Türken verlor Ägypten und damit auch Kairo jede Bedeutung. Das änderte sich erst wieder mit den Briten und Franzosen im 19. Jh. Unter Ismail Paschas Herrschaft (1863–1879), dem Nachfolger Mohammed Alis, dehnte sich Kairo über die Nilinseln und den Fluss nach Westen hin aus. Europäische Architekten modernisierten die Stadt, bauten 1869 die Oper, erneuerten die Straßen. Und Kairo wuchs und wuchs. Heute ist die Stadt politisches und wirtschaftliches Zentrum des Landes, Sitz der Botschaften fast aller Länder und als Sitz der Arabischen Liga die bedeutendste Stadt des arabischen Nahen Ostens, dazu die einzige Stadt des afrikanischen Kontinents mit einem U-Bahn-Netz.

Zum oberflächlichen Kennenlernen Kairos benötigt man mindestens vier Tage. Einen eindrucksvollen Überblick bekommt man vom Cairo Tower auf der nördlichen Nilinsel mit dem Stadtteil Zamalek. Beim Blick nach Norden liegt unterhalb des lotusförmigen Turmes der Gezira Sporting-Club, eine ummauerte Ruhe- und Fitnessoase der wohlhabenden Kairoer. Den Nordteil der Insel bedeckt das Stadtviertel Zamalek, in dem viele Botschaften residieren (auch die deutsche). Im Westen erstrecken sich entlang des linken Nilufers Aguza, Mohandessin und Dokki, ebenfalls eher wohlhabende Viertel. Südlich liegt auf der nächsten Insel namens Roda El Manial. Die Araber nutzten die Insel Roda als Festung mit Hafen, Schiffswerft, Gefängnis und Soldatenunterkünften. Südöstlich liegt Alt-Kairo und am Westufer erstreckt sich das unabhängig von Kairo verwaltete Giza, zu dem die Pyramiden gehören. Ein idealer Ausgangspunkt für Besichtigungstouren ist der Platz der Freiheit, Midan Tahrir, um den herum sich das Ägyptische Museum, die Mugamma (ein 14stöckiger Verwaltungsturm mit Bürokratie!), Verwaltungsgebäude der Ministerien, der Hauptsitz der Arabischen Liga und das Nile Hilton gruppieren.

Vom Ägyptischen Museum zur Oper

1858 gründete der französische Ägyptologe Auguste Mariette dieses **Museum** 1 mit seiner Sammlung von Grab- und Tempelfunden. An die 120 000 Objekte umfassen Ausstellung und Magazine des Museums, das angesichts des steten Besucheransturmes und der Enge aus allen Nähten platzt und in naher Zukunft durch einen großzügigen Neubau an den Pyramiden ersetzt werden soll. Schon seit Anfang des 20. Jh. befindet sich die Sammlung in dem Gebäude am Midan Tahrir. Für den Besucher dieser bedeutendsten Sammlung ägyptischer Relikte besteht leider die Gefahr, sich im unübersehbaren Wust der Ausstellungsstücke zu verlieren. Es empfiehlt

Kairo
1 Ägyptisches Museum   2 Andalusischer Garten   3 Opernhaus-Komplex

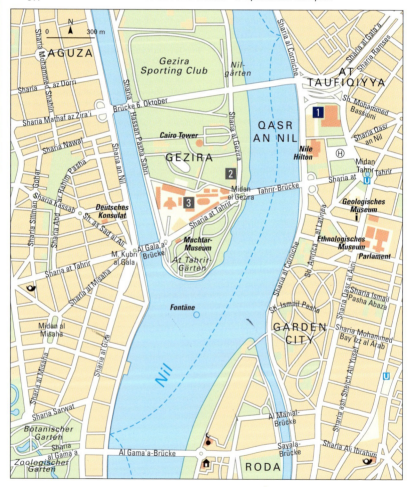

sich, Schwerpunkte zu setzen und nur einzelne Säle – die aber mit Genuss – anzusehen oder öfter zu kommen.

Die Sammlung verteilt sich auf Säle und Gänge zweier Etagen. Für den ersten, aber schon umfassenden Überblick empfehlen sich die Säle 47, 42, 32 (Altes Reich) sowie 22 und 16 (Mittleres Reich), 33 und 43 (Neues Reich) im Erdgeschoss sowie im Obergeschoss die Säle 54/55, 53, 52, 27, 12, 13, 8, 4, 2 und 2a.

Der selektive Rundgang beginnt im »Alten Reich« im **Erdgeschoss** mit Saal 47: Die Statuen des Pharaos Mykerinos – Erbauer der kleinen Pyramide von Giza – und der Göttin Hathor – Göttin der Liebe, Amme der Könige – prägen diesen Saal mit Stein- und Holzfiguren von Dienern, Stelen und Scheintüren aus den Grabkammern. Saal 42: Sehenswert ist hier die Dioritstatue König Chephrens mit dem Horusfalken im Nacken – Symbol der Kraft, Klugheit und Scharfsinnigkeit des Pharaos. Bemerkenswert sind auch die Holzfiguren eines Dorfoberen aus der 5. Dynastie, dazu die Kalksteinstatue eines hohen königlichen Schreibers und die Sitzfigur des Djoser aus dem Totentempel der Stufenpyramide. Saal 32: Über die Jahrtausende erhielten sich die Farben des Kalksteinbildes des Königs Rahotep und seiner Frau Nofret. Aus Sakkara stammt die Statue des Ti. Aus dem selten verwendetem Kupfermaterial bestehen die Statuen des Königs Pepi und seines Sohnes, dazu die Stuckarbeit der Gänse von Medum.

Saal 16 und 22 zeigen die Höhepunkte des Mittleren Reiches: Aus den Totentempeln von Lischt stammen die Holzfiguren (in den Vitrinen) des Königs Sesostris I. und seiner Nachfolger Sesostris III. und Amenemhet III. In der Grabkammer Harhoteps fand man den Kalksteinsarg und die Grabbilder (22). Schön sind auch die Granitsphingen aus Tanis (16).

Der sogenannte Amarna-Saal (3) enthält Nofretetes berühmtes Quarzitmodell; das Original ist in Berlin.

Der Sarg der Königin Hatschepsut, Freundin der Künste und Feindin des Krieges, fand hier (33) seine vorläufig letzte Ruhestätte neben dem Sarkophag des Pharaos Thutmosis' I. Ein Gipsabdruck des Steines von Rosetta findet sich im Saal 34/35; das Original steht zum Ärger der Ägypter in London. Dem französischen Gelehrten Champollion war mit Hilfe dieser Platte die Entzifferung der Hieroglyphen gelungen (s. S. 155). Den Kern des Saales 43 bilden die Holzbarken Königs Sesostris II. aus der Pyramide von Dashur.

Säle im Obergeschoss: 54 und 55 (Ur- und Frühgeschichte): Steinzeitliche Geräte, Werkzeuge und Waffen zeugen von Ägyptens Kultur vor ca. 5000–7000 Jahren. Gegen ein Extra-Eintrittsgeld ist der Saal der Königsmumien (56) zu besichtigen. Im März 1994 wurde der 1980 aus Pietätsgründen von Präsident Sadat geschlossene Raum der Pharaonenmumien wieder eröffnet. 11 Mumien, darunter Ramses' II., Thutmosis' II. und Sethos' I., sind in Vitrinen, die das Klima der Felsengruften im Tal der Könige simulieren, ausgestellt. Die Mumie Ramses' II. war 1976 in Frankreich von Spezialisten genau untersucht worden. Im Juni 1992 kam dasselbe Professorenteam bei einer planmäßigen Nachuntersuchung zu dem Ergebnis, dass sie »bei bester Gesundheit« sei, also keinerlei Mikroorganismen enthalte. Das Herz, eingewickelt in hochwertiges Leinen und Goldblätter, sei am Originalplatz. In der Nase fand sich Pfeffer, der offenbar Bakterien vom Eindringen in den mumifizierten Körper abhalten sollte. Zur Untersuchung benutzten die Mediziner Endoskope. Ramses II. war, so der Befund, an Arteriosklerose gestorben.

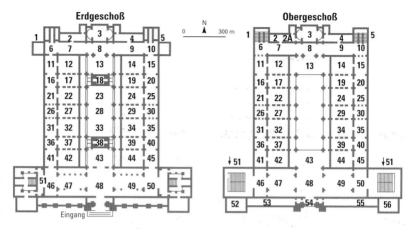

Erd- und Obergeschoss des Ägyptischen Museums

Säle 32 und 27 (Altes/Mittleres Reich): Was die Ägypter zu Zeiten der Pharaonen den Gräbern beigaben, erlaubt einen Einblick in das damalige Leben und Bauen. Vorwiegend waren es nämlich Holz- und Tonmodelle von Alltagsszenen: Eine Spinnerei, die Vorhalle eines Hauses mit Garten, eine Küche mit Brauerei, Bootsmodelle, Figurengruppen von Soldaten. Auffällig ist die Liebe zum Detail, mit der diese Modelle gebaut wurden. Saal 12: Bunt zusammengewürfelt wirkt die Sammlung von Perücken, Leichentüchern, Totenfiguren und Vasen. Diese Funde aus dem Tal der Könige stammen aus den Gräbern Thutmosis' III. und des Haremhab, der als Soldatenpharao in die Geschichte einging. Als Pharao von eigenen Gnaden bestieg er den Thron und machte sich als brutaler Despot einen Namen.

Den Menschenmassen folgend, die sich in dieselbe Richtung drängen, erreicht man das Herzstück des Museums: die Grabbeigaben Tutanchamuns (8), die ja auch schon verschiedentlich auf Welttournee waren. Aus seiner letzten Ruhestätte stammen die vier reichverzierten Holzschreine und die vergoldete Kapelle. Die Schreine standen ursprünglich ineinander. Die Kapelle wird von den Schutzgöttinnen flankiert. Die Köpfe der Eingeweidebehälter tragen die Gesichtszüge des Pharaos. Die Totenmaske Tutanchamuns und die beiden Gold- und Holzsarkophage machen Saal 4 zum bekanntesten des Museums. Die Berühmtheit dieses nur kurzzeitig regierenden Pharaos basiert einzig und allein auf der Tatsache, dass nicht Grabräuber seine letzte Ruhestätte entdeckten, sondern der britische Archäologe Howard Carter (1922), der trocken bemerkte: »Das einzig Bemerkenswerte an seinem Leben bestand darin, dass er starb und begraben wurde.« Der Goldsarkophag – nicht vergoldet, sondern massiv – wiegt 225 Kilogramm. Er war die innerste Hülle, umgeben von anderen Särgen (der Sandsteinsarkophag und ein vergoldeter Holzsarg blieben im Tal der Könige). Der Goldsarkophag trägt an der Stirn die Insignien des Königs, Schlange und Geier. Die beiden Halsketten symbolisieren seinen göttlichen Mut. In den überkreuzten Armen liegen als Zeichen

Richtig Reisen
Thema

Tiermumien zur Adoption freigegeben

„Retten Sie eine Mumie! Adoptieren Sie noch heute!« Darunter das Foto einer mumifizierten Katze mit einer Sprechblase: »Ich brauche ein Zuhause«. Das Plakat, ein Hilfeschrei aus dem Ägyptischen Museum, soll verdeutlichen, dass Ägyptens Tiermumien vom ›Aussterben‹ bedroht sind. Tausende Mumien sind in den Ausstellungsräumen des größten Museums der Welt für pharaonische Antiken dem Schweiß der Touristen schutzlos ausgeliefert, lagern in muffigen Kellern und Magazinen, selten fachgerecht aufbewahrt.

2000 bis 3000 Jahre ›überlebten‹ die heiligen Tiere der Pharaonen in unterirdischen, trockenen Grabkammern. Aus ihrer herkömmlichen Umgebung herausgerissen, zerfallen sie nun zu Staub oder werden von Insekten aufgefressen. Es müssen dringend feuchtigkeitsresistente Schaukästen her.

Dr. Salima Ikram ist die treibende Kraft, die das ›The Animal Mummy Project‹ ins Leben gerufen hat. Auf der Website www.animalmummies.com/adopt.html sind Hunde, Katzen, Krokodile, Falken und Schlangen zur Adoption freigegeben. Bald kommen Widder, Stiere, Gazellen und Affen dazu. Die Preise für eine Co-Patenschaft liegen zwischen 50 (Schlange) und 100 US-$ (Hunde und Katzen). Wer Alleinpate eines Krokodils werden möchte, zahlt 800 US-$. Als Gegenwert erhalten die ›Eltern‹ eine Urkunde mit ihrem Namen, ein Farbfoto und die Story ihres Lieblings.

»Alle Mumien werden wir nicht retten können«, fürchtet Dr. Nasri Iskander, Chefkonservator des Museums, »denn die Kosten sind enorm«. Die Konservierung einer kleinen Katze kostet allein 500 US-$. Mit dem Geld sollen nicht nur luftdichte Glaskästen gekauft, sondern auch Röntgenaufnahmen gemacht werden. »Tiermumien sind für uns sehr wichtig, weil sie uns viel über den Glauben der alten Ägypter verraten können«, sagt Salima Ikram. Niemand wisse beispielsweise, ob Anubis, Gott der Mumifizierung, einen Schakal, einen Hund oder einen Fuchs darstellt. Röntgenaufnahmen würden das Rätsel lösen, aber auch den Tod der Tiere erklären. Ließen die Pharaonen ihre geliebten Haustiere ermorden, damit sie sie ins Jenseits begleiten, und wenn ja, wie? Oder starben sie eines natürlichen Todes?

»Die Leute kauften damals von Priestern hergestellte Tiermumien und verrichteten ihr Gebet – so wie heute Kerzen in der Kirche angezündet werden«, erzählt Ikram. »Um Glück in der Liebe zu haben, opferte man eine Katzenmumie der Katzengöttin der Liebe, Bastet.«

Doch Vorsicht! Nicht alle balsamierten Tiere sind echte Mumien aus dem antiken Ägypten. In der Spätzeit hätten fromme Pilger Tiere zu Sonderpreisen ausstopfen lassen, um sie dann ihrem Lieblingsgott zu opfern. Aber »Keine Sorge«, verspricht Iskander, »falsche Mumien werden umgetauscht, der Pate erhält selbstverständlich ein echtes Exemplar.«

Museum

Blick ins Ägyptische Museum

der Regentschaft Krummstab und Wedel. Zwei Göttinnen halten ihre Schwingen schützend um den toten Pharao.

Der Sarg scheint für einen Normalwüchsigen fast zu kurz geraten zu sein. Tatsächlich waren die Ägypter damals eher klein. Aufgrund medizinischer Berechnungen anhand der Gliederknochen ermittelte man für den Pharao eine Körpergröße von 1,68 m. Bei der Obduktion fast 3500 Jahre nach seinem Tod konnte auch eindeutig festgestellt werden, dass der Pharao mit maximal 20 Jahren starb, höchstwahrscheinlich keines natürlichen Todes. Seither wird gerätselt: Hat ihn sein direkter Nachfolger Eje getötet oder der Soldatenpharao Haremhab? Oder war er ein Unfallopfer?

Die Totenmaske bedeckte das Gesicht der Mumie. Sie trägt ebenfalls Schlange und Geier. Aus dem Kinn wächst des Königs Bart. Die Augen des jungenhaften Gesichtes sind aus Lapislazuli mit weißem und schwarzem Stein einge-

legt. In den Vitrinen finden sich aus den Mengen der Grabbeigaben Totenschmuck, wie z. B. goldene Reifen und Gürtel. Bei der Öffnung der Mumie 1922 hatte man mehr als 21 Amulette gefunden.

Im Saal 2a sind weitere, imposante Goldfunde aus den Königsgräbern von Tanis (21./22. Dynastie) ausgestellt, u. a. zwei Silbersärge, Masken und Vasen aus Gold sowie Grabbeigaben.

Wenn man genügend alte Kunst gesehen hat, verlässt man das Museum und geht über die Tahrir-Brücke südlich des Nile Hilton Hotels zum **Andalusischen Garten** 2 an der Oper. Am Midan el Gezira mit dem Denkmal Saad Zaghlouls, einem der Väter der ägyptischen Unabhängigkeit, betritt man diesen ehemals prächtigen maurisch-andalusischen Garten, der heute etwas verkommen und oft geschlossen ist. Der Löwenbrunnen ist dem in Granadas Alhambra nachempfunden. Auf dem Weg zum nahen Cairo Tower steht der Obelisk Ramses' II. aus Tanis im Nildelta.

Sehenswert ist im **Opernhaus-Komplex** 3 mit seiner modernen islamischen Architektur das Kulturzentrum für zeitgenössische Kunst. Man betrachtet ägyptische Maler seit dem Beginn des 20. Jh.: Die Geschichte der Sammlung beginnt in den 20er Jahren, als sich eine Künstlergruppe zusammenschloss, darunter Mahmoud Mukhtar, Yousef Kamal, Mahmoud Khalil und Ragheb Ayad, und den Bau eines Museums forderte. Von 1927–1929 stellten sie gemeinsam mit in Ägypten lebenden Ausländern erstmals ihre Werke aus. 1935 druckte das Verlagshaus Bulak States Printing House den ersten Künstlerkatalog in französischer und arabischer Sprache, der die ägyptische Künstlerbewegung jener Zeit darstellte, ergänzt um Werke von J. B. Corot, G. Courbet, Th. Rousseau, P. Signac und Rembrandt. Erst 1991 eröffnete Präsident Mubarak dieses Museum. Die Sammlung besteht aus mehr als 10 000 Werken von den ersten Pionieren bis zu den zeitgenössischen Künstlern. In unregelmäßigen Abständen gibt es Schwerpunktausstellungen. Vor dem Museum stehen Skulpturen verschiedener ägyptischer Bildhauer. Das Programm der Oper, zu der auch eine Bibliothek gehört, ist sehr abwechslungsreich, und lohnt auf jeden Fall einen abendlichen Besuch.

Islamisches Kairo

In das mittelalterliche Kairo führt diese Tour, bei der man die Gelegenheit nutzen sollte, sich durch Gassen und kleine Straßen treiben zu lassen. Dabei wird man nicht nur Moscheen entdecken, sondern vor allem das orientalische Leben, wird in engen Gassen Eselskarren und Pferdegespannen ausweichen, wird Händlern in Galabaya begegnen,

Der Opernhaus-Komplex beherbergt auch ein Kulturzentrum

die lauthals Zuckerrohrsaft, Geldbörsen oder auch nur Socken anpreisen und an den Mann bringen wollen. Man wird auf Zeltmacher stoßen und einfache Handwerksbetriebe, die kunstvolle Kupferwaren anfertigen oder den Tarbusch herstellen, den ägyptischen Fez, den die vornehmen Herren bis zum Sturz der Monarchie trugen und der heute fast nur noch als Requisite für Filme und Folkloregruppen dient.

Der beengte Wohnraum in den alten, oft baufälligen und von verschiedenen Erdbeben seit 1992 stark beschädigten Häusern zwingt die Menschen, ihr Familienleben zum Teil auf die Straße zu verlagern, was vom fremden Besucher besondere Rücksichtnahme und dezentes Auftreten verlangt. Im islamischen Kairo nicht die Orientierung zu verlieren, ist fast unmöglich. Doch freundliche Menschen weisen einem immer den Weg aus dem Labyrinth. Mehr als anderswo sollte man hier darauf achten, angemessen und den islamischen Wertvorstellungen gemäß gekleidet zu sein.

Um dieses Viertel vollständig zu erkunden, müsste man sich Wochen Zeit nehmen. Auf den zwei folgenden Touren, von denen jede etwa einen Tag beansprucht, kann man aber einen guten Überblick erhalten.

Die erste Tour beginnt am **Midan Salah el Din** an der **Zitadelle** 1. Saladin gab 1176 den Auftrag zum Bau dieser Festung als Trutzburg gegen die Kreuzfahrer, wofür sich die Erbauer großzügig an den Steinen der kleinen Pyramiden von Memphis bedienten. Mauern mit Schießscharten und eine Reihe von Türmen machten die mächtigste islamische Festung sturmsicher. Im Inneren der Sultansresidenz baute man Moscheen, Paläste, Lager und Stallungen. Heute beherbergt die Zitadelle das Kriegs-, Polizei- und Kutschenmuseum. Was der Festung in ihrem ursprünglichen Zustand den Garaus machte, war nicht ein Angriff, sondern eine verheerende Pulverexplosion im Jahr 1823. Beim Wiederaufbau hatte Mohammed Ali aber keine Rekonstruktion im Sinn, sondern eine neue Anlage mit drei Palästen und der auch unter dem Namen Alabastermoschee bekannten **Mohammed Ali-Moschee** 2.

Dieser islamische Sakralbau, einer der schönsten Ägyptens, nimmt heute den Platz ein, der bis zu jener Explosion 1823 zur Regierungsresidenz gehörte. Mit ihrer riesigen Kuppel in der Mitte und den beiden Minaretten (80 m hoch) avancierte die Moschee zum Wahrzeichen der Stadt. Der mit Alabaster großzügig dekorierte Innenraum gab der Moschee den volkstümlichen Zweitnamen. Das Vorbild der Architekten war türkisches Rokoko. Der Mihrab wurde aus Zedernholz gefertigt. Hinter den Bronzegittern rechts vom Eingang wurde Mohammed Ali bestattet. Der Uhrturm im Innenhof ist ein Geschenk des französischen Königs Louis Philippe, der dafür von Mohammed Ali den Obelisken aus Luxor bekam, der heute die Place de la Concorde in Paris schmückt.

Islamisches Kairo
1 Midan Salah el Din/Zitadelle   2 Mohammed Ali-Moschee   3 El Nasir-Moschee/Bir Jusuf
4 Sultan Hassan-Moschee   5 Rifai-Moschee   6 Ibn Tulun-Moschee   7 Gayer Anderson-Museum   8 Mausoleum Shagarat el Dur   9 Blaue Moschee   10 Bab Zuweila   11 Museum für islamische Kunst   12 Hussein-Moschee   13 Khan el Khalili   14 El Ashrafiya-Moschee, El Mutahbar-Moschee   15 Fashawi-Kaffeehaus   16 Al Azhar-Moschee   17 Mausoleum und Moschee El Ghuri   18 Haus des Gamal el Din el Dahabi   19 El Muayyad-Moschee

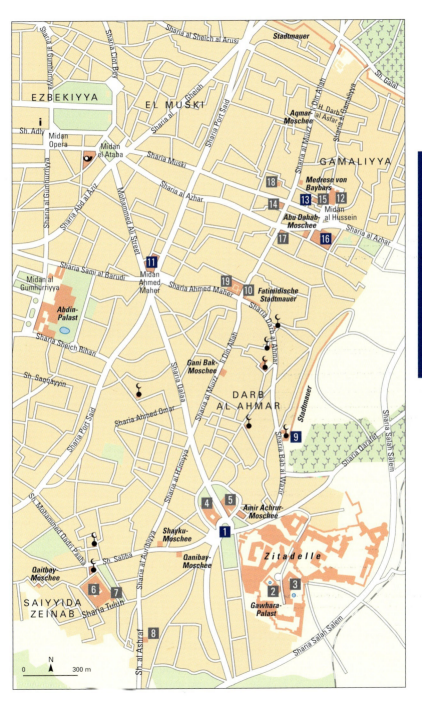

Gegenüber der Mohammed Ali-Moschee steht die **El Nasir-Moschee** (1335) mit dem **Bir Jusuf** 3, dem Josefsbrunnen, benannt nach Saladins weiteren Namen Jusuf, nicht nach dem biblischen Joseph, der einer Legende zufolge hier gefangen gewesen sein soll. Alabaster- und El Nasir-Moschee bilden zum Mukattam hin ein Dreieck mit dem Gawhara Palast, 1814 von Mohammed Ali erbaut.

An der Zitadelle liegt auch die **Sultan Hassan-Moschee** 4. Mit knapp 82 m besitzt sie eines der höchsten Minarette Kairos. Die fünfeckige Moschee mit Mausoleum, fertiggestellt 1362 unter dem Mamelucken-Sultan Hassan, war ursprünglich als Religionsschule für die verschiedenen Rechtsschulen des Islam gedacht. Der Hof mit dem Waschbrunnen ist überkuppelt. Aus Tannenholz, mit Ebenholz- und Elfenbeineinlagen, wurde der älteste Koranständer Ägyptens, ein Prachtstück arabischen Kunsthandwerks, gefertigt.

Gegenüber in der Sh. Qalaa betritt man die 1912 erbaute **Rifai-Moschee** 5 mit den Gräbern des letzten ägyptischen Königs Faruk und des im ägyptischen Exil verstorbenen persischen

Blick von der Sultan Hassan-Moschee auf die Zitadelle und die Mohammed Ali-Moschee

Kairo verbrennt, sie bestehen bleibt und dass, wenn Kairo überschwemmt wird, sie auch bestehen bleibt«. Vom hohen Minarett (41 m), das man gegen ein Bakschisch besteigen kann, hat man einen wunderbaren Blick über das Viertel. Während das Minarett aus Kalkstein gebaut wurde, besteht die schlichte, aber beeindruckende Moschee aus Ziegeln. Die Verzierungen des Stucks, auch die Rosetten, wurden in den feuchten Putz eingeschnitten. Sehenswert ist auch das Brunnenhaus in der Mitte des Hofes.

Neben der Ibn Tulun-Moschee zeigt das höchst sehenswerte **Gayer Anderson-Museum** 7 eine Kollektion von Mobiliar, Schmuck, Bronzearbeiten und Textilien, unter anderem aus Ägypten, Indien, der Türkei und China. Der britische General Gayer Anderson hatte die aus dem 16. und 17. Jh. stammenden Gebäude 1935 gekauft und ein kleines Museum der Wohnkultur geschaffen. Besondere Beachtung verdienen die wunderbaren, dem Sichtschutz dienenden *mashrabaya* vor den Fenstern des einstigen Harems.

Über Sh. Tulun und Sh. Ashraf erreicht man das **Mausoleum der Shagarat el Dur** 8, die 1249 den Tod ihres Gatten Sultan Saleh Neg el Din Ayub, gefallen im Kampf gegen die Kreuzritter, zusammen mit einem Vertrauten drei Monate verheimlichte, ihm dann im Amt nachfolgte, um die Kreuzritter so lange aufzuhalten, bis ihr Sohn Turan Shah zurückkäme und die Macht übernehmen könne. Doch als der Sohn nach drei Monaten tatsächlich vom Tigris heimkehrte und Sultan wurde, erwies er sich als so schwacher Herrscher, dass

Schahs Reza Pahlevi, der hier in einer feierlichen Prozession, angeführt von Präsident Sadat und US-Präsident Richard Nixon, 1980 zur letzten Ruhe getragen wurde.

Über die Sh. Saliba erreicht man die wundervolle **Ibn Tulun-Moschee** 6. Nach der Legende steht diese 879 fertiggestellte Moschee mit ihrem weitläufigen Innenhof und dessen Säulengängen exakt an dem Platz, wo Abraham (Ibrahim) seinen Sohn Isaak Gott zu opfern bereit war. Ibn Tulun, der erste Tulunide, wollte eine Moschee errichten, die »so erbaut werde, dass, wenn

Shagarat el Dur, einst eine armenische Sklavin aus des Sultans Harem, ihn ermorden ließ und selbst als Sultana herrschte – als einzige Frau, der das in nachpharaonischen Zeiten gelungen ist.

Der Weg führt nun durch das Viertel Darb al Ahmar Richtung Al Azhar-Moschee. Als erstes besucht man die **Blaue Moschee** 9, die eigentlich Aksunkur-Moschee heißt. Den Namen trägt die 1346 erbaute und 1653 nach einem Erdbeben wiederhergestellte Moschee wegen der zahlreichen leuchtenden, blau-grünen aus Damaskus importierten Fliesen an den Wänden. Umgeben von exakt diesem Bau wollte ein türkischer General später einmal im Grab umgeben sein und ließ 1652 die Fliesen anbringen.

Über die Sh. Bab al Wazir gelangt man zur Sh. Khayamiya, die Straße der Zeltmacher, die jene großen dekorativen Tücher mit rotem Grundton herstellen, mit denen überall in Ägypten Zelte für feierliche Empfänge anlässlich von Hochzeiten und Trauerfeiern, aber auch Baugerüste verkleidet werden.

So kommt man schließlich zum **Bab Zuweila** 10, eines von drei erhaltenen, einst 60 mittelalterlichen Stadttoren. Richtung Westen über die Sh. Ahmed Maher, die die Sh. Port Said kreuzt, erreicht man den Midan Ahmed Maher, wo sich das 1880 gegründete **Museum für Islamische Kunst** 11 befindet. Es gibt keine bedeutendere Sammlung dieser Art auf der Welt. Didaktisch ist sie dem Ägyptischen Museum um einiges voraus; vor dem Rundgang durch die 23 Säle im Erdgeschoss und durch das teilweise genutzte Obergeschoss kann der Besucher zur Einführung eine Ton-Bild-Schau über islamische Kunst verfolgen.

Die Sammlung mit 62 000 Stücken (Leuchter, Tischdecken, Brunnen, Mihrabs, Fayencen, Keramik- und Tonwaren, Holz- und Metallarbeiten, Fliesen, Fresken, Schmuck, Porzellan, Teppiche) vereint Meisterwerke islamischer Kunst aus verschiedenen Epochen und Regionen. Die Sammlung wird ständig erweitert und bietet einen kompletten Überblick über die Kunst seit der Islamisierung. Sinnvoll ist es, nur einige Säle genauer zu besichtigen, oder das Museum mehrmals zu besuchen. Wer nur einen Überblick gewinnen will, bleibt in den Hallensälen 1 und 13 mit Handschriften, Miniaturen, Teppichen, Textilien, Waffen, Metall-, Holz- und Glasarbeiten. Sehenswert ist Saal 4: Aus dem Jahr 31 islamischer Zeitrechnung (652 n. Chr.; frühislamische Periode) datiert der wohl älteste erhaltene Gedenkstein eines muslimischen Grabes.

Saal 6: In der großen Glasvitrine sind wunderschöne Holzeinlegearbeiten mit Perlen und Blumenornamenten zu sehen (14. Jh.). Saal 8: Der gut erhaltene Minbar stammt aus der Moschee der Prinzessin Tutar (1360); filigrane Handarbeit sind die riesigen Korantruhen links neben dem Minbar. Saal 13: Aus 12 Teilen besteht der 264,5 cm lange und 53,3 cm breite Papyrus, den der abbasidische Präfekt Mousa 758 dem König von Nubien überbringen ließ. Mousa beschwert sich darin, wie ungehörig Nubier mit Ägyptern umgegangen waren. Für einen in Nubien getöteten Händler forderte Mousa das Blutgeld und die gestohlene Habe des Händlers.

Saal 16: Um die Details dieser Holzwand zu sehen, muss man von einem Aufseher den Scheinwerfer einschalten lassen. Die Wand gehörte zu einer Koranschule (17. Jh.) in Rosetta. In der großen Nische in der Mitte saß der Lehrer im Schneidersitz vor seinen Schülern. Die kleinen verzierten Aussparungen zu beiden Seiten dieser Sitznische dienten als Regale für die Bücher des Gelehrten.

Freitagsgebet an der Hussein-Moschee

Saal 20: Eines der Schmuckstücke aus der Türkei ist das naive Fliesenbild von 1668. Es zeigt aus der Vogelperspektive die von Arkaden umgebene Kaaba in Mekka, gänzlich unperspektivisch dargestellt. Saal 21: Hier findet man die große und beeindruckende Glassammlung. Moscheelampen, kunstvolle Glas- und Emailarbeiten.

Im Norden des islamischen Viertels

Karte S. 105

Ausgangspunkt des zweiten Rundganges ist der Platz (Midan) vor der **Hussein-Moschee** 12, der direkt an der Sh. al Azhar liegt. Am einfachsten nimmt man von der Innenstadt ein Taxi und sagt dem Fahrer Khan el Khalili, El Hussein oder El Muski. Zur Übersicht: Von der Sh. al Azhar mit der Al Azhar-Moschee im Rücken blickt man geradeaus auf die Hussein-Moschee (1792). Für die Kairoer Muslime ist diese Moschee die bedeutendste und beliebteste Gebetsstätte der Stadt. Freitag mittags, zum wichtigsten Gebet der Woche, verwandelt ein Meer Betender den Platz in eine riesige Freilicht-Moschee. Das Freitagsgebet wird über Lautsprecher aus dem Inneren der Moschee nach draußen übertragen. Das Leben im Basar entfaltet sich erst am späten Nachmittag und Abend zu voller Blüte.

Der mameluckische Prinz Jaherkas el Khalili gründete 1382 auf einem ehemaligen Friedhofsgelände den **Khan el Khalili** 13 als weiteren zu schon gut zwei Dutzend bestehenden Suks; diesen neuen nun in unmittelbarer Nähe des Gewürzmarktes, auf dem Händler aus Vorderasien, Arabien und Persien, China und Indien ihre feinen und luxuriösen Waren umschlugen, Safran ebenso wie Edelsteine. Ursprünglich bestand der Markt nur aus einem riesigen Lagerhaus (arabisch: *khan*). Es wurde 1511 zerstört, dann erweitert aufgebaut. Und so wechselten sich Zerstörung und erweiternder Aufbau immer wieder ab, bis der Markt in der heutigen Ausdehnung entstanden war. Basar ist die persische Bezeichnung für Markt; Suk die arabische. Der Khan heißt dennoch als einziger arabischer Suk persisch Basar. In den Hochzeiten hatten sich hier über 12 000 Händler niedergelassen. Heute wird dort von Anis bis zur Wasserpumpe alles verkauft.

Am Beginn der Sh. Muski begegnet man Frauen, die schwere Körbe auf dem Kopf tragen, Arbeiter mit artistisch beladenen Handkarren. Kinder, Tabletts mit Tee und Kaffee balancierend, schieben und drücken sich wieselflink durch das Gewühl. Dazwischen bahnen sich noch Lieferantenautos und gelegentlich Taxis, hupend und verwegen rangierend, ihren Weg durch die Fußgängerzone, oft in Fingerbreite vorbei an den mobilen Verkaufsständen vor den angestammten Geschäften.

Vom Anfang der Sh. Muski bis zur ersten großen Seitenstraße rechts, dominieren Lebensmittelgeschäfte und Gewürzhändler, dazwischen Souvenir-Gemischtwarenläden (Kamelhocker, Schach- und Backgammon-Spiele mit Alabaster-Einlegearbeiten), Ledershops (Geldbörsen, Gürtel, Taschen) und Tuchhändler (Batiktücher, Baumwolle ist sehr günstig). Den wahren Zauber des Khan stöbert man in den Innenhöfen auf. Um einen rechteckigen Innenhof, Parkplatz für die Transportkamele, liegen die Geschäfte und Lagerräume. Schmale, verwinkelte Wege führen zu diesen Höfen, oft als Sackgassen endend. Dort findet man viele Werkstätten, wo man Glasbläsern, Kupfer- und Goldschmieden und Schneidern bei ihrer Kunst zusehen kann. Während der Zeit der Türken hießen die Khans *wikalat*. An

Altstadt am Khan el Khalili

Kairo von oben

Von wo hat man den besten Blick über Kairo? Den Sonnenuntergang mit den Pyramiden sieht man, wenn nicht gerade dicker Smog über der Stadt hängt, sehr gut von der Zitadelle aus. Einen überwältigenden Blick hat man auch von den Mukattam-Hügeln aus. Aus 190 m Höhe breitet sich ein unvergleichliches Panorama vom Cairo Tower (arabisch: El Burg) aus. Dieser Stahlbeton-Lotusstengel mit Café und Restaurant, von Nasser erbaut, sollte ägyptischen Nationalismus und Unabhängigkeit symbolisieren (geöffnet 9–2 Uhr). Schließlich sollte man, wenn man in einem der Innenstadt-Hotels abgestiegen ist, auch die Dachterrasse erklimmen.

Einmalig schön ist bei Nacht der Blick aus der Bar »Windows of the World« im 27. Stock des Ramses Hilton Hotels am Midan Tahrir.

---

der Ecke, an der von rechts die namenlose Straße einmündet, finden sich die meisten Geschäfte für Silber- und Goldschmuck. Fast die gesamte rechte Häuserzeile gehört zum Wikalat el Silahdar, Herzstück des Khan. Suleiman Aga el Silahdar baute 1819 diese *wikalat*, die er damals zur Wuchermiete von 30 Piaster an armenische und christliche Händler vermietete, noch ehe der Bau bezugsfertig war. Geschäfte, Lagerräume, Werkstätten – Besucher sind willkommen.

Um weiterzugehen, gibt es zwei Möglichkeiten. Erstens, der längere Weg: man kehrt zu der Straßenecke zurück, von der aus man gekommen ist und biegt nach rechts in die Sh. Muski ein. Am Ende stößt man auf eine verkehrsreiche Querstraße. Auf der gegenüberliegenden Seite, wo früher das Zentrum der fatimidischen Innenstadt lag, stehen heute zwei Moscheen: Linker Hand die **El Ashrafiya-Moschee** (1425), rechter Hand die **El Mutahbar-Moschee** 14 (1744). Man geht nun rechts in die Sh. el Sagha und biegt dann bei nächster Gelegenheit wieder rechts ab. Nun, parallel zur Sh. Muski, befindet man sich in einer schmalen Geschäftszeile auf dem Rückweg zum Midan Hussein.

Zweitens, der kürzere Weg: man geht nach dem Verlassen des Wikalat el Silahdar bis ans Ende der Straße, auf der man gekommen ist und biegt dort rechts in die Sh. Badestand, die zurückführt zum Midan Hussein.

Die Hussein-Moschee erinnert an den Enkel des Propheten Mohammed. Im Jahr 1792 wurde diese schiitische Moschee erbaut, die für Nicht-Muslime je nach Gutdünken der Türsteher oft nicht zugänglich ist. Man erkennt im Inneren rechter Hand den Minbar, die Kanzel für das Freitagsgebet, und den Mihrab, die nach Mekka ausgerichtete Gebetsnische. Nach dem Volksglauben wurde nach der Schlacht von Kerbala 680, bei der Hussein fiel, sein Kopf mit Salz konserviert und in einem grünen Sack nach Kairo gebracht. Den Kopf bestattete

Trotz lärmender Bauarbeiten an der Al Azhar-Moschee ...

man an dem Platz, über dem sich jetzt die vergoldete Grabkuppel der Moschee befindet. Nicht-Muslime dürfen diesen Bereich keinesfalls betreten.

Den sunnitischen Gelehrten der nahen Al Azhar-Moschee sind dieser Hussein-Kult (der Koran verbietet Personenkult) und das Gebäude seit jeher ein Dorn im Auge. Zu den Heiligenfesten (*mulid*) verwandelt sich der Platz vor der Moschee zu einem riesigen Pilgerlager von Mystikern und Sufi-Tänzern. Die Moschee verlassend, geht man nach rechts auf die Häuserzeile der Kofta-Restaurants und Kaffeehäuser zu. In der Passage, in der Videos und Kassetten verkauft werden, erwartet einen das **Fashawi** 15, ein im türkischen Stil möbliertes Kaffeehaus.

Ein Fußgängertunnel führt vom Midan hinüber zur **Al Azhar-Universitätsmoschee** 16. Man betritt die Moschee mit den fünf Minaretten durch das Bab el Muzzajin (Tor der Barbiere), eines von sechs Toren. Sobald man den kleinen Vorhof durchschritten hat, steht man im Sahn el Gami, einem 90 m × 40 m großen Innenhof, um den ein Säulengang mit Marmorarkaden verläuft. (Vor und während des freitäglichen Hauptgebetes empfiehlt sich der Besuch der Moschee nicht.) Außer dem Haupteingang gibt es die Tore der Berber, der Syrer, der Juweliere, der Oberägypter und das Suppentor. Vom Vorhof mit dem Kait Bay-Minarett aus führt linker Hand der Weg in die Bibliothek, in der etwa 80 000 Bände, darunter wertvollste Handschriften, den Studenten und Lehrern zur Verfügung stehen.

969 wurde mit dem Bau der heute zweitgrößten Moschee der Welt begonnen. Bereits 18 Jahre später wurde ihr – gestiftet vom Feldherrn Gohar – eine Universität angegliedert, zunächst nur mit juristischer und theologischer Fakultät. Die ›Blühende‹, so die Übersetzung dieses Namens, wurde zur Haupt-

moschee der Stadt erklärt. Sie sollte in ihrer Mächtigkeit und Größe die Ewigkeit des schiitisch-fatimidischen Glaubens unterstreichen.

Heute wirken in Al Azhar sunnitische Muslime. Ihre besondere Bedeutung hat sie als weltweit oberste Instanz in islamischen Glaubensfragen. Spätestens mit 16 oder 17 Jahren werden die Studenten – derzeit rund 120 000 – aufgenommen, da die Ausbildung etwa 15 Jahre dauert. Wer hier lernen will, muss den Koran auswendig rezitieren können. Hauptfächer sind Rhetorik, Verslehre, Logik und neuerdings auch Naturwissenschaften und Fremdsprachen. Mit dem Abschluss dieser Universität standen den Absolventen aus allen arabischen Ländern die Türen für große Karrieren offen.

Doch heute genügt die Ausbildung vielfach nicht den Erfordernissen. Heftige Kritik erntet Al Azhar regelmäßig aus fundamentalistischen Kreisen, die in diesem ›islamischen Vatikan‹, dessen Führungsriege der ägyptische Präsident ernennt, eine regierungsnahe Verlautbarungsstelle sehen, während Kritiker aus dem liberalen Spektrum sie häufig für ihre starr konservative Koranauslegung schelten.

Auch deutsche Gerichte ersuchten bereits mehrmals Al Azhar um Gutachten. So ging es 1992 dem Verwaltungsgericht Augsburg um die Frage, ob es beim islamischen Schächten (für das Opferfest) zwingend vorgeschrieben sei, die Lämmer unbetäubt zu schlachten. Nein, entschied Al Azhar, Tiere vor dem Schlachten zu betäuben, entspreche dem Koran.

Zurück in den mit Marmorplatten ausgelegten Haupthof der Moschee. Linker Hand führt der Weg, auf Höhe der Hofmitte, in einen kleinen Hofraum. Dort unterziehen sich die Gläubigen als spirituelle Vorbereitung auf das Gebet der rituellen Waschung von Händen und

... findet sich dort immer noch ein ruhiger Ort um den Koran zu studieren

Der Mukattam-Suk in Kairo

Freitagmorgen um sieben. Noch schläft Kairo, während sich müde Händler auf dem größten Markt der Stadt einrichten. Schauplatz: Die Totenstadt unterhalb des Mukattam-Bergs und der Zitadelle, genau unterhalb der Brücke der Schnellstraße. Wöchentlich findet hier der bunteste Suk der Stadt statt. Verkauft werden: Katzen, Hunde, Fische, Wellensittiche, Affen, Tauben, Hasen, Truthähne und jedweder Krimskrams, Kassetten, Kappen, Socken, Handtücher, alte Radios, Fernsehapparate, Bücher, Armaturen – einfach alles. Kreischende Tierstimmen mischen sich mit dem Gebrüll der Händler. Hupende Autos, Staub aufwirbelnde Kamele quälen sich durch drängelnde Menschenmassen und zu enge Gassen. Wahrlich ein Abenteuer!

Armen, Gesicht und Kopf sowie den Füßen. Rechter Hand liegen die ehemaligen Internatsräume für mittellose Stipendiaten der Universität. Geradeaus gelangt man in den neunschiffigen Gebetsraum, 3000 m² groß, die Decke getragen von 140 Säulen.

Auf der Sh. el Azhar geht man Richtung Midan el Ataba und biegt nach der Fußgängerbrücke links in die Sh. al Muizz. Das linke Eckgebäude ist die 1504 vom letzten Mamelucken-Sultan El Ghuri errichtete, symmetrisch angelegte **El Ghuri-Moschee** 17 mit dem Mausoleum, einem überkuppelten Grabbau. Von ausgefallener Form ist das hohe, viereckige Minarett (65 m) mit fünf kleinen Kuppeln. Auf der anderen Straßenseite sieht man die gleichzeitig erbaute El Ghuri-Medrese (Koranschule).

Auf der Sh. al Muizz findet man in wenigen Betrieben die letzten Hutmacher, die den roten Fez, Tarbusch genannt, herstellen. Die Straße gehörte früher ganz und gar den vornehmen Seidenhändlern, die heute den verschiedensten Textilhändlern Platz machten. Die zweite Querstraße links führt nach wenigen Metern auf der linken Straßenseite zum eleganten **Haus des Gamal el Din el Dahabi** 18, im 17. Jh. Zunftmeister der Goldschmiede.

Nach der nächsten links abgehenden Querstraße der Sh. al Muizz geht man an der nicht unbedingt sehenswerten El Fakahani-Moschee und am Mohammed Ali-Brunnenhaus vorbei.

Am Ende des folgenden Straßenabschnittes erhebt sich neben dem Bab Zuweila die **El Muayyad-Moschee** 19. Nach dem Willen des Erbauers sollte es die schönste der Stadt werden. Im Jahr 1422 fertiggestellt, hatte man die Bronzetore kurzerhand von der Sultan Hassan-Moschee gekauft und in den aus Marmorstreifen geformten Bogen eingefügt. Die Sh. Darb al Ahmar führt von hier weiter Richtung Zitadelle. Es lohnt sich sehr, die aufregenden Seitenstraßen mit ihren verschiedenen Geschäften und den kleinen verwinkelten Gassen zu erkunden!

Alt-Kairo

Karte s. auch hintere Umschlagklappe

Diese Tour führt nach Masr el Qadima, ins Alte Kairo, das wie das islamische Viertel von sehr traditionsverbundenen Menschen bewohnt wird. Alt-Kairo beginnt im wesentlichen südlich des an den Midan Tahrir angrenzenden Stadtteils Garden City und erstreckt sich bis zum koptischen Viertel nahe der ehemaligen römischen Befestigung Babylon, die Kaiser Trajan 98 n. Chr. erbaut hatte. Teile der Mauern Babylons umschließen Alt-Kairo. Das Viertel erreicht man am besten mit dem Taxi oder der Metro (Haltestelle Mari Girgis).

Die erste Besichtigung gilt der **Amr Ibn el As-Moschee** an der Sh. Sidi Hassan el Anwar. Sie wurde von dem Feldherrn Amr Ibn el As, der Ägypten islamisierte, im 7. Jh. gestiftet. Der ursprüngliche Bau, die erste Moschee Ägyptens, wurde mehrmals zerstört, dann wieder aufgebaut und erweitert, zuletzt 1930 und 1977, als die Fassade erneuert wurde. Ebenfalls aus dem 20. Jh. datieren die Eingangssäulen, die Arkaden und der Innenhof. Den Gebetssaal prägen 200 von einst 365 Säulen, die allesamt aus koptischen, römischen und byzantinischen Monumenten Kairos entnommen wurden. Im Bereich, in dem heute die Frauen beten, liegt das Grab von el As' Sohn Abdallah, das ursprünglich außerhalb lag und im 9. Jh. in den Bereich eingegliedert wurde.

Südlich der Amr Ibn el As-Moschee erstreckt sich das **Töpferviertel,** wo die Krüge hergestellt werden, die in den alten Vierteln Kairos noch immer als Wassergefäße genutzt werden. Die Händler sitzen direkt an der Straße und

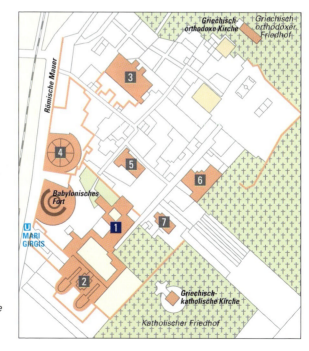

Alt-Kairo
1 Koptisches Museum
2 El Moallaqa
3 St. Georg-Kloster
4 St. Georg-Kirche
5 Sergius-Kirche
6 St. Barbara-Kirche
7 Synagoge Ben Ezra

zeigen Besuchern auch ihre Werkstätten. Östlich der Amr Ibn el As-Moschee liegen die Ruinen von Fustat und der Festung Babylon, die leider nicht einmal mehr erahnen lassen, dass Fustat im 12. Jh. nicht nur eine der reichsten Städte der damaligen Welt war, sondern seinen 200 000 Bewohnern einen hohen

Shenuda III. ist das Oberhaupt der Kopten

Lebensstandard, z. B. mit einer gut konstruierten Wasserversorgung bot, wie es das sonst nirgends gab. Die Türme der Festung zeigen den Weg zum Eingang des **Koptischen Museums** 1, Teil des koptischen Viertels, in dem rund 15 000 Kopten leben und bis heute 20 Kirchen unterhalten.

Auf die private Sammlung des wohlhabenden Kairoer Kopten Marcus Simaika geht der Bestand des 1910 gegründeten Koptischen Museums zurück. Die 29 Säle rund um den Hof umfassen mit ihren Exponaten den Zeitraum von 300 n. Chr. bis ca. 1000 n. Chr. und runden damit den Überblick ab, den man aus Besuchen des Ägyptischen, des Griechisch-Römischen und des Islamischen Museums bekommt. Ein Sammelsurium koptischer Kunst ist das Gebäude selbst. Türen, Balkone, Fenstergitter und Beschläge stammen aus alten koptischen Häusern und Kirchen. Die Ausstellung ist nach Materialien gruppiert: Stein-, Metall- und Gobelinarbeiten sowie Manuskripte im neuen Flügel; Holz-, Ton- und Glasarbeiten im alten Flügel des Museums. Um sich nicht zu verzetteln, sollte man sich bei dem Rundgang auf wenige Räume im neuen Flügel beschränken, empfehlenswert ist z. B. Saal 3: Sieht aus wie restauriert – doch die Farben sind original; besonders sehenswert ist linker Hand das Fresko (5./6. Jh.): Fliegende Engel tragen den mit Girlanden geschmückten Jesus, und in koptischen Lettern ist darüber zu lesen ›Der Engel Gottes‹.

An der gegenüberliegenden Wand findet man, hinter Glas, die Apsis einer oberägyptischen Kirche. Im oberen Teil sieht man den thronenden Christus mit den apokalyptischen Reitern, im unteren Teil in frischen und leuchtenden Farben Maria mit Jesus, flankiert von den Aposteln und zwei Lokalheiligen; die jeweiligen Namen finden sich über ihren Köpfen. Saal 9: Unter den Fresken hier verdient ein Fund aus der Halboase Fayoum besondere Aufmerksamkeit: die aus dem 11. Jh. stammende Wandmalerei, die Adam und Eva vor und nach dem Sündenfall zeigt. Rechts ist das Paar unschuldig und nackt, links bedecken beide ihre Scham mit Blättern; neben Evas linkem Ohr züngelt eine Schlange, und Adam zeigt mit den Fingern anklagend auf Eva.

Von Saal 9 geht man die Treppe hoch ins Obergeschoss und steht mitten in Saal 10: Mit zwei hier ausgestellten, reichornamentierten Büchern sollte man sich länger befassen. Von der Treppe kommend steht unter der Säule eine kleine Vitrine, die das älteste bekannte Buch der Welt enthält, das koptische Buch der Psalmen Davids. Viele der vor 1600 Jahren aufgezeichneten Psalmen werden noch heute bei koptischen Messen gesungen. Das kleine handgeschriebene Buch (500 Seiten) wurde 1984 in einem Grab nahe Beni Suef gefunden; es lag unter dem Kopf eines 12jährigen Mädchens, über dessen Identität man bisher nichts weiß. Rechts neben dem Psalmenbuch sind hinter Glas u. a. ein großformatiges Lehrbuch von 1630 sehenswert. Es enthält Anweisungen, wie die Karwoche zu begehen sei.

Als Hängende Kirche ist **El Moallaqa** 2 bekannt, erbaut im 4. Jh., im 9. Jh. zerstört und wiederaufgebaut, 1984 nach einer geglückten Renovierung wieder eröffnet. El Moallaqa, geweiht der Gottesmutter (Sitt Miriam), gilt mit ihrer barock anmutenden Architektur als eine der schönsten Kirchen Ägyptens. Den Beinamen ›Die Hängende‹ trägt sie, da sie auf den südwestlichen Relikten der Feste Babylon errichtet wurde. Im 7. Jh. residierte hier der Bischof von Babylon. Zwei Jahrhunderte später diente sie als Sitz des koptischen Patriarchen und wurde Studienzentrum für Theologen, Astronomen und Rechtsgelehrte. Durch die Vorhalle gelangt man in das heute vier-, früher fünfschiffige Gotteshaus zu den drei getrennten Altar-Kapellen, die Maria (Mitte), Johannes dem Täufer (rechts) und dem heiligen Georg (links) geweiht sind. Die Elfenbein- und Zedernarbeiten der Kirche zählen zu den feinsten ihrer Art in Ägypten.

St. Georg sind ein **Kloster** 3 und eine **Kirche** 4 geweiht, die das silberne Georgsrelief und eine sehr schöne goldgrundierte Ikonenwand beherbergen.

Die **Sergius-Kirche** 5 (Abu Serga) aus dem 5. Jh. wurde – heute nördlich des Koptischen Museums – über der Krypta errichtet, wo die Heilige Familie bei ihrer Flucht gewohnt haben soll. Sergius und Bacchus, denen das Gotteshaus geweiht ist, waren zwei römische Offiziere, die 303 den Märtyrertod starben. Im 8. Jh. fiel die Kirche in Teilen einem Feuer zum Opfer, wurde aber umgehend wieder aufgebaut. Von der Decke der dreischiffigen Kirche, deren ursprüngliche Eingänge zugemauert sind, hängen heute schwere Öllampen. Hinter der Marmorkanzel zeigt eine bewundernswerte Ikonenwand Christi Geburt. Stufen führen zum Allerheiligsten und zu zwei Seitenkapellen, von denen wiederum Treppen in die Krypta der Heiligen Familie führen. Mit einer stets großartigen Messe gedenken die Kopten am 1. Juni, dem Tag, den sie für den Beginn der Flucht halten, der Heiligen Familie.

Als nächstes besucht man das Gotteshaus, das der **heiligen Barbara** 6 (Sitt Barbara) geweiht ist; eine Doppelkirche aus dem 4./5. Jh., für eine junge Frau aus Vorderasien, die von ihrem Vater getötet wurde, als sie zum Christentum konvertierte. Die Überreste der Märtyrerin ruhen in der linken Seitenkapelle. Die Ikonengalerie zeigt die Gottesmutter, Jesus und verschiedene Heilige.

Südlich von St. Barbara stößt man auf die **Ben Ezra-Synagoge** 7, die bis zum 8. Jh. eine koptische Kirche für den heiligen Michael war. Der Rabbi Abraham Ben Ezra gab im 12. Jh. der ältesten Synagoge Kairos den Namen. Dort wo sie steht, soll nach der Überlieferung der Korb mit dem Baby Moses an Land getrieben worden sein. Jesus, Maria und Joseph sollen sich auch hier auf der Flucht vor den Häschern des Königs Herodes versteckt haben. So glaubt es die jüdische Tradition. 1896 fand ein eng-

Innenansicht der Ben Ezra-Synagoge in Alt-Kairo

lischer Wissenschaftler hier eine Viertelmillion Buchfragmente, darunter eine Thora aus dem 4. Jh. v. Chr. Diese sogenannten Geniza-Dokumente enthielten aber auch profane Schreiben, darunter Eheverträge, Rechnungen und Buchhaltungsunterlagen, die einen tiefen Einblick in das einst rege jüdische Leben in Kairo erlauben.

Nun geht man zum Nilufer. Dort kann man mit einer der kleinen Fähren zur Insel Roda übersetzen, zum **Nilometer.** Der Wasserstand des Nils entschied schon in pharaonischen Zeiten über fruchtbare Jahre und Hungersnöte. Über 7 m musste der Pegel anzeigen, damit die Felder bewässert werden konnten; alles darunter kündigte Dürre und Hunger an. Die Araber nutzten das Messinstrument als Berechnungsgrundlage für Steuern. Die Formel war einfach: hohes Wasser gleich hohe Steuern, niedriges Wasser gleich niedrige Steuern. Der Nilometer hier besteht aus einem quadratischen Becken, in das man hinabsteigen kann.

Im zehnten koptischen Monat Ba'una (August) wurden Nilüberschwemmungen als Fest der Fruchtbarkeit gefeiert. Nach der Legende wurde die schönste Jungfrau des Landes dem Vater Nil vermählt. Bis heute wird dieses Wafaa el Nil Mitte/Ende August gefeiert. Statt der schönsten Unbefleckten begnügt man sich heute mit einer Taucherin, die freiwillig in den Nil springt, bevor ein Feuerwerk das Fest beschließt.

Im Norden der Insel Roda sollte man den **Manial-Palast** besuchen. Zum Spaziergang und Staunen über den aufgesetzten Lebensstil der adeligen Ägypter des vergangenen Jahrhunderts, dazu lädt dieser Palast ein; Teile des Parkes gehören zu einem (heute geschlossenen) Hotel. In dem 1805–1818 gebauten Palast gibt es eine Menge Objekte osmanischer Handwerkskunst zu bestaunen. Sehenswert sind das Goldene Zimmer im byzantinisch-türkischen Stil und die Moschee, in der sich islamischer Stil mit indischen Einflüssen vermischt hat.

Man setzt zur **Jakobs-Insel** über und kann mit einem Boot in Dr. Ragab's Pharaonic Village auf dem Kanal der Mythologie durch ein altägyptisches Disneyland schippern. Dabei passiert man die wichtigsten Götter, erlebt Tutanchamuns Grab, auf den Feldern arbeiten Fellachen in der Antike nachempfundenen Kostümen. Alles ist eingebettet in eine farbenprächtige Landschaft mit Feigenbäumen, Lotuspflanzungen und eben den Papyrusplantagen. Seit mindestens 3000 v. Chr. stellen die Ägypter aus dem Stengelmark der Staude den fasrigen Papyrus her, Vorläufer des Papiers. Das Wissen über die Technik schien in Ägypten vergessen zu sein, bis Hassan Ragab Plantagen anzupflanzen begann und sein Papyrus-Institut gründete, das in Massenware pharaonische Drucke herstellt, vertreibt und überall im Land verkauft.

Ausflüge rund um Kairo

Die Pyramiden von Giza und der Sphinx

Karte S. 120

»Soldaten«, sprach Napoleon 1798 zu seinen Mannen, »vierzig Jahrhunderte blicken auf euch herab!« Mittlerweile sind es über 42 Jahrhunderte, und Millionen Touristen haben das letzte erhaltene der Sieben Weltwunder der Antike besucht: die Pyramiden von Giza. Man erreicht sie von der Innenstadt aus am besten mit dem Taxi, das einen oberhalb des Mena House Hotels direkt am Eingang zum Plateau absetzt, wo Fremdenführer sowie Pferde- und Kamelvermieter (von der nahen Karawanserei) sich auf jede Busladung Reisender stürzen wie Löwen auf ihre Beute, obwohl die Antikenverwaltung seit Jahren versucht, die Belästigung der Touristen einzudämmen.

Die Pyramide nächst dem Eingangsbereich mit dem Kassenhäuschen ist die des **Cheops** **1**, der größte Steinbau der Welt. Dahinter schließen sich die jüngere **Chephren-Pyramide** **2**, gefolgt von der **Mykerinos-Pyramide** **3** an. Die drei Bauten entstanden während der 4. Dynastie (Altes Reich) und tragen die Namen der Pharaonen, die sie für ihre Reise in das ewige Reich des Osiris erbauen ließen.

Die Pyramiden stellten im Glauben weit mehr dar als nur das Grab für einen toten Pharao. An der Grenze zwischen Wüste und fruchtbarem Land baute man den Ort, von dem aus der tote Gottkönig aus dem Jenseits für das Überleben seines Volkes und des Reiches sorgen sollte. Dafür war keine Mühe zu groß, und tatsächlich wurde schier Übermenschliches geleistet.

Die Bauten bestehen aus Lagen von weichem Kalkstein und hartem Granit. Überwiegend wurde Kalkstein verwendet, was auf den ersten Blick nicht mit der Idee zusammenpaßt, etwas Immerwährendes zu bauen. Doch es gab prak-

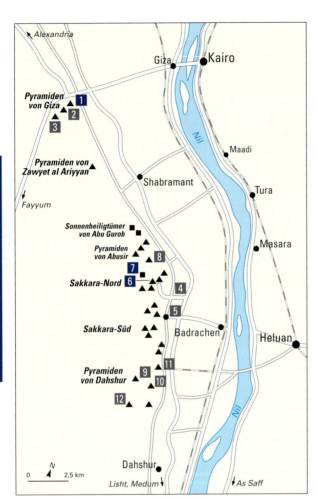

Giza, Memphis, Sakkara
1 Cheops-Pyramide
2 Chephren-Pyramide
3 Mykerinos-Pyramide
4 Memphis
5 Sakkara
6 Stufenpyramide des Djoser
7 Serapeum
8 Mastaba des Ti
9 Rote Pyramide
10 Weiße Pyramide
11 Schwarze Pyramide
12 Knickpyramide des Pharao Snofru

tische Gründe: Die Kalksteinbrüche lagen nicht weit entfernt (etwa in Tura und Beni Suef), während die Granitsteinbrüche über 800 km entfernt bei Assuan betrieben wurden. Kalkstein war leichter zu bearbeiten als Granit. Die Verwendung ausschließlich von Granit hätte die Bauzeit verlängert, und die Pharaonen wollten möglichst schnell ein Grab haben, auch wenn dessen Bauzeit immer noch bei rund 20 Jahren lag. Über Lehmziegelrampen transportierten, so eine Theorie, die Arbeiter mit Hilfe von Schlitten die bis zu 2,5 Tonnen schweren Steinblöcke aufwärts. Die Steigung betrug immer 12 % – je höher also die Pyramide wurde, um so länger mussten natürlich auch die Arbeitsrampen angelegt werden. Rechnerisch hätten die längsten Rampen 1,5 km lang sein müssen – sehr unwahrscheinlich in diesem Gelände. Wahrscheinlicher ist deshalb eine andere Theorie, wonach die Rampe ähnlich einer Wendeltreppe um die wachsende Pyramide emporgebaut wurde.

Einzelne Steine wiegen nach Berechnungen des Archäologen Flinders Petrie von 1880 sogar 200 Tonnen. War die Pyramide bis zur Spitze fertig, wurden von oben nach unten Deckplatten aufgelegt und die Rampen stückweise abgetragen. Die Pyramidenfassaden waren einst glatt (heute zumeist abgebröckelt). Petrie entdeckte auch eine Merkwürdigkeit: Das Verhältnis von Höhe zu Umfang der Cheops-Pyramide ist annähernd gleich dem Verhältnis von Kreisradius und Kreisumfang. Kannten also die Ägypter schon die Zahl pi, bekanntlich 3,1415926 ...?

Der Bau jeder einzelnen Pyramide und die Himmelsausrichtung erforderten exakte mathematische Berechnung. Da die vier Kanten der Pyramide in die Spitze exakt an einem Punkt zusammenlaufen mussten, waren nur maximale Abweichungen von wenigen Zehntelgraden möglich. Die Ausrichtung der Pyramiden nach den Himmelsrichtungen weicht – nur ein Beispiel – bei der Ostseite der Cheops-Pyramide nur um 5 Minuten 30 Sekunden ab.

Die Maße sind überwältigend: 227,5 m quadratische Basislänge, ursprünglich 146,6 m hoch (heute 137), 2,3 Millionen Steinblöcke, Volumen 2,34 Mio m³, Neigungswinkel 51° 52'. Die Pyramidenseiten sind genau an den Himmelsrichtungen ausgerichtet; der Eingang liegt im Norden. »Die Blöcke«, notierte der arabische Historiker Abdel Latif im 12. Jh., »liegen so nahtlos aufeinander, dass weder eine Nadel noch ein Haar dazwischenpaßten«. Pharao Cheops ließ den Bau um 2560 v. Chr. errichten, in der trügerischen Hoffnung, in 38 m Tiefe würde er sicher vor Grabräubern seine Jenseitsreise antreten können. Balkenkonstruktionen, die nach der Beisetzung zum Einsturz gebracht wurden und lawinenartig Füllsteine zur Schließung der Zugänge niederdonnern ließen, schlossen die Pyramide nahtlos und hermetisch ab.

Den gewaltigen Eindruck, den die Pyramiden nach außen vermitteln, erreichen sie im Inneren nicht annähernd. Durch einen niedrigen, 1,20 m hohen und steilen Schacht, der bei vielen Besuchern Platzangst auslöst, steigt man gebückt in die Grabkammer, wo nur noch das steht, was die Räuber übrigließen: ein leerer Sarkophag.

Die Pyramide als Grab bildete das Zentrum eines heiligen Bezirkes, zu dem der nur im Grundriss erkennbare Totentempel an der Ostseite und ein Talheiligtum gehörten. In den Höfen und Kapellen des Totentempels betete man und brachte dem Verstorbenen Opfer dar. Das Talheiligtum, am Eingang zum Totenreich erbaut, diente als Leichenhalle. Dort wurde der tote Körper ausgeweidet und mumifiziert. Vor dem Totentempel lagen drei kleinere Pyramiden für Familienangehörige und Würdenträger.

Barken und Totenschiffe ergänzten an Süd- und Ostseite die Pyramide. Mit den Barken, davon geht man heute aus, sollte der Pharao ins Jenseits gerudert werden. Die östliche Barke wurde zerlegt und – in einer luftdicht abgeschlossenen Grube – bestens erhalten gefunden, inklusive Ruder, Kajüte und Baldachin. Die 1954 entdeckte 43 m lange Sonnenbarke, ausgestellt in einem Museum, dem man eben diese Bootsform gab, wurde dort aus 650 Teilen rekonstruiert. Aus Spuren von Nilschlamm weiß man, dass sie auch eingesetzt worden war.

Einen halben Meter niedriger als die Pyramide des Cheops ist heute die 136,5 m hohe Chephren-Pyramide. Sie wirkt aber größer, da der König sie auf

höherem Niveau erbauen ließ. Im Grundriss und in der Ausführung entspricht sie weitgehend der Cheops-Pyramide.

Die kleinste der Pyramiden von Giza ist mit 62 m die Mykerinos-Pyramide. Die Engländer versuchten im 19. Jahrhundert den hier stehenden Sarkophag nach England zu bringen, allerdings sank das Schiff vor der spanischen Küste.

Der geteerten Straße folgt man nun hinunter zum Sphinx. Der Sphinx oder die Sphinx – wie heißt es richtig? Der Sphinx – weil es sich um einen Löwenkörper mit Kopf eines Menschen-Mannes handelt, während die griechische Sphinx einen Frauenkopf trägt. 20 m hoch, 73 m lang, ein Gesicht von über 4 m Breite, Bart und Nase abgeschlagen. So lautet der knappe Steckbrief von Abu Hol, ›Vater des Schweigens‹ wie der Sphinx auf arabisch heißt. Als Wächter hütet er den Eingang ins Reich der Toten. Zwischen den Löwenpranken steht die sogenannte Traum-Stele, um die sich die Geschichte des späteren Königs Thutmosis' IV. rankt.

Nach der Jagd war der Prinz unter dem Sphinx eingenickt, so die Sage,

Die Pyramiden von Giza

Die größte Gefahr droht dem Sphinx heute durch steigendes Grundwasser mit den darin gelösten Bodensalzen sowie der Luftverschmutzung. 1980 versuchte man, mit konservierenden Injektionen in den Stein den Wächter des Totenreiches zu impfen – und damit zu imprägnieren. Die Aktion war ein Fiasko und schadete mehr als sie nutzte. Erst 1998 wurden die Restaurierungsarbeiten endgültig abgeschlossen. Was aber bleibt, ist die Gefahr durch stetig steigendes Grundwasser, das den Stein zersetzen wird. Möglicherweise wird man den Sockel des Sphinx durchtrennen und eine wasserdichte Wand, eventuell aus Glas, einfügen müssen.

Wilde Spekulationen lösten 1997 zwei bereits früher entdeckte Kammern bzw. Tunnel unter dem Sphinx aus. (Ein amerikanischer Bestseller vermutete gar das antike Atlantis wäre darunter verborgen.)

Neben dem Sphinx liegt der Chephren-Taltempel. Zwei Sphingen flankierten einst die Pforten zur Leichenhalle, wo die Totenzeremonie stattfand. Nach den rituellen Salbungen und Räucheropfern bewegte sich von hier der Zug mit dem mumifizierten Leichnam hinauf zur Pyramide. Die Decke und der Granitmantel des Tempels fehlen heute; in der Vorhalle, einem großzügig angelegten Pfeilersaal aus Granit und Alabaster standen 23 Figuren Chephrens.

Das durchgehende Pferd einer Amerikanerin brachte die Ägyptologen auf die Spur. Der Hengst sank beim Ausritt nahe der Cheops-Pyramide plötzlich im Sand ein, und die Reiterin entdeckte am Huf Spuren von Lehmsplittern. Indiz für – ja für was? Kurz darauf begannen an der Stelle Grabungen, die in 1,5 m Tiefe

und im Traum sei ihm der Vater des Schweigens erschienen und habe ihm weisgesagt. Wenn der Prinz ihn vom Sand befreie, dann werde er als Belohnung über Unter- und Oberägypten herrschen. Der Prinz tat wie ihm geheißen und gewann später die Macht über beide Teile Ägyptens. Auch andere Könige hatten den Sphinx immer wieder vom Sande befreit. Mameluckische Schützen waren es, die den Kopf als Zielschiebe für ihr Schießübungen benutzten. Die Nase wurde nicht wieder angebracht, sondern von den Briten nach London mitgenommen.

auf ein Arbeiterdorf und Gräber stießen; später fand sich in der Nähe ein zweiter Friedhof für die pharaonische Oberschicht.

Nazlet el Samman – so heißt der Platz, an dem man – die Arbeiten dauern noch viele Jahre – eine Siedlung aus dem Alten Reich von etwa 3 km^2 Ausdehnung fand. Man fand Scherben von Geschirr, Brotformen, Kochtöpfe, Trinkkrüge, Knochenreste von Rindern, Schweinen und Lämmern sowie mittelgroße bis große Holzstücke, die vermuten lassen, dass hier einst sogar Bäume wuchsen. Nazlet el Samman dokumentiert, was die Archäologen bisher vergeblich suchten: zuverlässige Informationen über das Leben der Menschen, die am Bau der Pyramiden beteiligt waren.

Die Bevölkerung im alten Ägypten bestand zu 80 % aus Arbeitern und Bauern. Nach jüngsten Schätzungen waren allein rund 20 000 Arbeiter 20 Jahre damit beschäftigt, die Chephren-Pyramide zu bauen. Mindestens 67 Jahre lang (bis zur Fertigstellung aller drei Pyramiden) gab es in Giza ein riesiges Projekt mit Produktionsanlagen für Lebensmittel, Keramiken, Werkzeug und Baumaterialien (Gips, Mörtel, Stein, Holz), Lagermöglichkeiten für Essen, Brennstoff und andere Vorräte, Wohnsiedlungen für die Arbeiter und ihre Familien sowie Priester, die für den Tempeldienst zuständig waren. Und es gab natürlich auch Friedhöfe. Aus hieroglyphischen Inschriften ist nun gesichert, dass die geschickten Arbeiter und Handwerker rund um das Jahr werkten. Die Bauern wurden turnusmäßig aus umliegenden Dörfern und Provinzen angeworben, wenn die Feldarbeit ruhte.

Im Westen von Nazlet el Samman lagen die Gräber der Arbeiter. Eines gehörte dem Aufseher Ptah-Shepsesu und seiner Frau. Die Wände bestehen aus Granitstücken, Basalt und Diorit. Daneben verteilen sich kleine Gräber, vermutlich die der Arbeiter, die seinen Befehlen unterstanden. Im unteren Teil des Friedhofes sind 600 kleine Gräber (Arbeiter) und 30 größere (Aufseher). Die Gräber haben meist Stufenkuppel- und Giebeldächer. Auf Gedenksteinen stehen die Namen der Toten: Tep-emnefret; Hetep-repyt und Hy, eine Priesterin, und ihr Sohn Khuwy. Die drei Frauen, Gattinnen der Pyramidenbauer, dienten als Priesterinnen der Göttin Hathor.

»Wir fanden«, so der Direktor des Pyramidenplateaus Zahi Hawas, »Statuen, die einen einfachen Haushalt symbolisieren: Mann, Ehefrau und Diener. Ähnliche Statuen beschreiben einen größeren Haushalt einschließlich Töpfer, Metzger, Bierbrauer und Bäcker. Frauen wurden in den unteren Friedhöfen begraben. Im oberen Teil des Friedhofs war die Qualität der Kunstgegenstände wesentlich besser, ein Zeichen dafür, dass hier die ranghöheren Personen beerdigt wurden.«

Auch zwei Kindergräber ohne Opfergaben fand man in einem schmalen rechteckigen Hof, daneben ein Bankgrab (Mastaba, 5. Dynastie). Neben der Mastaba lag wiederum ein Felsgrab, darin eine intakte Ruhestätte mit Töpferwaren und Statuen: eine große in der Mitte, flankiert von zwei weiteren Granitstatuen, eine hölzerne Figur war bereits zu Staub verfallen. Die Statuen tragen Inschriften wie z. B. »Aufseher der Boote von Neith, Intyshedu, ein Bekannter der Königin«. Der hier Bestattete baute Boote für die Königin und die Göttin Neith. Der Künstler meißelte liebevoll jede einzelne Statue, die die verschiedenen Altersstufen Intyshedus zeigen.

Den Funden nach entstand der Friedhof zu Beginn der Regentschaft Cheph-

Die Sonnenbarke

rens. Hawas: »Nur 20 % der Gräber wurden bis jetzt entdeckt. Keiner der Arbeiter war mumifiziert, ein Vorrecht, das sich Könige und Noble vorbehielten. Dennoch erfährt man viel über das Leben dieser einfachen Leute durch die erhaltenen Skelette. Studien der Egypt National Research Center haben ergeben, dass die Zahl der Männer und Frauen gleich hoch war. Begraben wurden sie in der Fötus-Position, das Gesicht gen Osten. Die meisten Männer starben im Alter von 30–35 Jahren, die Frauen schon unter 30 Jahren bei der Geburt ihrer Kinder. Mitglieder der höheren Schichten arbeiteten weniger, wie die Knochenfunde westlich der Chephren-Pyramide beweisen. Diese Frauen wurden rund zehn Jahre älter als ihre Geschlechtsgenossinnen aus der Arbeiterklasse. Bei den Arbeitern und Arbeiterinnen konnten Experten Arthritis in der Wirbelsäule feststellen, die auf eine starke Belastung deuten. Skelette wiesen häufig ein- und mehrfache Knochenbrüche auf.«

Die interessantesten Gräber sind für Hawas die von Nefertheith und seiner Frau Neferhetepes. Sie sind sehr einfach, aber mit wunderschönen Hieroglyphen versehen. Auf der Gedenktafel stehen die Namen seiner beiden Frauen und von 18 Kindern. Vielleicht war er der Aufseher der Bäckerei, die darunter liegt. Auf den Wänden sind Szenen vom Kornmahlen, Brotbacken und Bierbrauen. Sein Titel lautet »Einer, den der König kennt«.

Gräber versuchte man mit einem Fluch zu schützen: »Hört alle zu, oh, ihr Menschen! Hathors Priesterin wird zweimal zuschlagen, falls jemand ihr Grab betritt oder es zerstört. Die Götter werden ihn zur Rede stellen, denn sie hat der Herr geehrt. Die Götter werden es nicht zulassen, dass ihr etwas geschieht. Jedermann, der ihrem Grab etwas Schlechtes tut, den werden das

Die Grabräuber-Dynastie Abdel Rasul

Der Assistent des Ägyptischen Museums hielt eine kleine Statue in der Hand. Nur mit Mühe konnte er Desinteresse vorspielen. Er drehte und wendete das kleine Kunstwerk in seiner feuchten, zitternden Hand und begann mit dem grinsenden Händler zu feilschen. Der Assistent wusste, es handelte sich um ein antikes Stück, wie es die Inschrift erkennen ließ – die Statue gehörte zu einer Grabbeigabe aus der 21. Dynastie. Die beiden einigten sich über den Kaufpreis, wobei der Assistent durchblicken ließ, dass er nach Kostbarerem suche. Noch am selben Tag im Jahr 1881 wurde Emil Brugsch-Bey einem hochgewachsenen, drahtigen Araber vorgestellt. Abdel Rasul hieß er: König der Grabräuber, Oberhaupt einer großen Familie, die bis heute in Gurna/Theben lebt, einem Dorf von passionierten Grabräubern.

Das Sammelgrab, das Abdel Rasul 1875 in einem Felsmassiv zwischen dem Tal der Könige und Deir el Bahari entdeckt hatte, gehörte zu den größten Funden der Rasuls. Außer Mumien lagerte hier ein Schatz, der seiner Familie lebenslangen Wohlstand sicherte. Sein Geheimnis gab er nur wenigen Familienmitgliedern preis, die Hand aufs Herz schworen, niemals ihr Geheimnis zu enthüllen. Erst sechs Jahre später lüftete Abdel Rasul gegenüber den Beauftragten des Ägyptischen Museums sein Geheimnis. Und in 11 m Tiefe entdeckte Emil Brugsch-Bey die Mumie des Pharaos Sethos' I., die der Italiener Belzoni 1817 vergeblich in der ursprünglichen Gruft des Königs im Tal der Könige gesucht hatte. Aber nicht nur Sethos fand hier seine letzte Ruhestätte, sondern weitere mächtige Herrscher: Amosis I., Amenophis I., Thutmosis III. und Ramses II., der Große. Insgesamt waren es 40 Mumien, die zwischen unzähligen, achtlos verstreuten Kostbarkeiten des rituellen Totenkults, wertvollen Schmuckstücken und Gerätschaften verstreut lagen. Abdel Rasul und einige Angehörige wurden verhaftet und verhört. Alle Bewohner von Gurna erschienen und beteuerten die Unschuld der ganzen Familie, die von der Gemeinde hochgeachtet werde. Mangels Beweisen mussten die Abdel Rasuls freigelassen werden, zum Entsetzen des Assistenten Brugsch-Bey. Doch einer der Rasuls – der erste nach über 2000 Jahren – fühlte sich vom schlechten Gewissen geplagt und legte ein umfangreiches Geständnis ab, das die Räuberdynastie entlarvte.

Archäologen, die vorwiegend in Theben arbeiten, berichten, die Rasuls würden noch heute auf unentdeckten Gräbern und riesigen Schätzen sitzen. Howard Carter, so erzählt man sich, hätten die Rasuls 1922 gegen Bezahlung gar das Grab Tutanchamuns entdecken lassen. Ob's stimmt – man wird warten müssen, bis dem nächsten der Rasuls wieder einmal das schlechte Gewissen die Zunge lockert.

Mena House Hotel

Beim Besuch der Pyramiden sollte man wenigstens einen kurzen Abstecher in das Mena House Oberoi Hotel unternehmen, das mit seiner indisch inspirierten Architektur als eines der schönsten Hotels der Welt gilt. Heute steigen von den (un-)gekrönten Häuptern dieser Welt nur noch Staatschefs und Präsidenten mit Stil hier ab (also nicht mehr allzu viele), während das Gros der illustren Besucher – wohl auch aus Sicherheitsgründen – das Gästepalais der Regierung bevorzugt.

Einen Blick ist auch das prunkvolle Spielcasino wert.

Das Mena House gehört zu den schönsten Hotels der Welt

Krokodil, das Nilpferd und der Löwe auffressen.« Und der königliche Schreiber und Buchhalter vermerkte, seinem Beruf treu bis in die Ewigkeit: »Es waren die Arbeiter, die dieses Grab gebaut haben. Sie bekamen von mir Bier oder Wein und Brot.« Das Zeichen für Bier und Wein ist identisch – ein Krug.

Während die Arbeiter und Baumeister noch im Osten, im Reich der Lebenden, wohnten und begraben wurden, genossen die hohen Beamten schon das Privileg, im Totenreich, im Westen bestattet zu werden. Die Ausgrabungen hier laufen noch: Man sieht rechteckige Steinmausoleen, viele noch bis unter die (eingestürzte) Decke gefüllt mit Sand und Schutt.

Eines der schönsten Gräber ist das des Kaii. Dieser Beamte konnte von sich sagen, er sei *sesh rechet nesut*, und so ließ er es auch schreiben: ›dem Pharao bestens bekannt‹. Kaii war königlicher Schreiber und als solcher so etwas wie der pharaonische Chefbuchhalter der Arbeiter- und Pyramidenverwaltung. Er diente sowohl Cheops als auch Chephren, und sein Grab ist sehr gut erhalten. Der Sand, unter dem es verschüttet lag, konservierte es über die Jahrtausende. Schon am Eingang ist Kaii dargestellt, dann nochmals im Inneren mit seiner Familie. Der Mann ist als Oberhaupt die größte Figur der Wandmalerei; hinter ihm steht – etwas kleiner dargestellt – seine Frau Nab Hateb, die Kaiis Hand hält, und zwar die Rechte, in der Kaii die Insignie seiner Macht, den Offiziersstab trägt. Die Kinder – zwei Söhne, zwei Töchter – sind nur etwa ein Viertel so groß wie die Eltern und wurden von dem Maler in Beinhöhe von Vater und Mutter plaziert. Und Kaii legte, aus welchem Grund auch immer, Wert auf die Feststellung, dass seine Kinder *erchet em ef* seien, ›leibliche Kinder‹.

Die Malerei der gegenüberliegenden Wand schildert das Leben im pharaonischen Ägypten. Man sieht u. a. Jäger, die eine Gazelle gefangen haben und sie nach altägyptischem Ritus schlachten, indem sie zuerst das linke Vorderbein abschneiden. Denn, so dachte man, der linke Lauf habe eine besondere Verbindung zum Herzen, die durchtrennt werden müsse, damit das Tier schnell sterbe.

Zu den aufsehenerregenden Funden an den Pyramiden zählen die 1997 entdeckten Figuren Ramses' II. Südlich der Mykerinos-Pyramide fand man die mehr als 3000 Jahre alten Zwillingsstatuen Ramses' II. Sie sind 3 m hoch und 40 cm breit, wiegen 3,5 Tonnen. Die linke Stele stellt Ramses als König dar, mit einem falschen Königsbart, auf der Stirn schmückt ihn die königliche Kobra. Das andere Kunstwerk zeigt Ramses als Gott, sein Kopf geschmückt mit der Sonnenscheibe, die den Gott Re oder Aton symbolisiert. Daraus geht hervor, dass sich der König selbst als Horus sah, Herrscher der Erde und der anderen Welt. Die Funde sind unvollständig, ab der Brust zerbrochen, dennoch wunderschön. Sie sind die größten Statuen aus dem Neuen Reich, die je in Giza gefunden wurden. Der Oberaufseher der pharaonischen Arbeiter, Maya, schrieb in die Chephren-Pyramide, dass er die Statuen aus rotem Granit in Auftrag gegeben habe. Während der Arbeiten brach der Granit aber wohl, die Arbeit war vorzeitig beendet.

Der große Sphinx in Memphis

Giza

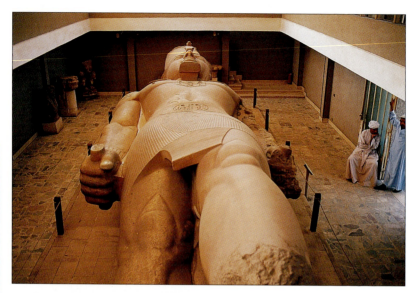
Die Statue von Ramses' II. mit der Königskartusche auf der Brust

Memphis und Sakkara

Karte S. 120

Auf der Sh. al-Ahram/Pyramids Road Richtung Pyramiden fahrend, biegt man dem Wegweiser zum Siag Pyramids Hotel nach links folgend in den Weg entlang des Kanals ein, Richtung Memphis und Sakkara.

Memphis ist überall. Das ist in drei Worten die Geschichte vieler Pyramiden und Monumente, die man hier nicht sieht, weil Generationen von Baumeistern die fertigen Säulen, Stelen und Platten in Memphis stahlen und vornehmlich in Alt-Kairo für andere Prachtbauten verwendeten. Vom Glanz **Memphis'** 4, der am längsten existierenden Hauptstadt Ägyptens blieb nicht viel. **Sakkara** 5, dagegen, die über 7 km weite Nekropole, vermittelt noch heute einen imposanten Eindruck von dem einstigen Kultbezirk.

»Wer Ägypten erobern will, der muss zuerst Memphis einnehmen«, ging einst die Rede über die Hauptstadt Ober- und Unterägyptens, die »Waage der beiden Länder«. Und alle Eroberer befolgten den Rat. Das Ende bereiteten der Stadt aber, wie gesagt, die Ägypter selbst. So blieben nur mehr Steintrümmer und Ruinen vom Ptah-Tempel, vom Palast des Merenptah und den Apis-Bauten übrig. Geblieben ist als Sehenswürdigkeit im ehemaligen Ptah-Tempel das Balsamierungshaus. Die heiligen Apis-Stiere wurden hier auf monolithischen Alabastertischen für die Reise ins Jenseits präpariert. Der Sphinx, rechtsseitig etwas verwittert, aber lächelnd, wurde 1912 bei Ausgrabungen gefunden. Er stammt wahrscheinlich aus dem Neuen Reich. Gegenüber liegt der Koloss Ramses' II. Beine und Krone fehlen; ursprünglich war er an die 14 m hoch. Die Königskartuschen wurden an Brust und Gürtel eingemeißelt.

Deutlich zu sehen: die königliche Kobra und der Bart des Pharao

Im Neuen Reich hatten die Söhne der Pharaonen ein ›Trainingslager‹ in Sakkara, wo sie auch Ställe mit zahlreichen Pferden unterhielten. Nahe Abusir fanden Archäologen einen Stein, der beschreibt, wie ein königlicher Trainer den Prinzen beim Bogenschießen ermahnt: »Verfehle nicht den Punkt, ziele auf die Mitte!«

Von Archäologen werden hier immer wieder neue Gräber gefunden, und viele erhoffen sich von Sakkara noch Großes, was die Geschichte und die Königsabfolge der vor- und frühdynastischen Zeiten angeht. Tempelgräber nennt man diese letzten Ruhestätten, weil sie architektonisch einem Tempel gleichen. Am Eingang steht ein Pylon, dem ein Säulenhof folgt, manchmal auch ein zweiter Hof mit Seitenkapelle. Das Grabmal endet oft in drei Kapellen, wie die Ruhestätten aus der 18. und 19. Dynastie.

Pharao Djoser erbaute um 2660 v. Chr. in Sakkara die erste Pyramide überhaupt, die **Stufenpyramide** 6. Während des Alten Reiches folgten 14 weitere. Außer dem Auftraggeber ist heute auch noch der sonst nie erwähnte Baumeister bekannt: Imhotep, später zum Gott erhoben, Begründer der Steinbauarchitektur. Imhotep erweiterte den Plan seines Gebieters, der ursprünglich nur ein – wie üblich – schlichtes Bankgrab, eine Mastaba, in Auftrag gegeben hatte. Dreimal vergrößerte Imhotep die Mastaba, und darüber entstand dann eine vierstufige Pyramide auf quadratischer Basis. Erst in einem weiteren Schritt wurde das Fundament zum Rechteck und die Mastaba zur sechsstufigen Pyramide erweitert. Den Bezirk umgibt auf 280 m × 550 m eine Mauer, an deren südöstlicher Ecke sich der Eingang befindet.

König Djosers Nachfolger Sechemchet versuchte es dem Vorgänger gleichzutun und ließ eine ähnliche Anlage erbauen. Sie blieb aber unvollendet

Die Stufenpyramide von Sakkara

und findet sich westlich hinter der Unas-Pyramide. Von der Südmauer des Djoser-Komplexes schlagen die Mastaba des Wesirs Mechu und die der Prinzessin Idut eine optische Brücke zur Unas-Pyramide. Beide Bauten entstanden während der 6. Dynastie. In der Unas-Pyramide des letzten Herrschers der 5. Dynastie fanden sich in Sarg- und Vorkammer die Pyramidentexte, über 200 magische Formeln und Beerdigungssprüche, auch Ratgeber für den

Aufenthalt im »schönen Westen«, wie das Totenreich auch hieß.

Die Mastaba des Ptahhotep, ein Doppelgrab, stattete der Minister Achethotep für sich und seinen Sohn Ptahhotep in der 5. Dynastie mit sehr schönen Reliefs aus. Ein Vorraum führt in einen Pfeilersaal, der zu den Opferkammern leitet: geradeaus in die des Vaters, links in die des Sohnes; sie enthält einzigartige Reliefdarstellungen von Priestern, Ptahhotep beim Darbringen von Gaben, Opfertiere.

Nahe der Cafeteria liegt das **Serapeum** 7, ein unterirdisches Grabmal für die als heilig verehrten Apis-Stiere, Symbole der Fruchtbarkeit. Zum Tiergottkult gehörten Mumifizierung und Bestattung in Sarkophagen, deren steinerne Deckel um die 70 Tonnen wiegen. Auf den Stelenraum folgt die über 200 m lange Galerie mit den Nischen für die schmucklosen Sarkophage, die alle aufgebrochen und ausgeraubt wurden. In der letzten rechten Nische findet sich der schwarze Granitsarkophag des Hapi. Er ist verziert und trägt unter anderem die Inschrift: Hapi – Sohn des Osiris.

Der schwierigere Teil begann für die Priester nach der Beisetzung; ein neues Gottkalb musste auf den Weiden Ägyptens gefunden werden. Drei Dinge brauchte das Tier für die Erhebung zum Gott: ein weißes Dreieck auf der Stirn, eine weiße Mondsichel am Hals und an den Flanken sowie einen Knoten unter der Zunge. Wurde ein derartiges Tier gefunden, siedelte es mit seiner Mutterkuh in den heiligen Stall von Memphis über.

Vom Serapeum geht man zur **Mastaba des Ti** 8. Wegen seiner Funktion als Verwalter von Totentempeln während der 5. Dynastie wäre er nach 4500 Jahren sicherlich vergessen worden, doch die Künstler, die die Wände der Grabkapelle des reichen Ägypters gestalteten, vollbrachten ein überdauerndes Meisterwerk. Die Bilder zeigen Alltagsszenen, Opferungen, Ti als Feudalherr, das Leben der Bauern und ihres Viehs, Ti im Jenseits.

Von Sakkara weiter 7 km Richtung Süden fahrend, kann man seit 1996 die früher in militärischem Sperrgebiet liegenden Pyramiden von **Dahshur** besuchen. Neben der **Roten** 9 und der **Weißen Kalksteinpyramide** 10 sowie der **Schwarzen Pyramide** 11 aus Lehmziegel besichtigt man hier eine baumeisterliche Katastrophe der Antike: die **Knickpyramide des Pharao Snofru** 12. Während der Arbeiten war mehrmals das Fundament gesunken, wodurch der Bau einknickte und einzustürzen drohte – man baute dennoch weiter. Vor der Roten Pyramide aus Ziegelstein, die als erste klassische Pyramide Ägyptens gilt, liegt das einzige erhaltene Pyramidion, die Spitze, die über drei Tonnen wiegt. Die Grabkammern sind seit kurzem zugänglich; der Gang durch die niedrigen Stollen ist sehr mühsam, aber ein aufregendes Erlebnis.

Nach einem Abstecher zu den Pyramiden von **Lisht,** für die der Baumeister Steine aus den Giza-Pyramiden herausbrach, besucht man **Medum** (beide Orte s. vordere Innenklappe) dessen Pyramide die Entwicklungsstufe zwischen der Stufenpyramide von Sakkara und den klassisch vollendeten Pyramiden von Giza mit ihren ursprünglich glatten Außenwänden darstellt. Von den acht Stufen der Medum-Pyramide sind noch drei erhalten – kolossale Relikte trotz eines zerstörerischen Erdbebens oder einer pharaonischen Baupleite um 2580 v. Chr.: wahrscheinlich rutschten die Steinblöcke der Außenverkleidung und mit ihnen die bis zur Spitze heute fehlenden 27 m ab. Auf über 30 m Höhe betritt man heute die Pyramide, in deren Kam-

Straßenschild bei Sakkara

mern ein steiler Gang nach unten führt. Für die Rückfahrt kann man die Strecke nehmen, auf der man gekommen ist, oder Richtung Westen fahren in die Oase Fayoum bzw. nach Süden ins Niltal.

Von Kairo nach Fayoum

Karte s. auch vordere Umschlagklappe
Tipps & Adressen Karanis S. 337
Fayoum S. 325

Als Ausflug für einen oder auch mehrere Tage bietet sich der Vorgarten Kairos an, die Oase Fayoum. Autofahrer nehmen die Sh. al Ahram/Pyramids Road und biegen vor dem Mena House Oberoi Hotel nach rechts ab. Am folgenden Kreisverkehr beginnt die Straße in das Fayoum, Richtung Birket Qarun (Qarun-See).

Es gibt wohl keinen Besucher, der sich nach der Fahrt durch die Wüste nicht in ein kleines Paradies versetzt fühlt, sobald er das Fayoum erreicht hat. Der großen und kleinen Dichterworte wurden voller Rührung hier schon viele gesprochen: vom plötzlichen Farbenspiel der Natur nach der gelb-braunen Wüsteneinöde; vom gottgeschenkten Pflanzenreichtum und der Fruchtbarkeit des Landes, das Getreide und Reis hervorbringt, Weintrauben und Pfirsiche und sogar Blumen. 100 km südwestlich Kairos leben 1,3 Mio. Menschen in dieser Provinz und Halboase. Halboase deswegen, weil der Bahr Jusuf (Josefsfluss) als natürlicher Seitenarm des Nils diesen Garten Ägyptens bewässert. Unzählige Rinnsale, Bäche und Flüsschen fließen in den Qarun-See am Nordrand der Oase. Dieser See, 50 km lang und bis zu 12 km breit, lag bereits um 1000 v. Chr. 20 m unter dem Spiegel des Mittelmeeres, in vorgeschichtlicher Zeit sollen es 20 m über Normalnull gewesen sein, und heute sind es – 44 m.

Das Fayoum hat aber mehr zu bieten als Farbenpracht fürs Auge. Alte Tempel, Pyramiden und verfallene Städte, Moscheen und Klöster, Suks und farbenprächtige Feste. 1984 wurde im Fayoum der Aegyptopithecus ceuxis gefunden, genauer gesagt der Schädel dieses 33 Mio. Jahre alten katzengroßen Menschenvorfahrens. Im Mittleren Reich (um 2000 v. Chr.) begann man mit Landwirtschaft in der Oase.

Gut 60 km von Kairo und Giza entfernt kommen Sie nach dem ersten fruchtbaren Streifen Landes mit dem Auto an Kom Aushim (Karanis) vorbei.

Karanis 1 besitzt ein kleines Museum und zwei gut erhaltene Tempelreste aus der Zeit der Ptolemäer (um 300 v. Chr.), fertiggestellt vom römischen Kaiser Nero. Der Nordtempel war in der pharaonischen Zeit dem Krokodilsgott Sobek geweiht. Das Museum zeigt Funde aus dem Fayoum, darunter rechts am Eingang in der Vitrine einen 2000 Jahre alten Terrakotta-Behälter. Gegenüber dem Museum zweigt eine weichsandige Piste ab, die nach 23 km zu dem Tempel von **Qasr es Sagha** 2 (Sobek-Heiligtum, Ruinen des koptischen Klosters Abu Lifa) führt und weiter in das ptolemäische **Dimeh es Siba** 3, eine Stadtanlage mit Ziegelmauern und Tempel. Der 40 km lange Abstecher weg von der asphaltierten Straße, nur mit Allrad zu empfehlen, gehört zu den schönsten im Fayoum. Am östlichen Ende des **Qarun-Sees** 4 erwartet einen die beeindruckende Szenerie von See und Wüste, von

Oase Fayoum

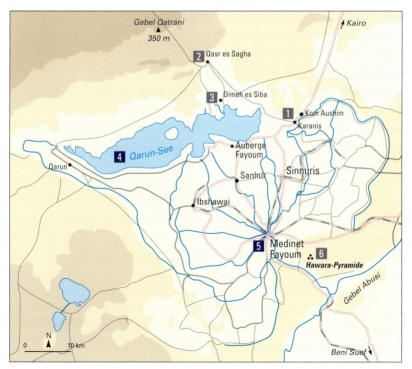

Fahlheit und Farbe und gelegentlich vorbeiziehenden Karawanen.

Zurück auf die Wüstenstraße Kairo-Fayoum. Etwa 7 km nach Karanis zweigt nach Süden die Straße nach **Medinet Fayoum** 5 ab. Geradeaus liegt die Auberge Fayoum, die frühere Sommer-Residenz König Faruks, ein nostalgisches Hotel mit Garten und wunderbarem Blick auf den See, den die alten Ägypter für den flüssigen Himmel hielten. Hier liegen auch kleine Boote, die einen auf den See hinausfahren oder zum anderen Ufer übersetzen.

Von der Auberge fährt man etwa 1,5 km zurück und an der nächsten Abbiegung rechts über Sanhur (Zentrum des Obstanbaus) in das 23 km entfernte Medinet Fayoum.

El Medina sagt man hier, wenn man die am Josefskanal gelegene Stadt Fayoum meint. Die Stadt liegt 22 m unter dem Meeresspiegel, 9 m über dem Normalniveau des Nils. Den Hauptplatz der lebendigen Stadt prägen die Wasserräder des Kanals. Dort halten die Touristenbusse, dort ist alles ein wenig teurer als wenige Straßen weiter, auch am Kanal, im verwinkelten, sehr ursprünglichen Suk, den man nicht auslassen sollte.

Möglicherweise war Medinet von einer heute ohne Überreste verschwundenen Mauer umgeben. Widersprüchliches erzählt man über die Entstehung der Stadt. Der legendäre König Menes habe Fayoum als Krokodilopolis gegründet, weil Krokodile ihn im See gerettet hatten. Eine andere Version sagt, Fayoum sei in 1000 Tagen erbaut worden, auf arabisch *alf yom,* was dann zu Fayoum wurde. Eher wahrscheinlich ist, dass Fayoum vom koptischen Wort für See kommt – *phiom.*

Die sieben Wasserräder gelten als Wahrzeichen der Oase; Ptolemäer führten sie im Fayoum ein, um den Bauern die Bewässerung zu erleichtern. Die katholische Kirche am Ort wird von zwei ägyptischen Franziskanern geleitet; die Liturgie ist meist in arabischer Sprache. Die Architektur der Kirche ist nicht weiter aufregend, ein Gespräch mit den Priestern über die Probleme mit der muslimischen Mehrheit dafür höchst spannend.

Man verlässt die Stadt nach Osten Richtung Demu/Hawara-Pyramide (das ist auch Richtung Kairo über Medum oder Beni Suef entlang des Nils).

Bekannt ist die **Hawara-Pyramide** 6 wegen des benachbarten Labyrinthes. Erbauer war König Amenemhet III. (Mitt-

Medinet Habu in der Oase Fayoum

leres Reich). Die Reste der Pyramide, Lehmziegel, sind zu besichtigen, ebenso wie Relikte des Labyrinths. Mit 3000 auf zwei Etagen verteilten Räumen (so Herodot) bildete es den Totentempel und galt als eines der Sieben Weltwunder der Antike. Dem Geschichtsschreiber Herodot, der 448 v. Chr. Ägypten besuchte, blieb, kurz gesagt, die Luft weg, als er das Labyrinth beging. Ihm verdanken wir eine plastische Beschreibung. »Ich habe es noch gesehen, und es übertrifft wirklich alle Worte! Denn wenn jemand aus Griechenland die Mauerbauten und die errichteten Kunstwerke zusammenrechnen würde, so dürfte klar werden, dass bei ihnen Arbeitsleistung und Kostenaufwand geringer waren als bei diesem Labyrinth ... Die Pyramiden übertrafen gewiss alle Beschreibungen, jede von ihnen übertraf viele, wenn auch noch so große Bauwerke der Griechen, das Labyrinth aber – es überbietet sogar die Pyramiden! ... Denn die Ausgänge durch die Säle und die gewundenen Wege durch die Höfe mit ihren bunten Farben boten denen ein grenzenloses Wunder, die aus einem Hof heraus und durch die Säle schritten und aus den Sälen in Säulenhallen und aus den Höfen wieder in andere Säle und aus den Sälen wieder in andere Höfe. Die Decke von allen diesen Bauten war aus Stein wie die Wände. Die Wände aber waren voll von eingemeißelten Bildern; jeder Hof war umgeben mit Säulen aus weißem Marmor, der aufs sorgfältigste zusammengefügt war.«

Zweitfrau:
Heute ich, morgen die andere

»... dann heiratet, was euch an Frauen beliebt, zwei, drei oder vier. Wenn ihr aber fürchtet, sie nicht gleich zu behandeln, dann nur eine ...«   (Koran, Sure 4.3)

Manchmal, wenn Fatma von der Arbeit mit dem Bus nach Hause fährt, hat sie einen wohligen Tagtraum. Dann stellt sie sich vor, ihr Mann gehöre nur ihr ganz alleine; die kleine Wohnung, in der sie lebt, gehöre nur ihrem Ehemann, den Kindern und ihr selbst – aber nicht auch dieser anderen Frau, mit der sie Wohnung wie Ehemann teilen muss. Ganz offiziell. Denn Fatmas Mann ist, wie es der Islam erlaubt, zwar nicht mit vier, aber mit zwei Frauen verheiratet. Die 31jährige Ägypterin arbeitet bei einer deutschen Familie, für die sie kocht, putzt und die Kinder hütet. Sechsmal die Woche für 300 Pfund (ca. DM 140,–) im Monat. Sie lebt in Dar el Salam, einer armen Wohngegend im Süden von Kairo.

Als Fatma 19 Jahre alt ist, kommt eines Tages ihr Cousin zu Besuch, um mit dem Vater zu sprechen. Die beiden stecken die Köpfe zusammen, eine gute halbe Stunde lang. Worum es geht, sie ahnt es wohl. »Mein Vater strahlte nämlich plötzlich und sagte mir, ich würde nun heiraten.« Ein paar Tage später kommt der Cousin mit Fatmas Verlobtem zum Tee. Ashraf heißt er, arbeitet als Fahrer für eine Kairoer Baufirma. »Er war groß, ein bisschen dick, dunkelhäutig. Er hat mir gut gefallen. Ein schöner Mann«, sagt Fatma, »und ich war stolz, nun eine Braut zu sein« – aber das darf sie nicht zeigen, weil sie sonst für mannstoll gehalten wird.

Beim zweiten Glas Tee werden zwischen Ashraf und Fatmas Vater schon die Einzelheiten geklärt. 300 Pfund Brautgeld muss Ashraf bezahlen und Fatma Gold für 100 Pfund schenken. Zuletzt fragt der Vater, of Ashraf schon eine Frau habe. »Nein«, sagt er, »ich bin von meiner vorherigen Frau dreimal geschieden.« Im Islam bedeutet das, dass der Mann seine Frau dreifach verstoßen hat und dieselbe Frau nicht noch einmal heiraten darf. Der Vater nickt zufrieden, und nach einem Monat wird Hochzeit gefeiert. Fatma ist glücklich wie nie in ihrem Leben.

Und dann kommt, kurz nach der Hochzeit, der Tag, den Fatma nie vergessen wird. Sie steht vor dem Hochhaus in Kairo, in dem Ashrafs Wohnung liegt. Fatma schleppt ihre beiden Taschen in den dritten Stock – und dann macht die Frau, von der Ashraf dreimal geschieden war, die Wohnungstür auf. »Ich bin durch die Tür gegangen und habe gebrüllt, ich weiß nicht was alles, und ich habe geweint.« Die andere, Zeinab heißt sie, grüßt Fatma ruhig: »Es ist Allahs Wille, dass wir zusammenleben. Wir armen Frauen, wir müssen zusammenhalten wie Schwestern.«

Fatma lässt sich nicht beruhigen, will sich scheiden lassen. Denn Ashraf kann diese Frau nicht zum viertenmal geheiratet haben. Die erste Nacht tut sie kein Auge zu. Ashraf liegt im Bett, und Zeinab und Fatma kauern auf dem Boden. Die nächsten Tage, die nächsten Wochen gibt Fatma nicht klein bei, verweigert sich Ashraf, der wiederum einen Scheich (Korangelehrter) nach dem anderen besucht, um eine Lösung zu finden. Schließlich kommt ein Scheich in das Haus und erklärt: »Lest gemeinsam eine Sure aus dem Koran, dann ist die Ehe zwischen Ashraf und Zeinab wieder gültig, aber ihr müsst in eine größere Wohnung ziehen.« Koranauslegung ist eine Wissenschaft. Am nächsten Ersten ziehen die drei in eine Zweizimmerwohnung um.

Das war vor beinahe zwölf Jahren. Eine Nacht schläft Ashraf seither bei Zeinab und den vier Kindern, die sie mittlerweile haben; eine Nacht schläft er bei Fatma und ihren beiden Kindern. »Zärtlich können wir erst sein, wenn die Kleinen tief schlafen.« Es gibt niemanden, den Fatma mehr haßt als Zeinab. »Wir arbeiten beide als Putzfrauen bei Ausländern und jede verdient mehr als Ashraf. Das Geld nimmt er uns ab, und wenn ich mich weigere, dann verprügelt er mich. Jetzt sage ich nicht mehr, wieviel ich verdiene und spare heimlich ein wenig. Zeinab gibt ihm ihr Geld freiwillig, aber sie geht mit anderen Männern aus, die ihr Geld zustecken.« Zeinab bei Ashraf anzuschwärzen, das unterlässt Fatma: »Wenn er sie rauswirft, dann muss ich noch mehr arbeiten und noch mehr verdienen.« Außerdem gingen sie die Probleme von Ashraf und Zeinab nichts an. »Wir sind schließlich zwei getrennte Familien.«

Anfangs versprach Ashraf, einen Freitag (der islamische Sonntag) mit Zeinab, den nächsten mit Fatma auszugehen. Aber er tut's bis heute nie. »Wenn wir alleine sind«, erzählt Fatma, »dann flüstert er mir ins Ohr, dass er gerne oft nur mit mir alleine ausgehen würde. Aber er fürchtet, Zeinab zu verletzen. Und das will er nicht.«

Oft wird Fatma gefragt, warum sie sich nicht von Ashraf trennt, wo sie doch so unglücklich über die Ehe zu dritt ist. Fatma versteht die Frage nicht: »Wieso? Er ist gut zu den Kindern. Und vielleicht wird mein Traum ja irgendwann wahr, dass er mit mir alleine leben will oder für Zeinab und mich getrennte Wohnungen anmietet.«

Im Schatten des Minaretts

Im fruchtbaren Nildelta

Das Delta

Auf zwei Wegen kann man von Kairo Richtung Alexandria fahren: auf einer gut ausgebauten Straße durch die Wüste und auf der landschaftlich reizvolleren Nildelta Road. Während sich die Wüstenstraße mehr und mehr zu einem Highway mit Motels und großflächigen Reklametafeln entwickelt, bekommt man auf der ländlichen Deltastraße einen guten Eindruck vom bäuerlichen Leben der Region, das zwar kaum archäologische Sehenswürdigkeiten bietet, dafür aber durch Dörfer und kleine Städte führt. Selbst bei einem kurzen Aufenthalt zum Teetrinken bekommt man eine Ahnung vom Leben der sehr traditionsverbundenen Fellachen. Im Vorbeifahren beobachtet man ganze Familien auf dem Feld, die meist noch mit dem von Bullen oder Kamelen gezogenen Pflug das Land bestellen.

Auf der Landkarte nimmt sich das grüne Delta (35 000 km^2) aus wie die Blüte der Lotusblume (Wahrzeichen Unterägyptens); der Fluss ist ihr langer Stiel. Der Weg über die Agricultural Road wird den archäologisch interessierten Reisenden eher enttäuschen. Hier standen zwar unermesslich schöne Paläste und Tempel. Aber den »Venedig-Effekt« konnte niemand aufhalten: Im weichen, grundwasserreichen Boden versanken viele Altertümer Millimeter für Millimeter. Von den einst fünf Nilarmen sind zwei übriggeblieben. Unter den fruchtbaren Böden werden die unentdeckten Schätze bleiben, sicher vor Archäologen. Denn jeder Quadratmeter genutzten Ackerlandes ist für Ägypten wichtiger als neue Ausgrabungsorte.

Die Alexandria Desert Road

Tipps und Adressen
Wadi Natrun S. 347

Will man möglichst schnell nach Alexandria kommen, dann nimmt man die an den Pyramiden von Giza vorbeiführende mautpflichtige Alexandria Desert Road. Zwei Abstecher sind hier empfehlenswert. Bei km 81 führt nach **Sadat City** 1 der Weg in das **Wadi Natrun** 2 mit seinen Klöstern.

Das Natrun-Tal ist ein 30 km langes, unter dem Meeresspiegel liegendes Tal der Libyschen Wüste, das – der Name sagt es – früher durch die Gewinnung von Natron (für die Einbalsamierung der Verstorbenen) bekannt war. Gleichzeitig mit dem Christentum, das sich von Alexandria her ausbreitete, begründete der heilige Antonius das Mönchtum in der Wüste. Anfänglich waren es nur Einsiedler, später entwickelten sich daraus Klöster. Das Wadi war im 4. und 5. Jh. einer der bekanntesten Plätze im christlichen Volksglauben, da die Heilige Familie auf ihrer Flucht hier Station gemacht haben soll. Die Abgeschiedenheit der Scetis-Wüste, wie die Gegend heißt, wandelte sich ab dem 14. Jh. zum Fluch für die Mönche – immer öfter wurden sie Ziel beduinischer Räuberbanden. Gab es hier im 15. Jh. noch sieben Klöster, so reduzierte sich ihre Zahl durch die Abwanderung verängstigter Mönche auf vier; Landwirtschaft mit Getreide- und Obstanbau prägen die Gegend heute.

Im Südosten des Wadis liegt **Deir Abu Maqar** 3, das am besten erhaltene Kloster des Tales und wahrscheinlich ganz Ägyptens, das Kloster des hei-

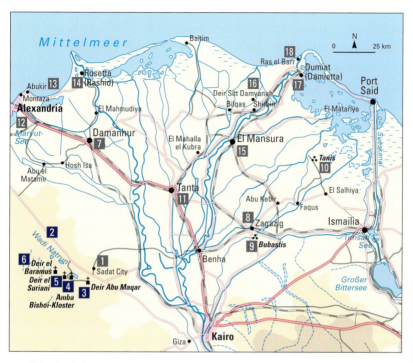

Von Kairo ins Delta

ligen Makarius des Großen (300–390 n. Chr.). Der Sohn eines Dorfpriesters zog sich nach einer Begegnung mit dem heiligen Antonius als Eremit hierher zurück und gründete damit dieses Kloster. Nachdem es mehrmals zerstört worden war, baute der Patriarch Shenuda es im 9. Jh. wieder auf. Aus dieser Zeit datieren die meisten der bestehenden Gebäude. Sehenswert ist die Kirche mit ihren Fresken und der Ikonenwand.

Westlich des 20 km vom Makarius-Kloster entfernten **Amba Bishoi-Klosters** 4, zu dem vier Kirchen gehören, steht das sehenswerte Kloster der Syrer, das **Deir el Suriani-Kloster** 5, dessen Basilika mit der Mittelkapelle, Maria geweiht, ein farbenprächtiges Beispiel koptischer Kirchenkunst darstellt. Die Ikonengalerie zeigt Jesus, die Gottesmutter und koptische Patriarchen, die im Wadi Natrun zeitweise ihre Residenz unterhielten. Einsam und abgelegen liegt das nördlichste Kloster **Deir el Baramus** 6, dessen Kirche eine wunderschöne Ikonenwand beherbergt.

Der zweite Abstecher führt bei km 149 (gute Beschilderung) auf die östlich führende Straße Richtung **Damanhur** 7. Diese Strecke geht durch die Weinbaugebiete Gianaclis, wo diese alte ägyptische Tradition trotz des Verbotes durch den Koran gepflegt wird, selbstverständlich nur wegen der trinkenden Touristen. Über Abu el Matamir kann man in östlicher Richtung weiter nach Damanhur fahren und dort den Rest der Strecke bis Alexandria auf der Deltastraße zurücklegen (von Damanhur bis Alexandria ca. 60 km).

Koptisches Kloster Deir el Suriani im Wadi Natrun

Die Delta-Landstraße

Die Stadtviertel Shubra und Rud el Farq durchquerend, verlässt man Kairo mit dem Auto vom Ramses-Bahnhof aus auf der Sh. Shubra. Man kreuzt den El Ismailia-Kanal. Nach etwa 1,5 km verläuft der Weg nach rechts Richtung Benha. Hier geht es über den (östlichen) Arm des Nils. Die Straße nach links führt nach Qanater el Kahiriya, zur berühmten Stau- und Schleusenanlage, wo sich der Nil in einen westlichen und einen östlichen Arm teilt.

Ein längerer Abstecher führt von Benha östlich nach **Zagazig** 8. Südöstlich der Stadt liegt **Bubastis** 9, ein Ruinenfeld der vor 3770 Jahren gegründeten Stadt, die zeitweise als Hauptstadt fungierte und wegen ihrer Tiergräber zu Ehren der Katzengöttin Bastet berühmt wurde. Ein Park und künstliche Seen umgaben den Bastet-Tempel, dessen Bau Cheops und Chephren in der 4. Dynastie begonnen und den Pharaonen über 1700 Jahre lang fortgesetzt hatten. Herodot beschrieb den Tempel, von dem nur Ruinen erhalten sind, als einen der schönsten Ägyptens. Zu den ausgelassenen Festen, die der griechische Geschichtsschreiber erlebte, kamen Hunderttausende Ägypter. 74 km sind es von Zagazig in das nördlich gelegene **Tanis** 10,

eine der wichtigen archäologischen Ausgrabungsstätten Ägyptens. Von Zagazig aus nimmt man die nördlich über Abu Kebir nach Faqus führende Landstraße. In Faqus biegt man der Beschilderung folgend auf die Straße nach San el Hagar/Tanis ab. Beinahe alle bedeutenden Ägyptologen arbeiteten in Tanis, früher Djane genannt, das zu Auaris, Hauptstadt der Hyksos-Herrscher (1650–1535 v. Chr.) gehörte. Ramses II. erklärte es später, im Neuen Reich, zur Residenzstadt. Zu besichtigen sind auf dem Gelände (4 km²) Teile des Amun-Tempels und Königsgräber. Die 1940 entdeckte königliche Nekropole ist nicht zugänglich.

Wer diesen Abstecher ausgelassen hat, fährt von Benha 44 km bis Tanta. Der größte Teil der Stadt liegt westlich der Deltastraße. **Tanta** 11, 420 000 Einwohner, ist Universitätsstadt, Provinzhauptstadt von Gharbija und alljährlich im Oktober Schauplatz des größten Heiligenfestes zu Ehren des Gelehrten und Mystikers Sajid Ahmed el Badawi. Sehenswert ist die Badawi-Moschee, die man im 19. Jh., 700 Jahre nach dem Tod des Heiligen erbaute. Der Stil der Grabmoschee mit drei Kuppeln und zwei Minaretten ist türkisch.

1239 starb in Tanta Sajid Ahmed el Badawi, von dessen Wundertaten man schon zu seinen Lebzeiten in allen isla-

Fellache bei der Feldarbeit

mischen Ländern sprach. Hier sammelte er seine Schüler um sich, und als er dort starb, bezeugten ihm Anhänger aus den fernsten Ländern die letzte Ehre. Das Begräbnis wurde zur großen Kontaktbörse seiner Bewunderer, die fortan beschlossen, sich jedes Jahr zu Ehren des großen Vorbildes zu treffen. So geschieht es seither alljährlich im Oktober. Dann reisen Hunderttausende Muslime und Christen nach Tanta, das sich zu einem orientalischen Jahrmarkt verwandelt: Schlangenbeschwörer, Pferdeballett, in Trance tanzende Sufi-Mystiker.

Ab Tanta sind es 65 km bis Damanhur. Bei Damanhur kann man nach Westen Richtung Alexandria Desert Road abbiegen. Über Hosh Isa durchfährt man das Weinbaugebiet von Gianaclis und legt dann den Rest der Strecke auf der mautpflichtigen Wüstenautobahn zurück. (Wer sich für einen Abstecher in das östliche Delta interessiert, muss sich ab Tanta Richtung Dumiat/Damietta halten, rund 108 km auf gut ausgebauter Straße.) Damanhur (280 000 Einwohner) ist die Hauptstadt der Provinz Beheira und wurde dort gebaut, wo einst eine der Horus geweihten Städte, Timn-Hor, und später das römische Hermopolis Parva (nicht zu verwechseln mit Hermopolis Magna) angesiedelt waren. Damanhur lebt hauptsächlich vom Baumwollanbau und textilverarbeitender Industrie.

55 km sind es von Damanhur bis Alexandria. Westlich der Deltastraße fällt nahe Alexandria ein eigenartig künstlich wirkender See auf. Der **Maryut-See** 12, unter dem Meeresspiegel liegend, existiert erst seit dem Beginn des 19. Jh. wieder. Vorher war die Gegend über Jahrhunderte vertrocknet und versandet gewesen. Den bewässernden Durchbruch der Lagune besorgten die Engländer.

Auf der Alexandria Desert Road fahren Sie nach Alexandria hinein und

Fellachen bei der Ernte

stoßen im Stadtteil Sidi Gaber auf einen Kreisverkehr. Links erreichen Sie die Altstadt rund um den zentralen Raml-Bahnhof und den Hafen, nach rechts führt der Weg in den Ostteil der Stadt Richtung Montaza.

Rashid – Dumiat – Ras el Barr

Karte S. 143
Tipps und Adressen
Dumiat (Damietta) S. 322

Von Alexandria aus verläuft die Route weiter Richtung Dumiat. Auf dieser Strecke erlebt man das Nildelta gänzlich abseits des Tourismus. Archäologisch Interessierte kommen hier nur bedingt auf ihre Kosten. Stattdessen lernt man in zwei bis drei Tagen die Speisekammer Ägyptens kennen und kann nach Belieben in das Alltagsleben eintauchen.

Von Alexandria-Montaza führt eine 56 km lange, zum Teil an der Küste verlaufende Landstraße über **Abukir** 13 (Düngemittelindustrie, Ölfelder, Erdgasfunde, Krabbenfischerei, die Strände sind leider verschmutzt) nach Rashid, besser bekannt als **Rosetta** 14. Dort fanden französische Soldaten den Stein, der die Entzifferung der Hieroglyphen ermöglichte (s. S. 148).

Als Herodot Ägypten bereiste, mündete in Rosetta einer von sieben Nilarmen in das Meer. Heute sind es nur noch zwei, und am westlichen liegt die 27 000 Einwohner-Stadt, die bis zum 19. Jh. der wichtigste Hafen Ägyptens für den Handel mit Griechenland und der Türkei war. Mohammed Ali beendete diese Rolle mit dem Wiederaufbau Alexandrias. Sehenswert ist im Ortskern die Zaghloul-Moschee aus dem 16. Jh. Die Strände sind hier – ganz anders als in Abukir – sauber und selten überfüllt.

Der Rosetta-Stein –
Die Entzifferung der Hieroglyphen

Unter der Regierung des Jünglings, der seinem Vater in der Königswürde nachfolgte, Gebieter über die Diademe, der Ruhmvollste, der Ägypten errichtet hat und fromm gegenüber den Göttern ist, der über seine Feinde triumphiert, der das gesittete Leben der Menschen wiederhergestellt hat, Herr der Dreissig-Jahr-Feiern, gerecht wie Hephaistos der Große, ein König der Sonne gleich, großer König der Oberen und der Unteren Länder, Abkömmling der Götter Philopatores, der von Hephaistos anerkannt ist, dem die Sonne Sieg gegeben hat, das lebende Ebenbild des Zeus, Sohn der Sonne, PTOLEMAIOS, DER EWIG LEBT, GELIEBT VON PTAH ...«

So beginnt, in Hieroglyphen, der Text auf der 114 × 72 × 28 cm großen Basaltplatte, dem Stein von Rosetta, durch den es trotz erheblicher Beschädigung möglich wurde, die altägyptische Schrift zu entziffern. Mit der Entschlüsselung des Textes, dieser archäologischen Glanzleistung des Jahres 1822, schrieb der französische Gelehrte Jean François Champollion (1790–1832) seinen Namen unübersehbar in das große Buch der Ägyptologie. 23 Jahre nach dem Fund waren Legionen von Altertumsforschern um die Entzifferung bemüht. Das Scheitern daran war aber schon Gelehrtentradition, als im Juli 1799 französische Soldaten im Dorf Rosetta, im westlichen Nildelta, den 762 kg schweren Stein entdecken.

Seine Bedeutung ist den Gelehrten, die im Tross Napoleons nach Ägypten gekommen sind, sehr schnell klar. Offensichtlich war ein und derselbe Text zweisprachig, aber in drei verschiedenen Schriften eingemeißelt worden: In Hieroglyphen, in demotischen, d. h. volkstümlichen Zeichen, und in Griechisch. Bei dem Unterfangen, über einen Zeichenvergleich und den griechischen Text die kruden Schriftgebilde zu identifizieren, erliegen die meisten Forscher dem Irrtum, Hieroglyphen seien Symbole ohne phonetische Werte. Auch Champollion hängt dieser Lehrmeinung noch sechs weitere Jahre lang an, als der Engländer W. J. Bankes 1815 in einer der Kartuschen des Hieroglyphentextes den Namen Kleopatra entdeckt und dies Champollion mitteilt.

Erst 1821 schwört Champollion der gängigen Lehrmeinung ab und löst das Rätsel, das so leicht scheint, jetzt da man alles weiß. Vom Jahr 1822 bis zu seinem Tod 1832 kann er – unter Einbeziehung aller vorliegenden Ergebnisse seiner gelehrten Forscherkollegen – als erster eine umfangreiche Liste phonetischer Hieroglyphen, eine Systematik der Grammatik und der Entzifferungslehre vorlegen.

»Somit darf er zu Recht als Vater der Entzifferung der Hieroglyphen angesehen werden«, schreibt Carol Andrews vom Britischen Museum in London, wo der Stein seit 1802 ständig zu besichtigen ist.

Von Rosetta aus fährt man entlang des linken Nilufers über El Mahmudiya nach Damanhur. Hier geht man auf die Deltastraße Richtung Kairo, fährt bis Tanta und zweigt dort nach El Mahalla el Kubra ab, eine der wirtschaftlich bedeutendsten Deltastädte. Nach weiteren 26 km erreicht man **El Mansura** 15, das auf der anderen, der östlichen Seite des Nils liegt. Man kann es getrost ignorieren und fährt nochmals 26 km bis Shirbin, wo ein Abstecher nach Bilqas möglich ist. Dort geht es auf der einzigen nach Norden führenden Straße 3 km bis zu einer Abzweigung nach rechts Richtung **Deir Sitt Damyanah** 16. Das Kloster ist eine der wichtigsten christlichen Gründungen in Ägypten.

Bis zur Revolution gehörte es zur Diözese des Metropoliten von Jerusalem. Zwei Höfe umgeben das Kloster mit vier Kirchen. Damyanah, die Namensgeberin lebte im 3. Jh. und war die Tochter des römischen Statthalters Markus. Um sie rankt sich eine Geschichte, an die noch heute ein großes Heiligenfest erinnert. Pilger aus ganz Ägypten kommen alljährlich Anfang bis Mitte Mai zum Grab der Damyanah.

Sie soll sich – so die Überlieferung – geweigert haben zu heiraten. Daraufhin verbannte sie ihr Vater mit 40 Jungfrauen in einen Palast, in dem sie abgeschieden und ehelos leben musste. Als ihr Vater sich gegenüber Kaiser Diokletian weigerte, die Götter Roms zu verehren, ließ ihn der Kaiser töten. Und auch die 40 Jungfrauen sollten getötet werden. Damyanah bot ihr Leben an, aber ohne Erfolg.

Von Shirbin fährt man weitere 40 km bis Dumiat und Ras el Barr. **Dumiat,** auch **Damietta** 17 genannt, gibt dem östlichen Nilarm, der weiter nördlich bei Ras el Barr mündet, den Namen. Die Hafenstadt wird von Touristen kaum besucht, lohnt aber durchaus einen ausgiebigen Spaziergang, bei dem Sie eines der vielen Möbelgeschäfte betreten sollten. Dumiat gilt als das Möbelzentrum im Delta. 80 % der Bevölkerung arbeiten in diesem Industriezweig. Man fühlt sich in den Barock zurückversetzt, wenn man die handgemachten Sessel und Sofas sieht: Reich verziert mit Rosetten, pompösen Mustern, vieles in ausgefallenen Pastellfarben. Schlichtheit zählt hier wenig.

Es sei so todlangweilig in dieser Stadt, sagen alle Ägypter, man könne hier nichts anderes tun als essen. Aber das kann man hier wirklich famos. Die Küche Dumiats gilt als eine der besten Ägyptens. Spezialitäten sind Fisch und gefüllte Täubchen. Nirgends bekommt man bessere Süßigkeiten, und der hier produzierte weiße Käse namens Dumjati, ähnlich einem milden Mozzarella, ist sehr lecker.

Dumiats Hausstrand ist der Badeort **Ras el Barr** 18. Am Nil entlang fährt man zur Küste. Entlang des Flußufers reihen sich vor dem Ortseingang Cafés. Beliebt sind von hier aus Bootsfahrten zur Mündung oder Ruderpartien auf dem Nil. Gegenüber auf der anderen Seite liegt das malerische Fischerdorf Ezbet el Borg. Mit der Fähre kann man hier, vorbei an ankernden bunten Booten übersetzen.

Ras el Barr, früher ein ansehnlicher Ort, wird heute ausschließlich von Ägyptern besucht und ist ziemlich heruntergekommen. In seiner großen Romantrilogie titulierte der ägyptische Nobelpreisträger Machfus Ras el Barr als Platz der Tagträume, und die ägyptische Sängerin und Nationalheilige Umm Kalthum verbrachte hier ihre Sommer. Aber von diesem Glanz ist leider nichts mehr zu spüren!

Alexandria – »Hauptstadt der Erinnerung«

Stadtplan S. 154
Tipps und Adressen S. 313

■ »Von der eigentlichen Größe der Stadt Alexandriens, so wie sie von ihrem Stifter angelegt worden ist, sucht man jetzt die Merkmale vergebens ... Alexandrien ist nicht auf einmal verlassen worden, sondern nach und nach in Verfall geraten, so wie ihre Einwohner weniger und ärmer geworden sind. Was also von den alten, prächtigen Palästen hat weggebracht und zu neuen Gebäuden verbraucht werden können, das ist nicht mehr vorhanden. Selbst die Steine von den Grundmauern hat man ausgegraben. Deswegen sieht man hier fast nichts als Hügel von Ruinen ... Das beste Stück des Altertums innerhalb der alten Stadtmauern, welches die Mohammedaner nicht haben wegbringen können, ist der sogenannte Obelisk der Kleopatra ... Von den prächtigen Tempeln der alten Stadt Alexandriens ist nichts mehr übrig, was gesehen zu werden verdiente.« So beschrieb der deutsche Vermesser und Orientforscher Carsten Niebuhr (1733–1815) mit einiger Enttäuschung in seinem Reisebericht das Alexandria des 18. Jh. – geprägt vom Verfall, nur noch der schwache Schatten seiner glänzenden Vergangenheit als »Perle des Mittelmeeres«.

El Iskandarija, wie die zweitgrößte Stadt Ägyptens und Gründung Alexanders des Großen (331 v. Chr.) auf arabisch heißt, ist von europäischen Einflüssen geprägt. Die Weltoffenheit der Stadt und ihrer Bürger wurde gleichsam über den Hafen – einer der bedeutend-

Das Cecil's Hotel in Alexandria ist eine gute Adresse

sten des Mittelmeeres – importiert, geprüft, für brauchbar befunden und behalten. Italiener, Griechen, Briten und Franzosen trieben von hier aus Handel und hauchten der tristen Stadt, wie sie Niebuhr erlebt hatte, pulsierendes Leben ein, gaben ihr, wie man auf alten Fotografien sieht, vor allem entlang der Küste eine beeindruckende Architektur, ein freundliches Gesicht von stuckverzierten Kontoren und prächtigen Herrschaftshäusern, das die einlaufenden Seefahrer grüßte und bezauberte. Dieses Gesicht strahlt heute nur mehr morbiden Flair aus. Die Prachtbauten mit einst wundervollen Fassaden sind dem Verfall näher denn je und erzählen die traurige Geschichte des Niedergangs.

Die Wirklichkeit zeigt sich hinter der Corniche und an den Stadträndern mit den Industrievororten. Über 6 Mio. Menschen leben im Großraum Alexandria, etwa 4 Mio. davon in der Stadt. An der Peripherie breiten sich die Elendsviertel aus. Nach dem städtischen Alexandria 2005 Master Plan soll fünf Jahre nach der Jahrtausendwende der Verfall gestoppt sein. Neue Wohnviertel sollen um den Maryut-See entstehen. Dem wilden Architektur-Allerlei soll durch gezielte Stadtplanung Einhalt geboten werden.

Besonders während der Regierungszeit König Faruks traf sich die Hautevolee Ägyptens hier zur Sommerfrische. Europäische Edel-Aussteiger, der westlichen Dekadenz überdrüssig, gesellten sich dazu, um unter anderem Kultureinfluss den Pfad der Selbstfindung zu gehen. Dieser Zeit setzte der irische Schriftsteller Lawrence Durrell (1912–1990) mit seinem »Alexandria Quartett« ein beeindruckendes literarisches Monument. »Hauptstadt der Erinnerung« nannte er die Stadt. Mit der Revolution, die 1952 den König stürzte, endete dieses illuster besetzte Intermezzo, hörten Cafés wie das Pastroudis und das Trianon auf, als Salons und Treffpunkte für Künstler und Intellektuelle zu fungieren. Alexandria fiel, wie so oft in seiner Geschichte, in die Bedeutungslosigkeit zurück. Geblieben ist das Urlaubs-Alexandria, in das sich vor allem Kairoer und Araber aus den Golfstaaten während der heißen Sommermonate zurückziehen. Verglichen mit anderen Millionenstädten erinnert Alexandria heute eher an ein großes Dorf am Meer, ohne nennenswertes Nachtleben oder herausragende internationale Restaurants; und die meisten Touristen bleiben nur ein bis zwei Tage.

Sich abwechselnde Epochen des Niederganges und des Glanzes gehören zur Stadtgeschichte ebenso wie die Rolle Alexandrias als Metropole verschiedenster Kulturen. Alexander der Große hatte die Stadt vor jener Insel gegründet, an der laut Homer König Menelaos, von Troja kommend, seine Heimreise nach Sparta vorbereitete: die Insel Pharos. Sie schützte die Stadt vom Meer her, und der steinig-sandige Boden bot sich als idealer Bauplatz an. Schon in den darauffolgenden Jahrzehnten blühte die Stadt als zentraler Umschlagplatz zwischen Abendland und Morgenland. Alexandria entwickelte sich aber auch zu einem geistigen Zentrum des Hellenismus, wurde zum Tummelplatz von Wissenschaftlern, Philosophen und Gelehrten. Der Mathematiker Euklid z. B. lebte und lehrte hier. Die berühmte Bibliothek von Alexandria, in der ca. 700 000 Buchrollen aufbewahrt wurden, wurde zwischen 305 v. Chr. und 246 v. Chr. zusammengetragen und dann 47 v. Chr. im Krieg mit den Römern ein Raub der Flammen.

Ptolemäus II. ließ 280 v. Chr. den Leuchtturm von Pharos erbauen. Über 1000 Jahre sollte der Turm aus weißem

Palast Montaza Park

Kalkstein, 180 Meter hoch, Seefahrern den Weg weisen. Er galt als eines der Sieben Weltwunder der Antike und fiel im 14. Jh. einem Erdbeben zum Opfer. An seiner Stelle steht seit dem 15. Jh. die Kait Bey-Festung. Als letzte Ptolemäerin regierte bis 30 v. Chr. Kleopatra. Nun wurde Ägypten römische Provinz. An der herausragenden Stellung Alexandrias änderte sich vorerst nichts. Weder die Kaiser Caligula und Nero noch Decius oder Valerian störten sich an der Rolle Alexandrias. Erst Diokletian, der von 284 bis 305 als selbsternannter Gott und Kaiser regierte, entmachtete und zerstörte die Stadt.

Über Alexandria breitete sich das Christentum mit Klöstern und Mönchtum rasch in Ägypten aus. Als erster Bischof soll der Evangelist Markus hier die Missionierung vorangetrieben haben. Jüdische Gelehrte übersetzten hier als erste die Thora, die hebräische Bibel. Im 5. Jh. wurden die Juden vertrieben. 451 spaltete sich die koptische Kirche von der Reichskirche ab, Alexandria blieb bis heute Sitz des koptischen Patriarchen.

Den Todesstoß versetzten der Stadt im 7. Jh. die einfallenden Araber. Paläste wurden zerstört, die Bibliothek – nach einem Brand zu Caesars Zeiten (47 v. Chr.) schon arg dezimiert – ging nun restlos in Flammen auf. Mit dem anfallenden Papyrus wurden angeblich ein halbes Jahr lang die Bäder der Stadt beheizt. Überliefert ist der Satz des Kalifen Omar I.: »Widersprechen diese Bücher dem Koran, sind sie gefährlich. Stimmen sie ihm zu, sind sie nutzlos.«

Bis zum Ende des 18. Jh. versank Alexandria in tiefsten Provinzschlaf, den erst Napoleon 1798 unterbrach. Er landete bei Alexandria, und hier – genau: bei Abukir – wurde er vom Briten Horatio Nelson (1758–1805) vernichtend geschlagen. Den Anschluss an die moderne Zeit verdankt Alex, wie man heute kurz sagt, Mohammed Ali, der von 1805 an als der große Reformer den Grundstein für das heutige Ägypten legte. Unter ihm, seinen Nachfolgern und den Briten erlangte Alexandria den Beinamen Perle des Mittelmeeres. Erneut machte nun der Handel aus Alexandria eine kosmopolitische Stadt. Die Internationalität spiegelte sich in einer bis zum Ende der 50er Jahre dieses Jahrhunderts benutzten krausen Sprache der Geschäftsleute wider: Anglo-Franco-Graeco-Italo-Arabisch.

Stadtrundgang

Die Orientierung in Alexandria bereitet kaum Schwierigkeiten, denn die Stadt liegt im wesentlichen an zwei parallel

Bibliothek von Alexandria

Das Gebäude sieht aus wie ein riesiges Raumschiff, das gerade notlanden musste und dabei dem Sturz ins Meer um Haaresbreite entkommen ist. Die Außenwand besteht aus einer »marineblauen Swimmingpool-Fassade«, wie ein Kritiker schrieb, und aus massivem hellgrauen Granit. In den Stein sind Hunderte verschiedene Schriftzeichen aus aller Welt als Symbol für den Ursprung des Lesens und Schreibens eingemeißelt.

Die neue Bibliothek von Alexandria liegt direkt an der Uferpromenade. In sieben Terrassen steigt ihr Lesesaal für 2000 Benutzer vom Ufer auf. 8 Mio. Bücher soll die Bibliothek einmal fassen, 50 000 Manuskripte und wertvolle Schriften sowie 50 000 CD-Roms. Geplanter Eröffnungstermin: April 2002.

Der 190-Millionen-Dollar-Bau soll an die glorreiche Historie der Bibliotheca Alexandrina anknüpfen. In der berühmtesten Bibliothek des Altertums stellte der Mathematiker Euklid seine geometrischen Studien an, forschten und dachten die größten Gelehrten und Wissenschaftler der damaligen Zeit. Rund 750 000 Schriftrollen beherbergte die Bibliothek, unter anderem pharaonische Papyri und das gesamte griechische Schrifttum, Aristoteles' Werke inklusive.

Nach der großflächigen Begrünung der Wüste im Süden des Landes (s. S. 18) ist die neue Bibliothek das prestigeträchtigste Projekt Ägyptens, und in Alexandria verspricht man sich davon nicht weniger als die touristische Wiederentdeckung der gesamten Stadt. In der Altstadt pinselten Maler bereits emsig am neuen Image, übertünchten die alten Fassaden in Ockertönen. Sieht man jedoch genauer hin, dann bröckelt der frische Putz samt Mauerwerk von Bürgervillen und Residenzen. Die Bausubstanz ist marode, zerfressen von der rauen Seeluft und der jahrzehntelangen Vernachlässigung.

In der antiken Bibliotheca wirkte neben vielen anderen der Naturphilosoph Aristarch von Samos, der erkannte, dass die Sonne ein großes Feuer ist, der Mond kein eigenes Licht ausstrahlt und sich die kleinere Erde um die größere Sonne dreht. Aber kann denn eine Bibliothek an den alten Anspruch der absoluten Denk- und Wissenschaftsfreiheit anknüpfen, wenn islamische Sheikhs, Innen-, Informations- und Kulturministerium einen Zensurapparat etabliert haben, der Klassiker wie »Lolita«, »Der Pate«, zeitweise die Märchen aus Tausendundeiner Nacht und sogar Werke des ägyptischen Literaturnobelpreisträgers Nagib Machfus auf den Index gesetzt hat?

Wie soll aus einer Bibliothek, fragen viele, der selbst proklamierte »Hafen für Gelehrte aus aller Welt« werden, wenn ein ägyptischer islamischer Geschichtsprofessor, Nasr Abu Zeid, in Holland im Exil leben muss, weil er per Gericht in Ägypten zum vogelfreien Apostaten erklärt und von seiner Frau zwangsgeschieden wurde, nur weil er frei über den Islam diskutierte.

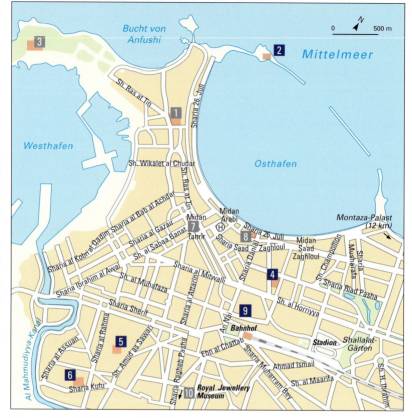

Alexandria 1 Abul Abbas-Moschee 2 Fort Kait Bey 3 Ras el Tin-Palast 4 Griechisch-Römisches Museum 5 Pompejus-Säule 6 Kom el Shukafa 7 Manshaya 8 Cecil's Hotel 9 Villa der Vögel 10 Royal Jewellery Museum

zur Corniche verlaufenden großen Durchgangsstraßen. Busse, Taxis und vor allem Straßenbahn sind billige und bequeme Transportmittel. Da die Sehenswürdigkeiten sehr verstreut liegen, sollte man Teile der Tour nur mit dem Taxi zurücklegen. Ausgangspunkt ist die **Abul Abbas-Moschee** 1, unweit des Midan Tahrir an der Corniche gelegen, 1769 über dem Grab des als heilig verehrten Gelehrten Abul Abbas erbaut. Sie vereint mit ihrer geometrischen Ornamentik und den ausgereiften Holzschnitzereien wunderschön die verschiedenen Elemente islamischer Architektur. Wer Alexandria während des Ramadans besucht, der kann erleben, wie vor dieser Moschee das abendliche Fastenbrechen begangen wird. Es erinnert an einen großen Rummelplatz. Kinderkarusselle – von Hand in Schwung gebracht – drehen sich beinahe ohne Halt, Händler verkaufen die bunten Ramadan-Lampions, unter einem Riesenbaldachin singen Gläubige religiöse Lieder, und in den Straßencafés vor der Moschee sitzt man im Freundeskreis bei Tee, Kaffee und Wasserpfeife plaudernd zusammen.

Von der Moschee geht man am Meer entlang zum Ende der Altstadt. Den dortigen Hafen dominiert das **Fort des Sultans Kait Bey** 2. Einen guten Blick über den Hafen und einen Eindruck von der scheinbar unendlichen Ausdehnung Alexandrias entlang der Küste bekommt man vom Dach der im 15. Jh. von Mamelucken erbauten Festung, eine islamische Trutzburg mit Schießscharten und dicken Mauern. Neben dem Fort gibt es Cafés und ein kleines, ziemlich vernachlässigtes hydrobiologisches Museum, das Fische des Mittelmeeres und Schwämme, Korallen und andere Bewohner des Roten Meeres beherbergt.

Am nahen Westhafen liegt der (von innen nicht zu besichtigende) **Ras el Tin-Palast** 3, Anfang des 19. Jh. erbaut von Mohammed Ali. Für Ägypten symbolisiert dieser Palast das Ende der Monarchie, denn am 26. Juli 1952 musste König Faruk hier seine Abdankungsurkunde unterschreiben. Heute nutzt die ägyptische Regierung den Palast für Empfänge von Staatsgästen. Gleich gegenüber an der Straßenbahn-haltestelle zeigen die schlecht erhaltenen Wandmalereien der Felsengräber von Anfushi den hellenistisch-ägyptischen Mischstil der hellenistischen Zeit.

Mit dem Taxi fährt man von hier zum **Griechisch-Römischen Museum** 4 Aus der großen Blütezeit Alexandrias, von 300 v. Chr. bis ins 4. Jh. n. Chr., stammen die meisten der 40 000 Ausstellungsstücke. Im Gegensatz zum Ägyptischen Museum in Kairo kann man sich hier freier, weniger beengt bewegen. Im Museumsgarten gibt es einen kleinen Souvenirladen, der auch Erfrischungen anbietet; außerdem sind hier draußen unter anderem die Rekonstruktionen von vorchristlichen Felsgräbern und der Osiris-Kopf des Antonius ausgestellt. Die Eingangshalle beherbergt eines Kopie des Rosetta-Steins, mit dem Champollion die Hieroglypen entzifferte (s. S. 148), das Original steht im Britischen Museum in London.

Am besten geht man durch die chronologisch geordnete Sammlung im Uhrzeigersinn, beginnend mit – linker Hand der Eingangshalle – Saal 6, in dem sich Statuen der Götter Alexandrias finden: Marmorstatuen der Isis und des Harpokrates; lebensgroße Apis-Stiere; Darstellungen Alexanders des Großen. Saal 7: Den Blick zieht unweigerlich die Granitstatue Ramses' II. auf sich. Saal 8: Mumienporträts, wie sie im Fayoum gefunden wurden, legte man Mumien, an der Stelle des eigentlichen Kopfes eingefügt, mit ins Grab. Saal 9: Aus dem Fayoum stammen die Krokodilsmumie und die Reste der Kapelle des Krokodilsgottes Sobek. Saal 10: Die Antoniades-Sammlung umfaßt Skarabäen, Amulette und Kleinplastiken. Saal 11: Plastiken und schöne Mosaiken. Saal 12: Porträtbüsten aus römischer und ptolemäischer Zeit. Saal 13–16a: Im Kaisersaal besichtigt man Statuen und Büsten römischer Kaiser, dazu Kleinplastiken, Skulpturenfragmente und Mosaiken. Saal 17: Das Mosaik zeigt eine Familie beim Festmahl mit Musikanten, daneben stehen wuchtige Sarkophage. Saal 18–21: Terrakottafiguren aus den Anfängen der Ptolemäerzeit, Grabbeigaben aus den Nekropolen der Stadt, Urnen, Vasen, Tonfiguren. Saal 22: Glasarbeiten aus der ptolemäischen Zeit. Saal 23: Eine Reihe von Unikaten beinhaltet die Schmuck- und Münzsammlung, deren Anordnung leider etwas verwirrend ist. Saal 5–2: Schmuck aus Silber, Ton und Bronze, Bruchstücke aus Wandmalereien und eine Stucknische, die das Paradies darstellt; außerdem die 50 000 Stück umfassende alexandrinische Münzsammlung. Saal 1: christliche Grabsteine und Stelen.

Aus dem Museum kommend, geht man zur südlichen Sh. Horriyya, in die man rechts einbiegt, dann über die Sh. Sherif in die Sh. Amud as Sawari. Dort ragt die **Pompejus-Säule** 5 in den Himmel, deren Name auf einem Irrtum beruht: Christliche Kreuzfahrer glaubten, hier sei Pompejus beerdigt worden. Die Säule ist jedoch nur das Relikt eines von christlichen Eiferern Ende des 4. Jh. zerstörten Tempels, der der ptolemäischen Gottheit Serapis geweiht war. Die mystische Vereinigung von Osiris, Apis, Asklepios (Imhotep) und Dionysos war das Motiv dieses Serapeums. Die Säule aus rotem Assuan-Granit misst an ihrem Fuß 2,7 m. Gut erhalten ist auch der Skarabäus aus rotem Granit.

Von hier geht man Richtung Osthafen zum **Kom el Shukafa** 6. Auf drei Stockwerke verteilt sich die bedeutendste römische Grabanlage, die in Ägypten erhalten blieb. Ende des 1. bis Anfang des 2. Jh. n. Chr. wurden die langen Gänge in den Fels geschlagen, bis in 33 m Tiefe. Treppen führen zu der unterirdischen Nekropole mit Nischen für die Sarkophage. Die Wandmalereien mischen – etwas naiv – ägyptischen, griechischen und römischen Stil. Einem Esel ist es zu verdanken, dass dieser große archäologische Fund zu Tage kam. Das Tier war am 28. September 1900 in eine Spalte gerutscht und landete im griechisch-römisch-ägyptischen Tempel, den die Römer Ende des 1. Jh. n. Chr. geschaffen hatten!

Der Komplex gehörte zu einem riesigen unterirdischen Friedhof mit Räumen für Totenmahl und Familientreffen, einer Kapelle sowie unzähligen Nischen. Das unterste Stockwerk ist nicht zugänglich, weil es völlig unter konstant steigendem Grundwasser liegt, das heute die gesamte Anlage zu zerstören droht.

Eine Wendeltreppe in einem runden Schacht führt in die Grabkammern. Die Toten wurden in verschlossenen Gräbern aufgebahrt, während die Gruft selbst offen lag, so dass die Familienangehörigen Besuche abstatten konnten. Die massive Zisterne nutzte man, um Abwässer aufzufangen. Im Winter regnete es in Alexandria recht heftig, so dass ein Kanal angelegt worden war, der das Wasser vom Grabmal in die Zisterne ableitete. Später verlor die Zisterne von ihrer ursprünglichen Einrichtung und wurde als zusätzliche Grabstätte genutzt, in der die Mumie einer Frau ruhte.

In der Vorhalle sieht man Reste von Alabaster, die darauf schließen lassen, dass dies keine Gräber für arme Leute waren. Links an der kreisförmigen Kammer vorbei, erreicht man das Triclinium, den Raum, in dem der Leichenschmaus eingenommen wurde (8,5 m breit, 9 m tief). Nur engste Angehörige der Verstorbenen nahmen am Totenmahl, bei dem Wein kredenzt wurde, teil.

Von der Kammer geradeaus, erreicht man die Hauptgruft. In ihrem Zentrum steht ein weiterer Schaft umgeben von sechs Säulen, der bis in die unterste Etage reicht, wo ein Team von deutschen Archäologen 1900 fünf Porträt-Statuen entdeckte, die heute im Griechisch-Römischen Museum ausgestellt sind.

Die Fassade des Vorzimmers mutet ägyptisch an, Horus auf seinen Schwingen, flankiert von Kobras. Die Säulen sind mit Papyrus- und Lotusornamenten dekoriert. Die unterschiedlichen Stilrichtungen reichen bis in die Hauptkammer, in der drei Sarkophage stehen. Darin ruhten die Gründer Kom el Shukafas. Die Wände zeigen das Toten- und Mumifizierungsritual der alten Ägypter. Obwohl die Szenen prächtig und vielschichtig er-

In den Katakomben von Kom el Shukafa

scheinen, sind sie dennoch nicht mit gleichzeitig entstandenen Abbildungen in Dendera zu vergleichen. Entweder waren es zweitklassige, provinzielle Bildhauer aus der griechisch-römischen Schule, die hier zu Werke gingen, oder ägyptische Kunsthandwerker, die nach 400jähriger Herrschaft durch die Griechen und Römer ihr pharaonisches Kunsterbe verlernt hatten. Zwei Legionärsfiguren vor Anubis flankieren den Ausgang der Hauptkammer, die das Grabmal vor Eindringlingen schützten.

Hunderte von Toten lagen in den Nischen auf der zweiten Ebene. Münzenfunde ergaben, dass der Komplex bis zu Beginn des 4. Jh. v. Chr. genutzt wurde. Darüber hinaus fand man zwei mumifizierte Frauen, die den Plünderern entgangen waren. Sie wurden als die Priesterinnen von Nemesis, der griechischen Göttin der Rache, identifiziert. Goldblätter bedeckten Augen, Zungen, Finger- und Fußnägel der Toten.

Mit dem Taxi fährt man nun nach **Manshaya** 7, ein zentraler Platz für die Erkundung des alten Geschäftsviertels. Vom Meer weg führt der Weg vorbei am Denkmal des Ismail Pascha zum großen, langgezogenen Midan Tahrir mit dem Reiterstandbild von Mohammed Ali, dem die Stadt Alexandria ihre Wiederauferstehung im 19. Jh. verdankte. Früher war der Platz auch nach Mohammed Ali benannt. Von hier bieten sich verschiedene Möglichkeiten an: Nach rechts steuert man am Ende des Platzes direkt auf den Goldmarkt zu, der bekannt ist für seine gute Ware und vernünftigen Preise, wenn man gut feilscht. Ebenfalls auf dieser Hälfte des Platzes, schräg gegenüber, beginnt der Textil-Suk, der sich durch viele Gassen und Innenhöfe weit verzweigt. Dort gibt es günstige Stoffe und jede Menge Modeschmuck, für den man anderswo ein Vielfaches des Preises bezahlt.

Unterwasserarchäologie: Herakleion & Kleopatra-Palast

Begraben unter dem Schlamm liegen Juwelen und goldene Münzen, erheben sich Tempel und kolossale Statuen, dazwischen verstreute Bronzeartefakte – die sagenumwobene Stadt Herakleion ist wieder entdeckt. Der Ruhm gebührt dem französischen Meeresarchäologen Franck Goddio: »Herakleion war vergessen. Niemand hätte geglaubt, dass die Stadt nur 6 km vor der Küste Ägyptens in nur 10 m Tiefe schlummern könnte.«

Mit der Entdeckung Herakleions in der Bucht von Abukir, östlich von Alexandria, hat Goddio, Ende 50, weltweit Schlagzeilen gemacht. »Herakleion«, sagt er, »das ist eine intakte Stadt, eingefroren in ihrer Zeit. Es fehlen nur die Menschen, die Tiere, das Leben.« Bis zu 150 m lang sind die Kai-Anlagen; erstaunlich gut hielten sich auch Tempelruinen, Häuser, antike Straßen, riesige Statuen, wie die Basaltstatue der Göttin Isis, außerdem Sphingen, Münzen und Schmuck. »Sogar die Hafenstruktur«, so Goddio, »ist klar erkennbar«. Und nur 2 km von der Bucht Abukirs entfernt, liegen die Fundamente der Schwesternstädte Menouthis und Canopus mit prächtigen Statuen und Tempeln, die den Göttern Isis, Serapis und Anubis geweiht waren.

Man vermutet, dass Herakleion im 7. oder 6. Jh. v. Chr. entstand. 1000 Jahre später wurde die Stadt durch ein Erdbeben zerstört. Schon der griechische Historiker Herodot berichtete in überschwänglichen Worten von einem Herkules-Tempel in Herakleion, den er auf seiner Ägyptenreise um 450 n. Chr. gesehen habe. Der Spartanerkönig Menelaos hielt sich in Herakleion auf, nachdem er seine von Paris entführte Ehefrau Helena aus Troja befreit hatte, wie es die griechischen Mythologie erzählt. Und während der Geograph Strabo vom luxuriösen Lebenswandel Herakleions erzählte, mokierte sich Seneca über die korrupten Machenschaften in der sündigen Stadt.

Bis zur Gründung Alexandrias (331 v. Chr.) war Herakleion Pilgerstätte, wichtigste Hafenstadt, Zollstation und Ägyptens Tor zur Welt. Aber Alexandrias rasanter wirtschaftlicher Aufschwung leitete den Untergang Herakleions und seiner Schwesternstädte ein, die damals an der Mündung eines später versandeten Nilarmes lagen.

Mit hochentwickelten Messgeräten, die Magnet- und Tonwellen bis in 100 m unter dem Meeresboden senden und wieder empfangen, begann Goddio vor zwei Jahren die Bucht von Abukir zu vermessen, um eine elektronische Unterwasserkarte anzufertigen. »Dabei«, so Goddio, »entdeckten wir die Schwesternstädte Menouthis und Canopus, die wir der Weltpresse vorstellen wollten. Wir waren fertig mit unserer Arbeit, entschieden dann aber, doch noch einmal tauchen zu gehen – und fanden eine Woche vor dem Termin Herakleion«.

Das Glück scheint ein treuer Gefährte Goddios zu sein. Im Jahr vor der Entdeckung Herakleions machte der Franzose Schlagzeilen, als er 1998 zum 200-jährigen Jubiläum die versunkene Flotte Napoleons in der Bucht von Abukir fand, die der britische Admiral Nelson 1798 vernichtend geschlagen hatte. Doch über Fachkreise hinaus berühmt wurde der jungenhafte, hochgewachsene und gertenschlanke Mann durch den medienwirksam in Szene gesetzten Fund der angeblichen Fundamente des Kleopatra-Palastes.

Diese von der Hilti Foundation finanziell unterstützte Expedition wurde vom größten lebenden Alexandriaforscher, Jean-Yves Empereur, argwöhnisch und kritisch kommentiert. Die von Goddio im Meeresboden gefundenen Gebäude seien, so Empereur und andere Koryphäen der Alexandria-Forschung, lediglich Ruinen eines königlichen Viertels, die aber auch gar nichts mit dem Palast der Kleopatra zu tun hätten. »Wenn Goddio einen Rock im Wasser fände«, höhnte Empereur, »dann würde er behaupten, der Rock habe einmal Kleopatra gehört.«

Ist Goddio in Sachen Kleopatra-Palast also ein Lügner? Sagen wir es so: Er hat seine Funde medienwirksam erstklassig verkauft, um sich seinen größten Trumpf zu sichern: das reichlich vorhandene Sponsorengeld, das seine Projekte und Erfolge erst ermöglicht. Auch wenn es sich nicht um die königlichen Palastanlagen Kleopatras handelt, was er in der Hafenbucht von Alexandria vor dem Cecil's Hotel fand, hat Goddio einen unschätzbaren Beitrag zur Ägyptologie geleistet.

1996 begann er mit der Suche nach dem Palast der Kleopatra. In 6 m Tiefe, auf dem Boden das Hafenbeckens, fand er unter Schlamm und Müll kolossale Marmorpaläste, Prachtalleen, Sphingen, Pflastersteine, eine 1,5 m hohe Isis-Statue und vieles mehr. Es ist die Halbinsel Antirhodos, die vor 1000 Jahren durch tektonische Bewegungen von der Küste abbrach und im Meer versank. Auf Antirhodos, dem legendären Königsquartier der Ptolemäer, wird der Palast Kleopatras vermutet, der letzten ägyptischen Pharaonin (69–30 v. Chr.).

Über 1900 Fundstücke hat die 16-köpfige Mannschaft des Meeresarchäologen aus dem Meer geborgen, gereinigt, fotografiert und in Detailkarten katalogisiert. »Verschwenderisch, außerordentlich luxuriös und voller Farben sind die Bauten auf dem Meeresgrund«, schwärmt der ehemalige Hobbytaucher Goddio.

Um die Insel unter Wasser kartografieren zu können, nutzte er ein sonst von Militärs benutztes Magnetverfahren, das aus den kleinsten Unregelmäßigkeiten gegenüber dem normalen Magnetfeld der Erde eine schemenhafte Karte zeichnet. Darüberhinaus setzten die tauchenden Forscher Sonar- und Akkustikkameras ein, nahmen zum Auskunden des Meeresbodens wasserdichte Rechner mit. Die Daten wurden in Computer eingespeist, die auf einem Begleitschiff installiert waren. Die Ortung und Kartografierung gefundener Objekte, die mit Peilsendern und Schwimmantennen markiert wurden, ist auf 50 cm genau. Möglich machte es das Global Positioning System (GPS), die aus der Schifffahrt bekannte Satellitennavigation, die zusammen mit einer Referenzstation am Ufer von Alexandria eine derart exakte Ortsbestimmung erlaubte.

Auf einer Fläche von 2,25 ha lagen rund 2000 Steinquader auf dem Meeresboden – laut Goddio Galeerenhafen, Tempel des Poseidon sowie Timoneum. Der griechische Architekt Deinokrates hatte den Stadtgrundriss entworfen. Gerade, gepflasterte Straßen, von denen manche bis zu 30 m breit waren. Eine Allee erstreckte sich sogar auf etwa 5 km Länge vom Sonnentor im Osten bis zum Mondtor im Westen. Die Wohnblöcke waren mit Hausnummern versehen. Allein 20 % der Siedlungsfläche nahmen Regierungs- und Beamtengebäude ein. Der Palastbezirk erstreckte sich über eine Länge von mindestens 600 m. Jeder Monarch errichtete sich sein eigenes Domizil und verband die alten Paläste durch breite Durchgänge.

Die Ptolemäerherrscher (323–30 v. Chr.), von griechischer Abstammung, lebten in der weltoffenen Mittelmeermetropole in Saus und Braus, ihnen fehlte es an nichts; Restaurants, Freudenhäuser, Tanz und Theater, aber auch vulgäre Komödiantenauftritte wurden geschätzt. Nach antiken Berichten sollen die Könige in marmornen Riesenpalästen zwischen Ebenholzsäulen und mit Schildkrötenpanzern verzierten Türen gelebt haben. Der griechische Geograph Strabo, Zeitgenosse Kleopatras, beschrieb Antirhodos als »königlichen Besitz mit einem Palast und einem Hafen«. Dass Kleopatra hier gewohnt haben soll, erwähnt Strabo allerdings nicht.

Viele Archäologen gehen davon aus, dass noch Jahre vergehen werden, bis der Palast Kleopatras oder gar Reste des 120 m hohen, mit weißem Marmor verkleideten Leuchtturmes gefunden werden, der einst Seefahrern den nächtlichen Weg in den Hafen wies und als ein Weltwunder der Antike gilt.

Nach links führt der Weg an der Markuskirche (schräg gegenüber der Gerichtshof) vorbei. Man verlässt den Platz geradeaus weitergehend und biegt – an den Banken vorbei – die zweite Straße nach links, dann die erste nach rechts in die Sh. Saad Zaghloul, der man bis zum gleichnamigen Platz (mit dem Denkmal für den Vater der Unabhängigkeit Ägyptens, Saad Zaghloul) folgt. Von nun an durchstreift man das alte Geschäftsviertel Alexandrias. Am Beginn der Sh. Saad Zaghloul weist einem der intensive Duft gerösteten Kaffees den Weg zu Sofianopoulos, eine der ältesten griechischen Röstereien der Stadt. Mit dem tausendmal reparierten Originalgerät aus den 20er Jahren werden die Kaffeebohnen direkt im Verkaufsraum geröstet. Eine andere Rösterei liegt nahe dem Midan Saad Zaghloul im 1929 gegründeten Brazilian Coffee Store, an dem der Weg ebenfalls vorbeiführt.

Viele der alten Geschäftsbesitzer sind Kopten, manche sind armenischer Abstammung; meistens sprechen sie gutes Englisch. Beim Hotel Metropole hat man den ehemaligen Busbahnhof erreicht. Hier liegt das berühmte **Cecil's Hotel** 8, und hier kann man im Café Trianon eine Pause einlegen, bevor man ein Taxi nimmt, um weitere Sehenswürdigkeiten zu erkunden, wie das **Royal Jewellery Museum** 10 an der Sh. Ahmed Yehia. Hier lagert in einem ehemaligen Palast der wohl größte Juwelenschatz Ägyptens – jener der Familie Mohammed Alis und ihrer Nachfahren bis König Faruk. Das Museum, eine Villa italienischen Baustils der 20er Jahre, wurde von Präsident Mubarak initiiert. Er ließ die versteckten Unikate und unschätzbaren Meisterwerke 1982 aus der Asservatenkammer der Revolution holen und als Teil des kulturellen Erbes Ägyptens nach 30 Jahren der Öffentlichkeit präsentie-

Die Villa der Vögel

Es gibt nur wenige Villen in Alexandria, die an den einstigen Wohlstand der Römer erinnern. Dazu gehört die ›Villa der Vögel‹ 9, ausgestattet mit den schönsten und feinsten Mosaiken, die in Ägypten zu finden sind.

Das zentrale Mosaik – es stammt aus dem Jahr 100 n. Chr. – stellt einen Panther dar; 33 Jahre später wurde das wunderschöne Rosetta-Mosaik gelegt. Das namengebende Vogelmotiv entstand ebenfalls im 2. Jh. Der Boden im Esszimmer besteht aus verschieden-farbigen Marmorplatten, die zu einem regelmäßigen Muster angeordnet sind, dem so genannten Opus Sectile.

Dank der sorgfältigen Arbeit von Konservatoren und Archäologen, die die geschwärzten Mosaike reinigten und Brüche restaurierten, empfängt die Villa der Vögel heute wieder Besucher (Römisches Theater, Grabungsgelände Kom el Dik, nahe Hauptbahnhof, tgl. 9–16 Uhr).

---

ren. Zu den wertvollsten Stücken zählt eine Platinkrone mit 332 Diamanten.

Ans östliche Ende der Stadt bringt einen der Besuch des **Montaza-Palastes**. Von Mauern geschützt, mit eigenem Bahnhof, Sandstränden und großzügigem Palmenpark – so verbrachte König Faruk hier seine Sommer.

War man sich im nachrevolutionären Ägypten 1953 nicht sicher, was aus dem Monument der verhassten Monarchie werden sollte, so entschied man sich letztendlich, Montaza nicht dem Erdboden gleichzumachen, sondern zu erhalten. Auch als Zeichen des Sieges des Volkes über die Monarchie. Darum ist das gesamte Areal, auf dem heute seltsamerweise ausgerechnet wieder viele Regierungsleute ihre kleinen Häuschen mit Strandzugang besitzen, allgemein zugänglich – fast überall und zumindest für diejenigen, die sich zwei Pfund Eintritt pro Auto und Person leisten können (Einfahrt gegenüber dem Montaza Sheraton).

Der Palast, in einem dem Barock und der Renaissance nachempfundenen Stilgemisch 1892 erbaut, ist nicht zugänglich; das ehemalige Herrenhaus nach dem Vorbild eines Wiener Palais beherbergt seit 1997 das luxuriös-nostalgische Salamlek-Hotel.

Freitags während der Sommermonate gibt es im Park gelegentlich Konzerte mit orientalisch-westlichem Pop. Kleine Mädchen üben dazu Bauchtanz. Auf den Wiesen machen Familien ihr Feiertags-Picknick. Die Restaurants und Caféterrassen rund um die Montaza-Bucht sind überfüllt. Am weiter östlich liegenden Venezia-Strand sitzen ägyptische Familien in Ölsardinen-Enge am Wasser. Unter der Woche findet man auf dem 1,5 km² großen Gelände leichter ein ruhiges Fleckchen zum Entspannen oder für ein Nickerchen im Gras.

Durch die Wüste nach Siwa

Von Alexandria nach Siwa

Tipps und Adressen
Abu Mina S. 312 El Alamein S. 322
Marsa Matruh S. 340

Auf dieser insgesamt 1200 km langen Route, die mit öffentlichen Verkehrsmitteln höchst beschwerlich ist, durchfährt man Welten. Alexandria westlich Richtung Flughafen verlassend, führt die Straße meist nahe an der Küste, die sich mehr und mehr zu einer ägyptischen Cote d'Azur entwickelt. Über Kilometer ziehen sich uniforme Siedlungen und Villenviertel, in denen reiche Ägypter die Mittelmeerküste in den Sommermonaten in eine Party-Zone verwandeln. 10 Mrd. US$ sind bisher verbaut worden, wobei die Bewohner der Küste so gut wie nicht davon profitiert haben: Denn die Urlauber aus Kairo und Alexandria lassen ihre Häuser von Unternehmen aus Kairo und Alexandria bauen; die hermetisch abgeschlossenen Siedlungen sind für die Einheimischen nicht zugänglich – sogar die Supermärkte gehören Geschäftsleuten aus Kairo und Alexandria. Und es ist wahrscheinlich nur eine Frage der Zeit, bis die Küste so verbaut ist, dass man kaum noch ungehindert Zugang zum Meer hat. Erst wenn man bei Marsa Matruh auf einer Wüstenstraße Siwa ansteuert, nähert man sich einer anderen Welt, einer nordafrikanisch anmutenden Oase, in der Strom und fließend Wasser Luxus sind und nur wenige Telefonanschlüsse existieren. Vier bis fünf Tage muss man für diese Reise rechnen.

Mit dem Auto verlässt man Alexandria auf der Sh. el Maqs in westlicher Richtung. Nach etwa 50 km erreicht man Abusir, als Taposiris ein wichtiger Hafen der Pharaonenzeit. 5 km weiter lohnt ein Abstecher: Nach Süden führt die Straße nach Burg el Arab und von dort in südöstlicher Richtung zu den Ruinenfeldern von **Abu Mina** 1 in der Mareotis-Wüste. Der heilige Menas starb unter Kaiser Diokletian den Märtyrertod. Wo er begraben wurde, gründete man später eine Kirche. Dem dortigen Quellwasser sagte man heilende Wirkung nach. Und so entstand ein koptischer Wallfahrtsort.

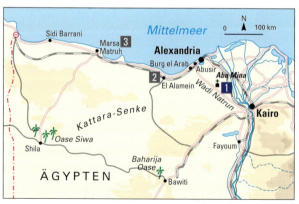

Von Alexandria zur Oase Siwa

Straßenszene am Fort von Shali, dem alten Hauptort von Siwa

Die Schlacht von El Alamein

Treffen der Veteranen des Zweiten Weltkrieges 1997 in El Alamein

Kriegsschauplatz El Alamein 1942: Die Operation Leichtfuß beginnt. Am 23. Oktober um 21.30 Uhr greift die britische 8. Kompanie von Generalleutnant Bernard Montgomery und General Sir Harold Alexander das Afrikakorps unter dem deutschen Generalfeldmarschall Erwin Rommel an. Hitler und Mussolini hatten die deutsch-italienische Offensive gebildet, um in Nordafrika die Vormachtstellung der Briten zu brechen.

Montgomery hat einen Monat lang sein Heer auf den Gegner vorbereitet. Dabei setzt er auf Taktik: Seine Truppen sollen das Afrikakorps zermürben, Widerstand leisten und siegen. Seinen Soldaten bleut er ein: »Entweder überleben wir, oder wir sterben hier.« Montgomerys 220 000 Soldaten – Australier, Neuseeländer, Südafrikaner, Inder, Amerikaner, Griechen und Franzosen – sind den Gegnern mit über 939 Panzern und 530 Kampfflugzeugen haushoch überlegen. Doch Rommel zeigt sich wenig beeindruckt. Mit Strategie und Taktik will der »Wüstenfuchs« die Überlegenheit des Gegners wettmachen.

Obwohl er keine vollständige militärische Landkarte besitzt und ihm ein Spähtrupp fehlt, gelingt es ihm von Tobruk (Libyen) aus, am 30. Juni 1942 in der ersten Schlacht von El Alamein die Höhe 26 einzunehmen und dort Stellung zu beziehen.

Der englische Premierminister Churchill und auch Mussolini wollen El Alamein kontrollieren, denn wer immer die kleine Stadt an der nordafrikanischen Küste beherrscht, der hält eine Schlüsselposition. Die Briten setzen alles daran, in El Alamein als große Sieger hervorzugehen. Auch Mussolini ist sich der geostrategischen Bedeutung El Alameins und Nordafrikas bewusst; er möchte ein neues römisches Imperium aufbauen. Mit den Eroberungen von Libyen und Äthiopien hatte der Italiener schon geglaubt, Ägypten in der Tasche zu haben. Doch Hitlers Augenmerk richtet sich nun gen Osten, wo er vor Russland eine zweite Front eröffnet. Das vernachlässigte Afrikakorps kämpft, militärisch gesehen, damit auf verlorenem Posten.

Rommels Versuch nach Kairo vorzudringen, scheitert am Widerstand der Briten, die zwischen El Alamein und der Kattara-Senke eine Verteidigungslinie aufgebaut haben. Am 23. Oktober 1942 setzt der überwältigende Großangriff der Briten ein. Fünfeinhalb Stunden dauert das Bombardement, 125 Tonnen Bomben detonieren, und die deutsch-italienischen Truppen reagieren nicht – angeblich, um den Munitionsvorrat nicht zu verschwenden. Die Überlegenheit Montgomerys zwingt Rommel am 4. November zum Rückzug, entgegen Hitlers Befehl: »In dieser Situation ist nicht an Rückzug zu denken oder auch nur daran, einen Meter aufzugeben.

Lassen Sie jeden einzelnen Mann kämpfen und nutzen Sie alle verfügbaren Waffen.« Rund 80 000 Soldaten fallen im Krieg von El Alamein oder werden verwundet. Ein Museum vor Ort, 115 km westlich von Alexandria, gedenkt heute dieses Sterbens, ebenso

Die Commonwealth-Gedenkstätte

wie das deutsche Ehrendenkmal, der italienische Soldatenfriedhof und der Friedhof der Alliierten.

In El Alamein dürfte Rommel den Glauben an Hitler (endgültig) verloren haben. Obwohl niemals geklärt wurde, ob er an dem Mordanschlag auf Hitler am 20. Juli 1944 tatsächlich beteiligt war, nimmt die Gestapo ihn fest und stellt ihn vor die Alternativen: Selbstmord oder Anklage wegen Hochverrats. Am 14. Oktober 1944 wählt Rommel den Freitod.

Das Grab Menas und die Kirche wurden Anfang des 20. Jh. freigelegt. Mittlerweile gilt Abu Mina als die größte koptische Stadt, die je entdeckt wurde.

115 km westlich von Alexandria erreicht man **El Alamein** 2; die Stadt wurde zum Symbol einer sinnlosen Schlacht (s. S. 166). Ein Museum (Pläne, Truppenbewegungen, Waffen) im Ort erinnert an die Vorkommnisse des Jahres 1942. Außerhalb El Alameins, bei Sidi Abdel Rahman, kann man das Deutsche Ehrenmal besuchen. Über 4000 Gefallene des Afrikakorps ruhen hier. Rund um den Innenhof des achteckigen Mahnmals reihen sich die Grabkammern. Die Inschrift einer Basaltstele erinnert »dem Gedenken aller, die aus Meer und Wüste nicht geborgen werden konnten« – weitere 12 000 deutsche Soldaten. Nahebei liegt auch der italienische Soldatenfriedhof. Die Toten der Alliierten wurden in El Alamein beigesetzt. 7500 Gräber finden sich dort.

Bis **Marsa Matruh** 3 sind es von hier aus noch knapp 160 km entlang einer einst wildromantischen Küste, wie man sie im ganzen Land nirgends findet. Willkommen in der Karibik, sagen viele Ägypter, die sommers in Marsa Matruh urlauben. An der Stelle der ptolemäischen Stadt Paraetonium wurde hier die Hauptstadt der Provinz Wadi el Gadid, ein einfacher Badeort, gebaut. Als Badegast hat Kleopatra die Sandstrände, die Palmenhaine und das milde, verträgliche Klima berühmt gemacht. Für sich und ihren Geliebten Antonius unterhielt die Pharaonin hier einen Palast. Heute ist Marsa Matruh Anziehungspunkt der ägyptischen Mittelschicht.

Am Kleopatra-Strand, der etwa 3,5 km entfernt vom Ort liegt, existieren noch die Bäder Kleopatras, Meerbecken, die heute allerdings ziemlich heruntergekommen sind und keinen Abstecher lohnen. Von hier aus schickte Kleopatra auch ihre Flotte in die Schlacht gegen Oktavian, der schließlich siegte. Im Rommel-Museum, ein mit britischer Hilfe erhaltener Gefechtsunterstand in einer Grotte, findet man Original-Kartenmaterial des deutschen Afrikafeldzuges ausgestellt.

Erlebenswert ist der tägliche Suk Libya, der libysche (Floh-)Markt im Westen der Stadt, auf dem (Schmuggel-)Ware aller Art aus dem Nachbarland verkauft wird; das meiste zu einem Drittel der Preise, den die Designerbrillen, Edelkleider und Elektronikgeräte in Kairo kosten.

Siwa

Tipps und Adressen S. 346

■ Für die Weiterfahrt nach Siwa – auf einer sehr guten Teerstraße – benötigt man keine militärische Genehmigung mehr. Gut dreieinhalb Stunden brauchen Sie mit dem Pkw ohne Stopp auf der gut ausgebauten Strecke von Marsa Matruh nach Siwa (300 km), die in Siwa-Stadt (Shali) endet.

Rund 6000 Menschen leben in der 20 m unter dem Meeresspiegel liegenden Oase, die einen nach der monotonen Wüste mit ihrer Fauna überwältigt. Palmen, Olivenbäume, Dattel- und Orangenhaine, Weizenfelder und Weinberge. Überall Grün – geradezu paradiesisch.

Selbst Ägypter treffen hier auf fremde Bräuche und Sitten, die einen oft mehr beschäftigen als die wenigen Monumente der Vergangenheit. Von Osten nach Westen erstreckt sich die Oase über eine Länge von 82 km bei einer Nordsüd-Ausdehnung von 3 bis 30 km. Ein immer schon anderes Ägypten lernt man in Siwa kennen. Augenscheinlich mag es die Zurückhaltung der Menschen gegenüber den Besuchern sein, die (noch) scheue Neugier, gepaart mit Misstrauen. Die Frauen tragen Schleier und verbringen außer zum Einkaufen die meiste Zeit zu Hause. Die noch unverheirateten Mädchen geben dem Kleidungsgrau des Straßenalltags dagegen mit ihren bunten Kleidern und den lustigen Zöpfen, die Dauermode sind, einen prächtig bunten Farbtupfer. Siwa produziert die angeblich besten Datteln Nordafrikas. 250 000 Dattelpalmen gibt es hier. Probieren sollte man die Palmmilch *lubki*.

Mit dem Leben und der Geschichte Ägyptens haben die Bewohner Siwas nur wenig gemein. Ihre Abgeschiedenheit erstickte den Wunsch auswärtiger Okkupatoren, Siwa ein und dann auszunehmen, meist im Sand. Das persische Heer des Kambyses wurde im 6. Jh. v. Chr. von der Wüste verschlungen, noch ehe die Soldaten auch nur in die Nähe Siwas kamen. Bis heute ist das Schicksal der Armee ungeklärt.

Wie ein Magnet zog das Orakel die Mächtigen nach Siwa, genauer nach Aghurmi, dem damaligen Zentrum unweit des heutigen Shali. Alexander der Große erfuhr dort, dass er der Herr der Welt und Gott obendrein werde. Pilger aus Griechenland kamen mit dem Schiff bis Marsa Matruh und zogen wegen des Orakels durch die Wüste. Der Amun geweihte Tempel, der über einem Palmenhain thront, wurde in den letzten Jahren von deutschen Archäologen restauriert.

Das Wissen über die Geschichte Siwas stammt aus einem Manuskript, das die Bewohner Siwas von Generation zu Generation fortschrieben. Zu Beginn des 13. Jh. gab es im damaligen Hauptort Aghurmi nur noch vierzig Männer mit ihren Familien. Sie gründeten eine neue Siedlung namens Shali (im Siwa-Dialekt ›Die Stadt‹), die bis heute der Lebensmittelpunkt der Oase geblieben ist.

Aus dem erwähnten Manuskript Siwas stammt eine Episode, die viel-

Oase Siwa

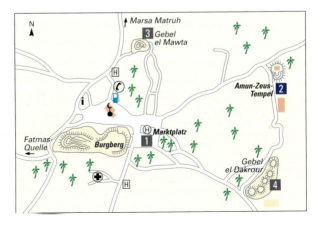

leicht nicht wahr ist, aber viel über die Menschen hier sagt. Von einer Wallfahrt nach Mekka kam ein Wohltäter mit 30 Familien zurück, die er hier ansiedelte. Ein schrecklicher Fehler, denn die 40 alteingesessenen Familien bekriegten die Neulinge. Über Tage zogen sich die Kämpfe hin. Wer flüchtete, so das Reglement, der hatte verloren. In den hinteren Reihen gruppierten sich, mit Steinen bewaffnet, die Frauen und scheuchten Angsthasen an die Front zurück. Abends wurden die Toten weggeräumt, und die Überlebenden kämpften anderntags weiter. Die wenigen nicht Getöteten mussten am Ende um der Zukunft willen zusammenleben, als sei nichts gewesen. So steht es jedenfalls geschrieben.

Der ursprüngliche Grundriss und die Bauweise der Häuser lassen Shali, gegründet 1203, mit einer Festung vergleichen. Es wurde auf einem Hügel innerhalb einer Mauer geplant, durch die fast acht Jahrhunderte lang nur ein einziges Tor führte, das Bab Inshal. Beim Bau der mehrstöckigen Häuser aus Lehm, die ein wenig wie riesige Termitenhügel anmuten, wurden leider auch Salzsteine benutzt, die sich durch mehrere starke Regenfälle in den letzten Jahrzehnten auswuschen und die Wände porös und löchrig werden ließen. Über dem **Marktplatz** [1] sieht man eine dieser Wohnfestungen, die bis über 50 m hoch gebaut wurden. Die Besichtigung führt durch enge, verwinkelte Gassen.

Freitags findet am Platz unterhalb der Festung der Markt statt, bei dem Händler und Käufer aus allen Ecken der Oase zusammenkommen. Aghurmi heißt die ursprüngliche Hauptsiedlung der Oase, die 1926 von einem heftigen Regen zum Teil weggespült wurde, Standort des berühmten **Amun-Zeus-Tempels** [2], wo die Orakel-Priester Alexander dem Gro-

ßen die Göttlichkeit bestätigten. Fortan ließ sich der große Grieche mit den Widderhörnern des Gottes Amun darstellen. Wie ein Wächter steht der **Gebel el Mawta** [3] (›Berg der Toten‹) am Nordeingang der Oase Siwa. Genutzt wurde der Berg als Nekropole, beginnend im ersten Jahrtausend v. Chr. bis zur Zeit der Römer. Obwohl viele Hanggräber dekoriert wurden, erreichte die Wandmalerei nicht die Qualität der am Nil entdeckten Arbeiten.

In Siwa gibt es über 200 Quellen und kleine Seen. In einigen der Quellen darf man baden; viele sind so sehr verdreckt, dass man auf diese Idee gar nicht erst käme.

Zwei der Wasser Siwas wurden berühmt: In der Sonnenquelle badete angeblich schon Kleopatra, und Ain Tamousi steht für einen Hochzeitsbrauch in der Oase. Am Abend vor der Hochzeit wird die Braut von ihren Freundinnen zu dem Brunnen geleitet. Bevor sie dort aber badet, gibt sie ihr silbernes Medaillon – das Zeichen der Jungfräulichkeit – an ihre jüngere Schwester oder die älteren Frauen der Familie ab. Dieser Berberbrauch hat sich bis heute erhalten, obgleich der Gang zum Ain Tamousi heute kein Muss mehr darstellt.

Der große Birket es Siwa, der Siwa-See eignet sich allerdings nicht zum Baden, da viele der Abwässer dorthin fließen.

Manchmal ist der Weg das Ziel. Zum südlich von Shali gelegenen **Gebel el Dakrour** [4] führt eine Straße, gesäumt von Eukalyptus. Und schon auf halber Höhe belohnt einen eine atemberaubende Aussicht über die Oase. Dem Sand rund um den dreikuppigen Berg wird seit Jahrhunderten Heilkraft nachgesagt.

Der Gebel el Dakrour spielt auch im gesellschaftlich-religiösen Leben der

Oase Siwa in der Libyschen Wüste: Ruine des Amun-Zeus-Tempels

Männer Siwas eine wichtige Rolle. Jedes Jahr im Oktober (s. Abb. S. 162) feiern sie, und nur die Männer und Kinder, ein dreitägiges Heiligenfest. Nach dem Vollmond verbringen sie drei Tage und Nächte auf dem Berg, sich nur karg ernährend. Am letzten Abend werden offene Rechnungen jedweder Art in der Gruppe beglichen. Im Fall von Streitigkeiten müssen diese nach einer öffentlichen Diskussion beendet sein.

Für die Rückfahrt wählt man den Weg, den man gekommen ist. Die Straße zur Oase Baharija ist nicht geteert und am besten mit Allradantrieb zu befahren (s. S. 299).

Im Niltal nach Süden

Von Kairo flussaufwärts nach Luxor

Karte S. 177
Tipps und Adressen Minya S. 341
Assiut S. 317   Sohag S. 346
Abydos S. 313   Dendera S. 322

Der Kontrast könnte nicht größer ausfallen. Kairo, die Metropole, die jedem Grashalm einen aussichtslosen Überlebenskampf aufzwingt. Verwinkelt und eng. Stickig sowieso. Dann verlässt man die Stadt nach Süden. Vorbei am gediegenen Stadtteil Maadi mit dem Yachtclub. Heluan, einst ein heilklimatischer Kurort, ist heute das Synonym für Luftverschmutzung durch die überalterte Schwerindustrie. Und plötzlich bewegt man sich in einer anderen Welt. Man sieht den Himmel wieder, ohne dunstigen Schleier aus Smog. Das fruchtbare Tal des Nils. Die Kornkammer Ägyptens.

Hier lässt das Grün dem Beton keine Chance. Jeder bebaute Quadratmeter ist ein verschwendeter Quadratmeter. Beton kann man nicht essen. Der Boden muss Früchte tragen. Mais, Hirse, Reis, Zwiebel, Gurken, Obst. Ägypten, auch das sagte jemand, sei das Geschenk des Nils. Aber der Fluss schenkt den Bauern wahrlich nichts.

Seit dem 5. Jt. v. Chr. leben Menschen am Vater Nil, wie der Strom oft genannt wird. 80 % der ägyptischen Bevölkerung beackern als Fellachen den knappen Boden. Den Pflug aus Holz zieht ein Rind. Traktoren sieht man selten. Zehntausende Kanäle tragen das Nilwasser zu den Äckern. Vom Kanal zum Acker aber muss das kostbare Nass erst gehoben werden. Mit dem Schöpfrad, dem Göpelwerk oder dem *shaduf*,

Feluke auf dem Nil

dem Schöpfheber. Seit es den Assuan-Damm gibt, müssen die Fellachen wenigstens nicht mehr auf die große Flut warten. Aber mit dem regelmäßigen Wasser kamen neue Probleme ökologischer Natur (s. S. 228).

Wenn man das andere Ägypten sucht, das ursprüngliche, dann findet man es hier. Alles, was in Kairo oder Alexandria schon lange nicht mehr en vogue ist, hier findet es noch statt. Man ist der Tradition verhaftet. Man feiert Geburten genauso öffentlich wie die Abreise für die Hadj, die Pilgerfahrt nach Mekka, oder ein *mulid*, Fest für einen der unzähligen Lokalheiligen. Die Vielehe kommt hier noch häufig vor – drei oder vier mitarbeitende Frauen sind besser als nur eine. Und öfter als zugegeben erwartet die Familie während der Hochzeitsnacht das blutgetränkte Tuch zum Beweis der eben erst verlorenen Jungfräulichkeit der Braut zu sehen – eine andere Welt.

Achtung: Die hier angegebene Route soll im Moment auf gar keinen Fall gefahren werden, weder mit Auto, Bus, Zug oder Schiff. Über die aktuelle Reisesituation informiert man sich beim heimischen Außenministerium.

721 km sind es bis Luxor. In der Region nördlich von Beni Suef, 128 km südlich Kairos, dehnt sich das Niltal weit nach Westen; nur ein schmaler Wüstenkorridor trennt es von der Halboase Fayoum (s. S. 134), deren Besuch – wenn nicht schon geschehen – einen Extra-Tag wert wäre. Die Provinzhauptstadt Beni Suef (260 000 Einwohner) lebt von der Verarbeitung dessen, was Sie während der Fahrt bisher schon reichlich gesehen haben: Baumwolle, Zuckerrohr. Das gleiche gilt, 120 km weiter südlich für **Minya** 1. Nach 25 km führt auf der neuen Teerstraße eine Abzweigung nach Abu Qurqas. Von der Ortsmitte in Abu Qurqas nimmt man am besten eine der Kaleschen zum 3 km entfernten Ufer. Dort wird man an der Kartenverkaufsstelle für die Fähre und die Fahrt zu den Gräbern abgesetzt. Von dort setzt man mit der Fähre über nach **Beni Hassan** 2. Der Besichtigung der Felsengräber dort folgt später noch ein Rundgang durch Tell el Amarna.

Auf der östlichen Seite des Nils liegt die Nekropole der 39 Felsgräber von Beni Hassan, gebaut von Fürsten der 11. und 12. Dynastie (ca. 2000–1800 v. Chr.). Die gut erhaltenen farbigen Wandbilder zeigen das, was man in den Gräbern der Pharaonen selten zu sehen bekommt: das Leben der Mittelschicht und der einfachen Leute im pharaonischen Ägypten. Die Gräber sind numeriert. Am besten erhalten und am schönsten sind die Anlagen des Khnumhotep (Nr. 3) und des Kheti (Nr. 17). Folgende Wandbilder sieht man in Nr. 3: Der mächtige Gaufürst Khumhotep regiert den Distrikt östlich des Nils. Dargestellt ist er bei der Inspektionsreise im Gau, außerdem Jagdszenen, eine Fahrt auf dem Nil, tanzende Frauen.

Das Grab Nr. 17 (Kheti) birgt zwei von ehemals sechs Säulen mit Lotuskapitellen. An der hinteren Wand zeigen Ringer ihre Kampfstellungen; vorne im unteren Teil wird die Familiengeschichte erzählt.

Zurück auf dem Westufer führt die Fahrt 17 km nach Süden, vorbei an der verfallenen Hauptstadt des Mondgottes Thoth, Hermopolis Magna. 4 km südlich findet sich rechter Hand nahe dem Dorf Ashmunein die Totenstadt **Tuna el Gebel** 3, wo der Grabbau des Hohenpriesters Pestosiris aus der Ptolemäer-Zeit den damals üblichen, etwas befremdlichen griechisch-ägyptischen Mischstil in der Wandmalerei belegt.

Die Ruinen von **Tell el Amarna** 4, Hauptstadt des visionären Echnaton, der Ägypten für einen Lidschlag der Geschichte den Aton-Glauben und den ersten Monotheismus aufgezwungen hatte, erreicht man am einfachsten von Mallawi aus. Südlich des Bahnhofs an der Brücke warten Kleinbusse, die den Besucher zur Nilfähre bringen. Beim Kartenhäuschen am Landesteg besorgt man Ihnen einen Esel oder einen Traktor – beide bringen einen in angemessener Geschwindigkeit zur Revolutionshauptstadt des Pharaos Amenophis' IV., der heute bekannt ist als Echnaton. Ketzergott nennen ihn die Chronisten gerne. Eher trifft aber zu, dass Amenophis IV. ein Politromantiker war, als er den Reichsgott Amun für abgeschafft erklärte, den Sonnengott Aton an seine Stelle setzte und die Metropole Theben durch Achet-Aton, das heutige Amarna, ersetzte.

Aton, dem Herrn der Sonne, baute Echnaton hier den in wenigen Resten erhaltenen Tempel und einige Paläste mehr. Zu den aufsehenerregendsten Funden (1912) in Amarna zählt immer noch der farbige Kalksteinkopf mit der hohen Kopfbedeckung, dem langen Hals, ein Auge erhalten, das andere blindes Weiß – die Büste von Echnatons Frau Nofretete. Nach seinem Tod und einem nur kurz lebenden und regierenden Nachfolger endete die Ära Achet-Atons als Reichshauptstadt. Viele Bauten, wie z. B. die südliche Totenstadt, wurden nicht fertiggestellt; andere aber von Tutanchamuns Nachfolger Haremhab zerstört.

Von Mallawi sind es 80 km bis **Assiut** 5. Die größte ägyptische Provinzhauptstadt (335 000 Einwohner) ist ein reines Handelszentrum, nennt eine Universität ihr eigen, nördlich staut ein Damm den Nil. An der Corniche machten regelmäßig Schiffe fest, ehe die Stadt als Hochburg der Fundamentalisten bekannt wurde. Der Suk hat Flair, und viele Assiuter – besonders Englisch sprechende Studenten – scheinen sich über Touristen von Herzen zu freuen.

Von Assiut bis Sohag (97 km) lohnt sich kaum ein Stopp; erst wieder für die Besichtigung des Klosters **Deir el Abiad** 6 (auch Deir Anba Shenuda). Aus den noch mit Hieroglyphen verzierten Steinen eines pharaonischen Tempels bauten koptische Mönche im 5. Jh. das weiße Kalksteinkloster, das einst 4000 Mönche beherbergte, zuletzt aber nur noch eine Handvoll. Im Juli zieht es scharenweise koptische Pilger dorthin, und kinderlosen Frauen beschert die Wallfahrt nach dem Volksglauben empfänglichere Tage.

50 km südlich von Sohag erreicht man El Baljana. Von dem Ort aus sind es 10 km zu einem Besichtigungs-Muss, entstanden während der äußerst baufreudigen und großartigen 19. Dynastie, entdeckt und ausgegraben seit 1897: **Abydos** 7. Die Legende legte den Grundstein, lange bevor Ramses II. und Sethos I. regierten. Der Totengott Osiris, so hieß es bereits unter den ersten Pharaonen-Dynastien, habe seine Heimat in Abydos. Wer hier begraben sei, dem sei die Auferstehung gewiss. Selbst in Form von Scheingräbern suchte man die Nähe zum Herrn des Totenreiches. War auch das nicht möglich, versuchten religiöse Ägypter wenigstens mit einer Statue dem Grab Osiris' nahe zu sein – oder sie ließen Votivtafeln aus Ton anbringen, die ihren Namen trugen, und hier zu Zehntausenden gefunden wurden. In der nördlich liegenden Nekropole fanden Archäologen auch die einzige Statue, die den Pharao Cheops, Erbauer der Giza-Pyramide, darstellt; sie steht heute im Ägyptischen Museum in Kairo.

Die großen Kulttempel errichteten Sethos I. und Ramses II., deren Baueifer

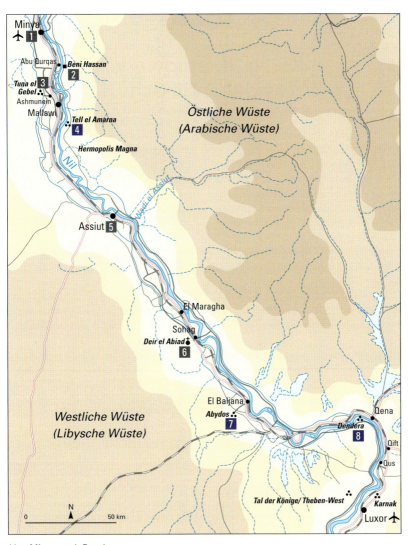

Von Minya nach Dendera

sich über Karnak bis Abu Simbel verewigt hat. Wie auch in Theben konnte Sethos I. den Bau seines Tempels nicht selbst fertigstellen. Sein Sohn Ramses II. tat das für ihn. Die Besonderheit dieses Heiligtums, das zu den schönsten Ägyptens zählt, liegt in der unkonventionellen Anlage. Anstatt, wie üblich, eines Allerheiligsten, besitzt der Tempel gleich sieben für Amun-Ra, Osiris, Isis, Horus, Harachte, Ptah und den Pharao Sethos selbst. Jeder Schrein war zudem

König Skorpion oder Wer erfand die Schrift?

»Wir spielen hier ziemlich viel Memory«, schrieb Günter Dreyer seinen Kindern von der Grabungsstelle im oberägyptischen Abydos – doch das war nur im übertragenen Sinn gemeint. Tausende von Keramik-, Knochen- und Elfenbeintäfelchen mit merkwürdigen Zeichen und Zeichnungen, etwa mit Löwen, Elefanten und Skorpionen, gaben dem Chef des Deutschen Archäologischen Instituts in Kairo unlösbar scheinende Rätsel auf. Heute, mehrere Jahre nach Beginn der Grabungsarbeiten in der frühpharaonischen Nekropole von Abydos, sind diese Täfelchen höchstwahrscheinlich der Schlüssel zu dem archäologischen Dauerstreit: Wer erfand die Schrift? Ägypter oder Sumerer?

Bisher lautet die mehrheitlich vertretene Lehrmeinung, dass die mit Rohrgriffeln in weichen Ton geritzten Zeichen, die so genannten Keilschriften der Sumerer aus dem Zweistromland zwischen Euphrat und Tigris (heute Irak), die Anfänge der Schrift darstellen. »Doch die Hieroglyphen, die wir jetzt gefunden haben«, sagt Dreyer, »stammen von ca. 3200 v. Chr. und sind damit etwa genauso alt, wenn nicht älter als die mesopotamischen Keilschriften.« High-Tech half dem Forscher. In ein und demselben Labor hatte Dreyer sumerische Funde aus Uruk und ägyptische Keramikfunde nach der C-14-Methode analysieren lassen, mit verblüffendem Ergebnis: »Die Geschichte der Hieroglyphen lässt sich um 250 bis 300 Jahre weiter als bisher zurückverfolgen, und es ist möglich, dass Sumerer und Ägypter unabhängig voneinander ihre Schriftsysteme entwickelten.«

1988 begann das Deutsche Archäologische Institut mit bis heute andauernden neuen Arbeiten im Gebiet der Gräber aus dem Alten Reich. Im Planquadrat U-j entdeckte Günter Dreyer ein bislang unbekanntes Grab, das als Beigabe für die Reise des Königs ins Totenreich Hunderte Schalen, Töpfe und Krüge für kostbare Öle, Fette und Essenzen enthielt. Jedes Gefäß ist fein säuberlich beschriftet, einige mit Tinte, andere tragen Anhängeschilder aus Keramik, Knochen und Elfenbein, in die Zeichen eingeritzt sind: Oft sind es stilisierte Vögel, Hunde, Fische und Pflanzenornamente, dann wieder kerbenartige Ritzmarken, so wie man noch heute eine Strichliste führt. Und immer wieder taucht das Zeichen des Skorpions auf. Dreyers Denkansatz war genial einfach: Er behandelte die Embleme als Schrift, und tatsächlich fand sich in dem vermeintlichen Zeichenwirrwarr ein System, Vorläufer der Hieroglyphen. »Bereits vor 5200 Jahren gab es in Ägypten eine Beamtenschaft, die jede noch so unscheinbare Grabbeigabe registrierte und etikettierte. Das Schriftsystem wurde nur für diesen Zweck der Inventarisierung entwickelt, für nichts sonst.« Es gibt also aus jener Zeit noch keine Hieroglyphen-Schrift.

Die Beamten meißelten in stenographischer Kürze. Ein Baum und ein Falke bedeuten beispielsweise, dass die so etikettierte Grabbeigabe aus jener Plantage kam, die der König namens Falke gegründet hatte. Andere Herrscher der vordynastischen Zeit nannten sich Fingerschnecke, Löwe, Muschel oder Schlange; je nachdem, in welchem Tier sie ihre Eigenschaften am besten verkörpert sahen.

Die Verwandtschaft der Abydos-Hieroglyphen mit den jüngeren Hieroglyphen, die 1822 von dem Ägyptologen Jean François Champollion entziffert worden waren (s. S. 148), stand für Dreyer bald außer Zweifel. Denn auch bei den Abydos-Hieroglyphen blicken sämtliche Tierzeichen zum Anfang der Inschriften, die ganz nach Belieben des Schreibers sowohl von links nach rechts als auch in umgekehrter Schreibrichtung gemeißelt werden konnten.

Die Abydos-Hieroglyphen kennen aber auch schon einfache Lautzeichen für Dinge, die sich nicht so einfach zeichnerisch darstellen lassen wie ein Tier oder ein Baum. Willkürlich gewählte Buchstaben für *ba* und *seth* bezeichnen die Hauptstadt Basta im Nildelta. Die Lautzeichen *dju* und *ach* stehen für den Berg der Helligkeit (›östlich des Nils‹), *dju* und *garech* für den Berg der Dunkelheit (›westlich des Nils‹). Und wie in der späteren Hieroglyphenschrift kennt man bereits Lesehilfen, phonetische Komplemente. »Um etwa das Bildzeichen für Brot – ein laibähnlicher Kreis – leichter lesbar und unverwechselbar zu machen, schrieb man davor das Zeichen für ›b‹.«

Die Bedeutung von Dreyers Entdeckung geht aber noch weiter. Die ägyptische Geschichtsschreibung muss, so sieht es aus, erweitert werden, und zwar gleich um insgesamt 20 vordynastische Könige, deren Namen sich auf den Täfelchen fanden. Sie werden nun zusammengefasst in der ›0.‹ Dynastie.

Ein Rätsel bleibt für Dreyer ein merkwürdiges Relief. Auf einer Elfenbeintafel hält ein Skorpion eine Hacke fest in der handförmigen Zange. »Ich kann mit Sicherheit sagen«, meint der Archäologe, »dass der Skorpion den Namen des Pharaos Skorpion II. symbolisiert.« Was aber die Hacke zu bedeuten hat, vielleicht ein rudimentär dargestelltes Szepter, und wer dieser König Skorpion genau ist, da muss Dreyer passen. Vorerst zumindest. Nur soviel ist klar: »Das Symbol ist ein klarer Hinweis für die Existenz des Königs, über den die Archäologenzunft sonst nicht viel weiß.« Doch wo liegt der unbekannte König begraben? »Unter einer Schutthalde und hohen Sandbergen, die wir Stück für Stück abtragen müssen,« sagt Dreyer zuversichtlich.

Der Legende nach lag in Abydos (altägyptisch Abdju) der Kopf des Osiris begraben, und hier fand die Auferstehung des Gott-Königs statt. Schon in der Frühzeit und während der ersten Dynastien wurden in Abdju die Herrscher begraben. Im Mittleren Reich war Abydos das wichtigste religiöse Zentrum, zentraler Reichsfriedhof.

Auf dem Plan der 1,5 km² großen Nekropole, den Dreyer in der Hand hält, sind die Gräber der Vorgänger und Nachfolger Skorpions II. eingezeichnet. »Die weißen Flecke auf der Karte sind die möglichen Fundorte des Grabes des verschollenen Königs Skorpion.« Bisher hat Dreyer über 200 Nebengräber mit den Überresten von Skeletten der Grabarbeiter entdeckt. Wurden sie geopfert, um dem Pharao auch nach dem Tod zu dienen? Auch dies ist noch ein Rätsel, dessen Lösung in Skorpions Grab liegen kann.

Blick vom Hathor-Tempel auf das Geburtshaus in Dendera

durch eine eigene Säulenhalle von außen zugänglich.

Eine Besonderheit sind die Königslisten von Abydos in der hinteren Götterkapelle des Ptah-Saales. Im Gang der Königsgalerie nimmt Sethos die Huldigung von 76 seiner pharaonischen Vorgänger entgegen, alle chronologisch namentlich aufgeführt. Von den Zeiten des legendären ersten Pharaos Menes I., dessen tatsächliche Existenz aber als nicht gesichert gilt.

Einige der Namen wurden zu tilgen versucht, darunter die von Hatschepsut, Echnaton und Tutanchamun. Damit, so glaubten persönliche Feinde, oft die nachfolgenden Pharaonen, werde dem Verstorbenen das Leben im Totenreich unmöglich gemacht. Denn mit dem Auslöschen des Namens endete auch das Jenseits-Leben. Nicht wenige Herrscher versuchten durch Entfernen eines fremden und der Einsetzung ihres eigenen Namens ihr Wirken für die Nachwelt zu vergrößern. Trotz einiger Ungenauigkeiten half diese Liste entscheidend mit, eine Namensfolge der verschiedenen Dynastien zu erstellen – mit kleinen Abweichungen und dem heute wachsenden Zweifel über Vollständigkeit und chronologische Richtigkeit (s. S. 178).

Eine Kostbarkeit stellt außerhalb des L-förmig angelegten Sethos-Tempels das 1903 entdeckte Osireion dar. Seine Reliefs gelten in ihrer Ausdrucksstärke als Glanzstücke ägyptischer Kunst. Den 30 m × 20 m großen Pfeilersaal, der einst ein Dach trug, umlief ein Wassergraben, so dass das Innere entsprechend dem Entstehungsmythos inselgleich Urmeer und Urhügel symbolisierte. Die Schöpfungsgeschichte ist auch eines der Themen der Decken- und Wandmalerei mit Darstellungen des Kosmos und des Luftgottes Shu.

Nur noch bis zu einer Höhe von 2 m existierte der Tempel Ramses' II., geweiht

Göttin Hathor am Dendera-Tempel

Osiris, einst eines der schönsten Bauwerke, die unter dem Pharao entstanden. Was an Ornamenten blieb, ist gut erhalten, und die Farben heben sich kräftig von den Kalksteinwänden ab, sind von Technik und Ausführung ansehnliche Meisterwerke, die weit über dem damaligen künstlerischen Standard liegen. Der erste Pylon und der dazugehörige Hof sind so komplett zerstört, dass man den Tempel heute im zweiten Hof betritt. Kolonnadengesäumt enthält dieser Reliefs, die eine Prozession mit Soldaten, Trompetern und Tieren zeigt, bei der Priester den Göttern einen Stier opfern. Die östlichen und die westlichen Wände tragen Kartuschen mit Darstellungen von südlichen und asiatischen Stämmen in Gefangenschaft. Die äußeren Wände im Norden und Westen berichten von der berühmten Schlacht von Kadesch, die der Pharao gegen die Hethiter führte. Das Heiligtum beinhaltet auch eine zweite Königsliste, die heute im Britischen Museum in London ausgestellt wird.

Zurück auf der Nilstraße erreicht man nach 101 km kurz vor der Provinzhauptstadt Qena noch südlich des Nils die Anlage von **Dendera** 8. Der Tempel zur Verehrung Hathors', Horus' und ihres Sohnes Ihi, Gott der Musik, machten den Ort berühmt. Am Rande der Wüste, aber neben Palmen noch auf dem fruchtbaren Streifen gelegen, zeugt Dendera von der Zeit der Herrschaft der Ptolemäer und der der nachfolgenden Römer. Mitten im Tempelbezirk liegt in Ruinen eine der frühesten koptischen Kirchen aus dem 5. Jh., plaziert zwischen Hathor-Tempel und dem sogenannten Geburtshaus, dem Mammisi (s. u.).

Erst in römischer Zeit wurde dem Hathor-Heiligtum eine Vorhalle als Entrée hinzugefügt. Beiderseits des Eingangstores tragen insgesamt sechs Säulen die

Decke. Ihre ausgefallenen Kapitel zeigen nach allen vier Seiten das Gesicht der Göttin Hathor, deutlich erkennbar ihre hübschen Kuhohren. Vom Opferraum führt eine Treppe auf das Dach mit einer schönen Aussicht, Hathor – von den Griechen mit Aphrodite gleichgesetzt – berührte hier die Sonnenscheibe, verband sich mit den Strahlen ihres Vaters Re. Viele der Malereien im Tempel sind Auftragsarbeiten Kleopatras und der Kaiser Augustus, Claudius und Nero, die sich damit der göttlichen Gunst versichern wollten. Eine alljährliche Prozession zu Ehren der Hathor führte nilaufwärts nach Edfu, wo die Göttin Horus traf.

Die römischen Mammisi, die Geburtshäuser (rechter Hand vom Eingang der Tempelanlage, die koptischen Kirchenruinen flankierend) dienten religiösen Zeremonien bei der Geburt eines göttlichen Kindes. Die Säulen, die den ersten Tempel umliefen, tragen Kapitele mit einem Blütenkranz. Die großen Blöcke darüber stellen Bes dar, Gottheit der Gebärenden. Die beiden Geburtshäuser bauten Nektanebes I. und Kaiser Trajan.

Zurück auf der Nilstraße sind es noch rund 65 km nach Luxor. Bei Qena führt eine gut ausgebaute Straße zum Roten Meer.

Luxor und Karnak

Stadtplan S. 184
Tipps und Adressen S. 337

»Ankunft in Luksor ... Wir gehen an Land. Der Nil ist niedrig ... wir steigen auf die Böschung, um etwas zu sehen. Dort spricht uns ein kleiner Mann an und will uns Führerdienste leisten; wir fragen ihn, ob er italienisch spricht: ›Si, signor, molto bene.‹« Eineinhalb Jahrhunderte Jahre liegt diese von Gustave Flaubert geschilderte Episode zurück. Die Begebenheit unterscheidet sich von der Gegenwart nur dadurch, dass man heute unbehelligt nicht einmal mehr bis zur nächsten Böschung gelangt. Fast nirgends in Ägypten sind die Händler, Schlepper, Taxifahrer, Pferdekutscher und selbst ernannten Touristenführer aufdringlicher als hier. Nicht *ahlan wa sahlan,* willkommen, sondern *hello, bakshish* und *come, very cheap,* lauten die gängigsten Grußformeln in Luxor. Insofern muss man das gepflegte Städtchen Luxor ausnehmen, wenn man von der Freundlichkeit und Zurückhaltung der Oberägypter spricht. An der schönen Corniche, an der die Schiffe anlegen, kann man zu keiner Zeit unbehelligt bummeln, genauso wenig im Suk.

Luxor (ca. 60 000 Einwohner), trug im Laufe seiner Geschichte viele Namen: El Uqsor (›Die Paläste‹) heißt es erst, seit die Araber Ägypten einnahmen. Davor kannten die Griechen den Platz als Thebai (nicht zu verwechseln mit dem Theben in Mittelgriechenland). Bis zum Beginn des Mittleren Reiches (2040–1650 v. Chr.) war Waset, wie es hieß, ein aus Lehmhütten bestehendes Dorf. Mit der

Personenfähre auf dem Nil bei Luxor

Vereinigung Ober- und Unterägyptens durch den Pharao Mentuhotep I. begann der kometenhafte Aufstieg zur Hauptstadt des neuen Reiches. Zum Aufblühen trug auch Amun bei, der im Mittleren Reich zum Reichsgott avancierte, nun nicht weniger bedeutend als der sonnengleiche Re. Ihm, Amun, baute man Tempel, Kapellen und Säulenhallen. Mit seiner Gemahlin Mut und ihrem Sohn Chons, dem Mondgott, bildete Amun die göttliche Triade.

Echnaton schaffte im 14. Jh. v. Chr. den Amun-Kult ab, merzte dessen Namen aus, wo es ging, und regierte von der neuen Hauptstadt Tell el Amarna aus. Aton war nun als einziger Gott anbetungswürdig, der Sonnengott, die immer gegenwärtige Sonnenscheibe. Der Pharao selbst verfasste eine Hymne auf Aton: »Du erscheinst schön im Horizonte des Himmels, du lebende Sonne, die zuerst lebte. Du gehst auf im östlichen Horizonte und füllest jedes Land mit deiner Schönheit ... Wenn es tagt und du aufgehst im Horizonte und leuchtest als Sonne am Tage, so vertreibst du das Dunkel und schenkst deine Strahlen. Die beiden Länder sind fröhlich und erwachen und stehen auf ihren Füßen, wenn du sie aufgerichtet hast ... Alles Vieh ist zufrieden mit seinem Kraute, die Bäume und Kräuter grünen. Die Vögel fliegen aus ihren Nestern, und ihre Flügel preisen deinen Ka. Alles Wild springt auf den Füßen. Alles, was fliegt und flattert, das lebt, wenn du für sie aufgehst.«

Erst Tutanchamun drehte die Uhr zurück und setzte Amun wieder ein. Trotz der großartigen Bauten, die hier noch entstanden, konnte Theben seinen Ruhm und Glanz als schönste Stadt der damaligen Welt nicht retten. Memphis verdrängte es ab dem 14. Jh. v. Chr. Die heiligen Orte verkamen, wurden geplündert, zerstört. Später auch von den Christen. Erst mit dem beginnenden

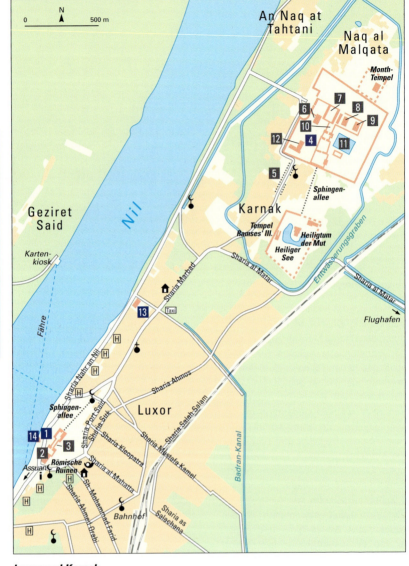

Luxor und Karnak

1 Luxor-Tempel   2 Amenophis III. Säulenhalle
3 Säulengang   4 Karnak
5 Allee der Widdersphingen
6 Amun-Heiligtum Ramses III.   7 Großer Säulensaal
8 Allerheiligstes   9 Großer Festtempel Thutmosis III.
10 Karnak-Cachette   11 Heiliger See   12 Chons-Tempel
13 Luxor-Museum   14 Mumien-Museum

20. Jh., den Ausgrabungen der Archäologen, erlangte Luxor wieder Weltruhm. Zum zweitenmal nach 3200 Jahren spielte dabei Tutanchamun eine wichtige, wenn auch passive Rolle, als 1922 der Engländer Howard Carter im Tal der Könige sein Grab entdeckte – eine Weltsensation.

Von der gesellschaftlichen und wirtschaftlichen Struktur her wirkt Luxor wie ein Fremdkörper in Oberägypten. Während vor den einstmals hundert Toren Fellachen von mühsamer Feldarbeit leben, hängt Luxor ganz und gar vom Tourismus ab. Das Leben pulsiert im Rhythmus der Fahr- und Flugpläne.

Die Corniche am östlichen Nilufer gehört den großen Hotels und dient als Anlegestelle der Kreuzfahrtschiffe. Vor dem geschlossenen Savoy-Hotel liegt die Anlegestelle für die Auto- und Touristenfähre, drei Gehminuten weiter, vor dem Winter Palace Hotel die billigere, klapprigere und unterhaltsamere Fähre der Einheimischen. Neben dieser Anlegestelle steht der Luxor-Tempel. Hier beginnt nach Norden mit der Sh. el Mahatta, der Bahnhofstraße, das zentrale Sukviertel. Die 3 km auseinander liegenden Luxor- und Karnak-Tempel verbindet die Sh. el Maabad el Karnak, an der die meisten Geschäfte T-Shirts mit pharaonischen Motiven anbieten. Ruhe findet man in Corniche-Nähe einzig im Winter Palace Hotel, ein Palasthotel aus Königszeiten, das einen wunderschönen Park besitzt.

In Luxor bewegt man sich mit dem Taxi oder der Pferdekutsche fort, setzt mit der Fähre über den Nil und mietet sich für Theben-West ein Taxi, ein Fahrrad oder einen Esel – letzteres ist eher aufreibend. Um Luxor und Theben-West eingehend zu besichtigen, wenn auch nur die wichtigen Tempel und Gräber, braucht man mindestens drei Tage.

Luxor-Tempel

1 Mitten in der Stadt findet sich der im 14. Jh. v. Chr. von Amenophis III. am Nilufer errichtete und damals nur 195 m lange Luxor-Tempel den man von Norden her betritt – heute durch die später hinzugefügten Bauten. Unter Amenophis' III. Herrschaft hatte Ägyptens Militärmacht schon die besten Zeiten hinter sich, aber wirtschaftlich florierten Stadt und Land. Der Tempel, geweiht der Familie des widderköpfigen Weltenschöpfers Amun, strotzte vor reich verzierten und dekorierten Wänden, Säulen und Götterbildern. Ein Prachtboulevard mit Gärten und reichlich Statuen des Pharaos führten von hier zu den knapp 3 km nördlich liegenden Karnak-Tempeln. Echnaton war es, der den Tempel zugunsten des Gottes Aton von Amun-Darstellungen säuberte.

Vor **Amenophis III. Säulenhalle** **2** mit den sich anschließenden Götterkapellen setzte Ramses II. den heutigen Haupteingang mit den vier stehenden und zwei sitzenden Statuen seiner Selbst. Ursprünglich standen auf dem Vorplatz zwei Obelisken; einer davon ziert heute die Place de la Concorde in Paris. Der Pylon, also die Toranlage, zeigt den Feldzug Ramses II. gegen die Hethiter. Die rechte Wand stellt den Pharao bei der Lagebesprechung und im Kampfwagen dar. Wächter schützen den ängstlichen Hethiterkönig. Auf dem Relief an der Wand links sieht man zu Füßen des Herrschers, der Pfeile gegen die Feinde schießt, Gefallene liegen. Durch den Eingang gelangt man in den Hof Ramses II. und zu den Kolonnaden.

Der Weg durch den Hof Ramses II. (links die fatimidische Abu el Hagag-Moschee mit dem Zugang von der Rückseite, Statuen von Amenophis, außerdem Reliefs mit Opferprozessionen und

Darstellungen der Familie Ramses II.) führt in den **Säulengang** 3, Beginn des ursprünglich von Amenophis III. erbauten Tempels: 14 Säulen, die Papyrusstengeln nachempfunden sind, je 16 m hoch. Aus der Zeit Tutanchamuns datieren die arg beschädigten Reliefs des 24tägigen Opet-Festes, zu dem Amun in der heiligen Barke von Karnak nach Luxor kam. Man sieht klatschende und tanzende Menschen, Tieropfer. Als *mulid* begehen eigenartigerweise Christen und Muslime immer noch alljährlich dieses Opet-Fest, tragen eine Festbarke um den Tempel – wie das auch Amuns Priester taten. Am heutigen Durchgang zum Hof des Amenophis III. begann die ursprünglich von hier nach Karnak führende Sphingenallee.

An den Hof Amenophis' III. (großzügiger Säulengang) und die Vorhalle (Relief mit dem König) schließt sich das Heiligtum an. Es wurde von verschiedenen Räumen umgeben, darunter der schlecht erhaltene, aber berühmte Geburtssaal, dessen Reliefs die Familien-

Luxor-Tempel, Sphingenallee und die großen Ramses-Statuen

Karnak

4 Nächste Station ist 3 km nördlich der Tempel von Karnak. Als Tempelanlage ist es eine der imposantesten architektonischen Verneigungen vor einer Gottheit. Bescheiden begann es während der 12. Dynastie mit dem Reichstempel des Amun. Jeder Pharao fügte dem Werk seines Vorgängers ein weiteres hinzu, und im Laufe von zwei Jahrtausenden – ein wenig länger, als es das Christentum nun gibt – entstand so ein viele Epochen umfassender Gottesbezirk, ein auf den ersten Blick verwirrendes Sammelsurium von Tempeln, Toranlagen und Kolonnaden. Die ständigen Erweiterungen sichern Karnak auch den profanen Beinamen der größten und am längsten betriebenen Baustelle der Welt!

Für die Archäologen war es nicht immer leicht zuzuordnen, welcher Pharao was wo hinzugefügt hatte, denn auch sie hatten ihre Schwächen: Einige von ihnen ließen die Inschriften ihrer Vorgänger herausschlagen und durch ihre eigenen Kartuschen ersetzen – auf dass aller Ruhm für Karnak alleine auf sie falle. Der Nachfolger tat dann selbstverständlich das gleiche. Nicht nur selbstsüchtige Pharaonen erschwerten das archäologische Rätsel Karnak. Der ›Ketzerkönig‹ Echnaton, Amun auslöschend, wo immer es ging, und die Christen, heidnische Tempel zerstörend, verwischten die Spuren ebenfalls kräftig.

Den Rundgang beginnt man an der **Allee der Widdersphingen 5**, die zum Haupteingang führt, immer daran denkend, dass man von außen nach innen gegen die Chronologie des Baues läuft.

geschichte Amenophis' erzählen: Amun spricht mit der Mutter des Pharaos, Gott Chnum formt auf der Töpferscheibe Amenophis und den Ka.

Alexander der Große baute das Heiligtum im 4. Jh. v. Chr. wieder auf. Er ließ vier Säulen abtragen und ersetzte sie durch den Granitschrein für die Götterbarke. Innen- und Außenreliefs zeigen Alexander mit dem Gott Amun bei der Krönung. Auf der Längsachse des Tempels liegend schließt sich am Ende das Allerheiligste an.

Der Widdersphinx verkörpert Amun. Bis hierher reichte einst der Nil, hier machten die Barken fest. Die Allee führt durch den jüngsten, 113 m breiten, 43 m hohen und niemals vollendeten Pylon (Tormauer) zum Großen Hof (22. Dynastie), mit 8000 m² der größte seiner Art in Ägypten. Amun, seiner Gemahlin Mut und deren Sohn Chons, dem Mondgott, weihte Seti II. den kleinen Schrein in der Hofecke links.

Vor dem zweiten Pylon führt der Weg nach rechts in das **Amun-Heiligtum Ramses III.** 6. Dies ist der einzige noch existierende Tempel in Ägypten, der unter der Regie *eines* einzelnen Königs geplant und fertiggestellt wurde. Das Relief zeigt u. a. den Pharao, der zum Zeichen der gerechten Unterwerfung Gefangene am Schopf hält und sie gleich tötet – mit Billigung des vor ihm stehenden Amun.

Vom Großen Hof aus geht man durch den Eingang mit den beiden Statuen Ramses II. mit seiner Tochter Bant Anta (Pylon 2) und erreicht den **Großen Säulensaal** 7. Drei Pharaonen machten ihre Namen mit diesem kolossalen Saal unsterblich. Ramses I. plante und begann das ehrgeizige Bauunternehmen – 134 Sandsäulen, die auf 4983 m² in 16 Reihen stehen. Sein Sohn Sethos I. führte den Bau fort, und Setis Sohn Ramses II. vollendete das Werk schließlich.

Die Säulen ragen, im Mittelgang deutlich höher, zwischen 13 und 24 m in den Himmel (Umfang 10 m) und waren früher von einem Dach bedeckt. Über Lehm- und Ziegelrampen wurden die Steintrommeln aufeinandergesetzt. Die Reliefs auf der linken Seite stammen zum Großteil aus der Zeit Sethos. Sie sind erhaben gearbeitet und künstlerisch ausgereifter als die Reliefs auf der anderen, der Ramses-Seite, die man tief in den Stein schnitt. Der Name Ramses I., geistiger Vater des Saales, taucht nur ein einziges Mal auf. Die erste Säule in der sechsten Reihe trägt seinen Namen.

Reliefs und Inschriften zieren die Innen- und Außenwände des Säulensaales: Pharao mit den Göttern, Schlachten und Kriegsszenen aus Kämpfen gegen Syrer, Libyer, Hethiter. Durch den rekonstruierten dritten Pylon tritt man in den Mittelhof, beherrscht von einem Obelisken Thutmosis III., der wie drei andere, nicht mehr vorhandene aus den Granitbrüchen von Assuan stammt. Die drei vertikal verlaufenden Inschriften stammen von Thutmosis I. (Mitte), Ramses IV. und Ramses VI. Auf dem Weg zum Allerheiligsten des Amun-Tempels durchquert man den vierten, fünften und sechsten Pylon.

In der Kleinen Halle zwischen dem vierten und dem fünften Pylon sehe man sich die Obelisken genauer an. Beide wurden zum 16. Regierungsjubiläum der Königin Hatschepsut aus einem Stück rosa Assuan-Granites hergestellt, 30 m hoch, 317 Tonnen schwer. Der umgestürzte Obelisk zeigt deutliche Spuren von der Zeit, als Echnaton den Namen Amuns überall auslöschen ließ.

Von den schlecht erhaltenen fünften und sechsten Pylonen Thutmosis I. und seines Urenkels Thutmosis III. gelangt man in das **Allerheiligste** 8. Die Vorderseiten der Pylone verzeichnen in Listen die von Thutmosis III. unterworfenen Stämme und Länder. Mit seiner Eroberungspolitik schuf er ein ägyptisches Empire. Krieg war für ihn ebenso eine Angelegenheit der Kraft als auch der Intelligenz. Wenn er, wie immer im Sommer, in den Krieg zog und dann im Sep-

Die Größe der gewaltigen Steintrommeln des Säulengangs wird erst im Verhältnis zum Menschen richtig deutlich

189 Karnak

tember als glorreicher Sieger zurückkehrte, hatte er für seine Feinde eine Überraschung parat. Mit einer völlig neuen Taktik, einer Art Blitzkrieg, überrumpelte er seine Gegner. War der Krieg gewonnen, setzte Thutmosis aber nicht ägyptische Statthalter ein, sondern ernannte diese aus den Reihen der Verlierer. Dann folgte der nächste kluge Schachzug: Wenn du jemanden schlagen kannst, dann kannst du dich auch mit ihm verbünden. Thutmosis ließ die höheren Söhne des jeweils besiegten Landes in Ägypten ausbilden. So nahmen sie die dortigen Bräuche und Sitten an, was dann auch zu einer Ägyptisierung der Unterworfenen führte.

Die Priester Thutmosis III. schufen an den Außenwänden des Annalensaales die Inschriften über die Königsgeschichte. Da Thutmosis III. als Feldherr einen Sieg nach dem anderen erzielte, kann man nur noch erahnen, welchen Reichtum an Gold- und Silbereinlegearbeiten die Wände hier trugen, welche Beuteschätze an Bronze, Elfenbein und Waffen in Karnak überhaupt lagerten. Die farbigen Reliefs der Innenwände zeigen den König bei rituellen Handlungen. Das Allerheiligste wurde vom Bruder Alexanders des Großen, Philipp Arridaios, großzügig renoviert.

Von den Ruinen des Kultbaus aus dem Mittleren Reich kommt man zum **Großen Festtempel Thutmosis III.** 9. Gleich am Eingangsraum des großzügigen und eleganten Heiligtums sieht man eine Kopie der Königstafel von Karnak, die Thutmosis III. zusammen mit seinen pharaonischen Vorgängern darstellt. 44 m in der Breite, 16 m in der Länge – das sind die Maße der zeltartigen Säulenhalle. Die Reliefs der kürzeren Pfeiler zeigen Thutmosis mit den Göttern. Von den kleineren Räumen rundum blieb nicht viel erhalten. Linker Hand sollte man aber den Raum mit den vier Papyrusbündelsäulen aufsuchen. Dieses Zimmer dokumentiert, dass Thutmosis neben dem Kriegsgeschäft noch Zeit fand, vor allem aus Syrien neue Nutzpflanzen und -tiere zu importieren. Exakte Darstellungen von beidem zeigt diese Magazinkammer.

Von hier aus gehe man nun zurück zum Mittelhof zwischen dem dritten und vierten Pylon. Nach links folgt man dem Prozessionsweg, die einstige Widdersphingenallee, die den heiligen Bezirk Amuns mit dem der Amun-Gemahlin Mut verband. Es folgen die Pylone sieben bis zehn (erbaut von Thutmosis II., Hatschepsut und Haremhab). Vor dem siebten Hof wurde Anfang des 20. Jh. die berühmte **Karnak-Cachette** 10 entdeckt, eine Grube, gefüllt mit Stein- und Bronzestatuen, Sphingen – alleine von den Bronzegegenständen wurden 17 000 Stück gezählt. Möglicherweise wollte hier ein Pharao oder Priester Schätze vor den bekannten Plünderungen in Sicherheit bringen.

Sowohl der Amun-Tempel als auch der kaum erhaltene Kultbau seiner Gemahlin Mut hatten ihre eigenen heiligen Seen. **Amuns heiliger See** 11 war durch einen unterirdischen Kanal mit dem Nil verbunden; es gab ein Nilometer. Das rechteckige, 120 m × 76 m große Becken diente rituellen Bootsfahrten. Priester erlangten hier durch ein Bad die kultische Reinheit. Die Bedeutung des Sees war also religiöser Natur, aber auch praktischer, denn auf ihm wurden Dramen inszeniert, mit nur einem Thema: den Triumph des Sonnengottes über die Mächte der Finsternis. Am nordwestlichen Ende des Teiches darf man den Riesenskarabäus aus Granit nicht übersehen. Er stellt den Bezug zur Schöpfung und zum Gott der aufgehenden Sonne her.

Den **Chons-Tempel** 12 – der Mondgott war der Sohn Amuns und Muts – betritt man durch einen gut erhaltenen Pylon. Der Tempel, von Ramses III. begonnen, stellt ein Musterbeispiel der Architektur des Neuen Reiches dar. Seine Bedeutung liegt aber auch darin, dass er dokumentiert, wie sich zwischen Ramses III. und Ramses XII. die Machtverhältnisse nach dem Ende der 18. Dynastie im Reich verschoben. Die Amun-Priester traten schließlich an die Stelle der Pharaonen. Erstmals taucht im Chons-Tempel der Name eines Hohenpriesters in einer königlichen Kartusche auf. Vom Tempeldach, das man besteigen kann, hat man einen hervorragenden Rundblick.

Nicht versäumen sollte man die abendlichen Sound & Light-Vorstellungen, die in Form eines Rundganges mit dramatisiertem Hörspiel einen guten Eindruck von Karnak ermöglichen.

Museen

Nach der Besichtigung von Luxor-Tempel und Karnak bietet sich ein Besuch in dem von italienischen Architekten konzipierten **Luxor-Museum** 13 an, architektonisch das schönste und von der An-

Amuns heiliger See war durch einen unterirdischen Kanal mit dem Nil verbunden

Skulptur des Amun von Karnak im Museum in Luxor (1347–1335 v. Chr.)

ordnung der Exponate angenehmste Museum Ägyptens. Am Eingang begrüßt einen der kolossale Kopf Amenophis III. aus rotem Granit, einst Teil einer Statue, gefunden 1957. Das Innere des Museums ist auf zwei Etagen gedämpft beleuchtet. Zu den schönsten Exponaten zählt die kolossale Granitbüste Sesostris III., die den König mit ungewöhnlich menschlichen, nicht gottgleichen Zügen darstellt, wie sonst üblich. Weiterhin die Blockstatue des Yamu Nedjeh, persönlicher Bote des Pharao Thutmosis III., der seinem Vertrauten ausdrücklich genehmigte, dieses prachtvolle Werk im königlichen Totentempel von Theben aufzustellen. Beeindruckend ist auch die sitzende Darstellung Amenophis III. mit dem Krokodilgott Sobek (aus Quarzit); Ramses II. tilgte den Namen Amenophis' und ließ seinen eigenen einmeißeln.

Im Obergeschoss kann man die Beerdigungsbarken Tutanchamuns im detailgetreuen Modell studieren, und aus dem Amun-Tempel Karnaks stammt das faszinierende Relief mit den Musikanten und Akrobaten, die zu einem religiösen Fest ihre Künste darbieten. Ungewöhnlich realistisch ist die Darstellung der Sandsteinbüste Amenophis IV. mit der Doppelkrone auf dem Kopf, ein Stück aus Karnak.

In der ganz neuen Halle des Luxor-Museums, die sich ausschließlich den Funden aus der berühmten, 1989 entdeckten Luxor-Cachette widmet, sollte man die Kobra-Statue aus der 25. Dynastie, die Figur Amenophis III. am Ende der Halle und im Nebenraum die wundervollen, sitzend dargestellten Gottheiten Amun und Mut eingehender betrachten.

Direkt am Nil, gegenüber vom Luxor-Tempel, führt – leicht zu übersehen – an der Promenade eine Treppe hinunter zum 1997 eröffneten **Mumien-Museum** 14, das einzig aus einem gro-

Sphinx im Luxor-Museum (1350–1335 v. Chr.)

ßen Mumiensaal besteht, aber ganz anders konzipiert ist als jener Saal der Königsmumien im Ägyptischen Museum in Kairo. Neben nur einer menschlichen Mumie (Maseharti, Hohepriester Amuns und General der 21. Dynastie) sind verschiedene Tierarten ausgestellt, welche die alten Ägypter als Götter verehrten. Da ist eine wundervoll erhaltene Katze, die Bastet, die Göttin der Freude, symbolisiert. Oder ein Fisch, der als Gott der Wiedergeburt gesehen wurde. Chnum (Widder), der Schöpfergott, dessen Gesicht mit einer goldenen Maske verziert ist, thront pompös in einer Glasvitrine. Aus Kom Ombo stammt das Krokodil, das heilige Tier des Gottes Sobek.

Zu den weiteren Ausstellungsstücken zählen die damals verwendeten Werkzeuge, mit deren Hilfe die Spezialisten eine Mumifizierung vornahmen, etwa das uns bekannte Skalpell, Pinzette, Schere, Meißel und Spatel sowie die Zutaten, darunter Harz und Natron für die Einbalsamierung des Leichnams. Die Mumifizierung, die Reise ins Jenseits und die Entscheidung, ob der Tote künftig im Paradies verweilt oder in der Hölle schmort, sind zu Beginn des Rundgangs anschaulich in einer szenischen Bildabfolge dargestellt.

»Abwiegen des Herzens« hieß nach dem Jenseitsglauben das alles entscheidende Zeremoniell in der Unterwelt. Anubis stellt den Leichnam den Göttern Osiris und Isis sowie den 42 göttlichen Schöffen vor. Dann wird sein Herz als Zentrum des Gewissens mit der Feder der Wahrheit aufgewogen. Hier muss der Tote die Götter und Schöffen überzeugen, niemals gesündigt zu haben: »Ich habe niemandem Unrecht getan, ich habe keine Tiere misshandelt, ich habe niemals Blasphemie begangen, ich habe niemanden getötet …«. Zeigt die Schale mit seinem Herzen nach oben, erwartet ihn das Paradies, gewinnt die Feder, bleibt nur noch die Hölle.

Theben-West

Von Luxor ins Tal der Könige

Je früher man am Morgen aufbricht, um so besser: denn mit der Hitze des Vormittages nimmt auf der Westseite des Nils auch die Zahl der Touristenbusse zu; vor den Gräbern stauen sich dann die Besuchergruppen, und die Besichtigung in der Enge der schwül-feuchten Gräber wird zur schweißtreibenden Qual.

Spätestens bei der Überfahrt mit der Fähre sollte man wissen, was man in Theben-West besichtigen will. Denn die meisten Eintrittskarten werden ausschließlich am Kartenkiosk an der Anlegestelle der Touristenfähre verkauft. Obwohl die Gräber im Tal der Könige beleuchtet sind, kann eine Taschenlampe nützlich sein.

Das Tal der Könige war von der Entstehungsgeschichte her eine Kapitulationserklärung. Die Ägypter hatten eine exzellente Heilkunde, wussten, wie man Leichen so einbalsamiert und mumifiziert, dass sie eine kleine Ewigkeit erhalten bleiben. Man betrieb höchste Mathematik. Aber gegen die Grabräuber, die das Leben des Toten im Jenseits störten und ihn seiner notwendigen Habe beraubten, war man machtlos. Irrwege, geheime Kammern, Falltüren und -blöcke konnten keinen Räuber aufhalten. Mit Amenophis I. endete die über 500jährige Geschichte der Pyramide als königliches Grab. Er errichtete seine letzte Ruhestätte in den Bergen südlich des Tals der Könige. Den Totentempel aber ließ er in der Ebene nahe am Nil bauen. Beides voneinander zu trennen, war eine Neuheit. Amenophis' Nachfolger Thutmosis I. behielt dies bei und ließ als erster sein Grab im Tal der Könige anlegen. Seine Nachfolger taten es ihm gleich. So entstand der Totenbezirk am westlichen Ufer. Die Stollen der Gräber reichen bis zu 200 m weit und über 100 m tief in den zerklüfteten Kalkstein des Bergmassives. Parkähnlich darf man sich die Anlagen vorstellen: Neben den Totentempeln wohnten Priester, dazu das Personal für die Opferzeremonien und die Wächter des Bezirkes. Zu jedem Heiligtum gehörten See und Garten.

Auf einer Stele in seinem Grab ließ Thutmosis seinen ängstlichen Wunsch einmeißeln »Niemanden sehen und niemanden hören«. Daraus wurde nichts, wie der Pharao richtig befürchtete. Gegen die Räuber blieb man allerdings auch mit dem neuen Konzept machtlos. So gut wie alle Gräber wurden aufgebrochen, der Inhalt von der Mumie bis zur Vase außer Landes geschmuggelt verkauft – viel hat sich daran bis heute nicht geändert, weshalb 1997 auch eine Antikenpolizei mit Spezialfahndern gegründet wurde.

Schon in der 18. Dynastie mussten Könige umgebettet werden. Dass viele Relikte erhalten blieben, verdankt man dem klugen Pharao Pinodjem. Er ordnete an, die Schätze und Mumien vieler Gräber an einem geheimen Ort zu verstecken. Zwar wurde auch diese mittlerweile berühmte Cachette neben dem Hatschepsut-Tempel geplündert. Allerdings erst im 19. Jh., und so konnten

Einer der Memnon-Kolosse in Theben-West

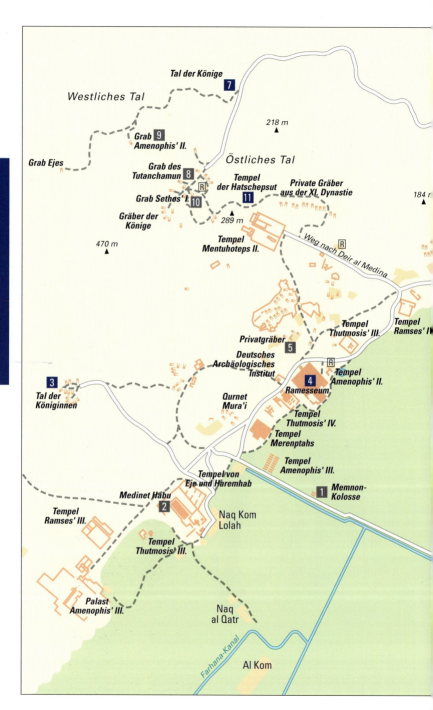

Theben-West

viele dieser Diebesstücke geborgen oder wieder ausfindig gemacht werden.

Vom Kartenkiosk am Nil führt die Straße zu den Sehenswürdigkeiten. Einen zweiten Ticketverkauf gibt es nahe der **Memnon-Kolosse** 1. Die Figuren des Königs Amenophis' III. sind fast das einzige, was von seinem riesigen Tempel, einst der größte Thebens, übriggeblieben ist. Den Sandstein holte man – jeder 800 Tonnen schwer und 18 m hoch – eigens aus dem Gebel el Ahmar bei Kairo. Beide Figuren trugen Kronen, die sie nochmals um 3 m größer machten. An den Seiten des Königsthrones sind Flussgottheiten dargestellt, die als Symbol des vereinigten Reiches Lotus (Wappenpflanze Oberägyptens) und Papyrus (Wappenpflanze Unterägyptens) zusammenbinden. Damit gibt der Pharao zu verstehen, dass er für die Einheit garantiere. Der Name der Kolosse rührt von einer Legende her. Sie stimmt wohl soweit, als der nördliche Koloss tatsächlich Laute von sich gab, die man als Klagelaute auslegte. Der Erzählung nach waren es die Laute des Äthiopiers Memnon, der im Trojanischen Krieg von Achilles getötet worden war. Wahrscheinlicher dürfte aber sein, dass der Name Amenophis' beim Sprechen zu Memnon verschliffen wurde. Und was die Klagelaute angeht, so stammten sie – bis zur Renovierung der Kolosse im Altertum – aus Bruchspalten, die unter dem Einwirken von Feuchtigkeit und Hitze zu ›singen‹ begannen.

Eine sehr schöne Aussicht bieten die Tempel von **Medinet Habu** 2 vom Torturm aus. Den Schlusspunkt ägyptischer Monumentalarchitektur setzte im Neuen Reich Ramses III. mit dieser wunderbaren Anlage, die aber nicht nur religiösen

Grabungsarbeiter am Ramesseum in Theben-West

Zwecken diente. Vielmehr handelte es sich um einen Totentempel mit Palast (Überreste) und Harem, angegliederten Verwaltungs-, Wirtschafts- und Wohngebäuden sowie Stallungen. Ein Kanal verband den Komplex mit dem Nil. Sehenswert sind die Außenseiten des rechten Pylons: Reliefs des Pharao, wie er mit der Keule libysche Feinde erschlägt, während er sie am Schopf festhält. Im zweiten Hof sieht man ein Opferfest des Erntegottes; auf einer weiteren Darstellung lässt sich der König als Sieger aus dem Hof tragen, vier Tauben fliegen in die Himmelsrichtungen. Die Reliefs der Tortürme zeigen den König im Krieg und mit Damen seines Harems. Den bis zur Römerzeit vielfach erweiterten kleinen Tempel von Medinet Habu fügte Hatschepsut an.

Nächste Station ist mit über 80 Gräbern das **Tal der Königinnen** 3, auch Nekropole für die männlichen Prinzen, wo 1995 das wohl schönste Grab Ägyptens erstmals der Öffentlichkeit zugänglich gemacht wurde: Die letzte Ruhestätte der Nefertari. Die Farben der Wandbilder wirken so kräftig und leuchtend wie am ersten Tag; satt sind die gelben Sterne des blauen Deckenhimmels. Die Restauratoren der Getty-Stiftung, die die Arbeiten finanzierte, beschränkten sich darauf, die Zehntelmillimeter dicke Staub- und Schmutzschicht von den Wänden abzutragen; es wurden keinerlei neue Farben benutzt.

Nefertari – der Name meint übersetzt nicht weniger als ›Die Schönste und die Beste aller Schönen und Besten‹. Mit 16 Jahren, so schwärmte Ramses II., »besorgte mir mein Vater [Sethos I.] einen königlichen Harem der Schönheiten, vergleichbar mit dem seines Palastes«. Im Harem nahm der Prinzregent Nefertari zur Hauptfrau. Als Ramses 1260 v. Chr. das 30. Jahr seiner Regentschaft feierte, war Nefertari bereits gestorben. Fast 3300 Jahre betrat niemand das

Grab, außer einigen Plünderern und – nach der Entdeckung 1904 – Scharen von staunenden Archäologen und Restauratoren. Nefertaris Stellung war außerordentlich: Sie begleitete Ramses bei allen religiösen Prozessionen, fungierte als seine politische Beraterin, und Ramses bestand darauf – höchst ungewöhnlich für einen gottgleichen Pharao, dass sie mit ihm auf den Tempelreliefs abgebildet wurde. Von den meisten Königinnen weiß man heute nicht einmal mehr die Namen. Zum Schutz der Stätte werden pro Tag maximal 150 Besucher für je zehn Minuten eingelassen.

In Richtung Tal der Könige liegt das **Ramesseum** 4. Ramses II. unterwarf Nubier und Libyer, reklamierte für sich den Sieg über die Hethiter und schaffte es in den 67 Jahren seiner Regentschaft, beinahe auf jedem Monument Ägyptens namentlich verewigt zu werden. Vom Totentempel Ramses II. verdient der Eingangspylon wegen Reliefs auf den Innenseiten Beachtung: Lebensnahe Kriegsszenerie, Kampfwagen, Angriff der Hethiter auf das ägyptische Lager und natürlich der König mit seinem Generalstab. Der erste Hof birgt den umgestürzten Koloss Ramses II., von dem nur noch Teile übrig blieben. Er muss in seiner ursprünglichen Form 17 m hoch und rund 1000 Tonnen schwer gewesen sein. Der große Säulensaal entstand nach dem Vorbild des Amun-Tempels in Karnak.

Die **Privatgräber** 5, die sich im Massiv gegenüber des Ramesseums befinden, empfehlen sich nur bei viel Zeit und großem Interesse. Die Anlage bietet etwas mehr Einblick in das Leben der Nicht-Pharaonen. Inmitten von Wohnhäusern liegt das wundervolle Grab des Nacht mit den Wandmalereien von den liebreizenden Musikantinnen beim Mahl. Außerdem sehenswert ist die letzte Ruhestätte des Menena – ein persönlicher Feind tilgte sein Gesicht. Die Wandmalereien mit Ernte-, Opfer- und Jagdszenen sind sehr gut erhalten.

Weiter entfernt liegt der **Totentempel Sethos I.** 6, des Pharaos, der gegen Libyer und Syrier kämpfte, gleichzeitig aber die Künste und die Architektur liebte und förderte. Für sich und seinen nur zwei Jahre regierenden Vater Ramses I. gab Sethos diesen Amun geweihten Tempel in Auftrag, der mit die schönsten und feinsten Reliefarbeiten im gesamten Bezirk der Totenstadt vorweisen kann. Hier befanden sich ebenso reich gefüllte Schatzkammern wie in Sethos' zweitem Tempel, dem von Abydos (s. S. 176), der dem Theben-Tempel in nichts nachstand. Ein Drittel des ursprünglichen Baus ist heute noch erhalten. Der Eingangspylon fehlt, so betritt man durch die ehemalige Vorhalle (neun von zehn Säulen sind erhalten) den Säulensaal; die Deckplatten mit der Kartusche Sethos, Bildern von Geiern und der geflügelten Sonne. Die Reliefs zeigen den König mit den Göttern, beim Opfern vor der heiligen Barke. Das Allerheiligste umgeben Kammern, deren Reliefbilder Seti zeigen, wie er in Anwesenheit der Gottheiten Rituale, etwa die Beweihräucherung der himmlischen Barke, vollzieht.

Tal der Könige

7 Vom Sethos-Tempel nimmt man den Weg, der früher für die Totenprozessionen zu den Gräbern genutzt wurde. Ziel ist das Biban el Muluk, wie das Tal der Könige, das 3 km westlich des Nil liegende Areal auf arabisch heißt. Wegen Restaurierungsarbeiten werden Gräber regelmäßig ohne Ankündigung geschlossen.

KV5: Die Entdeckung eines Grabes

Eigentlich hatte Kent Weeks einen wenig spannenden Job zu erledigen: er sollte das Tal der Könige nach modernsten Methoden kartographieren – eine archäologische Kärrnerarbeit. Wichtig, aber nicht weiter aufregend. Doch im Frühjahr 1995 wurde der Professor an der American University in Cairo (AUC) weltberühmt. Der Amerikaner entdeckte im Grab KV5 (Kings' Valley 5) weit über 100 Grabnischen, die in einem langen Korridor T-förmig angelegt sind: das Grab der Söhne Ramses II., des größten Pharaos Ägyptens.

Weeks, mit dicker Hornbrille, leicht untersetzt, meist in gestreiftem Hemd und beigefarbene Leinenhose, ist nicht der erste, der das Grab entdeckt. Erstmals stößt der Brite James Burton in den 20er Jahren des 20. Jh. auf KV5. Burton legt die ersten acht Kammern von Schutt und Asche frei, gibt dann aber auf und schreibt in sein Tagebuch: »Grabräuber hatten die Beigaben geplündert, nur Geröll füllte die Kammern, welches die Sturzfluten brachten, die über das Tal der Könige hereinbrachen.« Das Grab gerät in Vergessenheit.

Als Ramses II. mit 90 Jahren starb, war er mit zahlreichen Frauen verheiratet gewesen, darunter seinen eigenen Töchtern und Enkelinnen (mit 16 Jahren hatte er seinen ersten Harem). Bei einer durchschnittlichen Lebenserwartung von 30 Jahren trug der Pharao die meisten seiner Söhne selbst zu Grabe. Fast 200 Kinder soll er gehabt haben. Doch wo ließ er sie bestatten? In einem pharaonischen Papyrus wird über ein Gerichtsurteil berichtet, in dem ein Räuber gestanden hat, das Grab der Prinzen und des großen Königs Ramses II. geplündert zu haben. Im Tal der Königinnen, wo Prinzen traditionell beigesetzt wurden, fand man aber keine Spuren.

1989 entscheidet die Antikenverwaltung, die Straße und den Eingang ins Tal vorbei an KV5 zu erweitern. Weeks, der seit 1979 an einem der größten archäologischen Projekte Ägyptens arbeitet, der Theben-Vermessung, bittet nach sorgfältiger Einsichtnahme in die Aufzeichnungen Burtons, das vergessene KV5 untersuchen zu dürfen – bis zu diesem Zeitpunkt für ihn ein Grab unter vielen.

Noch im selben Jahr findet Weeks' Expedition den Eingang. Die Pläne für den Straßenbau ändern sich, so dass man sechs Jahre lang ungestört die Räume säubern kann, die Burton beschrieben hatte. Mit Handsieben werden Tonnen von Schutt untersucht. Reliefs an den Wänden, die nach Jahren freigelegt werden, zeugen davon, dass nicht alle, aber dennoch ein Großteil der Söhne Ramses II. in KV5 beerdigt sind. Nach Säuberung der seit Burton bekannten 16-Säulen-Halle steht Weeks vor einer weiteren verschlossenen Tür. »Ich habe kaum daran zu denken gewagt«, erinnert sich Weeks, »dass das mehr als eine Scheintür ist. Und ich werde den Moment nie vergessen, als ich als erster Mensch nach über 3000 Jahren diese Stufen hinunterging, die in einen unbekannten verschütteten Korridor führten.« Doch zunächst mussten wieder Tonnen von Schutt und Sand gesiebt und entfernt werden.

In dem Korridor liegen über 110 Gräber, der größte Fund Ägyptens, seit der britische Archäologe Howard Carter Tutanchamun entdeckte. Weeks stößt auf Reste von Kanopen mit den Eingeweiden der Toten, auf Überreste von Mumien, auf Teile von Plastiken, und am Ende des Korridors wachte eine fast lebensgroße Osiris-Statue. Warum der Pharao KV5 im Tal der Könige bauen ließ, dafür hat Weeks seine eigene Theorie: »Ramses II. galt zu Lebzeiten schon als Gott, im Gegensatz zu vielen früheren Königen. Seine göttlichen Verpflichtungen beanspruchten ihn sehr, so dass er seine älteren Söhne mit mehr Verantwortung bedachte; sie übernahmen die eigentlichen Pflichten eines Königs. Zwar waren sie dadurch weder Götter noch Pharaonen, aber doch Prinzregenten. Deshalb räumte Ramses seinen Söhnen bei der Beerdigung einen höheren Rang ein als andere Pharaonen ihren im Tal der Königinnen beigesetzten Söhnen.«

Dann lacht Kent Weeks und fügt ironisch-traurig an: »Wahrscheinlich werde ich in meinem ganzen Leben nicht mit der Erforschung von KV5 fertig werden, außer ich werde so alt wie Ramses II.«

Eine Multimedia-Tour durch KV5 kann man im Internet unternehmen: www.KV5.com

Tal der Könige

Das Grab Tutanchamuns im Tal der Könige

Im Gegensatz zu den Tempeln sind die Gräber ziemlich einheitlich angelegt. Sie unterscheiden sich am ehesten in ihrer Länge und der Anzahl der Kammern. Schon kurz nach der Inthronisation begann jeder Pharao mit dem Bau, um nach dem Tode angemessen weiterleben und vom Jenseits aus Ägypten

Innenaufnahme vom Grab Thutmosis' III.

schützen zu können. So lehrte es der Glaube. Nur der Pharao und die Priester kannten aus Sicherheitsgründen den exakten Platz des Grabes, und nur die Arbeiter aus Deir el Medina durften dort die Stollen anlegen. Architektenpläne, die es gegeben haben muss, wurden nie gefunden. Ins Reich der Märchen gehört aber die Geschichte, dass die Arbeiter nach Fertigstellung der Anlage getötet wurden. Sie waren auch keine Sklaven. Tatsächlich gehörten sie einer Gemeinschaft von hochbegabten Handwerkern an, deren Gewerbe sich von den Vätern auf die Söhne vererbte. Sie mussten

schnell und diskret arbeiten: die Architekten und Arbeiter, denen der Pharao den Bau seines Grabes, etwa im Tal der Könige, anvertraute. Denn es gab nichts geringeres zu schützen als die Totenruhe des Herrschers, sein Weiterleben im Jenseits, und dafür musste zum Schutz vor Räubern die Beerdigungsstätte so geheim wie möglich gehalten werden.

Unter der Regentschaft Thutmosis I. (18. Dynastie) entstanden in Theben die ersten Lehmhäuser der königlichen Arbeiter. Das Dorf, umgeben von einer Mauer, konnte man nur durch einen engen Pfad erreichen, fernab vom Treiben der Stadt der Lebenden. ›Diener des Großen Platzes‹, ›Diener des wunderschönen Platzes des mächtigen Königs‹ oder ›Diener des Platzes der Wahrheit‹ – so wurden die Arbeiter genannt und unterstanden der direkten Kontrolle eines oder mehrerer Vorsteher, die den Titel ›Aufseher des Bauwerkes des Großen Platzes‹ trugen. In ihrer Freizeit legten die Handwerker in den Bergen nahe des Dorfes ihre eigenen Gräber an und weihten u. a. den Göttern Amun, Osiris, Isis und Hathor Tempel und Kapellen, die sich auf den Norden und Nordosten des Ortes verteilten. Sie stellten auch Särge, Boxen und Steinplatten her, mit denen sie regen Kauf- und Tauschhandel trieben. Am meisten Geld verlangten Schreiber und Zeichner, die für die Inschriften zuständig waren.

Den Arbeitern fehlte es weder an Komfort noch an Reichtum. Einige besaßen ihre eigenen bronzenen Werkzeuge, die sich vom herkömmlichen Arbeitswerkzeug abhoben; sie besaßen Kühe und Esel und sogar Grundstücke mit Gräbern und Gebäuden außerhalb des Dorfes. Im Dorf gab es ein Justizgebäude, *kenbet,* mit Offizieren, Hilfspolizisten und Schreibern sowie einigen freiwilligen Dorfbewohnern. Das Gericht durfte über kleine kriminelle Handlungen richten (wie Blasphemie, unbeglichene Schulden), größere Angelegenheiten wurden nach Theben weitergeleitet. Grabräuberei wurde mit der Todesstrafe geahndet.

Trotz aller Sicherheitsvorkehrungen wurden die Gräber aber aufgebrochen. Nicht nur von Dieben (s. S. 126), sondern oft waren es auch persönliche Feinde des Pharaos, die aus Missgunst oder Rache sein Weiterleben im Jenseits verhindern wollten. Als Ramses VI., um nur ein Beispiel zu nennen, von seiner Mumienhülle befreit wurde, fand man ihn in tausend Teile zerstückelt. Von den bisher gefundenen Gräbern war nur ein einziges intakt: das von Tutanchamun.

Im Tal der Könige orientiert man sich am Lageplan. In jedem Grab gibt es soviel zu sehen, dass es für eine nachhaltige Erinnerung fast sinnlos ist, von Grab zu Grab zu eilen; besser ist es, anderntags nochmals zu kommen.

Mit großen Erwartungen strömen die meisten Besucher zu **Tutanchamuns Grab** 8. Nicht einmal 20-jährig starb der junge Pharao, der neun Jahre lang regiert hatte und mit einer Tochter Echnatons verheiratet gewesen war. Er machte Theben wieder zur Hauptstadt, Amun wurde anstelle Atons wieder Hauptgott. Eine Verletzung am Hinterkopf Tutanchamuns deutet möglicherweise auf seinen unnatürlichen Tod 1350 v. Chr. hin.

In den 20er Jahren galt unter den Archäologen die Ansicht, das ausgeraubte und erforschte Tal der Könige berge keine Schätze mehr. Tutanchamun war noch nicht entdeckt. Nur der englische Lord Carnarvon glaubte, es müsse noch irgendwo ein unbeschädigtes Grab existieren. Er finanzierte die Arbeit des Archäologen Howard Carter. Innerhalb von sechs Jahren grub Carter in der Nekropole 200 000 Tonnen Erde um, wie besessen von dem Gedanken, doch noch irgendein Grab zu finden. Carter und Carnarvon waren drauf und dran aufzugeben, als Carter 1922 begann, die letzte mögliche Stelle umzugraben –

Der Vater dieses jetzt auch schon älteren Herrn arbeitete mit Howard Carter am neuentdeckten Grab des Tutanchamun; auf den Fotos sieht man den Vater mit dem kostbaren Halsschmuck des Pharaos

neben dem Grab Ramses VI., dort, wo die Arbeiterbaracken standen.

Tatsächlich fand er darunter Stufen und fünf versiegelte Steintüren. Telegraphisch wurde Lord Carnarvon in England, der sofort zur Öffnung des Grabes anreiste, benachrichtigt. Was man dort fand, überstieg die wildesten Träume, denen ein Archäologe in Theben nachhängen konnte. Die Grabkammern waren bis zum Bersten vollgepackt mit Schätzen, die heute im Ägyptischen Museum in Kairo ausgestellt sind: Gold, Edelsteine, Alabaster. Theben aber stand plötzlich im Mittelpunkt der Weltpresse. Lord Carnarvon erlebte die immensen Ausmaße des gefundenen Schatzes, die die kleine Anlage eines unbedeutenden Königs enthielt, nicht mehr. Welche Schätze mögen erst die Gräber der wirklich großen Pharaonen beinhaltet haben?

Über eine enge Treppe betritt man Gang und Vorraum, die zur Sargkammer führen. In drei ineinandergestellten Särgen und einem Sarkophag aus purem Gold wurde der König beigesetzt. Der mittlere, reichverzierte mumienförmige aus Holz blieb mit der Mumie Tutanchamuns hier im Grab, die anderen stehen im Ägyptischen Museum. Ebenfalls im Grab zu sehen ist, abgedeckt von einer Glasscheibe, der Quarzit-Sarkophag. Die Fresken an den Wänden der Sargkammer zeigen unter anderem die Beisetzung des Königs, seinen Nachfolger Eje bei der rituellen Mundöffnung der Mumie (nach dem Glauben musste sich der Tote schließlich ernähren), den Pharao mit seinem beschützenden Ka, vor Osiris stehend.

Auch das **Grab Amenophis II.** [9] aus der 19. Dynastie war bei seiner Entdeckung 1896 in vielerlei Hinsicht aufsehenerregend. Zum erstenmal wurde nämlich ein König dort gefunden, wo man ihn auch tatsächlich beigesetzt hatte. In einem Nebenraum lagen Mumien zuhauf, darunter neun königliche. Sie waren offenbar dorthin in Sicherheit gebracht worden, weil das Grab besten Schutz vor Räubern bot – mit einer Fallgrube am Ende des Hauptgangs. Während die ersten Korridore undekoriert blieben, tut sich in der von sechs Säulen getragenen Sargkammer der Himmel auf. Blaues Firmament, goldene Sterne, darunter der Quarzit-Sarkophag, geschmückt mit Augen, mit denen der Tote den Sternenhimmel beobachten sollte.

Das Grab Ramses VI. war eigentlich für Ramses V. gebaut worden. Eine der Besonderheiten hier stellt die Decke in der Grabkammer dar, eine herrliche Abbildung der Himmelsgöttin Nut mit den Sternbildern des Morgen- und des Nachthimmels.

Das **Grab von König Sethos I.** [10] gilt nach Tutanchamuns als das bedeutendste, aber auch als das schönste im Tal der Könige. Das betrifft insbesondere die kolossalen Wandmalereien – jeder Zentimeter ein Meisterstück. Das Grab aus der 19. Dynastie entdeckte 1817 Giovanni Belzoni, der im Jahr davor eigentlich nach Ägypten gekommen war, um Wasserpumpen zu vertreiben. Ohne Erfolg. Dafür gelang ihm die Verschiffung eines kolossalen Kopfes Ramses II. aus dem Ramesseum nach London. Damit war er nach damaligem Standard zum Archäologen avanciert. Was Belzoni fand, lohnt einen langen und ausgiebigen Aufenthalt. »Fortuna«, schreibt er 1817 in sein Reisetagebuch, »hat mir die außerordentliche Freude geschenkt, die Freude nämlich, eine Entdeckung gemacht zu haben, nach der man lange und vergeblich gesucht hat, sowie die Genugtuung, der Welt ein bisher unbekanntes, vollkommenes Monument ägyptischen Altertums präsentieren zu können ... Unmittelbar am Eingang in diese Halle stößt man auf eines der schönsten Kunstwerke, das je in Ägypten verfertigt worden ist ... Es besteht aus vier lebensgroßen Figuren; der Gott Osiris sitzt auf seinem Thron und nimmt die Ehrenbezeugungen einer hochstehenden Person, wahrscheinlich des Königs entgegen. Der Herrscher wird von einer falkenköpfigen Gottheit begleitet. Hinter dem Thron

Richtig Reisen Tipp

Die Haj-Maler

Seit dem 7. Jh. ist die Haj, die große Wallfahrt nach Mekka (Saudi-Arabien), das Lebensziel aller Muslime. Bevor man aufbricht, sind vielerlei Dinge zu berücksichtigen, beispielsweise darf der Pilger keine Schulden haben oder gar für die Reise machen.

Der ägyptische Pilger feiert seine Rückkehr auf ganz besondere Art: er engagiert einen Maler, der die Pilgerfahrt in farbenfrohen plakativen Bildern auf die Hauswand malt – eine alte Tradition bei den einfachen Leuten. Die Künstler selbst sind Amateure, die in wunderschönen kräftigen Farben die Außenwände bemalen. Der Phantasie sind keinerlei Grenzen gesetzt.

Im Tal der Noblen in Theben-West und überall im Land kann man die Kunstwerke bewundern, die den Flughafen, das Flugzeug, Start und Landung, die Kaaba und ihr siebenmaliges Umschreiten – Mittelpunkt einer jeden derartigen Reise –, und schließlich den Pilger selbst zeigen, der nach seiner Rückkehr den Ehrentitel Haj tragen darf.

Das liebevoll bemalte Haus eines Mekka-Pilgers in Gurna

steht eine weibliche Figur, die dem großen Gott zu dienen sich bereitzuhalten scheint.«

Beim Betreten des ersten Korridors kreisen über dem Besucher an der Decke Geier, an den Wänden finden sich Darstellungen des Sonnengottes Re, mal mit Falken-, dann mit Widderkopf. Über den Treppenkorridor mit über 70 Darstellungen von Re gelangt man in den dritten Gang mit der Fahrt der Sonne durch die Nacht. Danach, vor dem Treppenabgang, ein kleiner Raum mit einem Schacht, der Räuber täuschen sollte. Denn dort, wo man nun in den Vierpfeilersaal (wieder Fahrt der Sonne) durchgeht, gaukelte eine Mauer das Ende des Grabes vor. Vom Vierpfeilersaal erreicht man über Korridore den Sechspfeilersaal, der die Mumie barg; Darstellungen der zeremoniellen Mundöffnung des Verstorbenen, der auch im Jenseits essen und trinken musste. In den Seitenkammern werden die Himmelsgötter dargestellt. Bilder illustrieren das Totenreich nach dem Pfortenbuch.

Tempel der Hatschepsut

11 Oberhalb des Grabes von Sethos führt ein Pfad über den Bergkamm nach Deir el Bahari zum Tempel der Hatschepsut. Der Blick vom Bergkamm aus reicht weit über den Nil. Nach unten blickend, sieht man die Tempel des Mentuhotep und der Hatschepsut. Der Tempel Mentuhotep I. liegt links vom Hatschepsut-Tempel und war berühmt wegen seines Saales mit 82 achteckigen Säulen. Das Grab fand sich 150 m tief im Fels unter dem Tempel.

Der Hatschepsut-Tempel im Abendlicht

Nach diesem Vorbild bauten Hatschepsuts Architekten nebenan den Totentempel für die Pharaonin, das Juwel Thebens. Damit setzte sich Hatschepsut ein unvergleichliches Denkmal, das den Betrachter vollkommen in seinen Bann zieht. Der Terrassentempel bildet wie kaum ein anderer eine Einheit mit seinem natürlichen Hintergrund, dem Kalksteinmassiv. Viele Archäologen bringen das Monument in seiner Wuchtigkeit mit dem Charakter der resoluten Pharaonin in Verbindung.

Hatschepsut heiratete nach dem Tod ihres Vaters Thutmosis I. zur Sicherung ihrer Macht ihren Halbbruder Thutmosis II. Doch der starb früh und hinterließ als Nachfolger einzig Thutmosis III., den Sohn einer Nebenfrau, der zum Herrschen zu jung war. 22 Jahre lang übernahm Hatschepsut das Amt. Anspruch auf Würde der Pharaonin ließ sie in vielen Reliefs über ihre göttliche Abstammung zementieren. Hatschepsut setzte nicht auf Kriegszüge. Das mochten andere tun. Sie bescherte, glückliches Ägypten, der Kunst eine Hochzeit. Wie die Pharaonin endete, weiß man nicht. Möglicherweise wurde sie von ihrem Stiefsohn Thutmosis III. aus dem Weg geräumt, nachdem er um 1468 v. Chr. thronreif geworden war. Er ließ jedenfalls an Tempeln und Denkmälern den Namen der Stiefmutter tilgen und durch seinen eigenen überschreiben, womit er nach dem gängigen Glauben auch die Person im Jenseits ausgelöscht hatte. Die Todesumstände lassen sich aber erst lüften, falls jemals die Mumie der Pharaonin gefunden und identifiziert wird!

Die Idee des Hatschepsut-Tempels ist es, die üblichen Säulenhallen, Vorsäle und Heiligtümer der Totentempel in Terrassen anzulegen, was vor der Kulisse des Bergmassivs ungleich beeindruckender wirkte und die überragende Position der Herrscherin unterstrich. Dabei wurde die Achse des Hatschepsut-Baus so gelegt, dass sie exakt auf der Linie des Großen Amun-Tempels in Karnak (jenseits des Nils) verläuft. Eine Allee von Sphingen – jeweils mit dem Gesicht Hatschepsuts – führte vom Talheiligtum zum Haupttempel. Mindestens einmal pro Jahr ging eine Prozession von Karnak hierher.

Die untere Terrasse

Links von der Rampe zeigt die Halle den Transport zweier Obelisken von Assuan nilabwärts bis zum Karnak-Tempel. (Einer ist noch dort geblieben.) Darunter geleitet ein Trompeter Bogenschützen zur Inthronisationsfeier. Die rechte Halle zeigt Natur pur, Tiere und Pflanzen – Reliefmotive, die – verglichen etwa mit den üblichen Kriegsdarstellungen – eine Epoche nicht nur weich zeichnen, sondern offenbar von einem beginnenden Wertewandel zeugen.

Die mittlere Terrasse

Links berichtet die sogenannte Punt-Halle von einer Expedition in das Land Punt (an der somalischen Küste?). Offenbar hatte Amun diese friedliche Mission angeordnet, und Hatschepsut erfüllte den göttlichen Willen über die Maßen. Von Myrrhe über Gold und Affen bis hin zur Giraffe präsentiert die Pharaonin Amun und den anderen Göttern einen unüberschaubaren Suk mit angeschlossenem Zoo. Links außen schließt sich der Tempel der Hathor, der Schutzgöttin der Totenfelder, an. Rechts lässt Hatschepsut in der Geburtshalle ihre göttliche Zeugung durch Amun und ihre Geburt dokumentieren. Hathor zeigt Amun das Kind, und seine zwölf Ka werden von zwölf göttlichen Ammen gestillt. Dargestellt wird Hatschepsut auch als Junge – ein frommer Wunsch, den sich selbst Pharaoninnen nicht erfüllen konnten.

Lange Jahre hier arbeitende Restauratoren, mach(t)en in den oberen Hallen den religiösen Vandalismus christlicher Bilderstürmer und Mönche, ausgelassen an den Wandreliefs, wieder gut. In den Fels geschlagen, liegt hier das Allerheiligste, in dem sich Hatschepsuts Architekt und engster Freund Senmut heimlich aufs allerlistigste verewigte: Er ließ sich hockend dort darstellen, um wenigstens so den Göttern nahe zu kommen.

Hatschepsuts Mumie wurde nie gefunden. Vermutet wird aber, dass sie eine der Frauenmumien ist, die während der 21. Dynastie aus Furcht vor Räubern südlich des Tempels in einer Felsenkammer versteckt worden waren – zusammen mit den Mumien vieler bedeutender Pharaonen der 18. und 19. Dynastie: in der Cachette. Diebe konnten sich hier im 19. Jh. sechs Jahre lang ungestört bedienen, denn ein prominenter Antiquitätenhändler Luxors besorgte die einträglichen Geschäfte. Erst eine bösartige Familienintrige brachte das lukrative Geschäft zum Platzen und einen immensen Mumienfund (u. a. Thutmosis I. und III., Sethos I., Ramses II. und III.) ans Tageslicht.

Zurück am Nil, setzt man mit der Fähre über zum Ostufer.

Von Luxor nach Assuan

Karte S. 210

Auf der Weiterfahrt nach Assuan besucht man die Sehenswürdigkeiten dieser 220-km-Tour. Besonders angenehm gestaltet sich die Reise zu den Monumenten von Esna, Edfu und Kom Ombo bei einer drei- bis viertägigen Reise mit dem Schiff.

Esna

Tipps und Adressen S. 325

1 50 km südlich von Luxor liegt Esna. Mitten im Ort, 9 m tiefer als die Umgebung, liegt heute der Tempel des Chnum. Esna war einst einer der wichtigeren Orte Oberägyptens. Es war Anlauf- und Nilanlegestelle für die aus Zentralafrika durch den Sudan kommenden Karawanen. Damals hieß es Ta-Sent; die Griechen nannten die ganze Umgebung nach einem Nilfisch, dem *Latus niloticus*, Latopolis. Wie der römische Geograph Strabo berichtete, war die Namensgebung nicht ohne Grund: Die Tiere wurden hier verehrt, mumifiziert und begraben. In der Wüste westlich von Esna fand man derart präparierte Fische in Massengräbern.

Dem widderköpfigen Chnum, Schöpfer der Welt, des Menschen und der Tiere, widmeten um 1500 v. Chr. Pharaonen der 18. Dynastie diesen Bau. Die Verehrung galt aber auch Chnums Frauen Nebtu und Menhit. Vom ursprünglichen Tempel ist heute nur noch die Vorhalle des Allerheiligsten erhal-

Die Säulen von Esna mit ihren kunstvoll gestalteten Kapitellen

ten, 181 v. Chr. von Ptolemäus VI. von Grund auf erneuert. An der Westwand findet sich noch seine Kartusche. Hieroglyphen wurden letztmals im 3. Jh. n. Chr. verwendet, und zwar in dieser ptolemäisch-römischen Erweiterung.

Das Allerheiligste, der Hypostyl-Saal mit seinen Säulen, ist ein Werk der römischen Kaiser Claudius und Vespasian. Ursprünglich gruppierten sich um diesen Saal Kammern, Magazine und Korridore. Dass überhaupt noch so viel erhalten ist, liegt wohl auch daran, dass der Tempel später als Lagerhalle für Baumwolle, dann von Mohammed Ali als Pulvermagazin benutzt wurde und deswegen noch existiert.

Steile Stufen führen heute zu dem Tempel hinab, der durch die Bodenabsenkung im Inneren dunkler wirkt, als das geplant war. Die Fassade, 17 m hoch, trägt am Sims die geflügelte Sonne und die Namen Claudius' und Vespasians. Die Decke der Halle wird von hohen Säulen, jede 6 m im Umfang und 11,5 m hoch, getragen. Die Inschriften an den Säulen geben Gedichte und Hymnen auch an lokale Götter wieder. Die Kapitelle wurden in Form von Trauben, Blüten, Knospen und Blumen gestaltet. Die Decke zeigt neben astronomischen Darstellungen auch die Kaiser aus Rom, die sich als Eroberer des Landes im Pharaonenornat zu den Göttern gesellen. Die Inschriften an den Wänden verweisen auf Claudius, Vespasian, Nero, Trajan, Hadrian, Marcus Aurelius und Decius. Südliche und nördliche Außenwände zeigen die Kaiser Trajan und Hadrian mit den Hauptgöttern des Tempels, Chnum und seinen Frauen Nebtu und Menhit – und selbstverständlich beim Abschlachten ihrer Feinde. Unter jeder Szene stehen die Namen derer, die gefangengenommen wurden

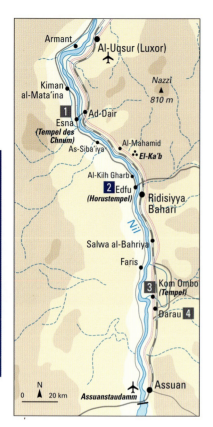

Von Luxor nach Assuan

Edfu

Tipps und Adressen S. 322

2 99 km südlich von Esna liegt Edfu, das einst D'du hieß. Aus dem koptischen Atbo entwickelte sich der heutige Name. Entscheidend für die Geschichte der Stadt, die etwa auf halbem Weg zwischen Assuan und Luxor liegt, war der altägyptische Name Behdet. Der Gott der Stadt hieß nämlich Horus-Behdet, der oft mit dem Isis-Sohn Horus gleichgesetzt wurde. Dem Glauben nach nahm er Hathor, die Göttin aus Dendera, zur Frau. Die beiden und Hathors Sohn gelten als die Triade von Edfu.

Was an Tempeln und Anlagen dieser alten Kultstadt hier noch alles unter der Erde existiert, weiß man nicht, da das neue Edfu darüber gebaut wurde und bis an die Tempelmauern heranwuchs. Dem Archäologen Mariette muss 1860 das Herz geblutet haben, als er den heute zu besichtigenden, grandiosen Horus-Tempel fand. Aber das Heiligtum war von den Bewohnern der Stadt okkupiert: Überall auf dem Tempelgelände waren Wohnungen und Lagerräume gebaut worden, in den Innenräumen stapelte sich der Müll bis zur Decke.

König Djosers berühmter Baumeister (Stufenpyramide von Sakkara) und spätere Gott Imhotep schuf vermutlich den ersten Horus-Tempel in Edfu; Sethos I. und andere Pharaonen der glorreichen 18. und 19. Dynastie (Luxor, Theben) bauten ebenfalls an einem Edfu-Tempel. So belegen es Kartuschen, die nahe dem Eingangspylon des Horus-Tempels gefunden wurden.

Den Griechen war das Ganze nicht repräsentativ genug; sie hatten beim Antritt ihrer Herrschaft das geteilte Ägypten in Provinzen und Gaue unterteilt. Edfu war die Hauptstadt des Gaues Apollonopolis Magna, denn dem griechischen Gott Apollo entsprach der hiesige Horus. Eine Gau-Hauptstadt brauchte einen gotteswürdigen, monumentalen Sandsteintempel, und so begann Ptolemäus III. 237 v. Chr. mit dem Bau des neuen Tempels. 180 Jahre sollten die Arbeiten dauern, aber genutzt wurde er von den Griechen nur 27 Jahre. Denn 30 v. Chr. löste der römische Kaiser Augustus die Griechen ab. Entstanden war der heute am besten erhaltene Kultbau Ägyptens.

Ganz nah an die Anlage geschmiegt, soll die Mauer, versehen mit Schutzformeln und -darstellungen, das Böse bannen. Beeindruckend zeigt sich bei Beginn der Besichtigung schon der 64 m breite und 36 m hohe Pylon. Historisch wenig bedeutend sind die Reliefs an den beiden imposanten Türmen des Pylons. König Ptolemäus lächelt seinen Feinden zu, während er einen andern tötet, andere Könige opfern den Gottheiten Horus und Hathor. Der Gang, der in den Vorhof führt, war ursprünglich von einer Tür aus Zedernholz, die mit Gold- und Silbereinlegearbeiten verziert war, versperrt.

Den gepflasterten Vorhof, in dem der Opferaltar aufgestellt war, säumen an drei Seiten Säulenhallen. Die Wände der Hallen sind übervoll mit Reliefs. Links vom Eingang zum folgenden Vestibül, der Erscheinungshalle, wacht ein schwarzer Horus-Falke, unfreundlich-drohend über den Krummschnabel den Besucher anblickend. Die zwölf Säulen (Blüten- und Palmenkapitelle) tragen das Dach, auf dem sich – wie auch an den Wänden – Relief an Relief reiht: die Götter Horus und Hathor und opfernde Könige.

Zum Säulensaal führt ein von einer Sonnenbarke gekrönter Durchgang. Was man sich bei vielen anderen Tempeln unter freiem Himmel stehend nur schwer vorstellen kann, hier kann man es sehen: das gedämpfte Licht, wie es jedem heiligen Bezirk seine mystische Atmosphäre gab – vergleichbar in manchen Räumen einer okkulten Gruft. Durch zwei Vorsäle (genutzt für die täglichen Opferungen) betritt man den Altarsaal mit dem Schrein; an der Wand Malereien (der König zieht ins Heiligtum ein). Die Räume rund um den Altarsaal dienten als Kapellen der Gottheiten Horus, Hathor, Osiris, Re.

Statue des Gottes Horus am Tempel in Edfu

Kom Ombo

Tipps und Adressen S. 337

3 59 km südlich von Edfu liegt Kom Ombo, heute ein Zentrum des Zuckerhandels. Kom Ombo hat seine Blütezeit in der Antike wohl unter den Ptolemäern erlebt. Zu jener Zeit fungierte die Stadt sowohl als Gau-Hauptstadt wie auch als Haltepunkt der Goldkarawanen und als Ausbildungslager für Reiter von Kampfelefanten, welche die Ptolemäer zu benutzen pflegten.

Im 19. Jh. ging der Name Kom Ombo in Verbindung mit einer der größten Umsiedlungsaktionen der Geschichte um die Welt. Für den Bau des Hochdammes bei Assuan mussten rund 100 000 Nubier aus ihren Dörfern an andere Plätze umziehen. Bei Kom Ombo, mittlerweile auch Neu-Nubien genannt, wurden die Dörfer neu angelegt. Dabei musste berücksichtigt werden, dass die neuen Dörfer mit denselben Namen in selber topographischer Beziehung zueinander angelegt wurden.

Der Tempel von Kom Ombo stand seit dem Mittleren Reich am Ufer des Nils, verfiel aber. Was man heute auf dieser Anhöhe sieht, das schufen die Ptolemäer. An den Tempelwänden wurde genau vermerkt, dass der Bau etwa um 135 v. Chr. unter verschiedenen Königen schon ansehnlich gewachsen sei, der Körper der Anlage zwischen 80 und 51 v. Chr. fertiggestellt gewesen sei. Die Dekoration besorgten dann später die Römer, die die Griechen aus Ägypten vertrieben hatten.

Unter den ägyptischen Kultbauten stellt der Doppeltempel eine Einmaligkeit dar. Die Anlage war nicht nur zwei Göttern gewidmet, dem Krokodilgott Sobek und dem falkenköpfigen Haroëris, sondern auch Amun, Chnum und Ptah wurden selbstverständlich auch gewürdigt. Man übernahm die Gleichwertigkeit Sobeks und Haroëris' in die Struktur des symmetrischen Baus: Der linke Teil war Haroëris geweiht, die rechte Seite gehörte Sobek. Jeder Gott hat sein eigenes Allerheiligstes.

Der Sobek-Kult findet sich in Ägyptens Geschichte in verschiedenen Spielarten. Während der Krokodilgott im Fayoum als höchstes Wesen verehrt wurde, galt das Krokodil in Oberägypten als Erscheinungsform des Gottes Seth. Die Verehrung des Krokodils, wie sie unvergleichlich in Kom Ombo geschah, war vielleicht aus praktischen Überlegungen entstanden: Der Nil war voll von gefährlich lauernden Krokodilen; ein Tier, das man verehrte, würde sicher seine Anbeter schonen.

Vom südlichen Tempeltor ist nicht viel geblieben, allerdings zeigen die Reste Ptolemäus XIII. (König Neos Dionysos), der verschiedene Kronen trägt, bei der Darreichung seiner Opfer für die Götter. Wie abgeschlagen stehen im Hof die Stümpfe von Säulen. Darauf lassen sich aber noch farbige Reliefs erkennen, vor allem Darstellungen des römischen Kaisers Tiberius (14–37 n. Chr.), den Göttern eifrig Lotusblumen, Kühe, Wein und Brot opfernd. Durch verschiedene Vorsäle gelangt man zu den Allerheiligsten Sobeks und Haroëris': Nur Bruchstücke sind davon erhalten; man muss sich vorstellen, dass die beiden grauen Granitblöcke die heiligen Barken der Götter trugen.

8 km südlich von Kom Ombo lohnt sich morgens ein Halt in **Darau** **4**, dem größten Kamelmarkt Oberägyptens.

Von hier nach Assuan sind es noch 37 km. Die Landschaft ändert sich auf dieser Strecke dramatisch – die Wüste rückt immer näher an den Nil.

Richtig Reisen Tipp

Kamelmärkte

Kraftlos, nervös und ausgehungert erreichen rund 100 Kamele den Markt von Darau, nördlich von Assuan. Rippenknochen zeichnen das matte Fell, die Höcker sind klein und schlaff geworden. 40 Reisetage durch die Wüste liegen hinter ihnen. Darb el Arba'ain heißt die Strecke, Weg der 40 Tage! Seit einem halben Jahrtausend brechen aus dem Sudan jährlich 800 Kamelkarawanen nach Ägypten auf. 100–150 Tiere bei jeder Reise, über 10 000 pro Jahr. Oberägyptische Fellachen kaufen die ausgemergelten Kamele als Arbeitstiere für umgerechnet 1400 DM, füttern sie dick und rund und verkaufen sie dann nach vier Monaten gewinnbringend als Schlachttiere nach Kairo. Der dortige, sehr versteckt gelegene Kamelmarkt ist westlich der Pyramiden über den Ort Abu Rawesh zu erreichen, zu finden nur mit einem arabisch sprechenden Führer, der sich durchfragen kann.

Assuan

Stadtplan S. 216
Tipps und Adressen S. 318

■ Wenn Ägypten, wie es heißt, ein Geschenk des Nils ist, dann muss Assuan die Schleife auf dem Präsent sein. Die Stadt (mit Umland ca. 415 000 Einwohner) am östlichen Ufer, nur etwas über 200 km vom hektischen Luxor entfernt, bezaubert jeden Besucher. Malerisch ist die Corniche. Einnehmend ist die gelassene Freundlichkeit der Assuaner. Aga Sir Sultan Mohamed Shah, kurz Aga Khan, ließ sich hier gemäß seinem letzten Willen 1957 beisetzen, weil Assuan der schönste Fleck der Erde sei. Agatha Christie erdachte hier das Szenario ihres Krimis »Der Tod auf dem Nil«. Tatsächlich ist Assuan ein Fest fürs Gemüt. Das Auge weidet sich am Gelb der Wüste, die sich bis ans gegenüberliegende Westufer vorgearbeitet hat. Blau spiegelt sich der Himmel im Nil, und vor dem Grün der Inseln spiegeln sich die riesigen weißen Segel der kreuzenden Feluken.

Für die Ägypter der pharaonischen Antike hatte Assuan symbolische Bedeutung. Hier wähnte man den Ursprung des Nils. Herodot, nicht sicher, ob er einem Scherz aufsaß, berichtete trocken, zwischen Assaun und der Insel Elephantine lägen die Berge Knophi und Mophi. Dort entspringe der Nil in zwei Quellen. Eine fließe nach Süden, die andere nach Norden durch Ägypten. Als Herodot dann vor Ort selbst forschte, fand er zwar die Quellen nicht, dafür aber die sichere Erkenntnis, dass der Nil wohl von weit her komme – wegen der Hitze und der Wüste, wie er niederschrieb, leider unerreichbar weit.

Swenet nannten die Ägypter, und Syene die Griechen (auch Herodot) die Stadt auf dem Wüstenplateau, als Assuan schon Karawanenzentrum, Elfenbeinmarkt und Umschlagplatz für den Handel mit Zentralafrika war. Eine Garnison befand sich bereits unter den ersten Pharaonen auf der Insel Elephantine. Für die pharaonischen Monumentalbauten lieferten Assuans Granitsteinbrüche das schwarze und rosafarbene Rohmaterial, aus dem Handwerker mit einfachsten Werkzeugen tonnenschwere Monolithe meißelten. Ein unvollendeter Obelisk, 42 m lang, liegt noch heute in den Steinbrüchen; wegen einer Bruchstelle wurde dieser größte existierende Obelisk in Ägypten nicht fertiggestellt.

In der nachpharaonischen Ära stand Assuan vor dem Absturz in ewige Bedeutungslosigkeit. Doch im 16. Jh. avancierte es zur türkischen Garnisonsstadt. Die auf Kolonialpfaden unermüdlich wandelnden Briten entdeckten Assuan schließlich als heilklimatischen Luftkurort.

Den wirtschaftlich und gesellschaftlich größten Wandel der Neuzeit brachte der Bau des Hochdammes Anfang des 19. Jh. Innerhalb von zehn Jahren hatte sich die Bevölkerung verdreifacht. An Industrie siedelten sich unter anderem das größte Stickstoffwerk Nordafrikas und eine Eisenhütte bei Assuan an.

Assuan hat seine zentrale Nil-Corniche, und von dieser entfernt man sich innerhalb des Ortes selten mehr als

Blick auf Assuan und den Nil

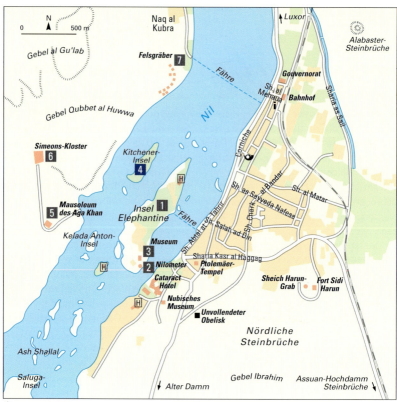

Assuan

zwei Querstraßen. An der Corniche liegen Banken, Reisebüros und Restaurants. Zwei Parallelstraßen weiter liegt der besuchenswerte Basar. Zur Elephantine- und Kitchener-Insel sowie zur anderen Nilseite benutzt man Fähren; zum Aga Khan-Mausoleum segeln Feluken.

Stadtrundgang

Ausgangspunkt der Besichtigung ist die Corniche gegenüber der Insel **Elephantine** 1. Mit der Fähre setzt man über nach Elephantine.

Auf der 1,5 km langen Insel lag die ursprüngliche Siedlung Yebu (›Elefant‹, was vielleicht auf Elfenbeinhandel hindeutet). Ihr diente das heutige Assuan als Hafen, Handelsviertel und Arbeitersiedlung. Auf dem Südteil der Insel, an dem die Fähre anlegt, befand sich der Tempelbezirk. Die beiden für Assuan wichtigen Götter hießen Satit und Chum. Satit galt als die Bringerin der Nilflut, und Chum wachte als ihr Gatte über die Katarakte. Aus den freigelegten Tempelruinen weiß man, dass bereits unter Thutmosis III. und Amenophis III. (Neues Reich) hier die Grundlagen eines Tempels standen, auf denen im 4. Jh.

v. Chr. erweitert oder neu gebaut worden war.

Zur Tempelanlage gehörte das **Nilometer** 2, den man durch das kleine **Assuan-Museum** 3 (Funde aus den Felsengräbern, Waffen, Keramiken, Mumienmasken) mit dem blütenprächtigen Museumsgarten erreicht. Vom Museum nach Norden Richtung Oberoi Hotel stößt man auf ein nubisches Dorf. Westlich davon nimmt man vom Inselufer eine Feluke zur **Kitchener-Insel** 4.

Lord Horatio Herbert Kitchener (1850–1916), britischer Statthalter in Ägypten, unterhielt diese Pflanzeninsel, ein botanisches Juwel im Nil, als Privatrefugium. Der Park ist nicht nur ein Paradies für Leute, die Oleander, Akazien, Trompetenbäume, Bougainvillea, Mahagonibäume und allerlei asiatisches und afrikanisches Gewächs auseinanderhalten oder gar eindeutig identifizieren können (vieles hier wurde gleich einem botanischen Lehrpfad beschriftet), sondern auch an Feiertagen ein von den Assuanern geschätztes Ausflugs- und Picknickziel.

Mit der Feluke lässt man sich nun zum **Aga Khan-Mausoleum** 5 segeln. Das Grabmal wurde auf testamentarischen Wunsch von Aga Sir Sultan Mohamed Shah auf dieser Anhöhe erbaut. Aga Khan (1877–1957) leitete als Oberhaupt eine ismailitische Sekte. Seine Beisetzung war ein weltweit beachtetes Ereignis. Aga Khan führte seine Herkunft und damit seinen religiösen Rang auf Fatima zurück, die Tochter des Propheten Mohammed. Als fatimidischer Schiite bestimmte er für den Monumentalbau aus Assuan-Granit einen betont fatimidischen Stil. Koransprüche überziehen den weißen Marmorsarkophag; jeden Tag legt seine Witwe, die Begum, deren weiße Villa sich unterhalb des Mausoleums befindet, eine rote Rose an dem Grab nieder. Wegen der vielen Besucher aus aller Welt ist das Mausoleum im

Nubierin auf der Insel Elephantine

Ein eigenes Museum für die Nubier

Kameras und Mikrophone konzentrierten sich auf den ältlichen, untersetzten Herrn, der im Winter 1997 das Nubische Museum in Assuan eröffnete. Wie beiläufig fragte der von Reportern umzingelte Präsident Hosni Mubarak, ob denn Nubien überhaupt eine von Ägypten unabhängige Kultur gewesen sei. »Nubien«, antwortete der

Chef der ägyptischen Antikenverwaltung prosaisch und diplomatisch, »war und ist die Tochter Ägyptens.« dass die nubische Kultur über wichtige Epochen hinweg die ägyptische beeinflusste und darin gipfelte, dass nubische Könige Ägypten gegen Ende des 8. Jh. v. Chr. sogar regierten, ist eine bei ägyptischen Archäologen und Offiziellen gerne verdrängte historische Tatsache. Dementsprechend ägyptenlastig ist auch die Auswahl der Exponate im Museum ausgefallen. »Nubische Könige herrschten über Generationen uneingeschränkt über Ober- und Unterägypten, aber das wird bei der Ausstellung eher verdeckt als endlich einmal erklärt«, empört sich der nubische Ägyptologe Ahmed Saleh. Warum etwa die kolossale Statue des ägyptischen Pharaos Ramses II. zentraler Mittelpunkt des Museums ist, sei ihm schleierhaft.

Mathaf el Nuba, das Nubische Museum, ist Heimstätte für die antike und die gefährdete zeitgenössische Kultur dieser Bevölkerung, die seit jeher im Norden Sudans und im Süden Ägyptens lebt. Bereits zu Beginn des Jahrhunderts waren die Monumente Nubiens mehrmals gefährdet: 1902 durch den Assuan-Staudamm. Eine endgültige Bedrohung stellte der Bau des neuen Hochdammes 1964 dar. Hier startete die UNESCO eine der bis heute größten Rettungskampagnen in der Geschichte der Archäologie. Mehr als 40 Länder beteiligten sich durch Geldspenden oder archäologische *man power* an der Versetzung von Tempeln und ganzen Dörfern.

Das Engagement der UNESCO für das Nubische Museum dauerte 17 Jahre. Die ägyptischen Behörden konnten oder wollten sich weder für einen Standort des Museums entscheiden, noch über die Namensgebung. Fünfmal änderte die Antikenbehörde den Standort, einmal weil der Platz topographisch ungeeignet schien, ein anderes Mal aus politischen Gründen oder wegen Auseinandersetzungen über Landeigentum. Von ihrer »Ägypten-ist-ein-Volk«-Rethorik wollte man sich nicht trennen und widersetzte sich sogar dem Namen »Nubisches Museum«, statt dessen sollte es »Assuan Museum« heißen. Die UNESCO lehnte ab und bestand auf dem treffenderen Namen.

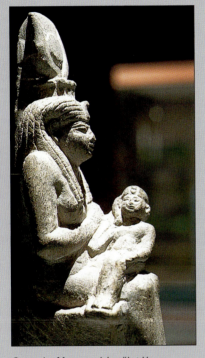

Statue im Museum: Isis nährt Horus

Wie eine Ritterfestung thront das Museum (Kosten: ca. 18 Mio. €) auf einem Hügel nahe dem Old Cataract Hotel. Im weitläufigen Garten lässt es sich zwischen Gräbern, Moscheen und Säulen wunderbar flanieren. 1200 Exponate spiegeln die verschiedenen Etappen nubischer Geschichte von der prähistorischen Zeit bis zur Islamisierung wider. Daneben gibt es ein Dokumentationszentrum für nubische Kultur und Folklore. Ein kleines Modelldorf in der ethnographischen Abteilung des Museums bietet Einblick in das tägliche Leben der Nubier, zeigt ihre Architektur.

Nubien, das alte ägyptische Wort für Gold, erstreckt sich entlang des Nils vom ersten Katarakt in Assuan bis in den Norden Sudans. Wie viele Nubier es heute noch gibt, ist unklar. Denn der Staudamm gefährdete nicht nur Monumente, sondern auch die Menschen, die auf ägyptischer Seite direkt am Nil lebten. 35 Dörfer wurden umgesiedelt. Rund 150 000 Menschen bekamen widerwillig ein neues Zuhause, die meisten um Kom Ombo. Als Folge der Umsiedlung vermischten sich Nubier und Ägypter.

Ungeachtet der Differenzen ist das Nubische Museum das schönste Ägyptens. Großartig wirkt die nachtdunkle Gouverneurs-Galerie, in der Funde aus der Zeit von 2181 bis 1786 v. Chr. ausgestellt sind: Statuen der Gouverneure der Ersten-Katarakt-Region. Bauern, die auf der Elephantine-Insel lebten, hatten 1932 die Bruchstücke dieser Statuen und Steinplatten gefunden. Akzentuierte Beleuchtung betont die Besonderheiten der einzelnen Figuren.

Hinreißend schlicht und schön ist im Hauptsaal die handgroße Statue der Isis, die den jungen Gott Horus stillt. Imposant sind die lebensechten Pferde, die mit antikem Geschirr (3.–6. Jh.) gerüstet sind – Bronzeglöckchen, blaue Lammfelldecken, zum Teil original, zum Teil restauriert. Archäologen hatten in Gräbern edler Herren bei Qustul zahlreiche Skelette von geopferten Pferden gefunden, um sie herum lag noch das hier ausgestellte Sattelzeug. Denn die Besitzer nahmen ihre Pferde mit ins Jenseits, damit sie ihnen wie im Leben zur bequemen und standesgemäßen Fortbewegung dienten.

Juni 1997 von der Begum geschlossen worden.

Von der Anhöhe des Mausoleums, das man über die Mauer hinweg sehen kann, gelangt man zu Fuß zum **Simeons-Kloster** 6. Die Angaben über die Entstehung des inzwischen aufgelösten Klosters, arabisch Deir Anba el Samaan, schwanken zwischen 6. und 9. Jh. Geweiht war dieses zweiterrassige koptische Kloster dem Lokalheiligen Anba Samaan, der im 5. Jh. lebte. Obwohl verheiratet, zog er sich in ein Kloster zurück; möglicherweise wirkte er als Bischof in Assuan. Eine Mauer sollte das Festungskloster vor Angriffen von Nomaden schützen. Mangelnde Wasserversorgung zwang die Mönche letztendlich, das Anwesen aufzugeben. Von der ehemaligen Basilika führen rundum Grotten in den felsigen Untergrund: Früher waren dies die Behausungen von Einsiedlern, die sich hierher zurückzogen.

Vom Simeons-Kloster führt ein 30-minütiger Pfad – man kann auch Kamele mieten – zu den **Felsgräbern** 7 aus dem Alten und dem Mittleren Reich (Ende 3./Anfang 2. Jahrtausend v. Chr.). Regierungsbeamte und Priester ruhen hier. Nur von der Assuan-Seite aus erkennt man, etwa bei der Überfahrt mit der Feluke, von weitem die Rampe, über welche die Sarkophage hangaufwärts gezogen wurden.

Die Besonderheit der Gräber liegt in den Wandtexten, die über den Handelsverkehr von Assuan in den Sudan berichten, von Entdeckungsreisen dorthin. Am besten erhalten ist die letzte Ruhestätte von Sirenput II. (Nr. 31): Man sieht Halle, Gang, Nischen und Wandbilder vom Toten beim Mahl mit seinem Sohn. Das Grab Sabni I. (Nr. 26) zeigt, wie der Gouverneur Sabni von einer Expedition in den Sudan berichtet, um dort seinen getöteten Vater Mekuh abzuholen und zu rächen.

Umgebung von Assuan

Philae-Tempel

Tipps und Adressen S. 318

Man verlässt die Stadt in südlicher Richtung (Ausschilderung Flughafen) und biegt vor der Auffahrt zur Assuan-Dammstraße nach links ab. Im großen Bogen führt die ausgeschilderte Straße zum Bootsableger für die Insel **Agilkia** 1 mit dem Philae-Tempel. Nektanebes (4. Jh. v. Chr.) begann den Bau und seine ptolemäischen und römischen Nachfolger komplettierten die Anlage mit Isis-, Hathor- und Harendotes-Tempel, außerdem dem Hadrian-Tor und einem kleinen Trajan-Bau. Insgesamt wurde an Philae 560 Jahre lang gebaut, erweitert, erneuert, von 380 v. Chr. bis 180 n. Chr. Soviel Baulust konnte nur eine beliebte, weil vielseitige Göttin auslösen: Isis, Gottheit von Erde, Wasser, Mond, Unterwelt, Patronin der Ehe und der Liebe. Knapp 1800 Jahre nach dem Ende der langen Bauphase erlebte Philae die radikalste Maßnahme: das Versetzen des Tempels. Philae-Tempel und **Insel Philae** 2 – seit 1980 sind das zwei verschiedene Plätze. Seit 1902, dem Jahr der Fertigstellung des alten Assuan-Dammes, war die plötzlich unter Wasser stehende Insel mit dem Isis-Tempel nur noch drei Monate pro Jahr zu besichtigen – wenn sich die Speicherbecken leerten und die Insel aus dem Wasser tauchte.

Der neue Hochdamm Sadd el Ali, eröffnet 1971, drohte zu zerstören, was die Wasser des alten Dammes nicht schon angegriffen hatten. Denn Philae lag nun in einem Regulierungsbecken zwischen beiden Dämmen, mit ständig schwankendem Wasserspiegel. In einer international finanzierten Rettungsaktion wurde ab 1979 die Tempelanlage auf die nördlicher liegende Insel Agilkia originalgetreu umgesetzt: rund 44 000 durchnumerierte Steinblöcke.

Ein Erlebnis ist die Überfahrt mit dem Boot, das die Insel umfährt, weil der Zugang auf der abgewandten Seite liegt. Man legt am Pavillon des Nektanebes unweit des Nilometers an. Der Isis-Bau durchbricht mit seinem übergroßen Vorplatz das ptolemäische Tempelschema. Übergroß gestaltete man dort auch die Wandbilder (Ptolemäus XII. reicht Horus die Landeskronen, Tiberius und Augustus als Pharaonen, Priester tragen die Isis-Barke). Im Hathor-Tempel findet sich neben dem opfernden Kaiser Augustus eine Kartusche Kleopatras.

Mit einem aufwendigen Prozessionsritual würdigten die Priester die Göttin Isis. Alle zehn Tage setzte man mit der Isis-Statue zur südlich gelegenen Insel **Bigga** 3 über, wo ihr Gemahl Osiris beigesetzt worden war. Seinen heiligen Bezirk Abaton durften nur wenige Priester betreten, die dort Milchopfer darbrachten; für jeden Tag des Jahres auf einem eigenen Altar. Bis ins 6. Jh. n. Chr. wurde der Tempel betrieben.

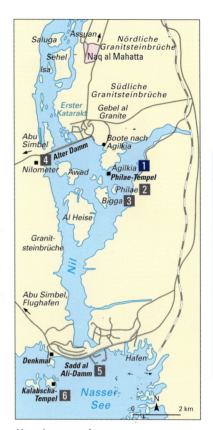

Umgebung von Assuan

Alter und neuer Damm

Besuchenswert ist der **alte Damm** 4. Schon bei seiner Inbetriebnahme 1902 war er die größte Talsperre der Welt. Ursprünglich maß die Höhe der Staumauer 30,5 m, wurde aber durch zwei Erweiterungen – 1907–1912 und 1932–1943 – auf 52 m hochgezogen. 1902 fasste der Stausee von über 300 km Länge 1 Mrd. m³ Wasser, 1934 schließlich 5,4 Mrd. m³. Mit der Fertigstellung des Baues war Ägypten erstmals in der Lage, eine um 16 % größere Nutzfläche stetig zu bewässern und dadurch die

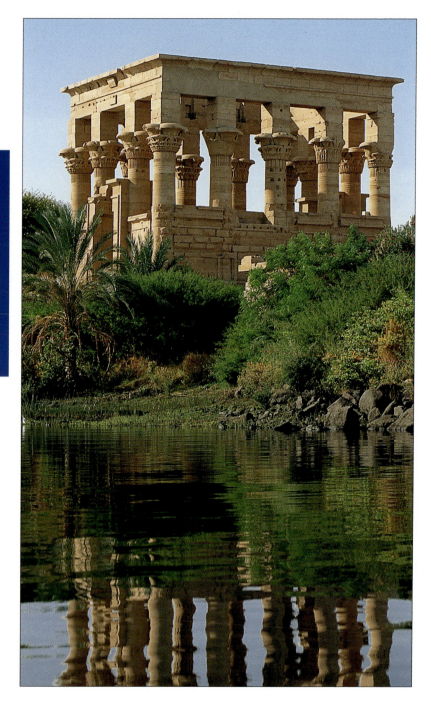

Ernte um ein Drittel zu steigern. Dem steht allerdings ein bis heute ungebremstes Bevölkerungswachstum gegenüber; der Damm wurde zu klein.

Als technische Leistung gilt der neue **Hochdamm** 5 (eingeweiht 1971). Durch die Erweiterung verdoppelte sich die Länge des Stausees auf über 600 km (die Hälfte davon liegt im Sudan). Staute der alte Damm 5,4 Mrd. m³ Wasser, so verdreißigfachte der Neubau das fassbare Volumen auf 165 Mrd. m³. Die Anbauflächen im Niltal konnten um das Eineinhalbfache vergrößert werden; teilweise sind nun bis zu fünf Ernten pro Jahr möglich.

Über 40 Teams von Ingenieuren, Technikern und Archäologen waren beteiligt, als Ende der 60er Jahre in einem Wettlauf gegen das Wasser die Denkmäler versetzt werden mussten.

Tempel von Kalabscha

Tipps und Adressen S. 318

292 km sind es auf einer gut ausgebauten, aber ermüdend monotonen Straße bis Abu Simbel. Aber vorher besucht man noch nach der Überquerung der Dammstraße am Westufer des Sees den **Tempel von Kalabscha** 6. 1 km südwärts versetzte die Bundesrepublik Deutschland »aus Freundschaft zum Volk der Arabischen Republik Ägypten« (Gedenktafel) das Heiligtum des nubischen Gottes Mandulis, der dem Horus entspricht. So wurde die mit Abu Simbel bedeutendste Anlage Nubiens vor den Fluten des Stausees gerettet.

Von 1960–1963 dauerten Planung des Schiffstransportes und der Ab- und Aufbau des Monumentes. Seither steht der Tempel je nach Wasserstand am Ende einer Landzunge oder auf einer kleinen Insel. Im Vergleich zu Philae wurde der Kalabscha-Tempel mit einer Bauzeit von 43 Jahren beinahe über Nacht fertiggestellt. 4 n. Chr. unter dem römischen Kaiser Augustus vollendet, verehrte man neben Mandulis auch Isis, deren Barke an dem 42 m langen Kai am Nil festmachte.

Drei Mauern umschlossen den Tempel. Die Reliefbilder der Vorhalle zeigen Thot und Horus bei der Taufe eines Pharaos, nennen Mandulis und andere als nubische Könige. Aufmerksamkeit verdienen die feinen Säulenkapitelle, deren Dekor Pflanzen, Blumen und insbesondere Weinblättern nachempfunden ist. An der westlichen Außenmauer des Heiligtums sollte man sich das Relief anschauen: Mandulis der Gekrönte beschützt von der Uräus-Schlange.

Nordwestlich des Kalabscha-Tempels steht der ebenfalls versetzte **Tempel Beit el Wali**. Ramses II. ließ ihn ursprünglich großenteils in den Stein des Felsens schlagen. Ramses II. tötet auf den Reliefs, wie immer, Feinde. Etwas südlich steht der Kiosk von Kertassi, ein kleines Heiligtum mit zwei Hathor-Säulen.

Abu Simbel

Karte S. 225
Tipps und Adressen S. 312

■ Die Tour endet 292 km südlich an einem der größten Monumente Ägyptens, so berühmt wie die Pyramiden: Abu Simbel. Wer Ägypten von Norden bis hierher, nun schon jenseits des Wendekreises des Krebses (23°), bereist hat, kennt einen Namen bestimmt: Ramses II.

Der Trajanskiosk auf Philae

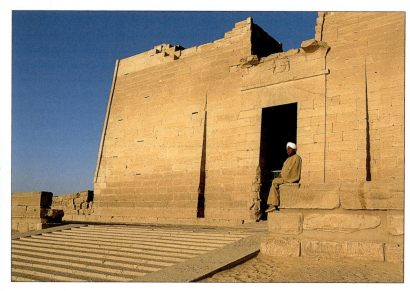

Kalabscha-Tempel

Er regierte nicht nur 67 Jahre, sondern hinterließ auch überall seine Denkmäler. So auch in Abu Simbel, 1813 von dem Schweizer Orientreisenden Johann Ludwig Burckhardt entdeckt, dem aus einer Sandverwehung herausragende Kolossalköpfe aufgefallen waren; ausgegraben aber erst 1817 von G. Belzoni, der in sein Tagebuch notierte: »Wir erweiterten den Durchgang und betraten kurz darauf die schönste und größte Tempelanlage in Nubien, die je ausgegraben wurde ... Schon auf den ersten Blick war deutlich, dass es sich um eine weitläufige Anlage handelte; unser Erstaunen wuchs, als wir feststellten, dass hier einer der prächtigsten Tempel stand, üppig geschmückt mit wunderbaren Intarsien, Malereien, Kolossalstatuen etc.«

Die größte Gefahr drohte dem Tempel durch den Bau des Hochdammes, in dessen Fluten er zu verschwinden drohte. Ohne die berühmte UNESCO-Hilfsaktion (1963–1966) läge Abu Simbel heute unter Wasser. 180 m weiter südlich als ursprünglich stehen heute die beiden Tempel; 64 m über ihrem eigentlichen Standort. Für die internationale Rettungsaktion mussten die Tempel in 20-Tonnen-Blöcken scheibchenweise zersägt, abgetragen und zum neuen Standort verfrachtet werden. 40 Mio. US$ kostete das Unternehmen. Je ein Drittel trugen Ägypten, die USA und die UNESCO. Über 17 000 Blöcke wurden bewegt und mit einer maximalen Abweichung von 1 mm wieder aufeinandergesetzt. Statt der natürlichen Felswand baute man Stahlbetonkuppeln, die den Tempel auch vor dem Druck der aufgeschütteten Felsen schützen.

Die vier sitzenden Kolosse Ramses II. zeigen beeindruckend, dass der König mit dem Großen Tempel und dem Kleinen Tempel (für seine Gemahlin Nefertari) im 13. Jh. v. Chr. die Macht Ägyptens unübersehbar nach außen hin dokumentieren wollte, aber nicht ohne die

Hauptgötter Amun-Re (Oberägypten) und Re-Harachte (Unterägypten) in das Konzept einzubeziehen. Aber warum ausgerechnet hier am Rande der Welt?

Abu Simbel fungierte als Tor zu Nubien und damit zum übrigen afrikanischen Kontinent. In Nubien, das regelmäßig seinen Goldtribut an Ramses II. abzuführen hatte, lagen die Goldminen, dort waren die Quellen des ägyptischen Wohlstands. Abu Simbel war taktisches, politisch wie kulturell, Muskelspielen vor den Augen des unterentwickelten Nachbarn. Auf dass sich am Machtgefüge nichts ändere!

20 m hoch ist jeder der vier Sitzkolosse mit den enorm großen Köpfen (von Ohr zu Ohr 4 m), was als »Zeichen weltoffener Eleganz« zu verstehen ist. Die Doppelkrone steht für beide Landesteile Ägyptens, mit nur 4 m Höhe wirken die Standfiguren zwergenhaft. Sie stellen Ramses' Frau Nefertari, seine Mutter und eine Auswahl seiner angeblich fast 200 Söhne und Töchter dar, von denen er – wie üblich bei Pharaos – einige sogar ehelichte.

Durch das Eingangsportal mit dem falkenköpfigen Horus darüber tritt man in die Pfeilerhalle. Reliefs mit Kriegsdarstellungen, vor allem der Schlacht von Kadesch, Ramses II. Sieg über die Hethiter. In gewohnter Darstellung erschlägt der Gottkönig seine Feinde, und erschreckt flieht sogar ein armer kleiner Schäfer. Die weiter im Inneren liegenden Schatzkammern dienten zur Aufbewahrung der immensen Tributzahlungen – vorwiegend in Gold –, die Nubien zu leisten hatte. Die zweite Pfeilerhalle vor dem berühmten Allerheiligsten zeigen Reliefs religiöser Szenen. Ein besonderes Lichtspiel erlebt man jedes Jahr um den 21. Februar und den 21. Oktober im Allerheiligsten. Nur an diesen beiden Tagen fallen die ersten Son-

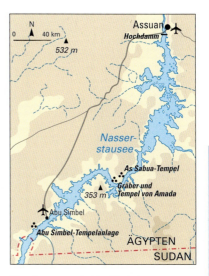

Von Assuan nach Abu Simbel

nenstrahlen so ein, dass die Götterfiguren Ptah, Amun und Re-Harachte sechs Minuten und Ramses zwölf Minuten im Licht der Sonne leuchten.

Der kleine Tempel ist Ramses' Gattin Nefertari gewidmet. Sie und ihr Mann werden von den sechs Kolossalstandbildern, je 10 m hoch, dargestellt, dazwischen eine weitere Auswahl der Kinder des Herrschers. Geweiht ist der kleine Tempel der Göttin Hathor, die kuhköpfige Göttin der Fruchtbarkeit, der Liebe, Amme der Könige. Die wunderbar erhaltenen Reliefs im Inneren des symmetrischen Tempels zeigen die Familie des Königs im täglichen Umgang mit Göttern, vor allem Hathor und Isis.

Durch einen kleinen Eingang an dem Tempel kann man in den Bauch der gigantischen Stahlkonstruktion gelangen, die sich hinter den Tempeln verbirgt und bei der Umsetzung gebaut wurde.

Eines der berühmtesten Monumente Ägyptens, der Nefertari-Tempel in Abu Simbel ▷

Ökologische Folgen des Hochdammes

Assuan am 9. Januar 1960: Ägyptens Präsident Nasser zündet per Knopfdruck die Sprengladung, die den Bau des größten Dammes der Welt einleitet. Seitdem brechen die kontroversen Diskussionen über Segen und Fluch von Nassers Prestigeobjekt nicht mehr ab. Kritiker fürchten, der Sadd el Ali-Hochdamm habe das ökologische Gleichgewicht entlang des 1000 km langen Niltals erheblich gestört. Die Befürworter argumentieren, ohne den Hochdamm wäre die Bevölkerung z. T. verhungert.

Wohl und Wehe der Bauern hingen über Jahrtausende von den Überschwemmungen, den sieben fetten und den sieben mageren Jahren ab. Große Flutwellen versprachen reiche Ernte. Die Bauern speicherten das Wasser in mit Dämmen geschützten Becken, bis der Boden sich in fruchtbaren Nilschlamm verwandelte, bereit für die Saat.

Bis ins 20. Jh. bediente man sich dieses pharaonischen Bewässerungssystems, das aber nur eine Ernte jährlich erlaubte. Diese Abhängigkeit vom

Grün soll das Land mit dem Wasser des neuen Staudammes werden

Nil ließ Mohammed Ali (1769–1849), Vater des modernen Ägypten, eine andere Technik einführen. Er baute Kanalanlagen und Stauwehre, doch das genügte nicht. 53 Jahre nach seinem Tod war der erste Staudamm Ägyptens (Bau von 1898–1902) fertiggestellt. Die Ernteerträge vergrößerten sich, und die landwirtschaftliche Bodennutzung stieg um 16 %.

Durch die Bevölkerungsexplosion seit den 50er Jahren erwies sich der Stausee als zu klein und unsicher, weil er nur die Nachwelle und nicht die Hauptwelle der Nilüberschwemmung auffangen konnte. Die Idee für den heutigen Hochdamm war geboren.

Die Debatte um Segen oder Fluch begann in den 90er Jahren, als die ersten Langzeit-Auswirkungen des Dammes sichtbar geworden waren. Ökologen und Ökonomen befürchten:

– Die Versalzung macht künstliches Düngen für die Böden unumgänglich. Wenn die Bauern aber mehrmals im Jahr ihre Felder mit Kunstdünger bestreuen, laugen sie diese aus, und die Ernten werden geringer. Früher sorgte der kalihaltige Nilschlamm, der jetzt hinter dem Damm im Nasser-Stausee brach liegt, für eine natürliche Düngung der Felder. Außerdem verschlechtere sich durch die Versalzung die Qualität des Wassers.

– Die Bauern kämpfen mehr und mehr gegen Ratten- und Mäuseplagen; früher sorgten die Fluten für das natürliche Gleichgewicht, auch bei den Schädlingen.

– Das Klima Oberägyptens habe sich mit noch unbekannten Folgen geändert: In Assuan, wo Regenfälle früher völlig unbekannt waren, regne es nun jedes Jahr.

– Ägyptische Geologen glauben, dass durch den riesigen Damm und seinen Druck auf das Grundwasser in der Erdkruste zunehmend Spannungen entstehen, die sich in vorher nie gekannten Erdbeben wie z. B. dem von 1992 entladen könnten.

– Der Staudamm selbst verlandet nicht an der Staumauer, wie gedacht, wo eigens ein Totraum von 30 Mrd. m³ freigehalten wurde, sondern am Einfluss des Nils, wo sich nun ein Delta bildet, und den Zufluss in 300 Jahren blockieren werde.

– Die gefährliche, manchmal tödlich verlaufende, von Parasiten hervorgerufene Krankheit Bilharziose kann sich leichter verbreiten, da die ganzjährige Dauerbewässerung einen idealen Lebensraum für die Schnecken als Überträger schaffe.

Denkmal am Staudamm in Assuan

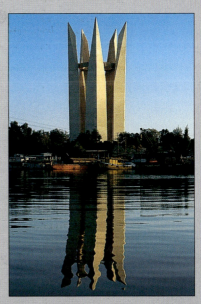

Sueskanal und östliche Mittelmeerküste

Den Sueskanal entlang nach Norden

Von Sues bis Qantara

Tipps und Adressen Sues S. 346
Ismailia S. 329

Von Kairos Stadtmitte aus fährt man aus der Sh. Ramses Richtung Abassaya, dort über den Flyover und hält sich geradeaus zur Schnellstraße nach Sues.

Sues 1, arabisch El Suweis, ist die ptolemäische Erweiterung einer pharaonischen Gründung und hieß einst Klysma, dann Qulsum. Erst im 19. Jh., mit dem Beginn der Bauarbeiten für den Sueskanal, begann die moderne Geschichte der heutigen Stadt. Südlich von ihr konzentriert sich im Golf von Sues die ägyptische Erdölindustrie. 600 000 Menschen leben in der an sich wenig aufregenden Stadt, die sich in rasendem Tempo nicht nur zu einem bedeutenden Zentrum der ägyptischen Ölindustrie entwickelt hat, sondern auch zu weltpolitischem Ruhm gelangte. Drei Kriege führten Ägypten und Israel um den Sinai; während des ersten dieser Konflikte wurde ein Drittel von Sues zerstört.

Sues gegenüber liegt auf der westlichen Kanalseite **Port Taufik** 2, eine künstlich aufgeschüttete Halbinsel, die man entweder mit der Eisenbahn oder über eine Damm-Straße erreicht. Von hier aus kann man wunderbar die Öltanker, Fracht- und Kriegsschiffe beobachten, die aus dem Sueskanal Richtung Indischer Ozean fahren oder auf die Passage nach Norden im Konvoi warten.

Richtung Ismailia, 14 km nördlich von Sues, führt eine Abzweigung zum 1,7 km langen Ahmed Hamdi-Tunnel, der den Sueskanal unterquert und nach langen Renovierungsarbeiten nun rund um die Uhr für den Verkehr geöffnet ist. Er verbindet afrikanisches Ägypten mit dem – geographisch betrachtet asiatischen – Sinai, und in wenigen Jahren wird er durch eine zusätzliche Brücke von einem Teil des Verkehrs entlastet.

Mit *der* Party des Jahrhunderts eröffnete die französische Kaiserin Eugénie, Gemahlin Napoleons III., am 17. November 1869 nach 10-jähriger Bauzeit den **Sueskanal.** Die europäische High Society reiste fast geschlossen an, labte sich bei einem 24-Gänge-Menü, rotem Burgunder und Champagner. Bereits 1799 hatte Napoleon die Idee, Mittelmeer und Rotes Meer zu verbinden. Doch man ließ den Plan für den Durchstich fallen, da man wegen falscher Messungen von einem zu großen Wasserstandsunterschied ausging. Erst 1847 stellte eine Expertengruppe aus Franzosen, Briten und Österreichern die nahezu gleiche Höhe der beiden Meere fest.

Der Abschluss der siebenjährigen Arbeiten 1869 vollendete eine der größten Bauleistungen des 19. Jh., die der Khedive (Titel des ägyptischen Vizekönigs zwischen 1867 und 1914) Ismail Pasha in die Wege geleitet hatte. Er hatte 1856 einen Konzessionsvertrag mit der von Ferdinand von Lesseps gegründeten »Compagnie Universelle du Canale Maritim de Sues« abgeschlossen.

Nach Inbetriebnahme des Kanals überstiegen die Zinsen für die Baukredite die Einnahmen. Ägypten musste, um einen Staatsbankrott abzuwenden, einen 99 Jahre laufenden Konzessionsvertrag seiner Gläubiger akzeptieren (bis 1968); Frankreich und England erhielten die Finanzkontrolle über Ägypten. Die 1888 geschlossene Sueskanal-

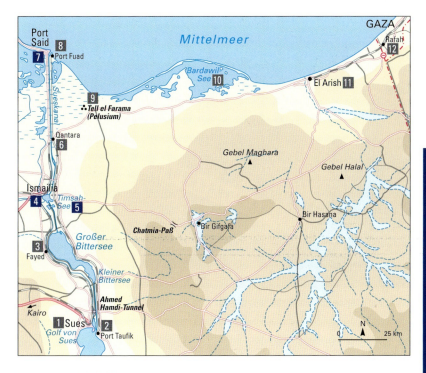

Von Sues nach El Arish

Konvention zwischen Großbritannien, Frankreich, Deutschland, Österreich-Ungarn, Italien, Russland, Spanien, Türkei und den Niederlanden garantierte bis 1968 freie Durchfahrt für Kriegs- und Handelsschiffe ohne Rücksicht auf Krieg oder Frieden.

Die Wende brachte der erste Präsident Ägyptens Gamal Abdel Nasser mit einem gleichermaßen politischen wie patriotischen Coup: die nach internationalem Recht illegale Verstaatlichung des Sueskanals. Bei seiner Ankündigung am 26. Juli 1956 vom Balkon seiner Residenz in Alexandria rechnete er in einer flammenden Rede mit dem britischen und französischen Kolonial-Imperialismus ab. Dass Nasser einen Krieg mit England und Frankreich riskierte, lag in seinem Kalkül. Ihm war aber wohl auch klar, dass Ägypten die Oberhand behalten würde.

Sein Wille sollte geschehen: Obwohl militärisch gewinnend, konnten sich England und Frankreich, unterstützt von Israel, wegen eines eindeutigen Votums der Vereinten Nationen nicht erlauben, den Sueskanal unter dem Vorwand, den Welthandel sichern zu wollen, zurückerobern.

Der erhoffte Wohlstand trat zwar nicht in gewünschtem Maße ein, aber immerhin gehören die Einnahmen aus den Kanalgebühren zu den vier großen Haben-Posten im ägyptischen Etat. Die Verkehrszahlen sind heute im Trend eher rückläufig, da der Luftfrachtverkehr explosionsartig zunimmt. Im ersten Jahr

Der Lotse geht an Bord ... Hafenszene in Sues

der Suesschiffahrt 1870 passierten 468 Schiffe, im Rekordjahr 1982 waren es 22 811 Schiffe, 1994 nur noch 16 370, den Kanal. Doch die Netto-Tonnage fiel von 426 Mio. Tonnen im Rekordjahr 1991 auf 364,5 im Jahr 1994. Ölfracht machte 1966 etwa 73 % der durch den Kanal verschifften Gesamtladung aus. Bis heute sank der Wert auf 25 %, weil die Öltanker zunehmend größer konstruiert wurden und die Route um das Kap der Guten Hoffnung bevorzugen. In zwei Ausbaustufen wurde der Kanal seit 1980 erweitert, aber auch die neue Tiefe von 20,5 m erlaubt den modernen Tankerriesen noch keine Durchfahrt. Sie umfahren noch immer die Südspitze Afrikas. Um Abhilfe zu schaffen, hat die Kanalverwaltung vor ein paar Jahren begonnen, die Fahrspur Stück um Stück mit Hilfe von Absaugbaggern zu vertiefen. »Das Kap der trüben Hoffnung« (so nennen es Pessimisten) musste 1997 erstmals die Durchfahrtsgebühren senken, um den Verlusten bei knapp 1 Mrd. US$ Einnahmen entgegenzusteuern.

Ab der Ahmed Hamdi-Abzweigung sind es 77 km bis Ismailia. Doch vorher erstrecken sich über 37 km die beiden Bitterseen. Dank des Sueskanals floss Mittelmeerwasser in die zwei ausgetrockneten Salzseen, die heute einen Wasserspiegel von 17 m haben. Der Kleine Bittersee liegt südöstlich des Großen Bittersees, der durch den Sechstagekrieg im Juni 1967 weltweit ein Begriff wurde. In den vergangenen Jahren entwickelte sich ein kleines Naherholungszentrum in **Fayed** 3, einem langweiligen, nur im Sommer lebendigen Ort am großen Bittersee, der viele Kairoer anlockt. Hotelzimmer bekommt man auch im Sommer meist problemlos.

Ismailia 4 (mit Umland ca. 300 000 Einwohner) wurde 1863 als Sitz der Sueskanal-Gesellschaft gegründet und trägt den Namen des Khediven Ismail

Pasha. Man lasse sich nicht täuschen bei der tristen Stadteinfahrt – Ismailia ist Ägyptens grüne Stadt (s. Abb. S. 230). Es gibt Grünflächen mit Bäumen und Bougainvillea, Alleen und Spazierwege und obendrein zahlreiche Villen mit gepflegten Gärten. Baustil und Gartenanlagen sind größtenteils Erbe der Briten, die hier ihr Militär-Hauptquartier für den Nahen Osten unterhielten.

Dem Erbauer des Sueskanals, Ferdinand von Lesseps (1805–1894), hat Ismailia in dessen Villa ein kleines, liebenswertes Museum gewidmet. Darin ausgestellt sind Stücke, die während der Ausgrabungsarbeiten für das Kanalbecken gefunden wurde, darunter Keramiken und Papyri. Zehn Jahre lang buddelten 20 000 Arbeiter mit bloßen Händen den Durchstich aus. Gegenüber liegt der Stelen-Garten; die meisten Funde hier stammen aus Pithon, dem »Haus des Aton«, der östlichen Grenzstadt Ägyptens während der Herrschaft Ramses' II.: Sphingen, Sarkophage, eine sitzende Figur des Regenten.

Am **Timsah-See** 5 (›Krokodilsee‹), der zum Sueskanal hin offen liegt, gibt es mittlerweile eine Reihe von nicht allzu teuren Hotels und Pensionen. Hier steht das weiß getünchte Hauptgebäude der Sueskanal-Verwaltung, vor dem die Motorboote der Lotsen liegen. Morgens und mittags kann man vom Ufer aus die zwei Konvois beobachten, die in beide Richtungen des Sueskanals ziehen.

Seit Menschengedenken dient das wenig einladende **Qantara** 6 beiderseits des Kanals Durchreisenden als Lager und Rastplatz. Archäologen fanden Spuren, die bis zu den pharaonischen Ramessiden im 2. Jahrtausend v. Chr. zurückreichen. Die Karawanenroute nach Palästina, die hier entlangführte, wurde nachweislich auch noch von Ptolemäern und Römern genutzt. Qantara war aber auch Durchzugsgebiet

Fischer am Timseh-See

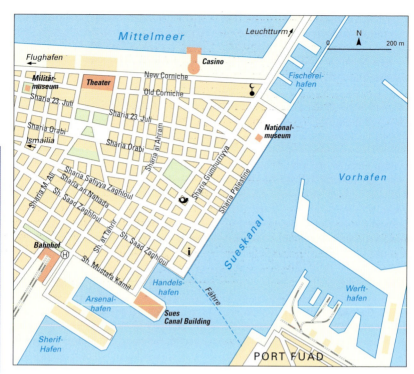

Stadtplan Port Said

für Heere der verschiedensten Epochen, die in Ägypten einfallenden Armeen der Syrer, der Perser, Alexanders des Großen, der muslimischen Eroberer und im Ersten Weltkrieg die der Briten. Nahe des Ortes zeugt ein kleiner Friedhof von einer Schlacht zwischen Briten und Türken, die 1915 mit den Deutschen zum Kanal vorstoßen wollten.

Port Said/Port Fuad

Tipps und Adressen S. 342

Nach weiteren 50 km erreicht man über eine gut ausgebaute Straße **Port Said** 7 am Mittelmeer, die dritte der großen Sues-Städte, die viertgrößte Stadt Ägyptens und zugleich wichtigster Hafen nach Alexandria. Hätten die Ägypter nicht ein Geschenk der Franzosen verschmäht, stünde heute Frédéric Auguste Bartholdis 93 m hohe Freiheitsstatue an Port Saids Mole. Stattdessen griff New York ohne Zaudern zu. Fortan grüßte ein eher kleines Standbild des Sueskanal-Erbauers Ferdinand von Lesseps die ankommenden Schiffe. Aufgebrachte Nationalisten stürzten 1956 den steinernen Lesseps, dessen Statue heute in den Docks von Port Fuad gegenüber steht. An der Hafeneinfahrt ist nun nur noch der Sokkel zu sehen.

Port Said ist Freihandelszone, deshalb sollte man sich nicht über die Kontrollen an der Stadteinfahrt wundern. Waren, die später ausgeführt werden, müssen verzollt werden, wobei man bei Ausländern eher ein Auge zudrückt als bei Ägyptern. Ausländer werden auch bevorzugt abgefertigt, da man ihnen die langen Wartezeiten (bis zu zwei Stunden) nicht zumuten will. Übersieht man Sie, fragen Sie nach der *saff es siyaha*, der Abfertigungsspur für Touristen. Wertvolle Elektronikgegenstände und Kameras sollten bei der Einreise unbedingt angemeldet werden. In Port Saids Schwesterstadt **Port Fuad** 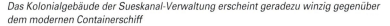, auf der gegenüberliegenden Kanalseite, kann man günstig einkaufen. Die Stadt ist ein Umschlagplatz für alle europäischen Waren – vom Anzug bis hin zu Schokolade –, die im übrigen Land oft teuer oder auch gar nicht zu bekommen sind und deshalb auch viele Großstädter anlocken.

Port Saids Geschichte begann mit dem ersten Spatenstich für den Sueskanal; mittlerweile leben 460 000 Einwohner in der Stadt, die einzig und allein von der Kanal-Wirtschaft und dem Handel mit Umschlagwaren lebt. Zwei Molen schützen den Hafen und die Kanaleinfahrt.

Glück und Unglück des Ortes hingen immer untrennbar mit den Ereignissen um den Sueskanal und den Sinai zusammen: Die Kriege mit Israel zerstörten die Stadt teilweise und brachten nach der Sueskanal-Blockade Armut und Not. Seit dem anhaltenden Frieden mit Israel aber erlebt man einen stetigen wirtschaftlichen Aufschwung. In Port Said – benannt nach dem unter Ismail regierenden Vizekönig Said Pasha – empfiehlt sich ein Spaziergang rund um den Hafen, wo riesige Kreuzfahrtschiffe auf Mittelmeer- oder Weltreise ebenso anlegen wie US-Flugzeugträger, die im Roten Meer und vor Arabien stationiert sind.

Ein Beispiel moderner Architektur ist die 1995 gebaute Moschee in Port Fuad,

Das Kolonialgebäude der Sueskanal-Verwaltung erscheint geradezu winzig gegenüber dem modernen Containerschiff

die man unbedingt besichtigen sollte. Port Saids Stadtarchitektur rund um die zentrale Sh. Gumhurriyya wird nach den Kriegszerstörungen von modernen Bauten dominiert. In einigen alten Gebäuden hat sich der englische Kolonialstil bewahrt, der allerdings nach den Kriegsschäden mehrheitlich nicht originalgetreu rekonstruiert wurde. Architektonisches Glanzstück ist das Sues Canal Building nahe der Anlegestelle der Fähre mit seinen weiß glänzenden Kolonnaden und drei türkisgrünen Kuppeln. Sehenswert ist – mit aller kritischen Distanz – das Militärmuseum an der Sh. 23. Juli nahe der Hafeneinfahrt, das die Sinaikriege, auch die großen Niederlagen, als Siege glorifiziert. Alles andere als ein touristisches Muss ist das Nationalmuseum in der Sh. Palestine an der Hafeneinfahrt bei den Hotels; eine eher armselige Sammlung zeigt Funde aus diversen Epochen seit der pharaonischen Zeit.

Der Strand in der Nähe der Kanaleinfahrt eignet sich nur bedingt zum Baden; obwohl die Strände selbst sauberer sind als noch vor Jahren – aber auf die Wasserqualität nahe einer der belebtesten Schiffahrtsstraßen der Welt hat man wenig Einfluss.

Will man von Port Said weiter Richtung östliche Mittelmeerküste reisen, muss man erst zurück nach Qantara und dort den Kanal mit der Fähre überqueren.

Entlang der Mittelmeerküste nach El Arish

Karte S. 233
Tipps und Adressen El Arish S. 323

»Horus-Straße des Krieges« nannten sie die Pharaonen, die Route entlang der Mittelmeerküste, die sie nach Phönizien führte. Via Maris, ›Straße am Meer‹, hieß sie bei den Römern. 15 km nordöstlich von Qantara zweigt nördlich ein Weg ab, 6 km von hier liegen die Ruinen von **Tell el Farama** 9 (lohnenswert nur für archäologisch Interessierte), dem antiken Pelusium, wo Pompejus ermordet wurde, was dann schließlich Cäsar nach Ägypten brachte. Im Grabungsfeld sind einige Granitsäulen und Zisternen zu sehen.

Pelusium war unter den Ptolemäern und den Römern eine wichtige Stadt. 306 v. Chr. versuchten die Heere des Ptolemäers Antigonus vergeblich, über Ägypten Asien zu erobern, wie der Geschichtsschreiber Diodorus Siculus im 1. Jh. v. Chr. berichtet. Hier zogen einst römische Heere und auch die Armee des Feldherrn Amr Ibn el As durch, der Ägypten islamisierte.

Nur wenige Kilometer entlang der Hauptstraße nach El Arish sind es zum **Bardawil-See** 10, den nur eine Kette von Sanddünen vom Meer trennt. Am 38 km langen Gewässer kann man wunderbar Kormorane, Fischreiher und rastende Zugvögel aus Europa beobachten. Für teilweise vom Aussterben bedrohte Wasservögel gilt der See als eine der bedeutendsten ökologischen Ni-

Straßenszene in Port Said

Verkaufsstand an der Großen Moschee in El Arish

schen im Mittelmeerraum, allerdings ist er stark bedroht.

Schon jetzt steigt der Spiegel des Mittelmeers stetig und frisst sich im Jahr bis zu 50 m landeinwärts. Bei weiteren Erwärmungen würde der Bardawil-See vom Meer überspült. Die Bewohner des Nord-Sinai verlören ihr zum Überleben nötiges Fischfanggebiet. Noch drastischer werden die Folgen für das fruchtbare Niltal westlich von Port Said eingeschätzt: Das steigende Wasser wird nicht nur Böden auffressen, sondern die südlicher liegenden Böden übersalzen und damit für die Landwirtschaft unbrauchbar machen.

Die wenig befahrene Straße nach El Arish führt weiter durch sanfte Wüstendünen. Gelegentlich sieht man Beduinen und wildlebende Kamele.

El Arish 11, galt nie als beliebtes Reiseziel europäischer Touristen. Eher war der Ort ein Tipp für Ägypter und junge Reisende, die an den einfachen Palmenstränden in schlichten Hütten wohnten und im Hochsommer die stets leichte und angenehme Brise genossen. Doch die Beschaulichkeit der Hauptstadt des Nord-Sinai (50 000 Einwohner), die vom Fischfang, der Landwirtschaft, der Gas- und Ölförderung lebt, ist dahin. Die Hütten gibt es nicht mehr; statt dessen stehen hier zwei Fünf-Sterne-Hotels, und ein Großteil der einst überall zugänglichen 30 km langen Küste gehört, ordentlich parzelliert, zu Ferienwohnungen und Villen wohlhabender Ägypter aus Kairo und Alexandria.

Trotzdem hat El Arish seinen Reiz nicht ganz verloren, und sei es nur in Form des jeden Donnerstag stattfindenden Beduinenmarktes, obwohl auch der allmählich unter dem Touristenzustrom zu einem Ramschmarkt verkommt. Be-

Vorbereitung zum großen Kamelrennen in El Arish

duinenfrauen verkaufen noch immer ihre traditionell handgefertigte Kleidung mit feinen Stickereien, für die der Nord-Sinai bekannt ist.

In biblischer Zeit gehörte der Ort zum jüdischen Königreich; die Byzantiner richteten einen Bischofssitz ein. Jerusalems erster Kreuzfahrerkönig Balduin I. starb hier. Nach dem Ersten Weltkrieg sollte auf Wunsch der Zionisten El Arish Teil einer Heimstatt für die Juden werden. Während der Sinai-Besatzung war es israelisch und ging erst mit dem Frieden von Camp David wieder in ägyptischen Besitz über.

Die Geschichte El Arishs und seiner Bevölkerung, die palästinensischen, türkischen, syrischen und verschiedenen jüdischen Ursprungs ist, dokumentiert ein Informationszentrum (Environmental Tourist Exhibition Center). Das Touristenbüro arrangiert Besichtigungen.

Vergangene Kolonialzeit und moderne Nahost-Geschichte symbolisiert 43 km östlich von El Arish der Ort **Rafah** 12. 1906 hatten die Engländer die ägyptisch-israelische Grenze willkürlich durch den kleinen, nicht sehr einladenden Ort Rafah gezogen, dessen einzige kleine Sehenswürdigkeit heutzutage ein samstäglicher Beduinenmarkt darstellt, noch ursprünglicher als der in El Arish.

Die internationale Presse schreibt häufig über das Schicksal der Palästinenser in Rafah, die hier oft im Transit auf unbestimmte Zeit feststecken und aus unerfindlichen Gründen weder nach Israel noch nach Gaza und auch nicht zurück nach Ägypten dürfen. Sowohl israelische als auch ägyptische Beamte schikanieren sie, kippen ihnen den Kofferinhalt auf den Boden oder lassen sie dann endlos auf die Abfertigung warten.

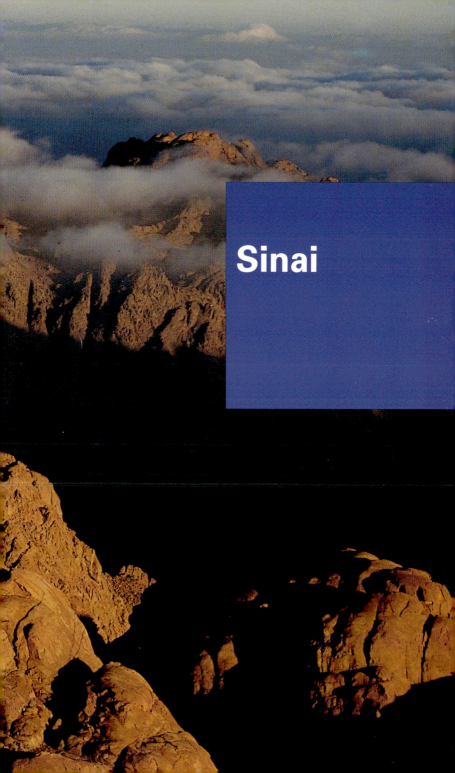
Sinai

Der westliche Sinai

Von Kairo entlang der Küste nach Abu Zenima und ins Wadi Nasib

Tipps und Adressen
Abu Zenima S. 312

Von Kairo Stadtmitte aus fährt man auf der Sh. Ramses Richtung Abassaya, von dort weiter über den Flyover, nach dem der Hauptverkehr links abbiegt. Richtung Sues geht es geradeaus weiter zur Schnellstraße nach Sues.

14 km nördlich von Sues Richtung Ismailia führt eine Abzweigung zum 1,7 km langen Ahmed Hamdi-Tunnel, der den Sueskanal unterquert. Er verbindet das ägyptische Festland mit dem Sinai, Afrika mit Asien. In wenigen Jahren soll ihn eine Brücke, zum Großteil finanziert von Japan, vom Schwerverkehr entlasten.

Von Sues führt die Strecke nach Sharm el Sheikh an der Westküste des Sinai (Golf von Sues) entlang und um die Südspitze herum. Die Straße ist gut ausgebaut, landschaftlich aber wenig aufregend. Man sieht im Golf Tank-, Fracht- und Kreuzfahrtschiffe passieren, zahlreiche Ölbohrtürme, mancherorts von Schlick und Teer arg verschmutzte Strände. Korallenriffe gibt es hier nur wenige, dafür aber zieht der Golf von Sues viele hartgesottene Surfer aus Kairo an.

26 km vom Ahmed Hamdi-Tunnel entfernt liegt zum Meer hin die Oase **Ain Musa** [1]. Muslimische Pilger, die früher auf ihrer Reise nach Mekka hier vorbeikamen, und Christen verehren diesen Ort, an dem in biblischen Zeiten die Israeliten nach der Durchquerung des Roten Meeres Rast machten. Als das Volk durstig war, aber es kein Wasser gab, stritt es heftig mit Moses. Da zeigte sich Gott und sprach zu Moses: »Dann sollst du (mit deinem Stab) auf den Felsen schlagen, und es wird Wasser aus ihm hervorströmen, so dass das Volk zu trinken hat. Und Mose machte es so vor den Augen der Ältesten Israels. Und er gab dem Ort den Namen Massa und Meriba wegen des Streitens der Söhne Israel, und weil sie den Herrn geprüft hatten, indem sie sagten: Ist der Herr in unserer Mitte oder nicht?« (Exodus 17,6-7).

Ain Musa – beim Blick auf die große Landkarte stellt man fest, dass es diesen Ortsnamen zwischen Palästina, Jordanien und Ägypten ziemlich oft gibt, im Volksglauben immer verknüpft mit der sagenhaften biblischen Begebenheit.

In der palmenreichen Oase gibt es noch heute eine Reihe von teils warmen Quellen; doch meist ist das Wasser brackig. Sie stehen im Erdinneren in Verbindung mit anderen Quellen, die jenseits des Golfes bei Ain Sukhna und bei Heluan südlich von Kairo entspringen.

Die Weiterfahrt ist landschaftlich monoton. Viele Strände sind hier noch immer wegen versteckter Minen gesperrt oder mit riesigen Lagertanks für Öl im Besitz von Petroleumfirmen.

34 km weiter südlich liegt **Ras Sudr** [2], ein bei Surfern beliebter Fleck, an dem 1996 ein feines Luxushotel eröffnete und seither fast immer ausgebucht ist. In dem kleinen Beduinenort gibt es

Sinai

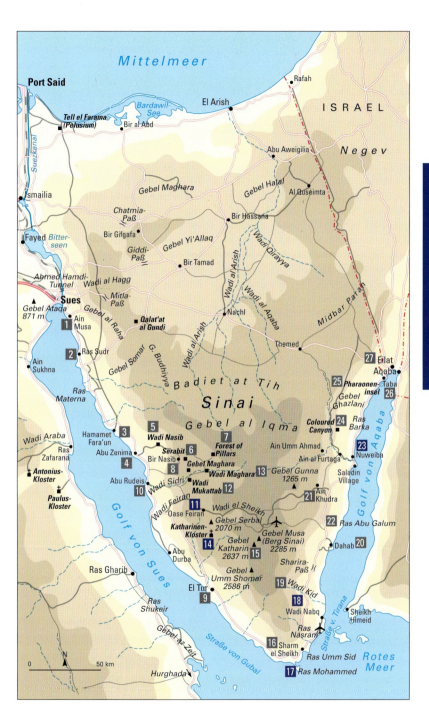

Telefon, eine Tankstelle mit Werkstatt, kleine Supermärkte.

Interessante Plätze für Schwimmer und für Surfer findet man entlang der nächsten 50 km bis Hamamet Fara'un. Man muss aber immer damit rechnen, dass Strände und Buchten nicht sauber sind.

Hinter El Gharandal biegt die Hauptstraße zunächst nach links ab. Eine Stichstraße führt rechts zum an der Küste gelegenen **Hamamet Fara'un** 3 (›Bad des Pharaos‹). Heiße Schwefelquellen (über 70 °C) treten aus dem Boden, wie man schon aus der Ferne an dem fauligen Geruch merkt. Beduinen und Reisende kurieren hier schon seit Menschengedenken ihr Rheuma; in einer Grotte im Fels findet man eine natürliche Sauna. Das abkühlende Bad kann man dann im Meer nehmen, falls es nicht gerade verschmutzt ist. Die Legende erzählt, der Pharao, der die Israeliten durch das Rote Meer verfolgte und dabei mit seinem ganzen Heer ertrank, soll hier als Gottes Fluch bis in alle Ewigkeit spuken. Mehrmals im Jahr machen sich Umweltschützer die Mühe, diesen beliebten Ausflugsort vom Restmüll seiner vielen Besucher zu befreien. Kommt man kurz danach, findet man einen sehr sauberen Strand vor. Ansonsten muss man mit starker Verschmutzung durch Dosen, Plastiktüten, Mineralwasserflaschen etc. rechnen.

Südlich des alten Dorfes von **Abu Zenima** 4, benannt nach einem islamischen Heiligen, liegt heute eine neue Siedlung, die zum größeren Teil aus Ölindustrie mit ihren Anlagen und Rampen besteht. Moses und die Israeliten sollen hier nach dem Zug durchs Rote Meer ihr Lager aufgeschlagen haben.

Als höchst sehenswerter Abstecher (mit einer Übernachtung) führt 2 km südlich der Tankstelle von Abu Zenima eine 40 km lange, anfangs leicht befahrbare, später für normale Pkws schwierige Straße durch das Wadi Matalla bis auf 3 km zu den antiken Türkisminen und zum berühmtesten, nicht am Nil gelegenen pharaonischen Heiligtum heran.

Vorbei am Gebel Matalla führt die Route ohne Abzweigungen auf einen Pass, von dem aus es in einer scharf nach Süden verlaufenden Kurve in das **Wadi Nasib** 5 geht. Ab hier werden die Straßenverhältnisse schlechter. Nach einigen Kilometern Küstenfahrt sieht man auf einem Hügel ein weißes Gebäude und erreicht danach Siedlung und Haus von Sheikh Barakat, wo man übernachten kann (als Geschenk für die Familie Proviant mitbringen!). Für die weitere, sehr unwegsame Strecke sollte man unbedingt einen Führer anheuern.

Auf zwei verschiedenen Wegen – jeder dauert ca. drei Stunden – geht man über ein Plateau mit antiken Wandzeichnungen hoch zu dem Tempel (850 m), der während der 12. Dynastie (20.–18. Jh. v. Chr.) der Göttin Hathor geweiht wurde und auch Inschriften der Pharaonin Hatschepsut aus der 18. Dynastie (16.–11. Jh. v. Chr.) aufweist.

Die Liebesgöttin Hathor wurde auch als Herrin des Türkislandes angebetet. Der Türkis gilt den Ägyptern seit jeher als besonderer Edelstein, weil die Farbe in Form einer Hand oder Auges neidvolle und böse Blicke brechen soll. Im pharaonischen Jenseitsglauben galt er als Sinnbild der Erneuerung.

Der Tempel wurde in mehreren Stufen erbaut und erweitert. Während der 12. Dynastie entstand die Felskapelle der Hathor, im Lauf der folgenden Jahrhunderte ließen verschiedene Pharaonen neue Räume hinzufügen; der letzte entstand gegen Ende des Neuen Reichs unter Ramses VI. (20. Dynastie, 12. Jh. v. Chr.).

Blick auf Serabit

Bemerkenswert ist die Anzahl von mit Inschriften überzogenen Stelen, die der Archäologe Flinders Petrie Anfang des 20. Jh. entzifferte; es handelte sich um genaue Berichte über diverse Expeditionen zu den Türkis- und Kupferminen (letztere im nahen Wadi Nasib). Darüber hinaus wies er nach, dass im Tempel die alten Ägypter gemeinsam mit Semiten ihre Religion ausübten; die aus Beamten und Schreibern bestehenden Expeditionen hielten keine Sklaven, sondern heuerten Halbnomaden an.

Einen nicht unbeschwerlichen Ausflug von **Serabit** 6 aus ist der Talkessel des Gebel Fuga (geologisch einmalig im Sinai) wert, wo ein kleiner Wald aus Lavasäulen, ›**Forest of Pillars**‹ 7, wächst. Über Gebel Fuga erreicht man mit einer Karte, oder besser noch einem Führer aus der Beduinensiedlung **Bir Nasib** 8, eine Region ehemaliger Kupferminen, sowie das Wadi Baba und das Wadi Kharig; vom Forest of Pillars kann man ins Wadi Feiran (s. S. 250) weiterfahren. Ausschließlich mit einem Führer sollte man vom Serabit el Khadem aus die Weiterfahrt ins Wadi Mukattab (s. S. 249) und von dort bis zum Katharinen-Kloster erwägen (s. S. 250). Die Strecke ist äußerst schwierig; man verfährt sich sehr leicht.

Nach 72 weiteren Kilometern auf der Küstenstraße erreicht man **El Tur** 9 (auch Tur Sinai genannt). Im 11. Jh. war der Ort durch Handel zu Wohlstand und Ruhm gelangt, heute ist El Tur eine unattraktive Siedlung und Verwaltungssitz des südlichen Sinai und lebt von der Landwirtschaft. Das moderne Kulturzentrum nahe der verfallenen Türkenfestung stiftete Japan. Die örtliche Kirche, in der im 15. Jh. 40 Kirchenleute von arabischen Stämmen ermordet wurden, gehört zum Katharinen-Kloster.

Von El Tur bis zum nächsten wichtigen Haltepunkt sind es 96 km auf der Küstenstraße, die mehr und mehr durch rötlich schimmernde Berge dominiert wird. Das Meer wird zur Südspitze sauberer, auch der Korallenwuchs nimmt zu, bis eine neuerdings ausgeschilderte Straße nach rechts in den Nationalpark Ras Mohammed (S. 261) führt.

Durch den Zentral-Sinai

Karte S. 245

Von der Küstenhauptstraße des westlichen Sinai zweigt 36 km südlich von **Abu Rudeis** 10 eine St. Catherine beschilderte Straße nach links in den Zentral-Sinai ab, die mit normalen Pkw über das Katharinen-Kloster bis an die Ostküste befahrbar ist. Das größte Wadi des Sinai, **Wadi Feiran** 11, erreicht man,

Wadi Feiran, Kloster

Totenhaus eines Sheiks im Wadi Feiran

wenn man nach der Abzweigung die Ebenen El Qa'a durchquert. Die Straße windet sich in den Zentral-Sinai hoch, landschaftlich eine wildromantische Route, die man nicht verpassen sollte.

Es lohnt sich, 22 km von der Küstenstraße entfernt (vor Beginn der Oase Feiran), einen Abstecher Richtung Norden ins Wadi Mukattab zum Tal der Inschriften zu machen. (Möglich ist das mit einem normalen Pkw, aber da der Weg sehr kompliziert ist, wird ein Beduinenführer dringend empfohlen.)

Nach 6 km ab Feiran (man hält sich auf der linken Seite des Wadis) sieht man im **Wadi Mukattab** 12 die ersten Inschriften, die sich über 2 km an den Felswänden verteilen (nirgendwo im Sinai findet man mehr antike Graffiti als in dieser Region). Zum Großteil stammen die Inschriften aus der Zeit der Nabatäer (3./2. Jh. v. Chr.), die von Petra aus den Handel im Norden Arabiens kontrollierten. Die älteste datiert aus der 3. Dynastie (um 2600 v. Chr.): Der Pharao Semerchet dokumentierte und pries seinen siegreichen Kampf gegen beduinische Räuber und Wegelagerer. Die antiken in Stein geritzten Zeichnungen sind mit Hieroglyphen in Nabatäisch, Hebräisch und Griechisch beschriftet. Hinter den Zeichen vermutete der englische Archäologe Flinders Petrie, der den Sinai im 19. Jh. systematisch bereiste, eine alphabetische Schrift, was er aber nie beweisen konnte. Zwar entsprachen die Hieroglyphen einer phonetischen Bildsprache, konnten aber letztlich wegen ihrer geringen Zahl keine sein, denn eine Bildsprache bedient sich hunderter Zeichen und Symbole.

Mit dem Wadi Mukattab lässt sich auch gleich das **Wadi Maghara** 13 erkunden, das sich in Wadi Iqna und Wadi Qanaia teilt, wo sich alte Türkisminen befinden. Vom Wadi Mukattab fährt man Richtung Wadi Sidri. Linker Hand Nordwesten geht es zum Grab Sheikh

Solimans; rechter Hand ins Wadi Maghara. 1 km weiter hat man die Anhöhe erklommen: rechts gelangt man ins Wadi Iqna, links ins Wadi Qanaia. Hier parkt man den Wagen und geht zu Fuß bis zu den Minen. Vom Wadi Maghara aus führt über 55 km eine äußerst schwierige Piste (nur mit Beduinenführer) zum Gebel Fuga, dem Talkessel mit dem Forest of Pillars, dem Säulenwald (s. S. 247). Zurück an der Weggabelung nahe dem Wadi Feiran fährt man nach links Richtung Katharinen-Kloster.

Nach gut 20 km beginnt das **Wadi Feiran**, in byzantinischer und römischer Zeit spirituelles Zentrum der Christenheit mit einem eigenen Bischofssitz. Die schöne und große Oase, die Gärten, große Palmenhaine und Tamarisken säumen, kämpft mit einem permanenten Müllproblem. An diesem Ort schlug nach der Überlieferung Moses mit dem Stab Wasser aus dem Felsen, wo die Israeliten ihr Lager bereiteten und später gegen Amalek kämpften. Moses betete am Gebel Tahuna: Am Fuß des Berges erinnert eine verfallene Kirche an die biblische Schlacht.

Ausgrabungen belegen, dass eine frühe christliche Besiedlung existierte; in zahlreichen Höhlen wollten Eremiten in Massen-Einsiedeleien in Askese nahe dem Berg Horeb leben (gemeint war der Gebel Serbal, der Ort der Gesetzgebung, heute der Mosesberg am Katharinen-Kloster).

Das Katharinen-Kloster

Tipps und Adressen S. 344

Das Wadi Feiran geht ins Wadi el Sheikh über. Von hier führt die Straße über den Watia-Pass zum Katharinen-Kloster (die Ausschilderung der Straße ist hier sehr gut). Die Straße schlängelt sich in engen Kurven, auf und ab, bis zu einer langen Geraden, die den Blick auf den Talkessel freigibt (eine der schönsten Sinai-Strecken), wo in 1570 m Höhe Moses und die Israeliten angeblich einst ihr Lager aufschlugen, nahe dem Moses- und Katharinen-Berg (höchster Berg Ägyptens).

Im **Katharinen-Kloster** [14] selbst sind Pilger nicht sehr willkommen. Die Mönche sehen sich weder als Seelsorger, noch zelebrieren sie Messen. Sie fühlen sich in ihrem Eremitendasein durch den touristischen Massenansturm extrem gestört. Dennoch: Auch das wenige zu Besichtigende lohnt einen Klosterbesuch. Vom Parkplatz aus führt ein sanft ansteigender Schotterweg in knapp zehn Minuten zum Plateau des Klosters. An einem Stand nahe der Touristenpolizei verkauft ein Beduine Dr. Ahmeds Kräutersäfte, die unter anderem Linderung bei Husten, Kopfweh und Bauchweh versprechen.

Namensgeberin des Klosters ist Katharina; eine junge Frau aus Alexandria, die Anfang des 4. Jh. während der Christenverfolgung den Märtyrerod starb. Katharina war klug, schön, belesen und aus bestem Hause. Ihr Todesurteil unterschrieb sie, als sie versuchte, Kaiser Maximianus von seinem Glauben abzubringen. Bei der öffentlichen Enthauptung floß statt Blut Milch aus ihrem Körper, erzählte man sich. Danach brachten Engel den Leichnam auf den Gipfel des Berges, wo ihn Mönche fanden und eigens eine Kapelle errichteten. Ein Stück der Marmorsäule, an die Katharina vermutlich angebunden war, findet sich in der Kapelle. Erst im 10. Jh. benannte man das Kloster, bis dahin der Gottesmutter geweiht, offiziell in Katharinen-Kloster um.

Die Geschichte hängt (sie ist historisch nicht belegt) mit der Ausbreitung des Christentums zusammen, das der heilige Markus nach Ägypten trug. Die ersten Eremiten kamen 300 an den Berg Sinai, um nur für Gott in Askese zu leben, wie Antonius.

Der konvertierte Kaiser Konstantin und seine Mutter Helena pilgerten 327 zur Stelle des brennenden Dornbusches, und Helena stiftete 330 eine der Gottesmutter geweihte Kapelle auf dem Berg Sinai. Eine Pilgerwelle unter der Aristokratie des Byzantinischen Reiches brach aus, und eine Reihe von Geistlichen blieb gar für immer, um auf dem Berg Kälte, Hunger und Hitze zu trotzen.

Im 6. Jh. errichtete Kaiser Justinian eine schützende Befestigung, weil Mönche und Pilger von Räubern und Wegelagerern überfallen wurden. Den Bau

Das Katharinen-Kloster am Berg Moses

der Hagia Sofia und der Basilika befahl ebenfalls Justinian (530). Heute gleicht die christliche Stätte einer Festung (15 m hohe Granitmauer), die seit jeher wertvolle Sammlungen von Ikonen und Manuskripten beherbergt.

Das älteste von christlichen Mönchen bewohnte Gotteshaus gehört nicht zur koptischen Kirche Ägyptens, sondern zur griechisch-orthodoxen (Griechenlands). Früher lebten Mönche aus vielen verschiedenen Ländern im Kloster, heute sind es ausschließlich Griechen, Syrer und Armenier, die ihren gemeinsamen Tag um 4 Uhr beginnen und etwa 17 Uhr beenden. Aus geographischen Gründen genießt der Orden größte Unabhängigkeit, die sich in der Wahl des Erzbischofes von St. Katharina (kleinstes Bistum der Welt) manifestiert. Den Bischof (gleichzeitig auch Abt) weihen der Patriarch von Jerusalem, ein ökumenischer Patriarch der griechisch-orthodoxen Kirche Griechenlands sowie die Bischöfe von Alexandria, Konstantinopel, Rom und Moskau.

Wie das Kloster in islamischem Herzland die Jahrhunderte fast unbeschadet überstand, hängt mit dem sogenannten Schutzbriefs des Propheten Mohammed zusammen. Ägypten wurde 640 friedlich islamisiert, und obwohl das Kloster plötzlich so etwas wie ein vorgeschobener Posten der Christenheit war, konnte es sich sicher fühlen, denn 15 Jahre, bevor sich der Islam in ganz Arabien verbreitet hatte, war der reisende Prophet Mohammed im Kloster zu Gast und von den Mönchen höchst zuvorkommend behandelt worden. Der frühe Islam verzichtete ausdrücklich auf Zwangsmissionierung und -bekehrung, und so stellte der Prophet einer Abordnung von Brüdern, die ihn in Mekka aufsuchte, ein Schutzschreiben für das Kloster aus. Besiegelt mit seinem Handab-

Die Unterschiedlichkeit der Baustile spiegelt die lange Geschichte des Katharinen-Klosters

druck sicherte er ausdrücklich den Erhalt der geistlichen Stätte und die Glaubensfreiheit der Mönche zu (eine Kopie findet man am Eingang des Klosters rechter Hand der Stufen des Gewölbes).

Die Mönche pochen auf die Echtheit des Briefes, die Wissenschaft spricht von einer gekonnten Fälschung aus Mönchshand. Dagegen spricht wiederum ein Bezug in Sure 95 des Koran, in welcher der Prophet einleitend »beim Feigenbaum und dem Ölbaum und dem Berg Sinai und diesem sicheren Gebiet« schwört. Wie auch immer – das Papier verfehlte seine Wirkung nicht: ein ägyptischer Herrscher nach dem anderen erneuerte den Schutzbrief für das Kloster, das etwa hundert derartige Dokumente besitzt. 1517, als ottomanische Truppen den Sinai besetzten, stahlen diese das ›Original‹, gaben es dem Sultan in Istanbul als Geschenk und hinterließen dem Kloster nur die bis heute erhaltene Kopie.

Nur ein kleiner Teil der gesamten Klosteranlage, die im Inneren aus wenigen Gassen, vielen Treppen und verwinkelten Gebäuden besteht, ist für Besucher geöffnet. Das Kloster zieht sich über zwei Ebenen hinweg, die Grundfläche beträgt 85 m × 75 m, die 13–15 m hohen rötlichen Granitmauern aus dem 6. Jh. sind in bestem Zustand. Der Eingang befindet sich an der Nordostseite.

Der Brief Konstantin von Tischendorfs und der Schutzbrief des Propheten hängen in einem dunklen Gewölbe, das an einem Buchladen vorbei zur äußeren Gasse des Klosters führt. Links geht es zum brennenden Dornbusch, rechts zur Basilika Justinians, vor dem sich ein seit kurzem stillgelegter Brunnen befindet, aus dem angeblich Moses getrunken haben soll.

Die frühbyzantinische Basilika (Grundfläche 40 m × 20 m) betritt man seitlich durch die Vorhalle, eine mit Ikonen dekorierte Galerie. 2000 Ikonen – die älteste datiert aus dem 6. Jh. – beherbergt das Kloster, weltweit die wichtigste Einzelsammlung. Das Kloster geriet nie in den Bilderstreit des 8. und 9. Jh., der mit einem Verbot der Anfertigung und Verehrung von Heiligenbildern endete und deren Zerstörung und Schwärzung verlangte.

Am Ende der Vorhalle sind in Vitrinen Kopien einiger wertvoller Bibeln aus Äthiopien, Persien, Georgien und Griechenland ausgestellt. Schön sind auch die nach außen führenden Holzportale. Die Darstellungen von Christus mit verschiedenen Tieren sind Originale. Auf dem Niveau des brennenden Dornbusches liegt das breite Mittelschiff der Basilika, getragen von zwei Reihen mit je sechs Säulen und gesäumt von zwei schmalen Seitenschiffen. Das Innere wirkt mit seinen Ikonen, Kerzenleuchtern und Lüstern auf uns heute sehr überladen.

Die Apsis zeigt als original erhaltenes frühchristliches Mosaik die Verklärung Christi auf dem Berg Tabor (Matthäus 7, 2–5). Um Jesu gruppieren sich Moses und Elias, zu seinen Füßen liegend Petrus, sowie Jakob und Johannes seitlich kniend. 32 Medaillons rahmen die zentrale Szene ein, zeigen Bilder der zwölf Apostel, 16 Propheten, der beiden Stifter des Mosaik (links und rechts in der Ecke) sowie König David (im Medaillon unter Jesu) und eine Kreuzdarstellung (im Medaillon über Christus' Haupt). Moses steht am brennenden Dornbusch und nimmt die Zehn Gebote entgegen (über dem Doppelfenster).

Der marmorverkleidete Altar beherbergt links und rechts zwei Schreine der Katharina (mit Goldkrone geschmückter Kopf, mit Goldringen dekorierte Hand Katharinas), Schenkungen der russi schen Zaren Peter der Große (1680) und Alexander II. (1860). In den nicht zugänglichen Seitenschiffen reiht sich Kapelle an Kapelle. Eine weitere Besichtigung der Basilika ist nicht möglich, außer für privilegierte Reisegruppen.

Zurück durch die Basilika, an der Mosesquelle und am Klostereingang vorbei, stößt man am Ende der Gasse auf den von einer Mauer geschützten sogenannten brennenden Dornbusch, eine Pflanze, die auf dem Sinai nur zwölfmal existiert.

Der Glockenturm, ein Zarengeschenk aus dem 19. Jh., besitzt zehn Metallglocken sowie eine aus Holz, die allmorgendlich geschlagen wird, während die Metallglocken nur an Fest- und Sonntagen zu hören sind. Neben dem Turm liegt die Moschee, die Archäologen zufolge in der Grundstruktur ein umgebautes Gästehaus ist und im 11. Jh. zur Besänftigung des vandalierenden Kalifen und Christenfeindes Al Hakim erbaut worden war.

Nur ausgewählten Fachbesuchern ist die Bibliothek südlich der Basilika zugänglich. Sie beinhaltet rund 2000 Bücher und Manuskripte in zwölf Sprachen (u. a. Griechisch, Syrisch, Armenisch, Arabisch, Polnisch) des 3.–19. Jh.; die größte Handschriftensammlung (3500 Bände) nach der des Vatikans, darunter die ältesten Bibeltexte, den Codex Syriaticus (2. Jh.) und Teile des nicht minder bedeutenden Codex Sinaiticus (4. Jh.), der wiederum eng verbunden ist mit der Geschichte des Leipziger Theologen Friedrich Konstantin von Tischendorf (1815–1874).

Der sächsische Theologe war von 1844 an auf Order des Zaren Alexander des Großen, Schutzherr der Christenheit im Orient, mehrmals für Studienzwecke in St. Katharina und dort unter anderem mit Hilfe eines Mönches auf den Codex gestoßen, den er schließlich an sich nahm. »Ich verspreche«, schließt der als Faksimile im Klostereingang ausgestellte Brief von Tischendorfs, »dieses Manuskript unbeschädigt und in gutem Zustand dem Kloster zurückzugeben«. Die Rede ist vom Codex Sinaiticus, und der gelangte nie mehr ins Katharinen-Kloster zurück, sondern liegt zum Großteil seit 1933 – nach vielen Umwegen – im Britischen Museum in London, welches 347 Bibelpergamente für 100 000 Pfund kaufte (noch heute sprechen die Sinai-Mönche von Diebstahl, obwohl sie später selbst die Leihgabe in ein ›Geschenk‹ umwidmeten, für das sie vom Zaren 27 000 Goldmark bekamen). Ein anderer Teil des Tischendorf-Fundes, 53 Pergamente, liegt als Codex Friederico Augustinus in Leipzig; Tischendorfs Geschenk an König Friedrich August I., den großzügigen Finanzier seiner Forschungsreisen.

Die Bibliothek im Katharinen-Kloster

Möglicherweise ist die Geschichte des Fundes aus dem Papierkorb nur eine nachgeschobene Rechtfertigung von Tischendorfs, denn sie widerspricht allen Schilderungen, wonach die Mönche (und das ist bis heute so) sehr genau wussten, welche Schätze sie besitzen. Angeblich war es nämlich ein Abfallkorb mit Pergamenten zum Verheizen, in dem Tischendorf den Codex entdeckt hatte, ein in Großbuchstaben und griechischer Sprache verfasstes Pergament, dessen Bedeutung für die Bibelforschung er sofort erahnte, da der Sinai-Fund umfangreicher war als etwa der bis dahin bekannte Codex Vaticanus und sowohl Altes (teilweise) als auch Neues Testament (vollständig) umfasste.

Tischendorf war auf der Suche nach unentdeckten Bibelhandschriften bereits viele Jahre im Orient unterwegs gewesen und hoffte, mit der ältesten Kopie nun dem Inhalt und dem Wortlaut der echten Bibel ein Stück näherzukommen. Tatsächlich erwies sich bei der Übersetzung, die Tischendorf in Rekordzeit anfertigte, dass die vier Schreiber, denen der Codex diktiert worden war, der Nachwelt die einzig bekannte Kopie des griechischen Neuen Testamentes

Father John vor der Kulisse seines Klosters

hinterließen. Unsicher ist, wo der Codex angefertigt wurde, möglicherweise in der Umgebung von Caesarea (heute Israel), nachdem Konstantin der Große das Christentum als Religion in seinem Reich anerkannt und 331 befohlen hatte, die neue Religion in Wort und Schrift zu verbreiten. In detektivischer Kleinarbeit revolutionierte Tischendorf mit Übersetzung, Vergleich und Analyse des Codex Sinaiticus die Bibelforschung: seither ist unter anderem klar, dass das Evangelium von Markus älter ist als die Evangelien von Matthäus und Lukas. 1975 machten die Mönche nach einem Brand hinter einer Wand eine weitere sensationelle Entdeckung: sie fanden z. B. auch syrische Manuskriptrollen und ein Dutzend Pergamente, die Bestandteil des Codex Sinaiticus sind.

So wenig zugänglich wie die Bibliothek ist die Ikonengalerie, größter Schatz des Katharinen-Klosters. Deren unermesslichen Reichtum an kostbaren Unikaten kann man nur erahnen, wenn man die kleine Ikonenauswahl in der Basilika gesehen hat.

Den Garten außerhalb des Klosters versorgt eine Bergquelle mit ausreichend Wasser. Hier wachsen Oliven, Aprikosen, Orangen und Gemüse.

Lohnenswert ist ein Besuch in der Kapelle des Tryphon, in der die Skelette der verstorbenen Mönche aufbewahrt werden. Der felsige Steinboden rund ums Kloster macht das Anlegen von Gräbern unmöglich, wobei die frisch Verstorbenen für etwas mehr als ein Jahr auf einem Durchgangsfriedhof neben der Kapelle in der Erde begraben werden, bis ihre Leichname skelettiert sind.

Im Gebeinhaus herrscht eine dem Klosterleben entsprechende Hierarchie: Soweit es sich um einfache Mönche handelt, werden die Knochen auf einen Haufen geschichtet, die Schädel auf einen anderen. Märtyrer und Bischöfe werden in Holzkästen in ausgewählten Nischen der Kapelle verstaut.

Der 2285 m hohe Mosesberg ist Muslimen und Juden ebenso heilig wie den Christen, die hier die Übergabe der Zehn Gebote an Moses ansiedeln. Den Mosesberg, der einen überwältigenden Blick über den Sinai bietet, kann ein guter, zügiger Bergwanderer in rund drei Stunden besteigen. Wer, wie die meisten Besucher, wegen der schon morgens hohen Temperaturen in der Nacht zu dem Marsch aufbricht, verpasst natürlich viel von der wunderbaren Landschaft (von November bis März kann man die Tour auch bei frühem Tageslicht beginnen, ohne die Mittagshitze fürchten zu müssen).

Nahe dem Kloster führt der Schotterweg in Serpentinen auf den Berg. Vor dem letzten, steilen Stück lädt ein Plateau mit einer großen Zypresse zur Rast ein. Hier soll der Herr Elija erschienen sein, und hier sollen sich zwei Höhlen befunden haben. In der einen versteckte sich Elija vor den Israeliten, die ihn töten wollten; in der zweiten soll er sich verborgen haben, nachdem er die Priester, die dem heidnischen Gott Baal dienten, ermordet hatte. Eine verlassene Kapelle erinnert an den Propheten.

Vom Mittelplateau führen nun die höchst anstrengenden Stufen zum Gipfel, kurz darunter liegt ein kleines Plateau mit einem Stein, der den Fußabdruck eines Kamels des Propheten zeigt (sagt ein beduinischer Volksglaube). Anstelle der von Kaiser Justinian im 4. Jh. errichteten Kapelle steht auf dem Gipfel ein Neubau aus den 30er Jahren des 20. Jh. Eine Moschee erinnert an den als heilig verehrten Propheten Nebi Saleh, der hier in den Himmel aufstieg.

Zum Abstieg bieten sich zwei Wege an: zum einen der Pfad, auf dem man hochkam, zum anderen die Moses-Stiege Sikket Saydna Musa, ungeübten Wanderern nicht zu empfehlen, weil der Abstieg sehr steil ist, in die Knie geht und bei Fehltritten gefahrenträchtig ist. Die 3700 Granitstufen hat ein Mönch in Erfüllung eines Gelübdes angelegt.

Für sportliche, gut trainierte Bergeher lohnt es sich, den wirklich besten Ausblick (bei gutem Wetter vom Golf von Sues bis über den Golf von Aqaba, Jordanien, Saudiarabien) über den Sinai zu erleben: vom Gipfel des **Katha-**

rinen-Berges 15 (2642 m). Fünf Stunden dauert der Auf-, etwa drei der Abstieg, dessen Pfad ebenfalls in Erfüllung eines Mönchsgelübdes entstand. Die Rebhuhnquelle im ersten Drittel des Aufweges erinnert an pilgernde Mönche, die beim Aufstieg vor Hitze und Durst umzukommen drohten. Da flog nach der Legende ein Rebhuhn hoch und zeigte den Gottesleuten die rettende Quelle. Die Kapelle auf dem Gipfel beherbergt einige unbedeutende Ikonen; in zwei Kammern können Pilger übernachten, den Schlüssel muss man vorher im Katharinen-Kloster besorgen haben.

Hat man das Katharinen-Kloster und seine Hausberge erkundet, fährt man den Weg zurück, den man gekommen ist. Von der Kreuzung der Straße Wadi Feiran–Katharinen-Kloster/Nuweiba–Katharinen-Kloster führt in nördlicher Richtung eine für alle Autos befahrbare feste 4,5 km lange Piste zur Blauen Wüste, wo einen das höchst umstrittene Werk des belgischen Künstlers Jean Verame erwartet: »Peace Junction«. 14 km² Felsen bemalte Verame Anfang der 80er Jahre mit Zustimmung des damaligen Präsidenten Anwar el Sadat mit der Himmelsfarbe Blau – als Symbol für den 1979 in Camp David geschlossenen Frieden zwischen Ägypten und Israel. Die Farbe ist im rauen Klima verblasst, wie im wirklichen Leben auch der Geist des Camp-David-Abkommens.

Über die gut ausgebaute Straße gelangt man von hier an die Ostküste nach Nuweiba.

Autopanne in der Wüste

Sharm el Sheikh und die Sonnenküste

Karte S. 245

Sharm el Sheikh, größter Ferienort Ägyptens, ist Ausgangspunkt für eine Reise über Dahab und Nuweiba bis nach Taba, mit einem Abstecher in den israelischen Badeort Eilat.

Sharm el Sheikh

Tipps und Adressen S. 343

16 Wer Sharm, wie man hier kurz sagt, früh morgens von Süden kommend mit dem Auto erreicht, den begrüßen in der Maya Bay Hunderte weiße Jachten, die hier vor Anker liegen. Davor dümpeln einige kleine Fischerboote. Das Blau des Meeres und des Himmels sind noch kräftig, noch nicht vom stechenden Sonnenlicht gebleicht. Gut 20 000 Touristenbetten zählte der Ort Sharm el Sheikh 2001, und Ende des Jahrzehnts sollen es doppelt so viele geworden sein.

»Charme el Sheikh« und »Charme el Chic« beliebt der örtliche Tourismusmanager zu kalauern, um sich ganz deutlich vom billigeren Hurghada-Tourismus abzugrenzen. Der Preisunterschied ist entsprechend. Billig ist der Urlaub in Sharm el Sheikh nicht, die Anreise vielleicht mal ausgenommen. Für sein Geld, sagt der Mann, bekomme man aber auch etwas. Kein Gebäude sei höher als drei Etagen. Der Urlauber genieße also von überall Blick auf die wunderbaren Berge, und überhaupt, fragt er rhetorisch, sehe Sharm mit seinen vorherrschend weiß getünchten Häusern und Hotels nicht so einladend aus wie ein griechisches Inselstädtchen in den Kykladen?

Den Großteil der Urlauber stellen mittlerweile nicht mehr Taucher und Surfer, sondern ganz normale Badetouristen – das ökologische Problem ist aber nach wie vor die absolute, nicht die relative Zahl von Tauchern, unter denen die herrlichen Riffe ziemlich leiden. Allerdings, auch das muss man sagen: In den letzten Jahren sind viele Taucher rücksichtsvoller, umweltbewusster geworden – und auch mutiger. So wagen sie schon mal Unterwasser-Vandalen mit einem kleinen Zug an der Tauchermaske den Weg nach oben zu weisen.

Die Hauptstadt des Sinai-Tourismus erstreckt sich über 12 km, beginnend im Süden mit dem Dorf Sharm el Sheikh an der Sharm el Sheikh Bay und der Sharm el Maya Bay. Das große Touristenzentrum liegt fünf Autominuten nördlich, an der kleinen Na'ama Bay und wird sich in den kommenden 5–15 Jahren, nachdem alle geplanten oder schon begonnenen Hotelprojekte abgeschlossen sind, über Tiger Bay und Shark Bay bis auf die Höhe des Flughafens von Ras Nasrani und darüber hinaus erstrecken.

War Sharm anfangs eine Urlauberoase, die man kaum verlassen hat, so ermöglichen mittlerweile Reiseagenturen und Mietwagenfirmen, dass man organisiert oder auf eigene Faust von hier aus den Sinai erkundet, vor allem die traumhafte Sonnenküste des Ost-Sinai.

Sharms Touristenbasar liegt in der Na'ama Bay: Juweliergeschäfte, Souve-

Sharm el Sheikh liegt wunderschön vor der Bergkulisse

Sharm el Sheikh

Wellness im Palast der Düfte

"Sharm's Delight«, »Red Sea Ecstasy«, »Isis' Bliss« und »Cleopatra's Indulgence« sind nicht die Namen verheißungsvoller Cocktails, so nennen sich Spa-Kuren, die das Ritz Carlton-Hotel in Sharm el Sheikh anbietet – Ägypten-Urlaub in Aromen und Düften. Der Trend kommt aus Amerika: »Day Spa«.

Von dem lateinischen *sanus per aquam*, kurz Spa (zu deutsch »Gesund durch Wasser«), versprachen sich schon die Römer Schönheit und Wohlergehen, und so räkelten sie sich in spritzigen Wasserfontänen, Dampfsaunen und Massagebädern, wobei sie Essenzen aus Ägypten verwendeten: Kümmel-, Eukalyptus-, Pfefferminz- und Rosenöle – so ahmt es heute das Ritz Carlton, ein Palast der Düfte, nach.

Über eine Fläche von 100 000 m² erstreckt sich die elegante Anlage mit 307 Zimmern, Haar- und Beauty-Salon, Aerobic- und Fitness-Studio, Tennis- und Golfplatz, Swimming-Pool, mehreren kleinen Buchten, Tauch-Center, einem Schiffswrack vor dem Hausriff und einem Amphitheater. Inmitten eines üppigen Gartens, umgeben von Palmen und Dattelbäumen, wunderschönen Bougainvilleen, Blumenrabatten und Kakteen vereint das Ritz Okzident und Orient, nicht nur in Design und Architektur. Die angebotene Küche ist orientalisch, europäisch und asiatisch. Das tägliche Motto der Angestellten wider dem sonst üblichen ägyptischen Schlendrian lautet: *We are ladies and gentlemen, serving ladies and gentlemen.*

Goldfarbener Sand, türkisfarbenes Meer und die Sinai-Berge als Kulisse für einen erholsamen Urlaub. In einem arabischen Zelt auf einer einsamen Klippe lässt man sich mit reinen ägyptischen ätherischen Ölen, süßem Mandel- oder Limonenöl verwöhnen, wie einst Kleopatra. »Cleopatras Indulgence« verspricht drei Stunden Relaxen pur.

Die orientalische Kultur des Duftes ist rund 5000 Jahre alt. Damals rührten die Priester der Pharaonen Pflanzensäfte und Harze zu einer heilsamen Tinktur an, die sie entweder als Beruhigungsmittel oder Antidepressivum verabreichten sowie zum Desinfizieren oder Reinigen von Wunden nutzten. Düfte waren auch Opfergaben an die Götter: Mit ätherischen Ölen balsamierte man die Toten ein und bettete sie in wohlriechende Zedernholzsärge. Auf Wandreliefs in Tempeln sind Rezepte und Produktion detailliert in Hieroglyphen beschrieben. In Tut-Anch-Amuns Grab fand man Alabasterkrüge mit gut erhaltenen ätherischen Ölen – klassische Grabbeigaben.

Ätherische Öle werden aus Blüten, Blättern, Nadeln, Früchten, Samen, Kräutern, Rinde oder Wurzeln gewonnen, u. a. durch Destillation. Für die Aroma- und Dufttherapie verwendet man nur reine ätherische Öle – zum Inhalieren, für Wickel, Bäder und Massagen. Um 100 % unverfälschtes ätherisches Öl zu erhalten, braucht man für 1 kg Öl 150 kg Lavendel, für 1 kg Rosenöl 2 t Rosenblüten, wobei die Qualität wild wachsender Pflanzen besser ist als die von Gewächshauspflanzen.

nirhandel, Apotheken, Banken und Supermärkte. Große Hotels, die außerhalb des Zentrums liegen, stellen morgens und am späten Nachmittag Shuttle-Busse zur Verfügung. Taxis fahren rund um die Uhr. Fliegende Händler verkaufen entlang der Promenade und an den Strandzugängen vor allem deutsche und italienische Zeitungen. Man spricht Deutsch und Italienisch – auch die dienstbaren Ägypter, die die Aussicht auf relativ guten Verdienst und satte Trinkgelder aus Kairo, Alexandria, Luxor und Port Said in die Enklave am Meer zog.

Noch vor 12–15 Jahren schlugen an der Na'ama Bay Camper ihre Zelte neben frei laufenden Kamelen auf. Heute säumen weiß, blau, gelb getünchte Fünf-Sterne-Hotels mit Pool, gezüchtetem saftig grünen Rasen und Palmen die ovalförmige Bucht. Eine Promenade trennt die Hotelkarrees vom Strand, wo sich Sonnenschirm an Sonnenschirm im weißen Sand reiht.

Die örtliche Wassersportindustrie lockt mit Videos und Plakaten zu Trips mit dem Glasbodenboot, zum Wasser- und Jetskifahren, zum wilden Gruppenritt auf der Wasserbanane oder zum Paragliding. Dem Urlauber fällt kaum auf, dass die Infrastruktur Sharm el Sheikhs einem abgelegenen Bergdorf gleicht, das weder Landwirtschaft noch eine Wasserquelle hat. Lkws karren von der Milch bis zur Seife alles heran; Tanker und eine Pipeline versorgen Sharm mit Wasser von der Sinai-Westküste und dem Niltal; einen kleinen Anteil produzieren einige Meerwasser-Entsalzungsanlagen, meist im Besitz großer Hotels.

Pro Kubikmeter Trinkwasser zahlen die Hotels rund 5 Dollar. Wieviel Geld mag hier alleine in jedem Quadratmeter Rasen stecken, den Beduinen in sauberen Blaumännern morgens und abends pflegen und wässern? Wieviel mehr Wasser wird man erst brauchen, wenn an der gesamten Küste die 2,5 Milliarden Dollar internationales Investment verbaut sein werden, von denen die Rede ist?

Für *international entertainment* sorgen im Nightlife von Sharm Tanztruppen, Russian Shows aus dem ehemaligen Ostblock, darunter Russinnen, Tschechinnen und Ungarinnen. Am Abend flanieren Frauen in Miniröcken und trägerlosen Tops, Männer mit weißen Hosen und Hawaiihemden auf der Promenade, schlendern durch die kurze Fußgängerzone mit ihren Geschäften. In den Cafés raucht man Wasserpfeife mit Apfelgeschmack, *shisha tufah*, und trinkt Tee mit Minze. Erst um Mitternacht erwacht das wahre Nachtleben. Im Cactus, im Bus Stop und im The Spot erklingen harte Beats, Softrock, Funk und Reggae bis Sonnenaufgang, wenn die letzten Paare in ihre Hotels zurücktrotten.

Nationalpark Ras Mohammed

Wer sich im Urlaub nur mühsam vom Pool wegbewegen mag, der sollte dies wenigstens ein einziges Mal tun – um an der Südspitze der Insel den fantastischen Nationalpark Ras Mohammed zu besichtigen:

Wegen seines reichen Unterwasserlebens zählt **Ras Mohammed** [17] zu den großen Meeresparks der Erde und ist schon deshalb ein Muss für jeden Sinaibesucher, egal ob Taucher, Schnorchler oder einfach Naturfreund. Die nur etwas über 3 km lange Halbinsel (insgesamt 400 km²) wurde am Tag der Umwelt, am 5. Juni 1983 als Kernstück des »Ras Mohammed Marine National Park Project«

Richtig Reisen Tipp

Ein Paradies für Taucher

Was man auf dem Sinai an Land zwischen Bergen, Wüste und Meer gelegentlich an Natur und Üppigkeit vermisst, das findet man in mannigfacher und farbenprächtiger Weise unter Wasser. Soldaten-, Kaiser- und Feuerfische, Mantas, Rochen – das Rote Meer ist eines der aufregendsten Tauchreviere der Welt, da es keine Korallenbleiche gibt wie etwa im Indischen Ozean. Und diese Welt der grellen Farben erschließt sich zum Teil sogar dem Schnorchler, der schon am Hausriff seine Begegnung mit Napoleonfischen und kleinen (ungefährlichen) Haien machen kann.

Beliebte Tauch-Spots an der Ostküste:

Sharm el Sheikh

Jackson Reef: 1 km entfernt von der Tiran-Insel, Südseite ideal zum Abstieg; durchschnittliche Tiefe 25 m, farbenprächtiger Korallenwuchs.
Woodhouse Reef & Thomas Reef: Ostseite steil abfallend, in 35 m Tiefe zweites Riff, der tiefe Canyon ist nicht betauchbar. Vorsicht: vor allem – aber nicht nur – an der Nordseite starke Strömungen.
Gordon Reef: starke Strömungen, Ostseite auf 15 m bevorzugter Startplatz, fischreich an der Kante.
Ras Nasrani: 9 km nördlich Na'ama Bay, erreichbar über die Piste nördlich von Sharm el Sheikhs Flughafen, 10–15 m flacher Tauchgrund, Riffabfall 60 m, gut geeignet für Nachttauchgänge, auch für Schnorchler geeignet.
Shark Bay: 5 km nördlich Na'ama Bay, 45 m tief, schnell steil abfallendes Riff, ab und an werden hier Haie und Manta-Rochen gesichtet.
The Gardens: nördlich Na'ama Bay, ältestes Tauchgebiet, ein Paradies für Fotografen, 45 m tief, sehr schöne Korallen.
The Tower: 3 km südlich Na'ama Bay, der am besten von Land zugängliche Tauchplatz mit leichtem Einstieg, steil bis 80 m abfallender Canyon.
Ras um Sid und The Temple: Sharm el Maya, von Land zugänglich, starke Strömung, 25 m tief; 1 km westlich des Ras liegt in der Mitte der Bucht The Temple umgeben von anderen Korallenformationen (Bootsanfahrt), viele Riff-Fische, Weichkorallen, Korallenturm auf 15 m.

Ras Mohammed

Shark Observatory Bay: das Juwel von Ras Mohammed, zugänglich von Land und vom Boot aus, Steilabfall bis 70 m, Haie lassen sich nur noch gelegentlich blicken.
Shark Reef und Yolanda Reef: Riffe wachsen aus dem sandigen Meerboden bis zu 30 m in die Höhe, vielbesucht, aber wegen der starken Strömung auf keinen Fall für Anfänger geeignet.

Fischerman's Bank (Jackfish Alley): 1,7 km nördlich des Ras Mohammed-Kliffs, Zugang von Land bei unruhiger See schwierig, sehr schöner Tauchplatz für Geübte.

Eel Garden: leicht zugänglich von Land, bis 15 m, Sandboden, das Riff gleicht einer Unterwasserfortsetzung eines mächtigen Wadis.

The Qay: leicht erreichbar, überbordender Reichtum an Korallen, Fischen, auch Seeschildkröten; mineralhaltiges, mit Sand vermischtes Wasser entströmt einer warmen Quelle im Riffdach und behindert die Sicht.

Sha'ab Mahmoud: Die nach Süden offene Lagune erstreckt sich über 12 × 5 km westlich von Ras Mohammed. Boote können hier schwer ankern; manche Plätze sind nur mit Dingi erreichbar.

The Alternatives: 15 Riffs über 1,8 km, eine Alternative , wenn unruhige See und Strömungen in der Umgebung das Tauchen erschweren, gut geeignet für Nachttauchgänge, besonders interessant am westlichen Ende des Riffs: die Stingray Station, ein dreizungiges Riff, wo man relativ oft Leopardenhaie sieht.

The Dunraven: Das gesunkene Dampfsegelschiff (Zweimaster, 90 m lang) Dunraven wurde 1979 auf 28 m Tiefe entdeckt, im Wrack braucht man gutes Licht, Zugang durch den Maschinenraum in der Mitte; nur per Boot (1,5 Std. von Ras Mohammed) zu erreichen.

North Passage: gefährliches Gebiet (unberechenbare Winde und Strömungen), bei ruhiger See ein phantastischer Nachttauchgang.

Small Passage: 7 km südöstlich der North Passage, starke Strömung aufs Meer hinaus. 4–7 m tief, zum Sandboden am Rand 5–12 m.

Dahab

The Canyon: 4 km nördlich von Dahab, das Riff bildet eine große Lagune, mittelschwere bis sehr anspruchsvolle Tauchgänge; der betauchbare Canyon beginnt bei 15 m und ist an einigen Stellen so schmal, dass man nicht auftauchen kann, endet in 49 m Tiefe. Viele zerstörte Korallen

Blue Hole: 2 km nördlich von The Canyon, bekanntester und gefährlichster Tauchspot des Sinai: ein Krater, der sich im Riff öffnet und lotrecht bis auf 80 m abfällt; Ausgang in 60 m durch eine bogenähnliche Passage. Sehr viel Tauchbetrieb. Zudem verbaut!

Besser:

The Bells: 100 m nördlich des Blue Hole, Steilwände mit Höhlen, seltene Fischarten (pelagische Fische: Regenbogenmakrelen, Haie, Thunfische). Ausstieg am Blue Hole.

The Lighthouse: südlich und nordöstlich des Dahab-Leuchtfeuers, leichter Einstieg, steile Korallenwände bis 30 m. Leider sehr viel Müll.

Southern Oasis und the Caves: guter Platz für Anfänger, die noch üben wollen.

The Islands: Labyrinthartiges Fleckriff, zahme Fische, guter Korallenbewuchs.

The Tree Pools: 6 km südlich von Dahab, guter Einstieg auch bei Nordwind, sehr fischreich. Leicht abfallender Hang.

Ideal sind auch die Tauchplätze um die beiden Nationalparks Abu Galum und Wadi Nabq, allerdings nur mit Kamelen oder Jeeps zu erreichen.

eröffnet, das die EU regelmäßig mit Mitteln fördert.

Ras Mohammed ist ein teils von Geröll überschüttetes Riff, das von vulkanischen Kräften über die Wasseroberfläche hinausgehoben wurde, so dass die Ränder oft fast senkrecht bis in 80 m Tiefe abfallen.

Vom höchsten Punkt der Halbinsel (65 m über dem Meeresspiegel) bietet das Shark Observatory mit drei Terrassen Aussicht auf die Bucht und das Meer, in dem Taucher das quirlige Unterwasserleben näher erfahren können als irgendwo sonst. Barrakudas, Trompetenfische, Napoleonfische und sogar kleine Haie und Delphine kann man hier sehen. In den Gewässern rund um das Ras existieren rund 150 Korallenarten (im Alter zwischen 75 000 und 20 Mio. Jahren) und Tausende Fischarten, die vom Aussterben bedroht sind. Die Suesschiffahrt und die Taucher belasten das Ökosystem erheblich, Tanker verklappen Öl und entledigen sich des Mülls, Matrosen der Taucherschiffe warfen lange Zeit Anker, die jedesmal ein Stück der Riffe zerstörten. Der Park versucht zu retten und zu erhalten, was noch erhalten werden kann. Parkaufsehern hat die Regierung Vollmacht erteilt, Umweltsünder notfalls zu verhaften.

Neben der Riff-Erhaltung dient der Naturschutzpark Meeresbiologen zur Forschung. Im Informationszentrum des Parks werden Filme vorgeführt und Diavorträge gehalten, die sich mit dem zerstörerischen Umweltproblem befassen. (Ein weiterer Nationalpark entstand 40 km nördlich von Ras Mohammed im Mangrovengebiet von Nabq.)

Ras Mohammed ist von morgens bis Sonnenuntergang geöffnet. An Wochenenden ist es sehr voll, Besuche empfehlen sich daher von montags bis donnerstags.

Von Sharm el Sheikh nach Dahab

Von Sharm führen zwei Wege Richtung Dahab. Die gut ausgebaute Hauptroute führt am Flughafen zunächst Richtung Westen auf die Wüste zu.

Ein Allradantrieb ist nötig, wenn man an der Abzweigung für einen Abstecher zum **Nationalpark Wadi Nabq** [18] geradeaus Richtung Norden fährt. Die Piste entlang der Küste mit ihren feinen Sandstränden und Palmen führt zum größten Mangrovenwald des Sinai im Nationalpark Wadi Nabq.

Einige der vor der Küste liegenden Schiffswracks bezeichnen Umweltschützer als ökologische Zeitbomben, weil ihre phosphathaltige Fracht (etwa aus Jordanien) seit Jahren nicht geborgen wird.

1992 wurde das wunderschöne 600 km² große Areal an der Küste zum Naturschutzgebiet erklärt, der Wald erstreckt sich über 4 km. Mangroven zählen zur amphibischen Vegetation und finden sich nur im flachen Strandbereich tropischer Küsten. Stelzwurzeln bilden im und über dem Wasser ein hohes und dichtes Geflecht. Die Wurzeln filtern Salzwasser und scheiden das Salz über die Blätter aus. Überdies festigt das Wurzelgeflecht den Küstenboden und wirkt der Erosion entgegen. Die Mangroven von Nabq sind der nördlichsten vorkommende Bestand dieser Art im Raum des Roten Meeres und des Indischen Ozeans. Nabq ist Lebensraum für viele Tierarten, u. a. Störche, Reiher, Wüstenfüchse, Gazellen und Hyänen. Auf geichem Weg gehr es zurück auf die Hauptstraße.

Auf der anfangs nach Westen verlaufenden Hauptroute Richtung Dahab sieht man 20 km nach dem Checkpoint der ägyptischen Armee linker Hand ein großes weißes Gebäude, eine Bedui-

Mangroven im Wadi Nabq

nenschule. In der Nähe warten Beduinen auf Touristen, die einen Kurzausflug ins Wadi Mandar (guter Einblick über Schönheit und Weite des Sinai) unternehmen wollen. Zwei bis drei Stunden dauert der Trip, entweder auf dem Kamel oder im Jeep.

Nach weiteren 21 km auf der Hauptstraße liegt westlich das **Wadi Kid** 19 mit der Oase Ain Kid, erreichbar über eine gut gespurte Piste entlang eines immer schmaler werdenden Canyons. Ein einfacher Pfad führt von der Oase hoch in die bizarr geformten Berge. Hier ist es ruhig und einsam, allenfalls hört man Vögel zwitschern. Zurück auf der Hauptstraße führt der Weg durch bis zu 1800 m hohes Gebirge über den Sharira-Paß, den höchsten Punkt, den die Straße erreicht. Ein kleiner Granit-Obelisk erinnert an einen israelischen Major, den im Oktoberkrieg 1973 eine Mine zerfetzte.

»Wadi Connection – Rest Valley Montain – 5 km« steht auf einem Schild kurz vor Dahab. Für die abenteuerliche Tour braucht man einen ganzen Tag oder besser zwei halbe Tage mit Übernachtung in der Wüste. Ungewöhnlich ist, dass man aus dem Nirgendwo plötzlich auf ein einfaches Beduinenrestaurant stößt. Nach 4 km führt der Weg nach links ins weitere 3 km entfernte Wadi Qnai el Atshan, sich rechtshaltend erreicht man die Ebene mit den Hütten des Restaurants. Den Weg Richtung Wadi Umm Misma (einige Quellen, grüne Landschaft mit Palmen und Büschen) lässt man sich von Beduinen zeigen, weil von hier mehrere Pisten abgehen. Wegen der wunderschönen Landschaft empfiehlt es sich, die Weiterreise nach Dahab (S. 266) von hier anzutreten.

Die USA und die EU finanzieren in dieser Region eine Reihe von Naturschutzprojekten, um die – einst geplante und offiziell bis heute nicht verworfene – küstenabdeckende Bebauung zu verzögern oder ganz zu verhindern.

Dahab hat immer noch den Charme einer ehemaligen Hippiekolonie

Dahab

Tipps und Adressen S. 320

[20] Dahab bedeutet Gold, und ist berühmt für zweierlei: bei Tauchern für das legendäre Blue Hole; bei Reisenden mit kleinem Budget für das freakige Leben, was dem Ort den Ruf als Hippiekolonie, als Aussteiger-Enklave eingebracht hat.

Die traumhafte Ghazala-Bay mit ihren Palmen ist eine der schönsten Buchten des Sinai, gut drei Dutzend kleine Kaffeehäuser, Billigrestaurants und gänzlich unschicke Diskos drängen sich in das kleine Dorf. Auf handgeknüpften Flickenteppichen und vergammelten Kissen der Cafés und Restaurants hängt man friedlich ab, raucht seine Wasserpfeife, liest, spielt oder diskutiert und lässt sich dabei von Reggae-Klassikern oder Techno berieseln.

Die Luxus-Hotellerie ist weit weg von der Bucht von Dahab und nur mit zwei Häusern vertreten. Für rund 10 LE kann man rund um die Bay in einem Kämmerchen auf einer muffigen Liege nächtigen. Im Basar verkaufen Händler die obligatorischen Dahab-Hosen, weit geschnittene und luftig sich pludernde Schlabberstücke.

Auch Dahab hat sich in den letzten Jahren unter dem Zustrom von Alternativurlaubern verändert. Anfänglich campten die wenigen Urlauber in Zelten und gingen mit Beduinen auf Kamelsafari. Unübersehbar haben die Beduinen ihre Lebensart durch westlichen Einfluss umgestellt und entdeckt, dass an Touristen viel Geld zu verdienen ist – nicht nur als Führer, sondern auch als Dealer. Zwar ist in Ägypten Haschisch, wie alle Drogen, verboten (bei Besitz und Handel droht die Todesstrafe), aber die Drogenabwehr im fernen Kairo kämpft eine verlorene Schlacht: wird irgendwo bei einer Razzia ein Hanffeld niedergebrannt, blühen anderswo zwei neue auf.

Das Hippie-Idyll Dahab gehört schon fast der Vergangenheit an. Ein Besuch des Präsidenten Mubarak Ende 1996 endete damit, dass er verfügte, der Tourismusminister habe alle Anstrengungen zu unternehmen, um Dahab schnell auf die Weltkarte des Massentourismus zu katapultieren. Wenige Wochen später rollten die Bulldozer an und schoben alle Hütten, die sich innerhalb eines Streifens von 30 m nahe dem Meer befanden, in Grund und Boden. Irgendwann in naher Zukunft wird die Ghazala Bay wohl ›sauber‹ und spätestens in einer Dekade ein zweites Sharm el Sheikh entstanden sein.

Für diejenigen, die sich in der speziellen Dahab-Atmosphäre nicht wohl fühlen, sei die Weiterfahrt nach Nuweiba empfohlen. Ausflüge und Abstecher lassen sich ohne Mühe auch von Nuweiba aus organisieren.

Eine knappe Stunde fährt man auf der Hauptstraße mit dem Auto van Dahab nach Nuweiba. Wer viel Zeit und einen Allradantrieb hat, kann die Strecke auch auf einer Piste entlang der Küste zurücklegen. Etwa 38 km nördlich von Dahab führt eine gut ausgebaute Straße zum Katharinen-Kloster und von dort weiter an die Ostküste.

Zur Oase Ain Khudra und zum Nationalpark Ras Abu Galum

Von der Kreuzung der Straße Nuweiba–Dahab/Nuweiba–Katharinen-Kloster aus gerechnet, liegt nach etwa 15 km rechts ein Parkplatz, von dem aus man in die kleine malerische Oase **Ain Khudra** [21] wandert, in der einige wenige Beduinen leben. Überwältigend ist das Farbenspiel des gelben und rötlichen Sandes, sattgrüne Palmen, kontrastiert von schwarzen Basaltformationen. Nur mit Allradantrieb ist der andere Weg von Ain Khudra über das Wadi Saada nach Nuweiba befahrbar (oder umgekehrt); ein Führer ist empfehlenswert.

An der Küste schöne Strände, im türkisfarbenen Meer einige unberührte Korallenriffe und an Land weitgehend, weil von Touristen wenig besuchte Wildnis – seit 1993 gehört das Gebiet um **Ras Abu Galum** [22] zum Naturschutzprogramm Sinai, untersteht den Rangern von Ras Mohammed bei Sharm el Sheikh. Unter besonderem Schutz stehen hier aber nicht nur Flora und Fauna, sondern vor allem der Lebensraum für die Beduinen, die hier noch weitgehend unbehelligt vom Tourismus leben.

Nach ca. 28 km (ab Dahab) auf der Hauptroute weist rechts eine weiß-orange bemalte Tonne auf die Piste hin, auf der man nach 6 km ein Beduinendorf erreicht, das sich durch Zisternen ausreichend Wasser gesichert hat und schon allein deshalb als wohlhabend gilt.

Nahe dem 15 km entfernten Gebel Sukhn führt die schwierige Piste durch tiefe Schluchten, durch die unwirtlichsten und gleichzeitig faszinierendsten Berglandschaften des Sinai. Zum Meer hin öffnet sich das Wadi mit einer langen Geröllzunge, über die man die an der Küste (Dahab–Nuweiba) verlaufende Piste erreicht: Richtung Süden erwartet einen nach 5 km eine kleine Bucht, an der man ohne Problem im Schlafsack oder im Zelt übernachten kann. Richtung Norden führt der Weg, der nach Regenfällen im Winter unbefahrbar sein kann, in Richtung Nuweiba.

Zwischen Dahab und Nuweiba beginnt bereits der neue Sinai-Tourismus, wie ihn sich Tourismusminister und Investoren erträumt haben, Gestalt anzunehmen. Keine einzige Bucht ist hier

ohne Bebauungsgenehmigung und/oder Bebauungsplan. Komfortable bis luxuriöse Hotels, so die langfristige Planung, sollen die Küste säumen, ganzjährig Touristen anlocken.

Nuweiba

Tipps und Adressen S. 341

23 Anders als Dahab hat Nuweiba etwas sehr Beschauliches und Aufgeräumtes an sich; die Hotels sind durchweg gepflegter. Der alte Basar wurde abgerissen, ein neuer ist im Aufbau. Überraschenderweise gibt es hier außer dem Kamel-Pub gleich drei mittelmäßige chinesische Restaurants, eines mit dem Namen Ha Nang, aber nur ein empfehlenswertes ägyptisches Lokal, das Wuled el Sharkih am Hafen, dazu noch etliche neuere Fisch- und Kebab-Restaurants. Einen sehr schönen Strand besitzt das Nuweiba Hilton, nördlich des Hafens.

Landschaft im Nationalpark Ras Abu Galum

Allradantrieb) führt durch das Wadi Nekheil (wunderbarer Ausblick vom Bergkamm) hoch in den Coloured Canyon. Die letzten 2 km muss man zu Fuß gehen, denn das Wadi ist an manchen Stellen nur 1-2 m breit. Erkunden kann man den Canyon mit Beduinenführer auf teils schwierigen, aber landschaftlich einmaligen Wanderwegen.

Auf der Küstenstraße sind es von Nuweiba 63 km bis zum Grenzort Taba. Auf diesem Abschnitt der Tour ist das Wahrzeichen zur Zeit ohne Frage der Baukran. Hier reiht sich Baustelle an Baustelle. Die Rohbauten von riesigen Hotelriegeln schieben sich auf künstlich angelegten Landzungen nahe ans Meer; das Steigenberger-Hotel ist seit 2000 fertig. »Taba Heights« heißt das größte, zum Teil schon in Betrieb genommene Projekt, ein Hotelressort mit einem halben Dutzend sehr schöner Nobelherbergen, wie dem Hyatt (mit Casino), an einer der früher schönsten Buchten gelegen. »Taba Heights«, für das eigens 2000 der Flughafen Taba dem Charterflugverkehr geöffnet wurde, hat, wie man bei der Fahrt sieht, andere Investoren ermutigt. Und wer schon mal in El Gouna Urlaub gemacht hat, wird im hiesigen Hyatt sein Déja vu erleben. Denn das Hotel ist die spiegelverkehrte Kopie des Sheraton Miramar in El Gouna – Nobelhotels von der Stange.

Von Nuweiba brechen viele Touristen sowohl zum Katharinen-Kloster als auch in den bezaubernden **Coloured Canyon** 24 auf. Der Sandstein schimmert hier je nach Tageszeit in Weiß, Gelb und in vielen gar nicht zu beschreibenden Rottönen. Man fährt von Nuweiba aus auf der Straße zum Ahmed Hamdi-Tunnel Richtung Nakhl. 15 km nach der Gabelung liegt rechts der Fahrbahn ein Palmenhain mit einigen Beduinenhütten. Von hier an erstreckt sich die Oase Ain Furtaga, und eine Piste (nicht unbedingt

Entlang der weiteren Route gibt es kaum interessante Abstecher in das Innere des Sinai. Aber trotz allem findet man an der Küste noch einige wenige Camps und Strandclubs, z. B. das Bawaki Beach Hotel, 26 km nördlich von Nuweiba, oder, nochmal 5 km weiter, das Basata-Camp (Hütten und Zelte),

Schwimmstunde mit Delphin

Abdallah, ein junger Fischer aus Nuweiba (Golf von Aqaba) und von Geburt an stumm, schloß vor ein paar Jahren innige Freundschaft mit einem Delphin, den er Olin taufte. Als Abdallah eines Tages allein zum Fischen aufs Meer hinausfuhr, kam aus dem Nichts ein Delphin auf ihn zu und begleitete ihn. Der junge Mann sprach mit ihm in jenen seltsamen Lauten, die er hervorbringen kann. Wochenlang wiederholte sich das Schauspiel, bis sich Olin ohne Scheu anfassen und mit sich im Wasser spielen ließ.

Mittlerweile sind Abdallahs Familie und Olin Geschäftspartner: Olin schwimmt und planscht mit Touristen, Abdallahs Brüder kassieren das Geld!

---

von einem deutschsprechenden Ingenieur namens Sherif als Öko-Camp betrieben. 5 km weiter nördlich erstreckt sich schließlich noch das Sally Land Tourist Village, eine weitläufige Bungalowanlage.

Weitere 30 km nördlich von Sally Land liegt unübersehbar eine kleine, felsige Insel im Meer mit dem Namen **Gezira el Fara'un** 25, übersetzt Pharaoneninsel, die mit einem Pharao direkt nichts zu tun hat. Trotzdem hat die Insel mit der blauen Lagune, zu der man übersetzen kann, historische Bedeutung, denn hier legten pharaonische Expeditionen an, um nach Gold zu schürfen. Darüber hinaus soll sie Teil des biblischen Hafens Ezion-Geber des Salomon gewesen sein. Der islamische Feldherr Saladin nahm den Kreuzrittern 1170 die Pharaoneninsel ab, erbaute darauf eine (heute renovierte) Festung und überließ diese Mekka-Pilgern als Rastplatz.

Taba und Umgebung

Tipps und Adressen S. 347

26 5 km nördlich der Pharaoneninsel erreicht man Taba, somit auch die ägyptisch-israelische Grenze. Erst 1989 ging Taba, das im wesentlichen aus dem Hilton Taba besteht, an Ägypten zurück, sieben Jahre nach Israels Rückgabe des übrigen Sinai. Beide Länder hatten unterschiedliche Auffassungen darüber, ob Taba schon Sinai oder noch Negev sei. Zusätzlich hatten die Israelis mit dem Bau des Sonesta Hotels begonnen, dem heutigen Hilton Taba. Als die jungen Friedensbeziehungen auch noch durch Israels Invasion des Libanon 1982 auf einen Tiefpunkt sanken, gab es bis 1985 nicht einmal Gespräche über die Rückgabe. Eine Entschädigung seitens Ägypten in Höhe von 40 Mio. US$ ließ die Israelis im April 1989 die Grenze 100 m nach Norden verlegen. Damit gehörte Taba endgültig zu Ägypten.

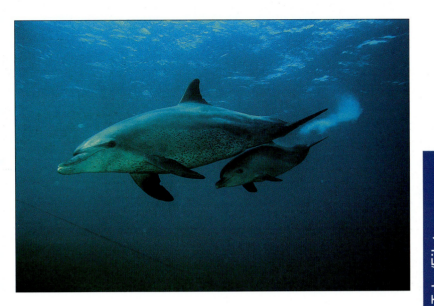

Der Nachtclub in Taba heißt »World's End«, und damit ist, was den Unterhaltungswert des Ortes angeht, alles gesagt. Urlauber können meist ohne Mühe und großen Zeitaufwand (außer am Beginn und Ende israelischer Feiertage) für einen Tag oder einen Abend nach Eilat gehen. Die Gelegenheit sollte man sich nicht entgehen lassen, den quirligsten israelischen Badeort kennen zu lernen.

Die Grenze zu Eilat liegt direkt hinter dem Hilton, wobei man durch das Grenzareal zu Fuß geht. Dahinter warten bereits israelische Taxis.

Eilat

Tipps und Adressen S. 323

Von Taba kommend, liegt vor Eilat das **Naturreservat Coral Beach** (Coral Beach Nature Reserve), in dem man ohne Taucherbrille und Atemgerät in die Tiefen des Roten Meeres abtaucht – so wohl organisiert, lehrreich und durchdacht wie leider nirgends in Ägypten. Das Unterwasser-Observatorium wurde 1975 gegründet und seither ständig erweitert. Ein Rundbau in Form eines Korallenriffs umfasst Meerwasserbecken für Haie und Seeschildkröten, ein Aquarium mit einem Meeresmuseum sowie das eigentliche Observatorium, das 4,5 m unter dem Meeresspiegel einen beeindruckenden Blick auf das farbenprächtige Leben eines Korallenriffs gestattet. Zusätzlich kann man hier Seepferdchen, Schalentiere, Barrakudas, Clown-, Trompeten-, Napoleon-, Skorpionfische und Hunderte anderer Meerestiere beobachten.

Nicht verpassen sollte man das **Dolphin Reef**, 2 km südlich von Eilat, das nicht nur dressierte Delphine vorführt. Internationale Wissenschaftler arbeiten an einem therapeutischen Experiment, in dem Delphine eingesetzt werden, um schwer verhaltensgestörte Kinder zu heilen. Die kleinen Patienten gewinnen durch das tägliche Schwimmen mit den Meeressäugern Zutrauen zur menschlichen Umwelt, wobei den Wissenschaftlern nicht ganz klar ist, was die Delphine dazu befähigt. Tierschützer kritisieren das Projekt unter anderem wegen der Haltung der Delphine in Gefangenschaft.

Eilat 27 liegt am Golf von Aqaba, benannt nach der gleichnamigen jordanischen Nachbarstadt im Osten. 32 000 Einwohner zählt die Stadt, die sich auf einem schmalen Küstenstreifen erstreckt, wo die Wüste Negev, der Sinai und die Bergketten Jordaniens zusammentreffen. Große Luxushotels drängen sich um künstlich angelegte Hafenlagunen, ohne Rücksicht auf ein schönes, einheitliches Stadtbild. Dazu zählt auch der Flughafen: seine Start- und Landebahn liegt mitten in der Stadt und zerteilt sie.

Eilats Geschichte reicht in biblische Zeiten zurück. Die Königin von Saba schiffte sich über Eilat auf ihrem Weg zu König Salomon in Jerusalem ein. Und unter Joschafat, König von Juda, brach von Eilat eine Expedition auf, um das Gold der sagenhaften Stadt Ofir zu finden, die sie nie erreichten.

Einst gehörte Eilat den Edomitern, den Nabatäern, die es Aila nannten, den Griechen und Römern, Byzantinern und den Kreuzfahrern, die es befestigten und den Hafen ausbauten. Als die Türken die Herrschaft übernahmen, verlor Eilat jegliche Bedeutung. Im März 1949 eroberten israelische Soldaten den damals jordanischen Ort in einer berühmten Blitzaktion: sie hatten die israelische Flagge vergessen und malten den Davidstern kurzerhand auf ein Bettuch, das dann zur Krönung der Aktion gehisst wurde.

Die Orientierung in Eilat ist sehr einfach: Über den Stränden liegt die City mit ihren Geschäften, Bars, Cafés und Diskos, östlich davon an der Lagune der Hotelbezirk, und im Süden Richtung ägyptische Grenze findet man auf einer Strecke von 5 km das sehr schöne Coral Beach-Areal.

Eilat ist ein Paradies für Familienurlauber. Für Kinder gibt es Spielplätze, Planschbecken, den Eilat-Express, einen Miniaturzug, der am Northern Beach verkehrt, und sogar eine Westernstadt, die Texas Ranch. Wer die Natur genießen will, muss aus Eilat heraus, etwas in die Ausläufer des Wadi Araba. Das International Birdwatching Center in Eilat bietet phantastische Exkursionen an, in denen man über 400 Vogelarten beobachten kann.

Eilat ist bekannt für sein pulsierendes Nachtleben in Pubs, Bars und Diskotheken, die erst dann schließen, wenn sich der letzte Gast entfernt.

Zum Einkaufen bietet sich das Shalom Einkaufszentrum in der Stadtmitte oder die neue Mall in der Durban Street an. Entlang der Strandpromenade stehen kleine Buden mit Silberschmuck und Souvenirs, teurere Läden finden sich an der Royal Beach und der Herods Promenade.

Auch der Strandausflug nach Eilat lohnt sich. Am Nordstrand von Eilat aalen sich die Sonnenhungrigen, Snacks und Drinks werden zu lautdröhnender Musik serviert. Lifeguards patrouillieren am 5 km langen Strand, der entweder von Beach-Restaurants oder Hotels gemanagt wird. Sie kassieren etwa 15 NIS (Hotelgäste ausgeschlossen) für eine Liege. Weniger überlaufen als die hotelnahen Strände am North Beach ist das Coral Beach Nature Reserve südlich von Eilat, wo auch Taucher und Schnorchler entlang des Riffs auf ihre Kosten kommen (Coral Beach, tgl. 9–17 Uhr, ab 30 NIS).

Ägyptens Beduinen

Die westsemitische Wurzel *badw* bezeichnet den Herdenbesitzer, und die Beduinen und Nomaden sehen in dem biblischen Ismael ihren Stammvater. Der Sinai besteht aus einer Ansammlung von verschiedenen großen Gebieten, die knapp 20 Beduinenstämmen gehören und von diesen auch - ziemlich unabhängig von der offiziellen ägyptischen Verwaltungsstruktur - kontrolliert und verwaltet werden (Planungs- und Polizeihoheit liegen selbstverständlich bei der Kairoer Regierung und dem von ihr eingesetzten Gouverneur). Die Stammesgrenzen haben sich in den vergangenen 400 bis 500 Jahren nicht verändert. Von Bedeutung sind auf dem Sinai zwei Gruppen von Beduinen: die Tiyaha-Beduinen der Ebene, die mit großen Kamelherden von Ort zu Ort ziehen und einst von Schutzgeldern der Handelskarawanen lebten, und die Tuwara, die Leute vom Berg Sinai. Sie sind bis heute nur als Halbbeduinen anerkannt, da sie ursprünglich nicht arabischer Abstammung sind. Vielmehr kamen ihre Vorfahren im 6. Jh. als Arbeitssklaven aus Osteuropa, Bosnien, Anatolien und vom Schwarzen Meer. Kaiser Justinian hatte sie für den Aufbau des Katharinen-Klosters auf den Sinai bringen lassen; Ägyptens Statthalter Theodosius schickte weitere hundert Familien aus Alexandria, die ebenfalls den Mönchen willfährig und gottgefällig zu dienen hatten. Die Tuwara galten immer als die

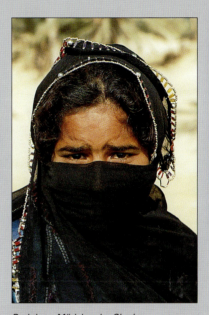

Beduinen-Mädchen im Sinai

Beschützer des Katharinen-Klosters; im Gegenzug verpflichteten sich die Mönche, ihnen regelmäßig Naturalien, vor allem Brot, zu geben.

Erst im Laufe der Zeit vermischten sich die Tuwara, die einstigen Zwangs-Gastarbeiter der Klostermönche, mit den echten Beduinen, heirateten in die arabischen Stämme ein und konvertierten spätestens im 7. Jh. allesamt zum Islam (laut Koran eine unbedingte Voraussetzung, damit eine Mann überhaupt eine muslimische Frau heiraten kann). Andere wichtige Beduinen auf

An der Tankstelle im Sinai treffen Welten aufeinander ...

dem Sinai sind die aus dem heutigen Jordanien stammenden arabischen Haweitat und die Suwarka, die als größter Stamm im Nord-Sinai leben.

Sowohl Ägypten als auch Israel (während der Sinai-Besetzung) taten viel, um die Nomaden sesshaft zu machen, wobei die Israelis geschickter vorgingen und noch heute die Sympathien der Beduinen genießen. Während die Israelis stetig Geld für Brunnen, Siedlungen und ärztliche Versorgung bereitstellten und die Sheikhs geradezu hofierten, was die Ägypter nur in äußerst unbedeutendem Umfang fortsetzten, versucht die Kairoer Zentralregierung immer wieder, den Nomaden die Sesshaftigkeit zu verordnen, sie aus den Wüstenzelten in monotone Betonsiedlungen zu verpflanzen, sie zum Militärdienst zu zwingen und ihnen einen ägyptischen Lebensstandard aufzuzwingen, den kaum ein Beduine für besser als seinen eigenen halten kann. Kairos Methode zur Domestizierung der Beduinen war einfach: Plötzlich mussten Beduinen Geburtsurkunden haben, wo doch keiner von ihnen das exakte Jahr kannte, in dem er geboren wurde; man kommt zur Welt im Jahr des großen Sturms oder der langen Hitze oder im dritten Winter ohne Regen. Nun plötzlich brauchte man diese Personendokument, das *bataaga*, mit dem der Beduine zwar auch billiger Grundnahrungsmittel kaufen kann, das aber auch den Nachteil hat, dass es ihn für den Wehrdienst in der Armee leicht identifizierbar macht. Auf die Kultur der Beduinen hat Kairo nie Rücksicht genommen, hält den Sinai wie eine Kolonie und wendet dabei in gemäßigter Form jene Praktiken an, mit denen die europäischen Kolonialisten einst die Ägypter zu brechen versuchten.

Nicht alle der rund 500 000 Beduinen ägyptischer Nationalität leben auf dem Sinai. 5–10 % findet man in der Arabischen Wüste zwischen Rotem Meer und Niltal.

Am südlichen Ende des Arabischen Wüste, östlich des Nasser-Sees, hart an der Grenze zum Sudan, leben die Beja, die in ihrer Physiognomie den Ägyptern der frühdynastischen Reiche vor etwa 5 000 Jahren gleichen. Sie sprechen kein Arabisch, sondern einen hamitosemitischen Dialekt. Und wahrscheinlich wüsste heute noch niemand von ihnen, wenn nicht die ägyptische Anthropologin Shahira Fawzy bei einer Umweltstudie über den Nasser-See per Fernstecher auf zwei Frauen aufmerksam geworden wäre, die mit drei Kindern vom See aus zu einem angeblich unbewohnten und unbewohnbaren Landstrich zogen. Die Wissenschaftlerin ließ ihre eigentliche Arbeit liegen, verfolgte die Gruppe einen halben Tag lang und stieß auf Nomaden, von deren Existenz bis dahin niemand gewusst hatte. Shahira Fawzy beschloß mit dem Stamm, rund 20 000 Menschen, zu leben. Sie blieb zwölf Jahre bei den Nomaden, die seit Jahrhunderten so isoliert lebten, dass sie nicht einmal wussten, was Strom ist und wozu man ihn benutzen kann. Den Stausee, der einen Teil ihres Gebietes überflutete, hielten sie für eine Sintflut, die von selbst wieder abschwellen werde. Und wenn sie gelegentlich im Geländewagen der Wissenschaftlerin mitfuhren, dann erklärten sie nicht der Fahrerin den Weg durch die Wüste, sondern sprachen mit dem Wagen selbst.

Die Bejas nennen sich selbst *ness el gebel*, die Leute vom Berg, und stammen der mündlichen Überlieferung nach von der arabischen Halbinsel. Ihre Erzählungen deutet Anthropologin Fawzy so, dass die Beja unter den Pharaonen, aber auch noch später unter den Römern die ergiebigen Goldminen vor Plünderern schützen. Nach dem Ende der Goldgräberzeit hatten sie kaum noch Kontakt mit Fremden und taten, was sie auch vorher getan hatten: sie zogen dem seltenen Regen, wenn er denn fiel, hinterher, und blieben, wo sie waren, wenn es nicht regnete. Die Feuchtigkeit genügte für ein karges Weideland, das wiederum Schafe und Ziegen ernährte.

Kritisiert wurde Shahira Fawzy oft für das, was sie schon während ihrer wissenschaftlichen Studien tat: sie machte sich bei der ägyptischen Regierung stark dafür, dass die Beja eine minimal menschenwürdige Versorgung bekommen sollten: Brunnen, Erziehung, Kleidung. Doch die Verwaltung war alles andere als glücklich darüber und versuchte Fawzys Engagement mit allen erdenklichen bürokratischen Mitteln (und auch Gewalt) zu Fall zu bringen; man wollte nicht noch ein beduinisch-nomadisches Problem, das dem abgewirtschafteten Staat nur Kosten verursacht. Ist es also richtig, Menschen wie die Beja gleichsam in die Moderne zu katapultieren? Forscherin Fawzy sagt dazu nichts. Für sie ist es eine Verbesserung der Situation, dass die Beja-Kinder heute wissen, was ein Auto, ein Fernseher ist, wie eine Mango-Frucht und wie Honig schmecken. »Aber«, fragen manche Kritiker, »ist es wirklich wichtig, dass sie das wissen?«

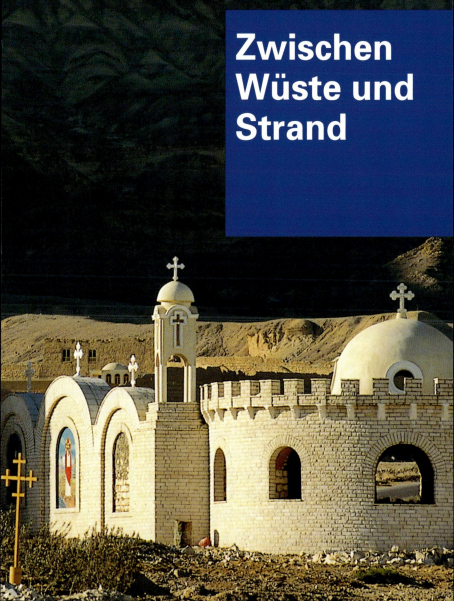

Zwischen Wüste und Strand

Am Roten Meer: Von Sues bis Hurghada

Ain Sukhna – Antoniuskloster – Pauluskloster

Karte s. auch vordere Umschlagklappe

Am Roten Meer liegen die Hoffnungen Ägyptens. Der Badeort Hurghada und seine Küste sollen in Zukunft ein riesiges ägyptisches Ferienzentrum werden. Ein Großteil der Grundstücke mit Meerzugang bis nahe an die sudanesische Grenze ist bereits an Investoren verkauft oder mit Optionen belegt. Kritiker befürchten, dass dem Tourismus zuliebe eine wunderbare Landschaft und ihre noch intakte Ökologie vollends der Hotellerie und den Tauch- und Surfschulen geopfert werden.

Man verlässt Sues in westlicher Richtung und fährt dann südlich, vorbei an hässlichen Industrierevieren mit Raffinerien und Öllagern. Die Red Sea Coastal Road am Rand der Arabischen (östlichen) Wüste verläuft entlang der drei großen Wüstenabschnitte Nord-Galala-, Süd-Galala- und Maaza-Plateau.

Die Straße schlängelt sich im ersten Drittel zwischen den Bergen und der steilen felsigen Küste entlang, danach ziehen sich die Berge zurück, während die Route nahe am Meer bleibt und an unzähligen Stellen zum Baden einlädt (sofern nicht am Golf von Sues Teer und ölige Schlacke den Strand verschmutzen). Die Straße selbst ist in gutem Zustand, erlaubt aber wegen vieler, auch unerwartet auftauchender Kurven und unerklärlich tiefer Schlaglöcher nicht durchweg hohe Geschwindigkeiten.

Die ägyptischen Militärs betrachten den gesamten Küstenstreifen als sensibles Verteidigungsterritorium. Starke Präsenz in der Region und kilometerlange bewachte Stacheldrahtzäune sind die Regel. (**Achtung**: Betreten Sie keinesfalls umzäunte Areale, denn unzählige **Minen** liegen im Sand!)

Die Strecke von Sues bis **Ain Sukhna** **1** beträgt 60 km. Ain Sukhna heißt übersetzt heiße Quelle; gemeint ist eine Schwefelquelle, deren Besuch nicht unbedingt lohnenswert ist. Dennoch treffen sich hier Tagesausflügler aus Kairo zum Baden im Meer, obwohl die Strände gelegentlich ölverschmutzt sind und auf dem Wasser manchmal ein schmieriger Film schwimmt.

In den vergangenen Jahren haben hier auch mehrere Hotels eröffnet, die man aber nicht empfehlen kann. Mit dem Urlaubsfrieden ist es meist zu Ende, wenn Busladungen von Tagestouristen einfallen, mit Ghettoblustern laute Musik machen und beim Anblick von Frauen in Bikinis oder Badeanzügen völlig aus der Fasson geraten. Da kommt es gelegentlich zu sehr unschönen Szenen von Starrern und Spannern, die dem Urlauber den Tag verderben können.

Nach weiteren 75 km erreicht man den kleinen Hafenort **Zafarana** **2**. Schön ist der Blick auf die Berge der Wüste und die vorbeiziehenden Tanker im Golf. Von Zafarana aus führt eine befestigte Straße in westliche Richtung nach Beni Suef ins Niltal. Auf ihr fährt man im Wadi Araba 40 km, biegt dann links ab und erreicht nach 12 km eine der wenigen historischen Sehenswürdigkeiten am Roten Meer. Inmitten eines wilden, ungastlichen Geländes tut sich eine riesige Klosteranlage (6 ha) auf, umgeben von einer 1180 m langen und

12 m hohen Mauer, in der noch heute Mönche und ein Abt leben.

Das Kloster, arabisch **Deir el Qaddis Antwan** 3 (s. Abb. S. 280), gründete Antonius aus dem mittelägyptischen Qoma, dort geboren im Jahr 250. Er wird heute als Antonius der Heilige oder auch der Große verehrt; er gilt als Patron der Verfolgten und der Haustiere. In Antwan vermischt sich seine eigene Lebensgeschichte mit der Entstehung der christlichen Kirche Ägyptens.

Als seine Eltern 268 starben, verkaufte der 18jährige sein Hab und Gut und verteilte den Erlös an Arme. Nach einem Streit mit einem Mönch in Deir el Meimun, wo er sich niedergelassen hatte, zog er sich in die Berge am Roten Meer zurück. Er gründete die erste Einsiedlergemeinde Ägyptens. Pilger von nah und fern reisten an, um ihn predigen zu hören. Nach seinem Tod begannen Verehrer Anfang des 4. Jh. mit dem Bau des ihm geweihten Klosters.

Es steht am Fuß des steilen El Galala el Qiblia nahe einer Quelle (eine Stunde Fußmarsch) unterhalb der Felswand, in der Antonius' Eremitengrotte gelegen haben soll. Im 11. Jh. wurde es von Arabern teilweise zerstört, Ende des 15. Jh. brannten Teile des Klosters nieder. Brandschatzende Araber hausten zeitweise sogar in der Antonius-Kirche; die Lagerfeuer schwärzten bis heute sichtbar die Decke. Im 16. Jh. bauten die Mönche das Kloster wieder auf.

1997 entstand eine neue Mauer, die gegen den zunehmenden Touristenstrom kaum etwas auszurichten vermag. Die wenigen Übernachtungsplätze sind Pilgern vorbehalten, die vorab beim koptischen Patriarchat in Kairo (☏ 02/2 84 51 24) eine schriftliche Ge-

Am Roten Meer: Von Sues bis Hurghada

nehmigung einholen müssen. Die Besucher werden vor Ort schriftlich gebeten, sich zurückhaltend zu benehmen, dezente Kleidung zu tragen und das generelle Rauchverbot zu beachten.

Prunkstück der Anlage mit ihren Lehmhäuschen, Gärten, Gassen und einem neuen Gotteshaus (Antonius und Paulus geweiht, beginnendes 20. Jh.) ist die dreischiffige alte St. Antonius-Kirche aus dem 6. Jh. Wie jede koptische Kirche ist sie dreigeteilt: Dem Portal folgt der Bereich für die nicht Getauften, gefolgt vom Raum der getauften Sünder, dem Bereich für die Gläubigen und anschließend dem Altarbereich mit drei Altären; von rechts nach links sind sie den Heiligen Markus, Antonius und Athanasios (Papst von Alexandrien von 327–373) geweiht.

Die Apsis zeigt zum Teil gut erhaltene, Ikonen nachempfundene Fresken, die Christus darstellen, umringt von Maria, Engeln, Eremiten und Propheten. Die Fresken wurden Mitte 1990 vom Byzantinischen Institut Kairo restauriert. Die Apsis beginnt linker Hand mit Darstellungen von Bischof Anba Moses, zwei von Jesus gesegneten Mönchen; rechterhand ist möglicherweise einer der beiden Mönche neben Isaak der Heilige.

Die kleine Apostelkirche nebenan stammt aus dem 18. Jh. Sehenswert sind die Ikonen, die die Gottesmutter, Peter und Paul, die Erzengel Michael und Gabriel sowie den heiligen Georg hoch zu Roß zeigen. Östlich der Apostelkirche liegt die 1766 erbaute, an den zwölf Kuppeln leicht zu identifizierende Markus-Kirche mit dem lateinischen Kreuz über dem Eingang. Markus der Asket, im 16. Jh. ein Mönch des Klosters, wird wegen seiner hilfreichen Wunder verehrt.

Neben der Kirche der Jungfrau Maria (Refektoriumgebäude) befindet sich eine Bibliothek mit 2500 Handschriften und Büchern. Außerdem finden sich fünf weitere Gotteshäuser auf dem Gelände. Im Wehrturm der Michaels-Kapelle hat man einen wunderbaren Ausblick. Die Grotte des Antonius kann man vom Kloster aus nicht sehen, sie ist aber über einen steilen Weg zugänglich (2 km, unbedingt Wasser mitnehmen). Mittelalterliche Inschriften von Pilgern und Verehrern schmücken die Wände. Der Ausblick von dort ist grandios.

Zwischen dem Antonius- und **Paulus-Kloster** 4 muss man sich auf einen mehrstündigen schwierigen Marsch einrichten. Diesen Pfad darf man nur mit einem der Mönche gehen. (Autofahrer kehren an die Küstenstraße zurück. Nach 27 km biegt man nach rechts auf einen befestigten Weg ein, der nach 15 km zu einem anderen sehr sehenswerten koptischen Kloster führt.)

Hoch auf einem Felsen befindet sich das Kloster Deir Anba Bula, in dem der heilige Paulus von Theben begraben liegt. Die Mönche, die ein von der Außenwelt weitgehend unabhängiges Leben führen (eigene Landwirtschaft und Tierzucht), sind sehr freundlich und Besuchern gegenüber aufgeschlossen. Für Gäste gibt es einfache Übernachtungsmöglichkeiten (Frauen dürfen an Ostern nicht in das Kloster).

Der heilige Paulus von Theben (ca. 228–341) musste mit 16 Jahren im Zuge der Christenverfolgung durch den römischen Kaiser Decius fliehen. 80 Jahre versteckte er sich angeblich in einer Felshöhle (darüber entstand eine bescheidene Kapelle im 4. Jh., im 13. und 18. Jh. wurde sie zur St. Paulus-Kirche erweitert), wo ihn Antonius regelmäßig

Die Fluchtbrücke des Antonius-Klosters (Doir el Qaddis Antwan)

Straßenmarkt in Hurghada

besuchte. Und als Paulus im Alter von 113 Jahren starb, soll ihn der 90jährige Antonius beerdigt haben.

Ab dem 5. oder 6. Jh. wurde das Kloster Haus um Haus um die Grotte errichtet. Die Mauer stammt aus dem Mittelalter. In der Krypta der Kirche steht der weiße Sarkophag aus Marmor mit den Gebeinen des Heiligen. Sehenswert sind die Fresken, eine bunt zusammengewürfelte Kollektion christlicher Motive von der Apokalypse bis zur Apostelgeschichte, dazu Bilder von Heiligen (u. a. Raphael) und dem Engel vom brennenden Dornbusch. In den Felsen existieren noch mehrere Gräber von Einsiedlern.

Dem Engel Michael ist die größte Kirche innerhalb des Klosters geweiht. Sie hat zwei Altarräume, einen für Michael, einen für Johannes den Täufer. Ausschließlich während der koptischen Fastenzeiten wird die Markorius-Kirche mit der Kapelle der Gottesmutter geöffnet.

Zurück zur Straße Sues–Marsa Alam, die die nächsten 230 km – außer zwischen Ras Shukeir und Ras el Barr – ziemlich nahe an der Küste entlang verläuft.

Die Orte mit den Öllagern und Quartieren der Ölsucher haben Barackencharakter und laden allenfalls zum raschen Durchfahren ein. Nördlich von Ras Zeit und Ras Ush, dem Übergang zwischen dem Golf von Sues und dem Roten Meer, liegen tote Korallenbänke vor der Küste, viele Strände sind ölverschmiert. An Baden ist hier nicht zu denken.

15 km vor Hurghada zweigt eine nur mit Allradantrieb befahrbare Piste nach Westen zum **Mons Porphyrites** 5 ab (Gebel Abu Dukhan, ›der Rauchende Berg‹). 75 km weiter erreicht man auf einer Höhe von über 1300 m den wichtigsten Steinbruch während der römischen Herrschaft über Ägypten (30 v. Chr. – 395 n. Chr.).

Den rosafarbenen Granitstein Porphyr, ein Ergussgestein, benutzten die Römer für Statuen, Säulen und Sarkophage. Von den ehemaligen Arbeiterunterkünften und einem Tempel Kaiser Hadrians und einem anderen, der der Göttin Isis geweiht war, ist fast nichts übriggeblieben.

Verbrecher, Kriegsgefangene und verfolgte Christen mussten auf dem heutigen Ruinenfeld Zwangsarbeit leisten, indem sie Steine aus dem Berg brachen. Brunnen und eine Zisterne lieferten das lebensnotwendige Wasser. Ob es am Mons Porphyrites während der Römerzeit eine Kirche gab oder ob das Gotteshaus erst nach Abzug der Römer von Christen erbaut wurde, ist bis heute unklar. Nur wenige Archäologen haben sich bisher für die Erforschung des Steinbruches interessiert.

Hurghada

Tipps und Adressen S. 326

15 km nach der Abzweigung zum Mons Porphyrites erreicht man auf der Küstenstraße das touristische Zentrum, die Verwaltungshauptstadt der Provinz Rotes Meer: **Hurghada** 6 ist der größte Bade- und Wassersportort am Roten Meer. Entlang der knapp 20 km langen Küste boomt hier rund ums Jahr der Ferientourismus. Pro Jahr übernachten 800 000 Touristen in Hurghada (arabisch

Unterwasserwelt der Rotmeer-Küste

Wie eine riesige Badewanne (2200 km lang und bis 250 km breit) liegt das Rote Meer zwischen kahlen Sand- und Bergwüsten eingebettet. Entstanden ist die Senke als Teil des afrikanischen Grabenbruchs im Tertiär, als die Alpen sich auffalteten. Günstige marine Bedingungen (starke Verdunstung, äußerst geringe Niederschläge, gute Sichten und Wassertemperaturen von 20–30°C) haben eine vielfältige subtropische Fauna geschaffen. Allein 1200 Fisch-und 250 Korallenarten leben an den Saumriffen des Roten Meeres. Durch die hydrographische Isolation vom Indischen Ozean (die Meeresschwelle bei Djibouti ist nur 150 m tief) gibt es 15 % endemische Tierarten. Die langen, ufernahen Saumriffe bieten große Vorteile für Schnorchler und Taucher, so daß normalerweise lange Anfahrten mit dem Boot entfallen.

Vielfalt und Schönheit der Riffe erschließen sich dem Schnorchler bzw. Taucher bereits innerhalb einer Stunde. Alle auf den Tafeln S. 286/287 dargestellten Fischarten sind mit etwas Glück schon am äußeren Saumriff zu beobachten. Versuchen Sie nicht, den Riffrand über das Riffdach zu erreichen. Sie zerstören dabei viele Lebewesen, und die Gefahr, sich durch Seeigel oder poröse Kalkspalten zu verletzen, ist groß.

Viele Hotels liegen an Sandbuchten (Mersas), die durch Wadis entstanden sind. Dort ist der Einstieg am besten.

Am Riffrand im sauerstoffhaltigen Wasser gedeihen grau-grüne Feuerkorallen (nesseln nur wenig) und Astkorallen besonders üppig. In dieser lichtdurchfluteten, korallenreichen Zone tummeln sich Falterfische (Masken-, Tabak-und Fähnchenfalterfische), gelbe Schwefeldemoisellen sowie Sergeanten. Korallenpolypen sind beim Pfauenkaiser, Rostnackenpapageifisch und dem Vogelfisch beliebt. Am auffälligsten sind am Riffrand die roten und gelben Juwelenfahnenbarsche, die in großen Gruppen über Korallenästen unermüdlich nach Zooplankton jagen. Dort, wo Seeanemonen sich auf geschützten Saumriffen angesiedelt haben, trifft man junge Dreifleck-Preußenfische und Rotmeer-Anemonenfische, die immer in Symbiose mit den nesselnden Anemonen leben. Die Bildung von Schulen und synchrones Schwimmen sind eine weit verbreitete Taktik, um Raubfischen Angriffe zu erschweren. Daher ist Schwarmbildung im offenen Wasser sehr häufig: Schnapper, Füsiliere und Heringe sieht man selten allein. Die bekannten Raubfische wie Haie (scheu und selten), Zackenbarsche (noch häufig), Stachelmakrelen oder Barrakudas schaffen es jedoch immer wieder, unvorsichtige Einzeltiere vom Verband zu lösen.

Wo der Wellengang stärker ist, verteidigen aggressive Sohal-Doktorfische ihre Algenreviere heftig gegen aufdringliche Pflanzenfresser wie Tüpfelkaninchenfische sowie Blaue -und Fledermaus-Segelflosser. In besonders kritischen Fällen fahren Doktorfische scharfe Schwanzskalpelle (Name!) aus, um Feinde abzuschrecken. Auf Sand oder

Geröll im Flachwasser haben Arabische- und Rotmeerdrücker kleine Reviere abgesteckt. Ihre Rückenstachel eignen sich bei Gefahr gut zum Festklemmen in Spalten. Die Orangestreifen- und Blauen Drücker sind mit ihren starken Kiefern auf hartschalige Nahrungstiere wie Seeigel, Muscheln und Schnecken spezialisiert und knacken selbst dickwandige Austern. Der Blaue und Grüne Drückerfisch sind für mich die ›gefährlichsten‹ Fische im Riff (Steinfische sind in Ägypten relativ selten): Sie verteidigen ihr Eigelege im Sand wie Draufgänger. Bisse in Beine und Arme kommen nicht selten vor. Harmlos sind dagegen Muränen – nur bei Verfolgung und Bedrohung schnappen sie zu. Das bekannte Maulaufreißen dient der Wasser- und Sauerstoffversorgung! Vorsichtig sollte man bei Rotfeuerfischen sein, wenn sie in Gruppen vor Sonnenuntergang ihre Verstecke verlassen. Durch Stiche der Rückenstacheln können tagelange Schmerzen und sogar Lähmungen entstehen. Grundsätzlich: Wer sich mit Umsicht im Riff bewegt, braucht keine Angst zu haben. Bei Tausenden von Stunden in Tropengewässern habe ich noch nie eine bedrohliche Situation erlebt!

Der größte Korallenfisch, der 2 m lange Napoleon, ist im Roten Meer noch häufig. Er zählt zu den harmlosen Lippfischen, deren Vertreter zu den häufigsten Arten in Riffen gehören: Rotmeer-Junker, Spiegelfleck- und Vogelfische sind allenthalben anzutreffen. An auffälligen Korallenblöcken sind Blaue Putzerlippfische als Sanitäter tätig. Unentwegt werden selbst metergroße Zackenbarsche oder kleine König-Salomon-Zwergbarsche von Parasiten befreit. Wie an einer Bushaltestelle stehen hier unterschiedliche Fischarten Schlange.

Das Leben an Wracks oder in Höhlen ist besonders interessant: grazile Fledermausfische, glotzäugige Masken-Kugelfische sowie rote Großaugenbarsche, Diademhusare und Kardinalfische begeistern die Taucher. Hier begegnet man auch regelmäßig braunen, bedrohlich aussehenden Riesenmuränen.

Zum Schluß einige Hinweise zu den fünf besten und schönsten Haus(Hotel)-Korallenriffen in Ägypten:

– Mövenpick Hotel (6 km nördlich von Quseir): 500 m große, halbgeschützte Bucht mit dem besten Hausriff in Ägypten. Ca. 250 Fischarten, darunter zahme große Zackenbarsche, Seepferdchen, Seenadeln, Teufels- und Laternenfische, gelegentlich Tümmler und Haie. Sehr gutes Korallenwachstum. Schöne Sandbucht.

– Mangrove Hotel (35 südlich von Quseir): große, 1 km lange, windgeschützte Bucht. Ca. 230 Fischarten, darunter Füsiliere, Feuerfische, Barrakudas, Kaiserfische, Drückerfische und im Südteil großartige Korallen.

– Nabaa Camp (120 km südlich von Quseir): halbgeschützte Bucht, sehr gutes Saumriff mit ca. 180 Fischarten. Meeresschildkröten, Tümmler und Rochen sind nicht selten. Hotel (Equinox) im Bau. Lange Sandstrände.

– Helnan Hotel (Nuweiba/Sinai): halbgeschützte Bucht mit Sand-, Seegras- und Korallenzonen. Ca.160 Fischarten, regelmäßig Tümmler. Nur das Außenriff ist intakt. Besonders geeignet für Nachttauchgänge.

– Lagona Hotel (Dahab/Sinai): 100 m vom Hotel entfernt liegt ein sehr schönes Fleckriff (The Islands). Wenig geschützt bei Nordwind. Leider sind die meisten Tauchplätze in Dahab überlaufen und durch Tauchanfänger zerstört.

Fwald Lieske

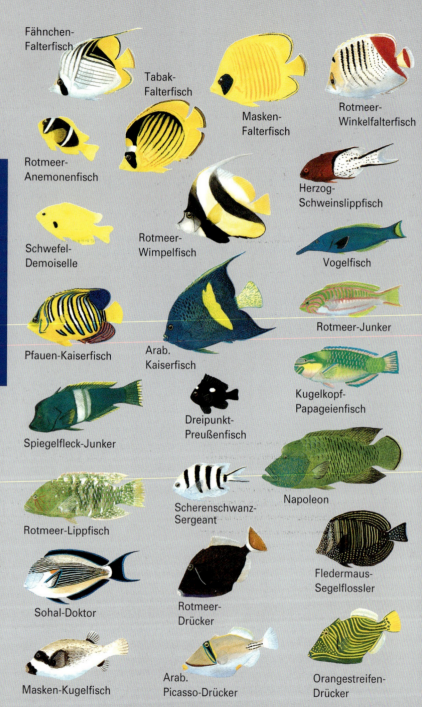

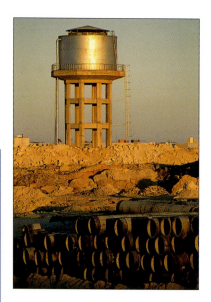
Ein Problem: Wasserversorgung

El Ghardaqa), Tendenz rapide steigend. Dort, wo die Regierung in den letzten Jahren uniforme Fertigbetonbauten hochzog, standen vor 25 Jahren nur ein paar Hütten und windschiefe Baracken.

Aus dem ursprünglichen traditionellen Lebensmittelmarkt hat sich ein florierender Touristenbasar mit Juwelieren, Restaurants, Souvenirläden, Apotheken und Foto-Shops entwickelt. Es gibt kaum ein Geschäft, vor dem nicht ein Verkäufer, Deutsch, Englisch oder Italienisch parlierend, versucht, Kunden zu ködern. Den Händlern, die Parfumessenzen aus fiktiven Farmen oder Rosenplantagen in der Oase Fayoum verkaufen, sollte man keinen Glauben schenken – die meisten Düfte kommen in Wahrheit aus deutschen Chemie-Labors!

Hurghada ist einer der wichtigen Devisenbringer Ägyptens, und blieb es auch, als die Touristen nach fundamentalistischen Terroranschlägen das Niltal mieden. Hurghada überstand die Krise u. a. durch Dumping-Preise auf allen internationalen Märkten. Die Kosten vor Ort wurden dagegen angezogen. Die Methode ›Billiges Lockangebot, teure Vor-Ort-Kosten‹ ist geblieben. Übliches Geschäftsgebaren ist es, Hotels mit bis 130 % und mehr zu belegen – Hauptsache es bleibt kein Bett unverkauft. Lieber lässt man vereinzelte Touristen bei der Ankunft stundenlang im Unklaren, wo sie denn nun ihre schönsten Wochen des Jahres verbringen werden. Überbuchungen sind ein Dauerärgernis in Hurghada. Ebenso kommt es regelmäßig vor, dass einfachere Hotels noch im Bauzustand sind.

Hurghada – das sollte Mitte der 80er Jahre noch ein vorbildliches ägyptisches Modell für einen Tourismus werden, der aus den Fehlern von Orten wie Rimini, Ibiza oder Mallorca seine Lektion gelernt hat. Aber es blieb bei Regelungen wie etwa dem Verbot von Hochhäusern mit mehr als drei Etagen. Das Experiment Hurghada gilt heute trotz der enormen Übernachtungszahlen als weitgehend gescheitert. Das sagt man zwar nicht so offen, doch die Regierung räumt ein, dass Investoren in Hurghada in Urlaubern, die mehrheitlich ein eher knappes Budget haben, keinen sehr attraktiven Zuwachsmarkt mehr sehen und ihr Kapital lieber in neue Orte am Roten Meer stecken.

Man kann sich in Hurghada problemlos zurechtfinden. Entlang der Südküste, ab dem unübersehbaren Rundbau des Sheraton, säumen Hotels den Strand. Nördlich des Sheraton liegen zwar einige Hotels, der Ort beginnt aber nach wenigen Kilometern. Im Bezirk Dahar befinden sich der Basar, Restaurants, Post, Telefonamt, Behörden und Banken. Alle großen Hotels unterhalten vormittags und spätnachmittags Shuttle-Busse in

Am Strand von Hurghada

das Zentrum. Taxis sind rund um die Uhr unterwegs. Eher abschreckend ist das künstliche Touristendorf **El Gouna**, 25 km nördlich von Hurghada. Der Zugang zum Meer ist mäßig, man liegt am Pool.

Von Hurghada nach Marsa Alam

Karte S. 290
Tipps und Adressen Safaga S. 326 Quseir S. 343   Marsa Alam S. 340

Von Hurghada aus führt die Route nach Safaga. Wenige Kilometer vor Safaga weist ein Schild zur **Soma Bay**, eine künstlich erweiterte Lagune, um die sich einige sehr gute Hotels gruppieren, darunter Ägyptens bester Club, der Club Robinson Soma Bay, in dessen Nachbarschaft auch eine Golf-Anlage liegt – mit Blick aufs Meer und leider ziemlich viel Wind.

Auf der Küstenstraße biegt man 53 km südlich von Hurghada, kurz vor Safaga, nach Qena (Niltal) ab. 44 km von der Küstenstraße entfernt, führt die Piste (kein Allradantrieb erforderlich, aber wegen Spurrillen umsichtige Fahrweise) nach rechts zum **Mons Claudianus** 1 (Gebel Fatiri) hoch, den man nach weiteren 23 km erreicht. (Die Piste Hurghada – Mons Claudianus ist wegen vieler Unfälle von Touristen gesperrt.)

Hier liegt ein weiterer Granitsteinbruch, vom römischen Kaiser wegen des schwarz marmorierten Diorits geschätzt,

Damit wurden die Engelsburg und das Forum in Rom dekoriert. Überbleibsel von begonnenen Säulen oder zu Bruch gegangenen Arbeiten liegen vereinzelt auf dem Ruinengelände, darunter ein fast fertiggestellter 18 m langer Rundpfeiler. Insgesamt gab es im Gebiet des Mons Claudianus 150 Steinbrüche.

56 km südlich von Hurghada liegt **Safaga** 2. Dieser Ort bietet keinerlei Attraktionen, keine bemerkenswerten Restaurants oder Diskos, er besteht bloß aus einigen Hotels aller Kategorien. Am größten Hafen der Küste wird der Handel und Warenverkehr mit Ostafrika abgewickelt. Safaga versucht aus den Fehlern Hurghadas zu lernen und reguliert von vornherein den Tauchtourismus zusammen mit Tauchschulen so, dass Korallenriffe nicht das Opfer rücksichtsloser Urlauber werden. In der Tat sind die Korallenbänke vor Safaga auch in besserem Zustand. Safagas breite Bucht empfiehlt sich auch als perfektes Surfrevier. Im Uferbereich ist das Wasser flach, auf dem Meer erreichen die Wellen eine Höhe von 1,5 m.

Quseir 3, 85 km südlich von Safaga, ist ein weiterer Ort, der sich zu einem großen Urlaubszentrum am Meer entwickeln soll; über 100 Hotel- und Clubprojekte sind in der Planung. Bislang besteht der touristische Teil Quseirs aber in erster Linie aus dem wundervollen Mövenpick-Hotel. Der Ort selbst ist ungewöhnlich sauber; am Hafen findet man ansehnliche Verwaltungsgebäude.

Quseir soll, so die Konzeption, vor allem die umweltbewussten und Ruhe suchenden Urlauber anlocken, die auf Angeln ebenso verzichten können wie auf Jetskifahren. Beides ist verboten, so

Von Hurghada nach Marsa Alam

Die Rotmeerküste – ein Paradies für Taucher

wie alles, was Meer und Riffen schaden könnte. Die Zahl der Taucher, die täglich mit Booten auslaufen dürfen, ist begrenzt, und wer sich nicht an die geltenden Tauchbestimmungen hält, wird rigoros mit Tauchverbot belegt.

Doch bevor im großen Stil sanfter Massentourismus beginnt, so widersprüchlich das sein mag, hat der Ort etliche Probleme zu lösen: Wasser kommt bisher nur mit Tankfahrzeugen, und die Begeisterung der Einheimischen über eine Zukunft als internationaler Badeort ist trotz der Aussicht auf kleinen Wohlstand für alle bislang eher gering. Größter regionaler Arbeitgeber ist bisher die Phosphatindustrie, die über Quseirs Hafen ihre Exporte verschifft.

Bei den Pharaonen hieß der Ort Ta'au. Aus diesem einst bedeutenden Hafen trieben sie Handel mit Arabien, Ostafrika und Südwestasien. (u. a. Gewürze, Parfums, Kupfer, Türkise, Edelsteine im Austausch für Weizen, Gold, Elfenbein, Edelhölzer). Die Ptolemäer errichteten hier ihren Hafen Leukos Limen (Weißer Hafen), und noch Reisende und Abenteurer des frühen Mittelalters machten sich vom Niltal auf den Weg zu diesem bedeutenden Hafen. Mekka-Pilger benutzten Quseir für ihren Weg zur heiligsten Wallfahrtsstätte des Islam jenseits des Roten Meeres, Mekka und Medina (heutiges Saudi-Arabien).

138 km südlich von Quseir liegt **Marsa Alam** 4, ein kleiner Hafenort mit Pottasche-Abbau (Kaliumcarbonat), zurzeit noch Urlaubsziel für Individualisten. Nach den Wünschen der ägyptischen Tourismusmanager soll hier jedoch ein zweites Hurghada entstehen. Investoren genießen als Anreiz zehn Jahre Steuerfreiheit und sind für importierte Güter vom Zoll befreit.

Die Verpflichtung für Touristen, für die Reise nach Marsa Alam und weiter südlich eine Spezialgenehmigung der Staatssicherheitspolizei einzuholen, ist mittlerweile abgeschafft. Mit jedem Straßenkilometer spürt man spätestens ab Quseir, wie die Hitze drückender wird. Immer ausgedehnter sind die Phasen, in denen die Straße vor den Augen flimmernd verschwimmt.

Noch ist Marsa Alam ein kleiner und ziemlich verschlafener Fischerort. Dennoch hat es unter Tauchern schon den Ruf, mit seinen unberührten Korallenbänken einer der besten Tauchplätze der Erde zu sein. Einen guten Namen haben sich in Fachkreisen die Tauchstationen Elphin Nord und Elphin Süd gemacht. Hier ist es so gut wie garantiert, während eines Tauchganges ein oder zwei Haie zu sehen.

Von Hurghada aus werden übrigens Tauchtrips mit dem Boot nach Marsa Alam angeboten; manche sogar über Nacht. Für begeisterte Taucher sollte es eine Überlegung wert sein, den Törn zu den kaum erschlossenen Tauchgründen vor der nahen sudanesischen Küste zu buchen. (**Achtung:** Taucher jeden Könnens sollten sich stets darüber im Klaren sein, dass sich die nächste Dekompressionskammer der Region in Hurghada befindet. Auch das Telefonnetz in und um Marsa Alam funktioniert meist nicht, deshalb müssen Hotelreservierungen bis heute über Kairo erledigt werden. In den beiden Camps Shams Safaga und Red Sea Diving Safari kann im Notfall über Satellitentelefon Hilfe angefordert werden.)

Die Weiterfahrt zur sudanesischen Grenze führt an weitgehend unberührter Küste mit sehr schönen Buchten, Mangrovenwäldern und meist undokumentierten Tauchrevieren entlang. Tauchschulen oder Geräteverleihe gibt es hier mittlerweile. Die neuen Hotels sind gut bis komfortabel, aber man findet auch noch gelegentlich Hütten am Strand.

40 km südlich von Marsa Alam – hier soll Ende 2001 ein Charter-Flughafen eröffnet werden – wurden bereits das **Wadi el Gamal** und die schöne Bucht **Sharm el Loly** erschlossen. Gleiches

Auch für Ägypter ein beliebtes Urlaubsziel – die Strände südlich von Hurghada

gilt, 142 km südlich von Marsa Alam, für **Bernice** mit seinem netten Kap **Ras Banas**, der letzte ägyptische Ort vor der sudanesischen Grenze.

In der gesamten Region sollen laut Plan des Tourismusministeriums mittelfristig 10 000 Touristenbetten zur Verfügung stehen. In diesem Sinne wirbt ein Deutsches Reisebüro ganz treffend für Marsa Alam: »Noch ist ... Marsa Alam nur auf dem Landwege, verbunden mit einer mehrstündigen Fahrt, zu erreichen. Doch wird mit der Eröffnung des neuen Flughafens dies nicht mehr vonnöten sein. Ähnlich wie Quseir ist das Gebiet um Marsa Alam ein Eldorado für Tauchsportbegeisterte und Ruhesuchende, inmitten einer noch nahezu unberührten Landschaft – noch. Denn mit Öffnung des neuen Flughafens wird auch hier der Massentourismus in den nächsten Jahren seinen Einzug halten.«

Surfen, Angeln, Tauchen

Nicht nur bei Tauchern ist Hurghada ein beliebter Ort, auch **Surfer** schätzen die Küste des Roten Meeres. Durch die geographische Lage, das offene Meer, die hohen Berge und die Wüste bauen sich das ganze Jahr über thermische Winde auf. Anfänger finden eine Flachwasserpiste, die geschützt durch die Landzunge ideale Voraussetzungen zum Surfen bietet. Wer an der Landzunge vorbei surft, kann an der Dünungswelle bis zu 1 m springen und loopen. Auch Safagas breite Bucht erweist sich als perfektes Surfrevier. Im Uferbereich ist das Wasser flach, draußen im Meer erreichen die Wellen eine Höhe von 1,5 m. El Quseir hat sich als exzellentes Wellenrevier für Könner erwiesen, mit Dünungswellen bis zu 1,5 m.

Das Rote Meer ist bekannt für seinen Fischreichtum. In den zahlreichen Riffen, Inseln und Abbruchkanten leben unzählige Fischarten. Für **Angler** werden Tagestouren mit speziell ausgerüsteten Booten angeboten, aber auch mehrtägige Fahrten, um bei Tag und bei Nacht den großen Fang zu machen – und gleich zu verzehren. Im Sommer bevorzugen Angler die Region um El Quseir, um Thunfische, Segelfische und Barrakudas zu ködern.

Für **Taucher** liegen die interessantesten Reviere zwischen Hurghada und sudanesischer Grenze, in der neu erschlossenen Region von Marsa Alam. Tauchkreuzfahrten legen in Hurghada ab, auch zum Wracktauchen. Vor allem die südlichen Riffe kurz vor Marsa Alam warten mit einer interessanten Unterwasserwelt auf; ebenso Brother- und Rocky Islands, Dolphin-Reef sowie Elphinstone. Leider sind alle Ergs (Offshore-Fleckriffe) von Hurghada bis Ras Banas (500 km!) in den letzen Jahren von Dornenkronen stark zerstört worden. Mittlerweile beherrschen schnellwachsende Astkorallen und Weichkorallen das Bild, algenfressende Fischarten haben stark zugenommen. Die Saumriffe sind nicht so stark betroffen und meistens in gutem Zustand!.

Warnungen des Tauchlehrers oder des Bootskapitäns sollten ernst genommen werden, denn die Strömungen im Roten Meer sind unberechenbar. Ungefähr ein Dutzend Taucher verschwinden jährlich spurlos im Wasser. In Ägypten gibt es kein funktionierendes Notarztsystem – und nur in Sharm el Sheikh, Hurghada, El Gouna und 1 km vom Kahramana-Hotel (Südägypten) entfernt gibt es Dekompressionskammern.

Hurghada

Abu Ramada: 1 Std. Bootsfahrt, bis 40 m tief, fischreiches, felsiges Riff.
Sha'ab Abu Ramada: 1 Std. Bootsfahrt, 3 km südwestlich von Abu Ramada, das flache, in einem Gang zu umtauchende Riff wird seines Fischreichtums wegen auch ›Aquarium‹ genannt, viele Weichkorallen an der Ostseite.
Giftun Island: 1 Std. Anfahrt, Ostseite der Insel gut für Strömungstauchen.

Careless Reef: 5 km nördlich von Giftun (von Hurghada gut 1 Std. Anfahrt), bei Fotografen sehr beliebter Tauchplatz, kein Schutz vor Wind und Strömung, sehr reicher und farbenprächtiger Korallenwuchs.

Sha'ab Rur Reef: gut 1 Std. Anfahrt, zwischen Careless Reef und Sha'ab Um Qamar Reef (s. u.) gelegen, nicht sehr interessant, auf 25 m liegt ein kleines gesunkenes Schiff.

Sha'ab Um Qamar Reef: 1,5 Std. Anfahrt, kleine Insel (350 m lang) mit Leuchtfeuer, 9 km nördlich von Giftun Island, beliebtestes, weil wind- und strömungsgeschütztes Tauchgebiet im Südwesten der Insel, Abstieg gegenüber dem Leuchtfeuer bis 35 m, dichter Bewuchs mit Weichkorallen, ideal für Fotografen ist St. Peter's Cave, eine fischreiche Höhle mit schwarzen Korallen.

Shab el Erg Reef: 2 Std. Anfahrt, kein aufregendes Riff.

Shadwan Island: je nach Wetter bis zu 4 Std. Anfahrt, die strategisch wichtige Insel ist militärisches Sperrgebiet und darf nicht betreten werden, wegen der Strömungen ein kompliziertes Gebiet, nicht sehr interessante Riffe. Rund um Shadwan gibt es allerdings einige gute Tauchplätze, darunter das als Schiffsfriedhof bekannte Riff Abu Nuhas und so berühmte Wracks wie die im Zweiten Weltkrieg von einem deutschen Bomber versenkte britische Thistlegorm.

Safaga

Abu Soma Reef: Anfahrt knapp 1 Std., wegen häufig starker Strömungen kein Tauchrevier für Anfänger; 32 m tief, herrlicher Korallenwuchs.

Sha'ab Tobia Arba'a Reef: Anfahrt knapp 1 Std., 15 m tief, aus dem Seeboden wachsen vier wunderbar bewachsene Korallentürme an die Oberfläche, ideal für Fotografen; gut für Anfänger geeignet.

Tobia Kebir Reef: Anfahrt knapp 1 Std., vier kleinere Riffe, ein mittelmäßig interessanter Tauchgang bis 10 m Tiefe.

Sha'ab Tobia Soraja Reef: Anfahrt knapp 1 Std., eine Reihe von eng beieinander liegenden Riffen mit einem nicht sehr schwierigen Tunnel.

Gamel Soraja: Anfahrt knapp 1 Std., schön zu betauchen ist das Außenriff, sehr fischreiches Revier.

Gamel Kebir: Anfahrt knapp 1 Std., bis 15 m tief, sehr schönes 400 m langes Riff; Vorsicht vor starken Strömungen.

Tobia Island: Anfahrt gut 45 Min., bis auf 23 m fällt das direkt vor der Insel liegende und sehr schöne Riff ab.

Panorama Reef: Anfahrt gut 90 Min., eines von Safagas aufregendsten Riffen, mit Steilabfällen bis an die 200 m, zahlreichen Höhlen und Überhängen; strömungsbedingt manchmal sehr schwierig.

Abu Kafan Reef: Anfahrt gut 2 Std., das Juwel unter Safagas Riffen, Steilabfälle bis 80 m, reich an Fischen und schönen Korallen, manchmal schwierige Strömungen.

Region Marsa Alam

Shab Samadi I: Oft schlechte Sicht; Korallengarten mit Hartkorallen, viele Gelbschnapper, häufig Tümmler.

Shab Samadi II: Korallentürme mit Höhlen und Durchgängen.

Wadi el Gamal: Rotfeuerfische, Butte, Muränen, viele Seeigel. Überfischt.

Elphinstone: Östliche Außenseite mit Dropoffs; Haie, Thunfische und Tümmler, außerhalb der Hochsaison am besten.

Dolphin Reef: Immer für Überraschungen wie Großfische (Haie, Tümmler) gut.

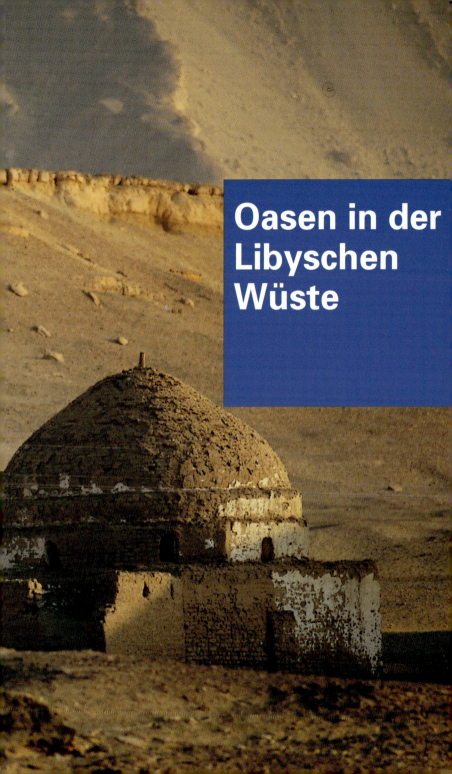

Oasen in der Libyschen Wüste

Oasen in der Libyschen Wüste

Die großen Oasen Ägyptens, fruchtbare Wüstenkessel, liegen alle in der Westlichen, der Libyschen Wüste. Herodot schwärmte angesichts der Oase El Kharga von der Insel der Seligen. Man darf das getrost auf die anderen Oasen Baharija, Farafra und Dakhla, mit denen El Kharga das so genannte New Valley bildet, übertragen – mehr ein wirtschaftlicher denn ein touristischer Zusammenschluss.

Die Nutzung der Wasservorräte und der Anbau von Datteln, Zitronen, weiterem Obst und Gemüse und Getreide soll koordiniert und der Ertrag dadurch gesteigert werden. Noch geschieht das etwas unorganisiert, manchmal undurchdacht, und so muss sich der Reisende nicht wundern, wenn er mitten in einer Wüstenoase Unmengen von Wasser verschlingende Reisfelder findet – Kosten-Nutzen werden hier eher unter dem Posten Prestigeartikel ›Ägyptischer Reis‹ verbucht.

Aus dem Niltal werden Bauern und arbeitslose Absolventen der Agrar-Fakultäten mit Grundstücken, die sie vom Staat teils kostenlos, teils zu günstigen Kreditkonditionen bekommen, zum Ansiedeln bewegt. In der noch ziemlich unterentwickelten Region, welche die ägyptische Regierung mit großen Investitionen und Entwicklungsplänen modernisieren will – was dem Charme der Oasen nicht immer gut tut, haben einige Orte gerade erst einmal Strom und Telefon bekommen.

Als New Valley werden die Oasen offiziell bezeichnet, und vor allem Baharija zieht immer mehr Touristen an. Auch diese Region wird zurzeit für den Pauschaltourismus erschlossen.

Durch die Westliche Wüste Ägyptens führt bis heute einer der vier großen nordafrikanischen Karawanenrouten, der Darb el Arba'ain, der Weg der vierzig Tage, auf dem aus dem Zentralsudan Kamele, die später als Arbeits- und Schlachttiere verkauft werden, nach Ägypten ziehen. Über diese Route wurde früher auch ein Teil des schwarzafrikanischen Sklavenhandels abgewickelt; Handelskarawanen kamen auch aus Libyen.

Bei dieser Oasentour, für die man mindestens vier bis sechs Tage braucht, begegnet man nicht vielen ausländischen Besuchern, schon gar nicht Pauschaltouristen, eher noch Rucksackreisenden.

Es gibt, falls man nicht im Schlafsack irgendwo im Freien schläft, keine Fünf-Sterne-Hotels, sondern allenfalls einfache Unterkünfte, über die man tröstend sagen kann: Auch die Kakerlaken der Libyschen Wüste, durch die diese 1000-km-Tour führt, sind nicht gefährlich. Die rund einwöchige Reise unternimmt man mit dem Auto; sie ist aber auch, eher beschwerlich, mit öffentlichen Bussen möglich. Im weiten Bogen fährt man von Kairo westwärts durch die Wüste und trifft erst nördlich Luxor wieder auf das grüne Niltal. Will man nur einzelne Oasen besuchen, dann wäre Kairo ein guter Ausgangspunkt für Baharija und Farafra; Luxor/Assiut Startpunkt zu den Oasen Kharga und Dakhla. Die Wüste zeigt sich auf dieser Tour in all ihrer Schönheit. Dünen säumen zum Teil die Straße, schillern in Gelb- und Ockertönen, für deren Nuancen die Nomaden und Beduinen über 500 Begriffe kennen.

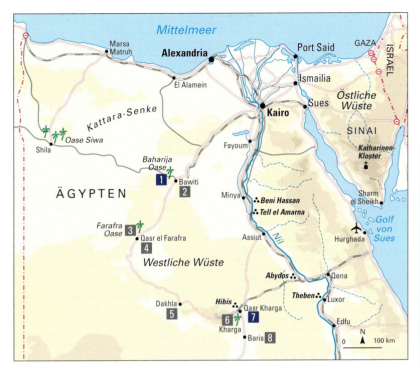

Oasen in der Libyschen Wüste

Baharija

Tipps und Adressen S. 319

Über 360 km führt die Route von Kairo in die Oase **Baharija** 1 (94 km lang, maximal 42 km breit, 2000 km²), die hauptsächlich von Landwirtschaft lebt und aus vielen kleinen Bergen, sanften Hügeln und Wadis besteht. Baharijas Gesellschaft fußt ganz stark auf Tradition und Religion. Die Scheichs sind die mächtigen Männer, die für die Bewohner noch über dem Gesetz aus Kairo stehen. Auffallend sind die Gewänder der Frauen, meist schwarze weitfallende Galabayas mit roter und gelber Stickerei, dazu ein schwarzes Kopftuch mit roter Seidenborte. Von besonderer Schönheit ist auch der Schmuck: Goldene Nasenringe und Halsketten aus Glasperlen, wie sie Sahara-Nomaden gerne tragen.

Im Mittleren Reich gehörte die Oase unter dem Namen Zeszes zum erweiterten Machtbereich der Pharaonen, die von hier unter anderem Wein, Obst, Gemüse und Getreide an den Nil transportieren ließen – auf Eseln, da das Kamel zu dieser Zeit in Ägypten noch nicht heimisch war. Die Römer bauten in der Oase Aquädukte und Zisternen, wie die bis heute im Hauptort Bawiti und Izza erhaltenen. Eine starke Gruppe bildeten hier die Christen, die einen eigenen Bischofssitz unterhielten; erst 900 bis 1000 Jahre nach der Islamisierung Ägyptens im 7. Jh. konvertierte hier

Bahariya: Die Oase der goldenen Mumien

Im April 2001 öffnete der Archäologe Dr. Zahi Hawass in der Oase Bahariya, 400 km südwestlich von Kairo, zwei neu entdeckte Gräber mit insgesamt 22 Mumien: »Sie gehören zu den besten und schönsten, die wir je im Tal der goldenen Mumien gefunden haben«, sagt Hawass euphorisch. »Die Mumien sind außerordentlich kunstreich verziert und wunderbar vergoldet«. Einer der Leichname war mit 100 goldenen Amuletten geschmückt.

Eine besondere Überraschung barg die Mumie von Prinzessin Naesa II., der Frau des Statthalters von Pharao Ahmose II. (570–526 v. Chr.). Sie hielt in ihren Händen noch goldene Münzen. »Die alten Archäologen glaubten, dass ein Verstorbener Kleingeld bei sich haben muss, um für die Überfahrt ins Jenseits zu zahlen.«

In den letzten Jahren warteten die Archäologen in Bahariya bereits mehrfach mit sensationellen neuen Entdeckungen auf. 1999 hatten Hawass und seine Kollegen in vier bislang unberührten Gewölben 105 Mumien und kostbaren Goldschmuck gefunden. Seitdem wurden fast 200 weitere Mumien aus Gräbern der riesigen Nekropole ausgebuddelt. Die fünf schönsten Mumien befinden sich in der Hauptstadt Bawiti, aufgebahrt in einem Raum des hiesigen Inspektorates.

Hawass erwartet, dass in dem mehrere Quadratkilometer großen Gräberfeld, das als »Tal der goldenen Mumien« bekannt wurde, rund 10 000

die letzte christliche Familie zum Islam. Im 20. Jh. kontrollierten die Briten die Oase.

Die alte Hauptstadt, Qasr, und **Bawiti** 2, die neue, sind heute verschmolzen. Als römische Bäder gelten Ain Bishmu und Ain Bardir, 30 °C-warme Quellen mit einem kleinen Wasserfall, den manche Einheimische gerne als Dusche benutzen. In einem Eukalyptus-Hain liegt die Bir Ghaba-Quelle, genau an dem Weg, den Karawanenrouten durch die Oase benutzen. Südwestlich Bawitis liegt das pharaonische Qasr, das eine Reihe von Monumenten besitzt, nur leider verschüttet in der Erde unter dem heutigen Ort. Von einem Tempel, geweiht dem Amun-Re, sind nur spärliche Relikte übriggeblieben, ebenso von einem einst großartigen römischen Triumphbogen. Im Nordosten Qasrs fand man den kleinen Qasr-Migysbah-Tempel aus Sandstein, der, zumindest bei der Entdeckung 1940 noch als einziger Ägyptens die Kartusche Alexanders des Großen trägt, die inzwischen von Wind und Sand ausradiert wurde. Sehen sollte man auch das kleine Privat-

Mumien begraben liegen – eine Aussage, der Experten gleich mehrfach widersprechen.

Der Chefkonservator des Ägyptischen Museums in Kairo, Dr. Nasri Iskander, spricht lieber von 42 komplett gefundenen Körpern und auch der Begriff Mumie sei »technisch falsch«. Für ihn, Iskander, seien die so genannten Mumien eine wissenschaftliche Enttäuschung. »Wir haben nur Knochen und die zu Staub gewordenen Organe gefunden, aber kein Fleisch. Man kann nichts identifizieren.« Die alten Königsmumien würden indes noch Zellen vorweisen, die man mit DNA, dem genetischen Fingerabdruck, wissenschaftlich testen kann. Bei den neueren Mumien aus Bahariya habe man nur sehr schlechte Überreste, beschreibt Iskander den Unterschied zwischen echten und falschen Mumien. »Die echte, klassische Mumifizierung erlaubt uns sogar nach 3000 Jahren noch Zellen, Zähne, Haut und Haare zu untersuchen«, sagt Iskander.

Mit der Mumifizierung wurde im alten Ägypten im großen Stil betrogen. Vor allem die Balsamierer von Bahariya mumifizierten die Toten im billigen Schnellverfahren mit Asphalt oder Bitumen, die Leichen zerfielen nach wenigen Jahren. Betrügerische Bestatter verkauften zudem vergoldete Gipsabdrücke statt Goldmasken. Vor der 17. Pharaonen-Dynastie (1625–1539 v. Chr.) habe die Mumifizierung eine Art Testphase durchlaufen, erklärt Iskander, erst danach im Neuen Reich, als Echnaton, Tutanchamun und Ramses II. das Land am Nil regierten (1539–1292 v. Chr.) sei es gelungen, »etwas perfektes« zu schaffen.

Die Funde aus Bahariya stammen aus der Zeit der Ptolemäer- und Römerherrschaft von 300 bis 180 v. Chr. Die Körper der Toten wurden gewaschen, dann mit Asphalt oder Bitumen eingeschmiert und mit Stoff umwickelt. Auch die Totenmasken waren nicht aus reinem Gold, sondern bestenfalls aus mit Gold überzogenem Gips.

Iskander arbeitete von 1992 bis 1999 in der Oase, aber erst 1999 machte das »Tal der zehntausend goldenen Mumien« Schlagzeilen.

museum Mahmoud Eids, der an der Cairo Road ein kleine Sammlung von Tonkrügen und Scherben aus verschiedenen Epochen ausstellt.

Zu den neueren Attraktionen zählt – abgesehen von dem Mumienfunden (s. Thema oben) – das von einem deutschen betriebene International Health Center Bawiti, ein angenehmes Hotel mit Spa-Kuren (s. Thema S. 260) und der vorzüglichen Möglichkeit, von hier aus eine Reihe von Wüstenausflügen und Exkursionen, sogar bis Luxor, zu organisieren.

Richtung Südwesten erreicht die Hauptstraße nach etwa 85 km die große Weiße Wüste Farafras, so genannt wegen der strahlend weißen bizarren Felsformationen. Sie ist ideal für Off-Road-Touren, die man aber nur mit einem Führer aus Farafra unternehmen sollte, da das Gebiet, in dem man sich nur schwer orientieren kann, selbst für professionelle Wüstenspezialisten gefährlich ist.

Besonders faszinierend schimmert die Wüste bei Sonnenauf- und Sonnenuntergang. Nach 43 km erreicht man die

Die Weiße Wüste bei der Oase Farafra

Oase Farafra, die in der Antike Taihw hieß, ›Land der Kuh‹, geweiht der Göttin Hathor.

Farafra

Tipps und Adressen S. 325

3 Farafra (125 km lang, 56 km breit) wurde erstmals im Neuen Reich erwähnt, als es von libyschen Eroberern eingenommen wurde. Wegen der Wasserknappheit war die Oase aber als Stützpunkt für die Libyer und folgende Invasoren wenig interessant.

Der erste Ausländer der Neuzeit betrat die Oase 1819. Bezugnehmend auf Herodots Bericht über das Verschwinden des 50 000-Mann-Heeres des Persers Kambyses im 6. Jh. v. Chr. zwischen den Oasen Farafra und Siwa, das Forscher und Abenteurer bis heute beschäftigt, starten von Farafra aus immer wieder Expeditionen, die mit Kamel oder sogar Flugzeug das Rätsel zu lösen versuchen. Eine große Zukunft erwartet Farafra, da mittlerweile unterirdische Wasservorkommen gefunden wurden.

Im Ort **Qasr el Farafra** 4 mit seinen 20 Quellen und Brunnen stellt eine der Attraktionen der Künstler Badr mit seiner Museumsgalerie dar, die Malereien und Skulpturen zeigt. Den Ort Qasr el Farafra dominiert eine alte Festung, die der Regen brüchig gemacht hat; aber noch immer wohnen in ihr Menschen.

Die Wehrtürme sind eingestürzt. Die 110 Räume – 225 sollen es früher gewesen sein – dienten den Bewohnern als Zuflucht bei Angriffen von Räubernomaden der Wüste.

Dakhla

Tipps und Adressen S. 321

5, 313 km Wüstenstraße liegen zwischen Farafra und der Oase Dakhla, 250 km² groß, die seit über 10 000 Jahren bewohnt ist. Büffel, Elefanten, Rhinozerosse und Zebras lebten hier an den Ufern eines riesigen Sees, an dem auch erste Nomaden Tiere züchteten.

Schon in vorpharaonischer Zeit hatte die Oase intensiven Kontakt zum Niltal. Unter der römischen Herrschaft war Dakhla, Ägyptens Kornkammer und Obstgarten, die dichtest besiedelte Oase der Libyschen Wüste, was man aus Hunderten von Friedhöfen schließen kann, die hier von kanadischen und französischen Archäologen gefunden wurden. Mit dem Rückzug der Römer verlor Dakhla seine Bedeutung, und zu pulsieren begann das Leben erst wieder, als sich Christen niederließen, die als Gemeinschaft mindestens bis zum 7. Jh., dem Beginn der Islamisierung, blieben.

Heute leben die Menschen der 16 Orte Dakhlas von der üppigen Landwirtschaft. Die Bevölkerung setzt sich aus Berbern und Beduinen zusammen. Besonders kunstvoll werden hier Tongefäße aller Art geformt und gebrannt. Nach dem Gott der thebanischen Triade Mut ist vermutlich der Hauptort benannt, der als Sehenswürdigkeit außer einem kleinen ethnologischen Museum (wird geöffnet auf Anfrage beim Tourist Office) eine Reihe heißer Quellen und den zerstörten Tempel Mut el Khorab – über den zum Leidwesen der Archäologen Teile des neuen Ortes gebaut wurden – nichts besitzt. Etwa 3 km westlich von Mut erstreckt sich ein mit deutscher Hilfe künstlich angelegter See, der eine kleine Fischfangindustrie mitbegründen helfen soll.

Malerisch ist der mittelalterliche Oasenort Qasr Dakhla mit seinen heißen Quellen und der Ayubi Nasr el Din-Moschee aus dem 16. Jh. mit der ehemaligen Koranschule. Die gesamte Architektur ist stark islamisch geprägt; ein Musterbeispiel ist das restaurierte Abu Nafir-Haus mit seiner mächtigen Lehmziegel-Fassade und einer fein gearbeiteten Holztür. Etwas über 2 km südwestlich des Ortes besucht man den Muzawaka-Friedhof (1. Jh.), der nur über eine Piste zu erreichen ist. Über 300 Gräber liegen in den Hügeln und sind zum Teil (Padiosiris- und Petubastis-Grab) mit sehr schönen Wandmalereien geschmückt. Restauriert wurde, 7 km westlich von Qasr, der Sandstein-Tempel Deir el Haqqar, erbaut im 1. Jh. unter der Herrschaft Neros, geweiht der thebanischen Götter-Triade. An den Tempelwänden verewigten sich nicht nur römische Kaiser mit ihren Kartuschen, sondern vor allem auch Forschungsreisende seit dem 19. Jh. mit eingeritzten Graffiti.

Kharga und Baris

Tipps und Adressen   Kharga S. 337

6 Zurück auf der Hauptstraße erreicht man nach 200 km Kharga (30 km breit, 185 km lang), die größte, von einer Hügelkette umschlossene Oase, über deren Vor- und Frühgeschichte man wenig weiß. Aus dem Neuen Reiche

stammen in Theben Grabinschriften, die von Steuerzahlungen der Bewohner Khargas in Form von Wein, Obst und Gemüse berichten, aber auch von Strafexpeditionen wegen der Steuermoral der renitenten Oasenbewohner.

Wie auch die anderen Oasen erlebte Kharga seine Blütezeit unter den Römern, welche die lebhafte Karawanserei mit Befestigungen schützten, Quellen suchten und Brunnen aushoben, Aquädukte und Zisternen anlegten. Der koptischen Kirche und römischen Kaiser diente Kharga, Herodots Insel der Seligen, als Verbannungsort für Sektierer, darunter der Patriarch von Alexandria, Athanasius, der im 4. Jh. gleich fünfmal nach Kharga geschickt worden war. Die Türken machten Kharga im 16. Jh. zur Garnison, und Mohammed Ali ließ der Oase gegen Steuern im 19. Jh. weitgehende Unabhängigkeit.

Der Ort **Qasr Kharga** 7 ist eine alte Stadt mit verwinkelten Gassen, Hauptstadt der gesamten New Valley-Provinz und bemüht sich von allen Oasen am eifrigsten um Tourismus. Zu den interessanten Sehenswürdigkeiten zählt nördlich des Ortes der in Hibis gelegene Amun geweihte Bau (6. Jh. v. Chr.), errichtet von Darius I. Der besterhaltene, von einem Palmenhain umgebene Tempel der Libyschen Wüste ist eines der beiden von Persern errichteten Heiligtümer in Ägypten (das andere findet sich ebenfalls in Kharga). Eines der schönen Wandreliefs zeigt Seth mit blauem Körper und Falkenkopf als Gott der Oase, wie er mit dem Speer eine Schlange aufspießt.

In 1 km Entfernung vom Tempel liegen am 430 m hohen Gebel el Teir (›Berg der Vögel‹) die frühesten und besterhaltenen Mausoleen der Christenheit; sie stammen aus dem 4. bis 6. Jh.: insgesamt über 260 kleine Räume. Die größeren Gräber haben Kuppeldächer. An manchen Wänden finden sich bis heute Bilder mit biblischen Szenen, wie zum Beispiel in der Kapelle des Exodus, deren Kuppel in zwei Bildbändern unter anderem Moses mit den Israeliten, die Arche Noah, Adam und

Lehmziegel-Moschee im Hauptort der Oase Dakhla

Eva sowie Daniel in der Höhle des Löwen zeigt.

Besuchenswert ist 85 km südlich von Qasr Kharga **Baris** 8, das die Einheimischen von Kharga als eigenständige Oase betrachten; noch bis ins 19. Jh. war es Haltepunkt der Karawanen des Darb el Arba'ein und Sklavenmarkt. Der Architekt Hassan Fathy schuf hier nach seinen Vorstellungen von einfacher, lebensangepaßter Architektur ab 1967 eine neue, unvollendete Siedlung, deren Vorbild die mittelalterlichen überkuppelten Oasen-Festungen waren. Der Kuppeln wegen, die viel an christliche Gräber erinnerten, weigerten sich die meisten Oasenbewohner, hier einzuziehen – das traurige Ende der Geschichte einer Geisterstadt.

Die gut ausgebaute Straße führt über 140 km zurück ins Niltal nach Assiut und weiter Richtung Luxor.

Richtig Reisen
Thema

Mit dem Zug ans Rote Meer

Das Schild an der Außenwand des Zugwaggons ist handgemalt und etwas krakelig. »The Desert/Red Sea Link« steht darauf zu lesen, »Kharga Oasis – Qena – Luxor – Safaga – Red Sea«. Die 680 km waren bislang eine nur mühsam zu bewältigende Strecke, wenn man vom New Valley über das Niltal ans Rote Meer reisen wollte. Doch seit dem Frühjahr 1998 verbindet eine durchgehende Eisenbahnlinie die Oasenhauptstadt Kharga mit Safaga am Roten Meer (dort Busanschluss nach Hurghada) – eine Bahnreise für Eisenbahnfans. Und in der ersten Dekade des 21. Jh. will Ägyptens Nationalbahn, die älteste Afrikas, mit der 1856 eröffneten Bahnlinie Kairo – Alexandria, weitere neue Strecken erschließen – mindestens eine davon sogar als Hochgeschwindigkeitsstraße für Züge mit über Tempo 200.

Von der Oase Kharga ins Niltal (450 km), das war selbst bei hartgesottenen Rucksackreisenden eine gefürchtete, eine knochenerschütternde Fahrt in durchgesessenen, scheinbar stoßdämpferlosen Bussen, kurzum: eine

In den kommenden Jahren plant man, den Sinai mit einer Eisenbahnlinie zu versehen

zermürbende Schaukelpartie, qualvoll verstärkt durch die Berieselung mit Videos und Ägypto-Pop nonstop. Doch Kharga und das New Valley, das sich mit Hilfe seiner gigantischen unterirdischen Wasserreservoirs neben Niltal und Nildelta zur großen Landwirtschaftsoase entwickelt, sucht auch den Tourismus anzulocken, und so war es Zeit für eine umgerechnet 450 Mio. € teure Anbindung ans Niltal und den Osten des Landes.

Anfangs einmal, später mehrmals wöchentlich bummeln die Waggons zweiter und dritter Klasse (in naher Zukunft auch erster Klasse mit Klimaanlage) mit höchstens 60 km/h vom neu errichteten, mit Marmor ausgelegtem Bahnhof in Kharga erst nach Süden, dann Richtung Osten. Rund acht Stunden dauert die Fahrt, die auf den ersten Kilometern an Reis-, Getreidefeldern und Obstplantagen vorbeiführt, bis plötzlich Kleefelder – sie dienen als Dünenstopper – vom Sand abgelöst werden. Die Sonne steht hoch und lässt die Wüste in grellem Gelb und tausend Tönen von Gold und Ocker flimmern. Wer die Oasentour unternommen hat, für den ist die Fahrt ein langsamer Abschied von der wunderbaren Wüstenwelt. Spätestens zwei, drei Stunden nach der Abfahrt schlafen die meisten Passagiere und werden nur geweckt vom Zugpersonal, das Erfrischungen verkauft. In der tiefroten Abenddämmerung, wenn sich die Wüste mit ihren sanften Dünen in harte Steppe mit kargem Bewuchs verwandelt hat, erreicht der dieselbetriebene Zug das Niltal mit seinen saftig grünen Weiden, Feldern und üppigen Obsthainen. Von der Stadt Qena erreicht man in etwa einer Stunde Luxor. Wer will, der kann hier erst einmal bleiben, die großartigen Tempel besichtigen, das

Tal der Könige und das wunderbare Grab der Nefertari. Von Qena sind es noch 230 km bis ans Rote Meer. Mühsam kämpft sich der Zug, sobald er das Niltal verlassen hat, auf über 1100 m hoch in die Nubischen Berge der Östlichen Wüste. Der Mons Claudianus liegt hier, der alte Granitsteinbruch der Römer. Auf den letzten 22 km fällt die Bahnstrecke von 1000 m auf das Niveau des Roten Meeres, deutlich spürbar an dem Druck, der es in den Ohren knacken lässt. Nach Regenfällen, die den Bahndamm unterspülen können und den Zug zum Tempodrosseln zwingen, kann die Fahrt vom Niltal nach Safaga schon mal acht Stunden und länger dauern. Und mit übervollen Zügen muss man zur Zeit der Mekka-Pilgerfahrt rechnen, wenn von Safaga die Schiffe nach Saudi-Arabien auslaufen, und Muslime schon im Zug tief versunken im Koran lesen und beten.

In den kommenden Jahren will Ägypten den Touristen ein attraktives Schienennetz als Alternative zu Busreisen anbieten. Von Sues wird über El Tur und Sharm el Sheikh bis Taba eine Bahnlinie den bisher schienenlosen Sinai erschließen. 1997 begannen Arbeiten für eine Hochgeschwindigkeitsstrasse, die von Faragan bei Sues über El Arish nach Rafah führt, mit Anschluss an den autonomen palästinensischen Gaza-Streifen. Wozu ein Zug nach Gaza? Die Direktoren der Ägyptischen Nationalbahn denken global und träumen davon, wenn erst einmal Frieden im Nahen Osten herrscht, dass ein neuer Orientexpress (von London über Paris nach Istanbul führte ab 1883 die Originalstrecke) im 21. Jh. London oder Berlin über die Türkei, Syrien, Libanon und Israel und Palästina mit Kairo verbindet. Das wird dauern. Denn politisch stehen dafür die Signale eher auf Rot.

- Information
- Unterkunft
- Restaurant
- Sehenswert
- Museum
- Einkauf
- Nachtleben
- Unterhaltung
- Feste
- Aktivitäten
- Strand
- Verkehr

Tipps & Adressen

Inhalt

Tipps & Adressen von Ort zu Ort
(in alphabetischer Reihenfolge)

Abu Mina. 312	Hurghada und Safaga 326
Abu Simbel 312	Ismailia. 329
Abu Zenima 312	Kairo 330
Abydos. 313	Karanis. 337
Ain Sukhna 313	Katharinen-Kloster s. Sharm el Sheikh
Alexandria. 313	Kharga 337
Assiut. 317	Kom Ombo 337
Assuan. 318	Luxor und Theben-West 337
Baharija 319	Marsa Alam 340
Dahab 320	Marsa Matruh 340
Dakhla 321	Minya. 341
Dendera (Qena). 322	Nuweiba 341
Dumiat (Damietta) 322	Port Said 342
Edfu. 322	Port Taufik s. Sues
Eilat. 323	Quseir 343
El Alamein. 323	Sharm el Sheikh 343
El Arish. 323	Siwa 346
El Gouna 324	Sohag 346
Esna 325	Sues 346
Farafra 325	Taba. 347
Fayoum 325	Wadi Natrun. 347

Reiseinformationen von A bis Z

Anreise	348
mit dem Auto	348
mit dem Schiff	348
mit dem Flugzeug	348
mit dem Bus	349
Apotheken	349
Arbeitsmöglichkeiten	349
Auskünfte	349
Behinderte	350
Diplomatische Vertretungen	351
Drogen	351
Eintrittsgelder	351
Elektrizität	351
Essen und Trinken	352
Feiertage	353
Islamische Feiertage	353
Koptische Feiertage	354
Nationale Feiertage	354
Fernsehen und Radio	354
Fotografieren	354
Frauen alleine unterwegs	355
FKK	355
Fremdenführer	355
Geld	355
Gesundheit	356
Goethe-Institute	356
Karten	357
Kleidung	357
Kriminalität	357
Maßeinheiten	358
Moscheebesuch	358
Museen	358
Naturschutzgebiete	359
Notruf	359
Öffnungszeiten	359
Organisierte Rundfahrten	359
Post	359
Rauchen	360
Reisen im Land	360
mit dem eigenen Auto	360
mit dem Mietwagen	360
mit dem Bus	361
mit dem Taxi	361
mit dem Flugzeug	361
mit dem Zug	361
mit dem Nilschiff	362
mit der Fähre	362
Weiterreise nach Israel	362
Weiterreise nach Jordanien	362
Reisezeit	362
Sicherheit	363
Souvenirs	363
Handeln und Feilschen	363
Sport	364
Tauchen	365
Telekommunikation	366
Touristenpolizei	366
Trampen	366
Trinkgeld	366
Unterkunft	367
Hotel	367
Pension und Ferienwohnung	367
Camping und Jugendherberge	367
Visa	367
Wüstentouren	368
Zeitungen und Zeitschriften	368
Zeitunterschied	368
Zoll	368

Kleines arabisches Wörterbuch 369

Literaturtipps 372

Literaturnachweis 373

Abbildungsnachweis 373

Register 374
Personenregister 374
Ortsregister 377

Tipps & Adressen von Ort zu Ort

Preiskategorien Hotels

sehr teuer: ab 200 US-$
teuer: 100–200 US-$
moderat: 30–100 US-$
günstig: bis 30 US-$

(für zwei Personen im Doppelzimmer ohne Frühstück)

Preiskategorien Restaurants

teuer: ab 25 US-$
moderat: bis 15/20 US-$
günstig: bis 10 US-$

(jeweils für ein Menü mit Getränken, d. h. Vorspeise, Hauptspeise, Dessert, Softdrinks)

Abu Mina

Lage: s. vordere Umschlagkarte B9

 Koptische Ruinenfelder. Größte koptische Stadt, die je freigelegt wurde.

Abu Simbel

Lage: s. Karte S. 225
Vorwahl: 097

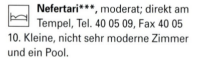 **Nefertari*****, moderat; direkt am Tempel, Tel. 40 05 09, Fax 40 05 10. Kleine, nicht sehr moderne Zimmer und ein Pool.
Nobaleh Ramses***, günstig; am Ortseingang rechts, Tel. 40 03 80, Fax 40 03 81. Geräumige kühle Zimmer, sehr freundlicher Service.

 Zum Essen bleibt man besser im Hotel.

 Abu Simbel-Tempelanlage, Mo–So 8 Uhr bis Sonnenuntergang. Die berühmte Tempelanlage Ramses' II. wurde 1968 in einer internationalen Rettungsaktion versetzt. Am 21. Februar und 21. Oktober erleuchten die ersten Sonnenstrahlen die Götterfiguren im Allerheiligsten.

Busse/Servicetaxis: Mehrmals tägl. verbinden Busse und Sammeltaxis Abu Simbel mit Assuan, aber nur im obligatorischen Polizeikonvoi.
Flüge: Egypt Air, Tel. 31 50 00-04 fliegt tgl. mehrmals Kairo und Luxor an.

Abu Zenima

Lage: s. vordere Umschlagkarte E7, Karte S. 245

Tempel der Hathor

Abydos

*Lage: s. vordere Umschlagkarte D3,
Karte S. 177*

 Die nächsten empfehlenswerten Hotels befinden sich in Luxor.

 Tempel von Abydos, Sommer tgl. 7–17 Uhr, Winter tgl. 8–16 Uhr.
Der Totentempel Sethos I. gehört zu den ältesten und bedeutendsten Nekropolen Ägyptens. Im Inneren befindet sich die Königsliste.

 Bus: Vom Dorf aus hat man einige Male tgl. Busverbindungen nach Sohag (Busse/Servicetaxis mehrmals tgl. Richtung Kairo) und Qena (mehrmals tgl. Richtung Luxor/Assuan sowie Hurghada und Safaga).
Taxi: Vom Dorf El Baljana mietet man ein Taxi nach Abydos.

Ain Sukhna

*Lage: s. vordere Umschlagkarte E7
Karte S. 279*

 Der Ort ist bei Ägyptern der Mittelklasse sehr beliebt; wegen seiner Nähe zu Kairo eignet er sich besonders für Wochenendausflüge.
The Mena Oasis, Tel 0 69/29 08 50,
Ain Sukhna, Tel 0 69/32 84 88,
Palmera, Tel 0 69/41 08 16 und
Portrait, Tel 0 69/32 55 60 sind nur einige Hotels entlang der Strecke, die auch gegen eine Tagesgebühr Gäste an den Strand lassen.

 Für einen Tages- oder Wochenendtrip empfiehlt es sich ein **Servicetaxi** oder **Mietwagen** zu nehmen.

Alexandria

*Lage: s. vordere Umschlagkarte B9
Stadtplan: S. 154
Vorwahl: 03*

 Tourist Information: Midan Saad Zaghloul (Raml Station), Tel. 4 80 34 94; Flughafen Tel. 4 20 20 21; Hafen-Marina Tel. 4 92 59 86;
Hauptbahnhof Tel. 4 92 59 85,
tgl. außer Fr von 9–15/16 Uhr, leider nicht besonders hilfreich.

 Salamlek Hotel***,** sehr teuer; Montaza Park, Tel. 5 47 79 99, Fax 5 47 35 85. Luxus pur, 16 Suiten mit bis zu fünf Schlafzimmern!
Cecil Sofitel**,** teuer, Midan Zaghloul (Raml Station), Tel. 4 87 71 73, Fax 4 85 56 55. Ein Hauch Nostalgie umweht dieses in Kolonialarchitektur gehaltene Haus mit eigenem Spielkasino.
Metropole***, teuer; 52 Zaghloul St. (Raml Station), Tel. 4 86 14 66, Fax 4 86 20 40. Charmant und stilvoll wie das Cecil um die Ecke. Das Foyer ist bestückt mit Antiquitäten; die Zimmer variieren zwischen klein und riesig. Für viele ein Manko: Im Hotel wird kein Alkohol ausgeschenkt.
Montaza Sheraton***,** teuer; Corniche, Montaza Park, Tel. 5 48 05 50, Fax 5 40 13 31. Eigener Strand jenseits der Uferpromenade, etwas abgewohnt.
Palestine Hotel***,** teuer; Montaza Park, Tel. 5 47 40 33, Fax 5 47 33 78. Schön gelegen an der einst königlichen Badebucht mit Sonnenterrasse, die nachmittags im Schatten des Hotels liegt.
Ramada Renaissance***,** teuer; Corniche, Sidi Bishr, Tel. 5 49 09 35, Fax 5 49 76 90. Sehr gepflegte Zimmer, die Bar ist ein beliebter Treffpunkt.

Acropole Hotel*, moderat, Corniche el Nil, Midan Zaghloul (Raml Station), Tel. 4 80 59 80. Freundliche und saubere Familienpension, viele Reisende aus aller Welt.

Windsor Palace****, moderat; El Shohada St. 17 (Raml Station), Tel. 4 80 87 00, Fax 4 80 90 90. Von außen ziemlich heruntergekommen, die Zimmer sind sauber, aber nicht übermäßig gemütlich.

In Alexandria reihen sich zahlreiche Cafés und Restaurants entlang der Corniche. Die besseren findet man fast alle nahe dem Midan Saad Zaghlul. In den einfacheren werden häufig unüberhörbar Hochzeiten gefeiert.

Halb- und Vollpension sind die Regel bei den Badeurlaubern. Es gibt aber auch örtliche Fast food- bis hin zu exzellente Fischrestaurants.

Seagull, teuer; in El Maqs an der Straße Alexandria-Agami, Tel. 4 45 55 75, Fax 4 45 87 77. Exzellentes Fischrestaurant, Antiquitätensammlung (von der Kaffeemühle bis zur Pferdekutsche), Mini-Zoo und Spielplatz mit Pool für Kinder – all das ist das Seagull, das man mindestens einmal besucht haben sollte. Ägypten hat kein anderes Erlebnis-Restaurant dieser Art zu bieten. Alkohol wird serviert. Netter, wenn auch etwas schleppender Service, tgl. 12–1 Uhr.

Far 'n Away, moderat; Rue de Verdi (ab Sh. el Horriya), Tel. 484 18 81, tgl. ab 22 Uhr. Rustikales Tanzrestaurant mit Bar; witzig dekoriert mit US-Nummernschildern, Tennisschlägern und Fischerhaken; eines der besten Restaurants der Stadt.

Fish Market (über Tikka Grill), moderat; Corniche nahe Abu el Abbas-Moschee, Tel. 4 80 51 14. Mit Meerblick verspeist man selbst ausgewählten und nach Wunsch zubereiteten Fisch. Eines der besten Fischrestaurants. Freitags und an Feiertagen sollte man es allerdings meiden, da Service und Küche dann sehr zu wünschen übrig lassen.

Pastroudis, moderat; Horreya St. 39 (Raml Station), Tel. 4 92 96 09. 1923 wurde das Café-Restaurant gegründet, verdankt seine Berühmtheit der ausführlichen Erwähnung in Lawrence Durrells »Alexandria Quartett« und jahrzehntelangen regelmäßigen Besuchen des ägyptischen Literatur-Nobelpreisträgers Nagib Machfus, der hier, als das Augenlicht ihm noch ohne fremde Hilfe zu schreiben erlaubte, gerne saß, schrieb und diskutierte, tgl. 8–24 Uhr.

Santa Lucia, moderat; Sh. Safia Zaghloul 40, Tel. 482 03 32, tgl. ab 22 Uhr. Bar-Restaurant mit Dancefloor, täglich Live-Band; Reservierung erforderlich.

Trianon, moderat; Midan Said Zaghloul (Raml Station). Man sitzt im Freien unter Sonnenschirmen mit Blick aufs Meer. Wer es ruhiger mag, geht ins Restaurant. Die köstliche Speisekarte bietet alles vom Frühstück über Snacks bis hin zu Hauptgerichten. Unbedingt probieren: Schokolade-Nuss-Pralinen, die in der angeschlossenen Confiserie verkauft werden – sie gelten als die besten Ägyptens; das Kilo kostet ab 35 LE, tgl. 8–24 Uhr.

Mohammed Ahmed Foul, günstig; Shakour St. 317. Kenner sagen, hier gebe es das beste *foul* ganz Ägyptens, dazu *tamaya*, Burger und Fischgerichte. Das Restaurant ist wegen seiner großen goldfarbenen arabischen Lettern über dem Eingang kaum zu verfehlen.

Coup D'Or, günstig; Adib Ishaaq St., tgl. 17–24 Uhr. Auch bekannt als ›Sheikh Ali‹; einfach eingerichtete Restaurant-Bar, leckere alexandrinische Mezze, dazu köstlich frittierten Fisch und Garnelen.

Cafés:
Dem Trubel der Stadt ist kein Entkommen, auch nicht in den schönsten Cafés rund um Raml Station. Hier herrscht immer Hochbetrieb, egal zu welcher Uhrzeit. Die In-Cafés, wie das **Trianon** oder die **Patisserie Délices** am Midan Zaghloul, sind stets gut besucht. Wer sich gerne am Abend unters Volk mischt, findet in den unzähligen Cafés entlang der Corniche Richtung Montaza unter anderem das **Athineos, Walleys, Ambassadeur, Tony, Cocktail, New Miami** und **San Giovanni**.

Statt an Alkohol laben sich die Ägypter an *quahwa* (Mokka) oder *shay* (Tee), rauchen dazu *shisha* (Wasserpfeife) und spielen *tawla* (Backgammon).

Brazilian Coffee Stores, die beiden Cafés in der Zaghloul St., rund fünf Gehminuten voneinander entfernt, rösten in den Röstmaschinen aus dem Jahre 1929 die Kaffeebohnen; tgl. 7–1 Uhr.

Abu el Abbas el Mursi-Moschee, Corniche, Osthafen, die schönste Moschee Alexandrias aus dem 18 Jh. (restauriert im 20. Jh.), ein Meisterwerk islamischer Architektur.

Attarin Flohmarkt, nahe dem Hauptbahnhof, berühmt für Antiquitäten aus der Kolonialzeit.

Fort Kait Bey am Osthafen, Tel 40 91 44, tgl. 9–14 Uhr, im 15. Jh. von Sultan Qait Bey errichtete Festung.

Katakomben Kom el Shukafa, Kufu St., tgl. 9-16 Uhr, von den Römern im 1. und 2. Jh. angelegte Katakomben.

Midan el Tahrir, Manshiya, Mohammed Ali, Vater des modernen Ägypten, hoch zu Ross.

Montaza Park, Corniche, ehemalige Bucht des König Faruk, heute wunderbarer öffentlicher Park am Meer.

Pompejus-Säule, Amud el Sawari St., tgl. 9–17 Uhr, die 27 m hohe Säule ist aus Assuan-Granit und wurde im 4. Jh. errichtet.

Römisches Theater, Grabungsgelände Kom el Dikka, tgl. 9–16 Uhr, das einzige in Ägypten gefundene römische Theater.

Villa of the Birds, Grabungsgelände Kom el Dikka, tgl. 9-16 Uhr, eine der schönsten Mosaiksammlungen Ägyptens aus der römischen Herrschaft stammend.

Griechisch-römisches Museum, Mathaf St. 5, tgl. 9–16 Uhr, Fr 11.30–13.30 Uhr, Ausstellung von 40 000 Exponaten aus der Zeit von 300 v. Chr. bis 300 n. Chr.

Hydrobiologisches Museum, Corniche bei Anfushi-Bai, tgl. 9–14 Uhr, Aquarium, das mit der Unterwasserwelt des Mittelmeeres vertraut macht.

Museum der Schönen Künste, Menasha St., tgl. außer Fr 8–14 Uhr, Kunst aus dem Mittelmeerraum vom 16. bis 19. Jh.

Royal Jewellery Museum, Ahmed Yehia St. 21, tgl. 9–16 Uhr, Fr 9.30–11.30 und 13.30–16 Uhr, Edelsteinpretiosen aus dem Nachlass des 1952 gestürzten König Faruk.

Die meisten **Geschäfte** liegen zwischen Midan Zaghloul (Raml Station) und Midan Tahrir/Mansheya. Geschäfte für Kleider, Parfums, Schuhe und Elektronikartikel findet man eher in der Zaghloul St., während man von Mansheya aus in den sehr preisgünstigen Gold-Suk eintauchen kann oder in den Zanqet el Sittet, den engen Basar für Kleidung, Knöpfe, Stoffe, Kämme, Hygieneartikel und jeden nur denkbaren Ramsch und Kitsch. Viele Schneider nähen hier auf vorsintflutlich anmuten-

den Singer-Nähmaschinen mit Pedalantrieb Kleider und Galabayas nach Maß. Einen Besuch ist auch der tägliche **Attarin-Flohmarkt** nahe dem Hauptbahnhof wert. Es ist vor allem die Attarin St., die Besucher aus aller Welt anlockt, denn die Straße ist berühmt für ihre einzigartigen Antiquitäten. Am lebhaftesten sind die Suks morgens und ab dem späten Nachmittag.
Im **Book Center for Alexandria,** Zaghloul St. 49, nahe Raml Station, Tel. 4 82 29 25, gibt es empfehlenswerte Bücher in Arabisch, Französisch, Englisch und Deutsch. Schräg gegenüber bietet die Buchhandlung El Maaraf internationale Belletristik für Erwachsene und Kinder an, günstige Preise; gute Reiseführer und Karten sind hier leider nicht erhältlich.
Der größte **internationale Zeitungskiosk** Alexandrias ist direkt an der Straßenbahn-Haltestelle Raml Station.

Alexandrias **Nachtleben** spielt sich auf der Straße ab. Am Strand, entlang der Corniche, in Straßencafés ist immer was los, besonders in Miami Beach. Nicht gerade überfüllte Bars und Diskos gibt es fast nur in Hotels mittlerer und oberer Kategorien. Manchmal werden dort Männer ohne Begleitung, anders als Frauen ohne Begleiter, abgewiesen, sofern man nicht Hotelgast ist.
Aquarius – Sheraton Disco an der Corniche, Tel. 5 48 05 50. Das Sheraton-Hotel (vor Montaza) verfügt über eine kleine, nette Disko. Der DJ liebt alte Schlager von Boney M. oder Hits der vorletzten Saison. Im Sommer bieten jeden Abend fünf Russinnen eine Tanzshow, die um 2 Uhr morgens beginnt, ab 23 Uhr.
Black Gold Disco im Ramada Renaissance Hotel, Corniche, Sidi Bishir, Tel. 5 49 09 35, 5 48 39 77. Freitags gibt es hier für die Youngsters von 17–21 Uhr eine sogenannte Matinee; danach rocken ab 23 Uhr die Großen zu Pop aus den amerikanischen, britischen und – gelegentlich auch – ägyptischen Charts ab. Die Manager versuchen, ihr Publikum mit Veranstaltungen wie Karaoke, Female Singer Party, Bauchtanz usw. zu locken, aber auch hier herrscht oft sogar während der Hauptsaison gähnende Leere.
El Phanar Night Club, Montaza Sheraton, Corniche, Tel. 5 48 05 50, Stars aus Kairo, Sänger wie Bauchtänzerinnen, dazu Russian Shows bestreiten das im Sommer sehenswerte, aber teure Programm, tgl. 23 Uhr.
Monty's Bar im Cecil Sofitel, Midan Zaghloul (Raml Station), Tel. 4 82 71 73. Wer den Lärm von Diskos scheut und dafür die Ruhe sucht, findet hier ein ruhiges Plätzchen mit gediegener Atmosphäre, schweren Sesseln und gedämpftem Licht, tgl. 18–1 Uhr.
Palace Suite Night Club im Palestine Montaza Hotel, Montaza Park, Tel. 5 47 35 00. Nur im Sommer, wenn das Hotel mit Arabern aus den Golfstaaten voll belegt ist, lohnt sich der Besuch der Shows mit ägyptischen Pop- und Bauchtanzstars, tgl. ab 23 Uhr.

Casinos: Im Sheraton Montaza sowie im Cecil Sofitel Hotel dürfen Nicht-Ägypter (Ausweis muss immer vorgelegt werden) bei Roulette, Black Jack und an einarmigen Banditen ihr Glück versuchen.

Ausflug ans westliche Mittelmeer: 20 Autominuten westlich von Alexandria treffen sich im Sommer Ägyptens Reiche in und um **Agami** und verwandeln den sonst verschlafenen Ort in eine große Party-Zone. Zu den schönsten Stränden von Agami zählt **Paradise Beach**.

Strände: Alexandria hat eine mit feinem Sand bedeckte Küste, die rund 40 km lang ist; sie erstreckt sich im Osten von Abukir bis Sidi Abdel Rahman im Westen. Es empfiehlt sich aber, nur an privaten Badestränden, wie an Montazas Venezia Beach, zu schwimmen, wo frau im Bikini und unbelästigt ein Sonnenbad nimmt. Die öffentlichen Strände sind meist überfüllt, die ägyptischen Frauen dort baden von Kopf bis Fuß bekleidet. Auch in Maamura, westlich des Montaza-Parkes, sollten Sie nicht baden: Hier reihen sich Handtuch an Handtuch, Sonnenschirm an Sonnenschirm, die Ägypter picknicken ausgiebig und Bikinis oder Badeanzüge würden einen Volksauflauf provozieren.
Montaza, das Palestine Hotel hat einen eigenen kleinen Privatstrand, an dem sich nicht nur Hausgäste erfreuen dürfen; es gibt keine Liegen, pro Person bezahlt man 30 LE.

Bahn: Ideal ist die Zugverbindung zwischen Alexandria und Kairo und den auf der Strecke liegenden Orten des Nildeltas. Von 8–19 Uhr gibt es fast stündlich komfortable klimatisierte Züge erster Klasse, die in 2–3 Stunden die Strecke zwischen Alexandria und Kairo zurücklegen. Im Sommer sollten Sie Tickets mehrere Tage vor Fahrtantritt lösen; die Züge sind ständig ausgebucht.
Bus: Von Alexandria fahren Busse in alle Richtungen: Marsa Matruh-Siwa, Tanta-Dumiat, Tanta-Kairo, dazu Fernverbindungen ans Rote Meer, nach Port Said, Sues und weiter auf den Sinai. Abfahrt ist nicht mehr, wie früher, am zentralen Midan Zaghloul (Raml Station), sondern wegen der erhofften Verkehrsentlastung der City vom neuen Busbahnhof Sidi Gaber, gegenüber der Gleisanlagen des gleichnamigen Bahnhofes.

Super-Jet-Busse verkehren zwischen Kairo und Alexandria im Halbstunden-Takt; alle anderen Strecken werden mindestens zweimal täglich bedient. Wegen der Abfahrtszeiten, die oft kurzfristig geändert werden, muss man sich vor Ort am Ticketschalter erkundigen.
Mietwagen: In allen großen Hotels findet man Schalter der Autoverleiher.
Servicetaxis und Minibusse: Sie fahren vom Busbahnhof Sidi Gaber aus in alle Nildelta-Städte, nach Kairo sowie Richtung Sueskanal, Sinai und Rotes Meer.
Flüge: Es gibt tägliche Flüge von und nach Kairo. Mit dem Auto oder Bus ist man aber schneller.

Assiut

Lage: s. vordere Umschlagkarte C4/5
Karte S. 177
Vorwahl: 088

Die drei folgenden Hotels liegen in Bahnhofsnähe, von wo auch Busse und Servicetaxis in alle Richtungen starten.
Casa Blanka Hotel***, moderat; Mohammed Tawfik Khashaba St., Tel. 33 76 62, Fax 33 66 62. Einigermaßen sauber.
Badr Touristic Village**, moderat; El Thallaga St., Tel. 32 98 11, Fax 32 28 20. Einigermaßen gepflegtes Haus mit passablem Service.
Assiutel**, günstig; Nil St. 146, Tel. 31 21 21, Fax 31 21 22. Nicht sehr sauber.

Bahn: Assiut ist Haltepunkt für alle Züge von/nach Kairo und Luxor/Assuan.

Bus: Mehrmals tgl. gibt es Busse in die Oasen der Libyschen Wüste sowie nach Kairo und Richtung Luxor/Assuan, Tel. 90 86 35.
Servicetaxis: Mehrmals tgl. in alle Richtungen.

Assuan

Lage: s. vordere Umschlagkarte E1
Übersichtsplan: S. 216
Vorwahl: 097

Tourist Information im Bahnhof, Mansheya St., tgl. außer Fr 9–14 Uhr, Tel. 30 32 97; in der Regel leider wenig hilfreich.
Tourist Police, Tel. 32 31 63.

Amun Hotel***, teuer; Amun Island, Tel. 31 38 00, Fax 31 71 90. Die Lage auf der Nilinsel ist traumhaft schön.
(Old) Isis Hotel****, teuer; Corniche, Tel. 31 51 00, Fax 31 55 00. Angenehmes, von vielen Reisegruppen besuchtes Hotel mit Pool am Nil, herrliche Lage.
(New) Isis Island Hotel*****, teuer; Isis Island, Tel. 31 74 00, Fax 31 74 05. Mit der Fähre setzt man von der Corniche über zu dem klotzigen Neubau, der die Landschaft verunstaltet, aber gut geführt und empfehlenswert ist. Der Ausblick ist ungleich schöner als der Anblick!
Old Cataract Sofitel Hotel*****, teuer; Abtal el Tahrir St., Tel. 31 60 00, Fax 31 60 11. Assuans bestes Hotel.
New Cataract Sofitel Hotel****, teuer; Abtal el Tahrir St., Tel. 31 60 00, Fax 31 60 11. Von den höher gelegenen Zimmern hat man einen wunderbaren Blick über den Nil auf das Aga Khan-Mausoleum. Die Zimmer sind ordentlich, der Service befriedigend.

Assuan hat nur wenige Plätze außerhalb der Hotels, die man wirklich empfehlen kann. Eine Reihe billiger Restaurants – auch zum Frühstücken – findet man entlang der Corniche.
1902 im Old Cataract Hotel, teuer; Tel. 31 60 02, Fax 31 60 11. Luxus mit ausgezeichnetem Essen in maurischem Baustil, tgl. 12–16 Uhr, 19–24 Uhr.
Aswan Moon, günstig; Corniche, Tel. 36 14 37. Direkt auf dem Nil werden einfache ägyptische Speisen angeboten, dazu die obligatorischen Hamburger; Alkohol wird serviert, tgl. 11–15 Uhr, 18–24 Uhr.
El Masri, günstig; Matar St. Auf Fleisch, Lamm und Huhn spezialisiertes Restaurant; kein Alkoholausschank.

Tipp: Old Cataract Hotel Terrasse. Viele behaupten, die Zeit würde stehenbleiben, wenn man hier bei Sonnenuntergang sitze und mit Blick auf Nil und Katarakt seinen Gin Tonic genieße. In der Hauptsaison ist die Terrasse deshalb voll besetzt; Nicht-Hotelgäste haben von 15–19 Uhr keinen Zutritt.

Kalabscha-Tempel, tgl. 7–18 Uhr (Sommer), 7–17 Uhr (Winter). Von 1960 bis 1963 mit deutscher Finanzierung versetzter Isis-Tempel. Er wurde im 4 Jh. n. Chr. unter Kaiser Augustus gebaut und liegt im Nasser-See.
Philae, tgl. 7–18 Uhr (Sommer), 7–17 Uhr (Winter). Außerhalb von Assuan gelegener Tempel, geweiht der Göttin Isis, erbaut ca. 380 v. Chr. – 180 n. Chr. Die UNESCO rettete 1979/80 den Tempel vor den Fluten des Assuan-Staudammes. Nur mit Motorbooten (20 LE) zu erreichen.
Unvollendeter Obelisk, tgl. 7–18 Uhr (Sommer), 7–17 Uhr (Winter). Ein 42 m langer Obelisk aus Granitmassiv, der beim Herausmeißeln brach.

Elephantine und Kitchener's Island, Auf Elephantine entstand vor 5000 Jahren eine der ersten Siedlungen Ägyptens. Im Museum sind Ausgrabungsfunde ausgestellt. Der botanische Park auf Kitchener's Island lädt zum Spaziergang ein. Beide Inseln sind nur mit der Feluke zu erreichen.
Aga Khan-Mausoleum, Westufer. 1957 wurde Aga Khan, Oberhaupt einer ismailitischen Sekte beigesetzt. Vom Westufer aus kann man mit Kamelen einen kleinen Ausritt zum aufgelösten Simeonskloster und den Felsgräbern aus dem Alten und Mittleren Reich machen.
Kamelmarkt, 37 km nördlich von Assuan. Die Kamelkarawanen aus dem Sudan treffen sich täglich ab 7 Uhr morgens auf dem Markt und werden als Arbeits- und Schlachttiere verkauft. Kein Anblick für schwache Nerven!

Assuan-Museum, tgl. 7–18 Uhr (Sommer), 7–17 Uhr (Winter), Die besten und schönsten Exponate wurden ins Nubische Museum transferiert, dennoch zu sehen eine mummifizierte Gazelle und Juwelen, die auf der Insel entdeckt wurden.
Nubisches Museum, tgl. 9–13 Uhr, 17–22 Uhr. Schönstes Museum Ägyptens, 1 200 Exponate zur nubischen Geschichte mit weitläufigem Garten.

Der **Suk** parallel zur Corniche von Assuan ist überschaubar, und die Händler sind weit weniger aufdringlich als ihre Kollegen in Luxor. Das Warenangebot umfasst Lederwaren, Lebensmittel, Parfumessenzen sowie allerlei Tand und Ramsch.

Shasha Disco/The Pub im New Cataract Hotel, Tel. 31 60 01. Viel Alkohol, laute Musik, junge Leute – aber auch während der Hauptsaison ist hier manchmal nichts los!
Osiris Disco im Isis Island Hotel, Tel. 31 74 00, Fax 31 74 05. Ein guter Platz zum Tanzen mit arabischem Pop, Hits und Evergreens.

 Abendliche Felukenfahrt auf dem Nil. Unterhalb des Old Cataract Hotels in den Sonnenuntergang segeln – ein Muss in Assuan (15 LE/Std.).
Sound & Light im Philae-Tempel. Die Anlage bietet eine beeindruckende Kulisse für diese informative historische Ton-und-Licht-Schau. Sollten Sie keinesfalls verpassen! Vorstellung in Deutsch Sa 19.30 Uhr, Tel. 32 53 76.

Bahn: Tgl. viele Züge Richtung Luxor und Kairo, Tel. 32 30 07; Auskunft über Schlafwagenzüge, Tel. 30 21 24.
Bus: Regional- und Fernbusse verbinden von der Abdal el Tahrir St. (nahe Abu Simbel Hotel) Assuan mit allen Landesteilen.
Servicetaxis: Relativ schnell gelangt man von Assuan Richtung Luxor, und von dort geht es dann in alle Landesteile.
Flüge: Egypt Air an der Corniche, Tel. 31 50 00, fliegt tgl. Kairo, Luxor, Abu Simbel an, zweimal wöchentlich Hurghada und Sharm el Sheikh. Das Taxi zum Flughafen kostet 15–20 LE.

Baharija

Lage: s. vordere Umschlagkarte A6, Karte S. 299
Vorwahl: 0 18

Tourist Information: gegenüber der Polizeistation, tgl. außer Fr von 8.30–14 Uhr, Tel 80 22 22

International Health Center*, moderat; Bawiti, Tel./Fax 80 23 22, Tel./Fax in Kairo 02/3 87 99 26. Nettes Hotel und Spa mit therapeutischer heißer Naturquelle; es gibt Jeeps und Führer für ein- und mehrtägige Wüstentouren.
Al Boshma Lodge*, günstig; Tel. 80 21 77, Fax 80 21 77. Einfaches Hotel nahe der Boshma-Quellen.
Hotel Alpenblick*, günstig; Tel. 80 21 84. Kleine Zimmer mit Bad, heißes Wasser.
Mansar Gebel*, günstg; Bawiti, Tel. 80 21 84. Einfaches, kleines Hotel.

Camping:
Safari Camp*, günstig; Bawiti, Tel. 80 20 90, 80 27 70. Ahmeds Safari Camps gelten bei Oasen-Reisenden als Tipp; man kann hier Jeeps mit Fahrer und Wüstenguide mieten.
Salahs Campground, Bir el Ghaba, Reservierung über Alpenblick, Tel 80 21 84, weitab gelegen ohne Strom und Elektrizität, Strohhütten mit Matratzen und sonst nichts. Essen, Getränke und Kerzen mitbringen.

Bir el Ghaba, 16 km nordöstlich von Bawiti, ist die schönste der zahlreichen heißen und kalten Quellen rund um Baharija.

Bawiti Museum, Inspektorat. Im Museum liegen fünf der schönsten Mumien, die 1999 auf einem riesigen Friedhof (Tal der goldenen Mumien), 6 km von der Oase entfernt, entdeckt wurden.

Bus: Vom Busterminal Mahattit Turgoman, Stadtmitte, hinter dem Al Ahram Gebäude in Kairo fahren tgl. mehrere Fernbusse nach Bahariya. Weiterfahrt nach Farafra, Kharga, Dakhla möglich, ab 6 Uhr, von LE 15 bis LE 40.
Servicetaxis: Relativ schnell gelangt man von Kairo nach Bahrija ab Al-Wahia Café, Ecke Sharia Qadry im Kairoer Viertel Saiyyida Zeinab. Taxis fahren früh morgens oder am frühen nachmittag los, Preis rund LE 20 pro Person.

Dahab

Lage: s. vordere Umschlagkarte G6, Karte 245
Vorwahl: 062

Bis auf wenige luxuriöse Hotels sind Dahabs Unterkünfte größtenteils schlicht und preisgünstig. Viele Camps bieten einfache Matratzenlager (Bettwäsche muss man dann selbst mitbringen) für wenig Geld.
Helnan Dahab Hotel*****, teuer; Tel. 64 04 31/6, 64 04 30, Fax 64 04 28. Weit abgelegen von Dahab City, ruhig, große Zimmer und ein wunderbarer Strand.
Novotel Dahab Holiday Village****, teuer; Tel. 64 03 01, Fax 64 03 05, bestes Hotel am Platz, wunderbarer Garten, sehr sauberer und gepflegter Strand.
Swiss Inn****, teuer; südlich von Dahab City, Tel. 64 00 54, Fax 64 04 70. Hotel mit schönem Sandstrand, wunderbares Surfgebiet.
Bamboo House Hotel*, moderat; Dahab City, Tel. 64 02 63. Sieben Zimmer; sauber, schöne Dachterrasse.

Dahabs junges Publikum schwimmt nicht gerade in Geld. Die örtliche Gastronomie hat sich darauf eingestellt: Angeboten werden einfache Gerichte; alle Restaurants tgl. von mittags bis früh morgens geöffnet.

Nesima, moderat; Tel. 64 03 20. Exzellentes Restaurant im Nesima Dive Center am Touristen-Basar. Man isst am Strand oder wenigstens bei offenen Terrassentüren mit Blick aufs Meer; tgl. geöffnet.

Im kleinen **Suk** bekommt man die weit geschnittenen, bunten Dahab-Hosen.

An den Badeorten am Roten Meer wie Sharm el-Sheikh, Hurghada oder Dahab ist abends die Hölle los. **Diskotheken, Hang-outs** und **Bars** sorgen für ausgelassene Stimmung bis in die frühen Morgenstunden.

Rund um die Bay locken Schlepper schon nachmittags zu abendlichen Partys in die diversen Discos; lässiges Outfit ist angesagt.

Ausflüge für Taucher:
The Canyon, 4 km nördlich, das Riff bildet eine große Lagune, mittelschwere bis sehr anspruchsvolle Tauchgänge.
Blue Hole, 2 km nördlich von The Canyon, der bekannteste und auch gefährlichste Tauchspot des Sinai; ein Krater, der sich im Riff öffnet und lotrecht bis auf 80 m abfällt.
The Lighthouse, südlich und nordöstlich des Dahab-Leuchtfeuers, leichter Einstieg, steile Korallenwände bis 30 m.
Southern Oasis & The Caves, guter Übungsplatz für Anfänger.
Beinahe alle Hotels bieten **Surf- und Tauchkurse** an oder vermitteln Lehrgänge bei **Tauchschulen,** die auch Ausrüstungen vermieten.

Wüstentrips:
Ausflüge in die Wüste kann man mit den Beduinen zu Fuß, auf dem Kamel oder auch mit dem Jeep unternehmen. Außer Hotels organisieren in Dahab City auch örtliche Anbieter Wüstentrips mit Jeep oder Kamel. Die Preise liegen zwischen US$ 20 und 70.

Bus: Tgl. mehrmals nach Sharm el Sheikh, Nuweiba, Taba, Kairo; Busfahrpläne erfragt man in den Hotels, die Busse fahren außerhalb Dahab City an der Hauptstation los, Auskunft Tel. 64 92 50.
Servicetaxis: Mehrmals täglich Servicetaxis nach Sharm el Sheikh, Taba und Richtung Kairo/Delta.

Dakhla

Lage: s. vordere Umschlagkarte A3, Karte S. 299
Vorwahl: 092

Tourist Office, 300 m westlich des Midan Tahrir, Tel 82 16 86.
Tourist Resthouse, New Mosque Square, tgl. 8-14 Uhr, manchmal 18–21 Uhr).

Gardens Hotel, moderat; Mut, Tel 82 15 77. Einfaches, aber sauberes Hotel.
Mut 3 (Talata Mut), moderat; Tel 82 15 30, Reservierung über Pioneer Hotel in Kharga, Tel. 0 92/92 79 82, 92 79 83, Fax 0 92/ 79 86, über Kairo 02/332 08 79, Fax 02/332 08 35. Der Swimmingpool wird von einer heißen Quelle gespeist.
Mobarez Hotel, moderat; Mut, Tel./Fax 82 15 24. Das relativ neue kleine Hotel hat seine Zimmer mit Klimaanlage ausgestattet.
Al-Qasr Hotel, günstig; Dakhla Oasis, Tel. 87 60 13. Ein winziges Hotel mit Gemeinschaftsbad.

In den wenigen Hotels in Dakhla werden einfache Gerichte zum günstigen Preis serviert, unter anderem Suppe, Pasta, Gemüseeintopf, Huhn oder Kofta. Empfehlenswert sind die beiden Restaurants **Anwar Paradise** und **Abu Mohamed**.

 Ethnologisches Museum (wird auf Anfrage geöffnet).

Bus: Vom Al Azhar Termin am Midan Ataba.

Dendera (Qena)

Lage: s. vordere Umschlagkarte E3, Karte S. 177
Vorwahl: 092

110 km nördlich von Luxor liegt bei Qena der Tempel von Dendera.

 Die nächsten empfehlenswerten Hotels befinden sich in Luxor.

 Tempel von Dendera, tgl. 8–16 Uhr, diente der Verehrung von Hathor, Horus und ihres Sohnes Ihi, Gott der Musik. Im Tempelbezirk liegen Ruinen einer der frühesten koptischen Kirchen (5. Jh.).

Bus: Tagsüber stündlich nach Kairo und Luxor/Assuan; mehrmals tgl. nach Hurghada, Safaga.
Taxi: Den Tempel von Dendera kann man von Qena aus nur mit einem Taxi erreichen. Fernverbindungen gibt es nur von Qena.

Dumiat (Damietta)

Lage: s. vordere Umschlagkarte D10, Karte S. 143

 **El Manshy**, El Nokrashy St., Tel. 0 57/32 33 08, ist das einzig akzeptable Hotel in Dumiat. Die nächsten empfehlenswerten Hotels befinden sich in Port Said, rund 30 Minuten von Dumiat entfernt.

 Man fährt besser nach Ras el Barr, wo es einfache Restaurants und Grillküchen (Fisch, Fleisch, Geflügel) gibt.

Bahn: Zugverbindung nach Tanta, Zagazig, Alexandria und Kairo.
Bus: 6–17 Uhr fahren stündlich Busse oder Servicetaxis nach Kairo.

Edfu

Lage: s. vordere Umschlagkarte E2, Karte S. 210

 Die nächsten empfehlenswerten Hotels befinden sich in Luxor.

 Horus-Tempel, tgl. 8–16 Uhr, vermutlich von Imhotep errichteter Tempel.

Die mehrmals am Tag Richtung Luxor und Assuan verkehrenden **Busse** und die wenigen täglichen **Züge** (3. Klasse) sind meist hoffnungslos überfüllt; oft aber Stehplätze!
Eigenes **Auto** oder **Servicetaxi** sind die einzig zumutbaren Verkehrsmittel, um nach Edfu zu gelangen und auch wieder wegzukommen.

Eilat

Lage: s. vordere Umschlagkarte G7

 Zum Einkaufen geht man ins **Shalom Einkaufszentrum**, Stadtmitte. Hier reihen sich auf drei Etagen Klamotten-, Wäsche und Schuhläden. Die neue **Mall in der Durban Street** wartet mit den flippigsten Kleidungsstücken auf. Entlang der **Strandpromenade** stehen kleine Buden mit Silberschmuck und Souvenirs, die **Royal Beach Promenade** ist schick und teuer mit Geschäften die Cartier, Breitling und Bulgari führen, und an der **Herods Promenade** wird Calvin Klein verkauft.

Im Neuen Tourist Center in Downtown sind zwei Pubs zu empfehlen: **Underground,** coole und lebendige Atmosphäre, und **Unplugged,** die Internet Bar Nr. 1 in Eilat. In der **Punchline Bar** (Herod's Promenade, tgl. ab 20 Uhr) singen und tanzen die Kellner zu Songs aus den 90er Jahren. Gutes Bier und Life-Musik gibt es bei **The Three Monkeys** (Royal Promenade, tgl. ab 21 Uhr). Absolute In-Disco/Bar ist **Nisha** (im Howard Johnson Neptune Hotel, tgl. ab 23 Uhr), wo groove Musik läuft, dazu Sushi serviert werden. Der heißeste Club in Eilat ist das **Platinum** (im Isrotel Hotel, tgl. ab 23 Uhr).

El Alamein

Lage: s. vordere Umschlagkarte A9, Karte S. 164
Vorwahl: 03

 El Alamein Hotel***, moderat; Sidi Abdol Rahman, Tel. 4 92 12 28, Fax 4 92 12 32. Gutes Strandhotel mit ordentlichem Service.
Attic Hotel ***, moderat; Alexandria Road, Tel. 4 10 61 83, Fax 4 10 61 82. Überteuertes Mittelklassehotel, sehr sauber.

 El Alamein-Museum, tgl. 9–16 Uhr. Schlacht und Technik des Wüstenkrieges zwischen den Deutschen unter Generalfeldmarschall Rommel und Britischen Truppen anschaulich dokumentiert.

 Bahn: Tgl. mehrmals von Alexandria ein Bummelzug (Fahrzeit mindestens doppelt so lang wie mit dem Bus).
Bus: Fast tgl. von und nach Alexandria.
Servicetaxis: Tgl. viele Verbindungen nach Alexandria, Marsa Matruh (vor allem vormittags), Kairo.

El Arish

Lage: s. vordere Umschlagkarte F9, Karte S. 233
Vorwahl: 068

 Tourist Information, Fouad Abou Zekry St., Tel. 34 05 69, tgl. außer Fr 10–16 Uhr.
Touristenpolizei, Fouad Abou Zekry St., Tel. 34 10 16.

 Oberoi Egoth El Arish Hotel*****, teuer; El Fatah St., Tel. 35 13 21/2, Fax 35 23 52. Das beste Haus am Ort; Service und Essen lassen oft zu wünschen übrig; schöner Strand.
Semiramis El Arish Hotel****, teuer; Fouad Abou Zekry St., Tel. 34 41 66/7, Fax 34 41 68, gutes Mittelklassehotel, sehr empfehlenswert

Sinai Beach Hotel**, moderat; Fouad Abou Zekry St., Tel. und Fax 34 17 13, einfaches, renoviertes Haus.

Zum Essen empfehlen sich die Hotels. Rund um den Midan Baladiya servieren lokale Imbissbuden *fuul* und *taameya*. Am Strand im **Basata-Restaurant**, nach dem Oberoi Hotel, gibt es leckeren Fisch.

 Environmental Tourist Exhibition Center, Besichtigungen arrangiert die Touristeninformation. Das kleine Museum dokumentiert die Geschichte des Ortes sowie der beduinischen und palästinensischen Bevölkerung des Nord-Sinai.

Donnerstags findet ein **Beduinenmarkt** statt, der unter dem Touristenstrom leider allmählich zum Ramschmarkt verkommt. Plastikwaren nehmen überhand. Dennoch sehenswert: Beduinenfrauen, die handgefertigte Kleidung mit feinen Stickereien verkaufen, für die vor allem der Nord-Sinai bekannt ist.

Herrliche **Palmen-Sandstrände** sind *die* Attraktion in El Arish. Leider sind sie nur noch zum Teil zugänglich.

Ein besonderes Schauspiel sind die im März/April und September/Oktober stattfindenden **Kamelrennen**.

 **Bus:** Mehrmals tgl. nach Port Said, Kairo, Süd-Sinai.
Servicetaxis: Mehrmals tgl. in alle Richtungen.

El Gouna

Lage: s. vordere Umschlagkarte F5, Karte S. 279
Vorwahl: 065

 Steigenberger Golf Hotel*****, teuer; Tel. 58 01 40, Fax 58 01 49. Das schönste Hotel Gounas, das der amerikanische Star-Architekt Michael Graves gestaltete. Komfortable Zimmer in Pastelltönen, ein großer Golfplatz mit Driving Range, Fitness-Studio, Massage und Thermalbad.
Sheraton Miramar*****, teuer; Tel. 54 50 06, Fax 54 50 08. Ebenfalls von Michael Graves gestaltet, große moderne Zimmer, die unterschiedlich eingerichtet sind.

Alle Restaurants außerhalb der Hotelanlage befinden sich in Downtown El Gouna.
Biergarten, neben dem Museumsplatz, moderat. Deutsche Küche, deutsches Bier, deutsche Gäste.
Le Tabasco, neben dem Museumsplatz, moderat. Internationale Küche.
Kiki's, neben dem Museumsplatz, moderat. Italienische Hausmannskost.
Esoterika Horror Pub, neben dem Sultan Bey Hotel, moderat. Ein recht eigenwilliges Pub. Totenköpfe schmücken das wenig besuchte Lokal.

Museum am Museumsplatz. Die 90 ausgestellten Exponate konzentrieren sich auf die antike ägyptische Geschichte und Kunst. Der einheimische Künstler Hussein Bikar ist mit 52 modernen Gemälden vertreten.

 Taxi- und Busverkehr ist in El Gouna verboten. **Shuttle Busse** transportieren Gäste im Badeort. Man

braucht sich nur auf die Straße zu stellen, und wird aufgenommen.
Alle Hotels haben Bus- oder Taxitransfers nach Hurghada.

Esna

Lage: s. vordere Umschlagkarte E2, Karte S. 210

 Die nächsten empfehlenswerten Hotels befinden sich in Luxor.

 Tempel des Chnum, tgl. 8–16 Uhr; unter Ptolemäern und Römern erbauter Tempel, geweiht dem Schöpfergott Chnum.

 Servicetaxis: Mehrmals tgl. pendeln die Taxis zwischen Luxor und Esna.

Farafra

Lage: s. Karte S. 299

 Badi El Farafra Village, Reservierung über Kairo Tel. 02/3 45 85 24, günstig. Einige der Zimmer sind mit Klimaanlage, Moskitonetz und einer gemütlichen Sitzecke ausgestattet. Es gibt Zimmer mit und ohne Bad.
Al-Badiya Safari Hotel, Tel. 0 92/3 77 46 00, günstig. Einfaches, aber sauberes Hotel.

Camping ist an der Quelle von Bir Sitta möglich.

 Galerie des Künstlers Badr
Der einheimische Künstler Badr stellt seine Sammlung vor; rustikale Skulpturen und surreale Gemälde. Badr ist bekannt in Deutschland, Frankreich und Großbritannien, wo er seine Kunst bereits erfolgreich ausgestellt hat.

 Wüstentouren werden in Saad's Restaurant vermittelt.

 Bus: Mehrmals tgl. nach Baharija, Dakhla und Kairo.
Servicetaxis: Mehrmals tgl. nach Baharija, Dakhla und Kairo.

Fayoum

Lage: s. vordere Umschlagkarte C7 Karte S. 135
Vorwahl: 084

 Auberge du Lac****, teuer; Tel. 70 00 02, Fax 70 07 30. König Faruk stieg hier gerne im Frühjahr ab. Das ruhige und gediegene Hotel mit Schwimmbad ist unbedingt zu empfehlen. Im Garten hat man einen wunderbaren Blick auf den See, den die alten Ägypter für den flüssigen Himmel hielten. Es gibt kleine Boote, die Sie auf den See hinausfahren oder ans andere Ufer übersetzen.
Panorama Shakshouk Hotel**, moderat; am westlichen Ende des Lake Qarun, Tel. 70 13 14, Fax 70 17 57. Nettes Hotel, sehr sauber.

Cafeteria Medina gegenüber den vier Wasserrädern. In der belebten Ortsmitte werden ägyptische Vorspeisen und Grillgerichte serviert. Auch wer nur Kaffee oder Tee möchte, ist willkommen.

Bus: Mit dem Bus fährt man in die Oase Fayoum von Kairos Ahmed Helmi-Busbahnhof, zwischen 6.15 und 18.45 Uhr im 15-Minuten-Takt. Zurück geht es vom Busbahnhof im

Zentrum des Hauptortes Medinet el Fayoum.
Servicetaxis fahren laufend vom Midan Giza los. Die Taxi- und Minibus-Verbindungen im Fayoum sind ausgezeichnet. Man kommt ohne lange Wartezeiten weiter.

Hurghada und Safaga

*Lage: s. vordere Umschlagkarte F5 und F4, Karte S. 279 und 290
Vorwahl: 065*

Tourist Information Center (neben Egypt Air), Tel. 44 44 21, 44 65 13, tgl. 9–15 Uhr.
Tourist Police, Tel. 54 67 65.

Kostenlos gibt es überall das von zwei Deutschen verlegte »Hurghada Magazine/The Red Sea Rambler«, ein buntes Anzeigenblatt mit vielen Adressen, Neuigkeiten, Interviews und kleinen Geschichten aus Hurghadas Tauch-, Surf- und Restaurant-Szene. (Das Magazin liegt in Deutsch, Italienisch und Englisch aus.)

Beach Albatros Hotel****, teuer; Tel. 44 65 71, Fax 44 65 70. Auch wenn das Hotel mit seinem Dauergast – Omar Sharif – wirbt, der Service im gesamten Haus lässt sehr zu wünschen übrig.
Conrad International Resort*****, teuer; Tel. 44 32 50, Fax 44 32 59. Eine erfreuliche Neueröffnung unter deutschem Management, großzügige und grünste Anlage Hurghadas mit eigener Tauchschule.
Giftun Tourist Village****, teuer; Tel. 44 26 66/7, Fax 44 26 66. Schmuddelige Bungalowanlage mit schönem Strand.

Hilton Hurghada Resort*****, teuer; Tel. 54 97 15, Fax 54 75 97.
Inter-Continental Resort*****, Tel. 44 69 11, Fax 44 69 10, teuer. Feinsandiger 225 m langer Privatstrand, hübsche Gartenanlage inmitten von Wasserfällen.
L.T.I. Sultan Beach Hotel****, teuer; Tel. 54 85 46/7, Fax 44 26 03. Gemütlicher Innenhof, plätschernde Wasserfälle, Zimmer mit Blick aufs Meer oder die Berge.
Magawish Village****, teuer; Tel. 44 26 20, Fax 44 27 59. Surfer behaupten, hier (und im Jasmine Village) gäbe es den besten Wind.
Marriott Hurghada Beach Resort*****, teuer; Tel. 44 39 50, Fax 44 69 70, rundum gut.
Meliah Pharao*****, Tel. 44 67 20, Fax 44 67 24, teuer; grüne Anlage mit pyramidenförmigem Eingang, ausgestattet mit zwei Swimmingpools.
Safaga Lotus Bay****, Tel. 45 10 40, Fax 45 10 42, die erste Wahl in Safaga. Hervorragend geführtes Hotel, schöne Zimmer, große Hotelanlage. Frühzeitig buchen!
Shams Safaga Village, teuer; Tel. 45 17 82, Fax 45 17 80. Schlechtes Preis-Leistungsverhältnis, das Hotel ist nicht sehr gemütlich.
Soma Bay Club Robinson*****, teuer; 54 99 34, Fax 54 98 78. Ohne Übertreibung eine der schönsten Clubanlagen Ägyptens. Keine aufdringlichen Animateure, ideal auch für Familien (Kinderbetreuung) und Wassersportler. Sehr zu empfehlen.
Sheraton Soma Bay, teuer; Tel. 54 58 45, Fax 54 58 85. Architektonisch ist das Hotel eine moderne Version des Karnak-Tempels. Der Championship-Platz (18 Loch) ist bei Golfern sehr beliebt.

Halb- und Vollpension sind die Regel bei den meisten Hurghada-Urlaubern. Wer der Hotelküche entfliehen will, hat die Wahl von Fast food bis hin zum exzellent zubereiteten Fisch.
Café Sweet Home, im Zentrum, Tel./Fax 54 50 16, teuer. Dieter und Ingo bieten »Cooking & Bakery made in Germany«, 8–1 Uhr.
Chez Pascal, im Zentrum, nettes Restaurant mit Garten und guter Küche, tgl. 11–15 Uhr, 18–24 Uhr.
Belgian Restaurant am Empire Hotel, gute internationale Küche, tgl. 11–15 Uhr, 18–24 Uhr, moderat.
Café Cheers im Shedwan Hotel Shopping Center. Rund um die Uhr gibt's hier Snacks, Billard und – damit wird groß geworben – »EDUSCHO Filterkaffee«, tgl. 8–1 Uhr, moderat.
Papa's Bar I, New Sheraton Rd., gegenüber von Aqua Fun, Tel. 0 10/1 54 84 65 und 0 65/44 49 95, moderat. Ein Muss! Jeden Abend Live-Bands aus Holland. Für den kleinen Hunger gibt es köstliche Pizzas von ›Rossi‹ nebenan (Papa's Bar II in Downtown ist auch ganz nett).
Portofino, im Zentrum, Tel. 54 62 50, moderat, leckere Fischgerichte, ägyptisch oder italienisch zubereitet, werden hier serviert.
Bier Keller, Iberotel Arabella, Tel. 54 50 87, moderat; traditionell deutsches Essen wie Sauerbraten und hausgemachte Spätzle.
Felfela, zwischen Holiday Inn und Sheraton, Tel. 44 24 10, moderat; Branche des berühmten Kairoer Restaurants, leckere Mezze, mit einem tollen Blick auf den Hafen.
Far East Korean, Redcon Mall, Tel. 44 52 07, moderat; gutes chinesisch-koreanisches Restaurant.
L'Emporio Ristorante, Sheraton Soma Bay, Tel. 54 58 45, gute italienische Küche, die eine Abwechslung zu den Buffets im Sheraton und Robinson Club bietet.

Red Sea Aquarium, Three Corner Village, tgl. 9–22 Uhr. Heruntergekommenes Meeresaquarium, das einen Einblick in die Welt der Unterwasserbewohner gibt.
Mons Claudianus, zugänglich von Sonnenaufgang bis Sonnenuntergang, rund 60 km von Hurghada entfernt, ein Steinbruch, den die römischen Kaiser wegen des schwarz marmorierten Diorits schätzten.

Museum of Marine, 5 km nördlich von Hurghada, tgl. 8–17 Uhr. Bietet einen guten Überblick über das Fisch- und Korallenleben im Roten Meer in großen, gepflegten Meerwasseraquarien.

Der **Basar** in Hurghada ist leider überteuert, angefangen von der Postkarte bis hin zu Parfumessenzen und Schmuck. Die Händler lassen auch hartnäckigen Feilschern kaum eine wirkliche Chance. Neu eröffnet hat 1996 das **Empire Shopping Center** (am Empire Hotel), über 30 Läden für Kleidung, Leder, Bücher, Schmuck und Fotoartikel – angenehme Einkaufsatmosphäre, wenn auch nicht billig.

Seit einige findige Belgier sich des **Nachtlebens** angenommen haben, geht es aufwärts damit – und man ist nicht mehr nur auf die Bars und Restaurants angewiesen, die jedes Hotel hat. Nahe dem Empire Shopping Center entsteht gerade so etwas wie ein kleines Bermuda-Dreieck für Nachtschwärmer!
Peanuts Bar, tgl. ab 18 Uhr, im Zentrum, man sitzt im Freien an Tischen,

hockt drinnen an der Bier-Bar und steht an manchen Abenden Schulter an Schulter.
The D.O.M. im Intercontinental Hotel, tgl. ab 21 Uhr, die Nummer Eins in Hurghada.

 Ausflug mit dem Sindbad-Glasbodenboot: Bis in Tiefen von 22–25 m lässt die Sindbad den Nichttaucher blicken und am Erlebnis einer faszinierenden Unterwasserwelt teilhaben. Start tgl. 9 Uhr, Reservierung über die Hotelrezeption.

Der **Freizeitpark Alf layla wa layla,** übersetzt ›Tausendundeine Nacht‹, liegt am Südende von Hurghada mitten in der Wüste; ein orientalisches Klein-Disneyland! Die Freizeitanlage im Stil eines Bagdader Suks umfasst u. a. Souvenirshops, Kaffeehäuser und Restaurants. In der Arena spielen Laien jeden Abend Szenen aus dem pharaonischen Ägypten und glänzen mit Reiterkunststücken.

Ausflüge für Taucher:
Riff Abu Ramada: 1 Std. Bootsfahrt, bis 40 m tief, fischreiches, felsiges Riff.
Sha'ab Um Qamar Reef: Wind- und strömungsgeschütztes Tauchgebiet im Südwesten der Insel, Abstieg gegenüber dem Leuchtfeuer bis 35 m.
Shedwan Island: Je nach Wetter bis zu 4 Std. Anfahrt; die strategisch wichtige Insel ist militärisches Sperrgebiet und darf nicht betreten werden; gefährliche Strömungen.
Abu Nuhas Reef: Dort lockt ein Schiffsfriedhof.
Tauchkurse:
Fast alle Hotels bieten Tauchkurse an. Die notwendige Ausrüstung sowie der Neopren-Anzug gehören dazu und ändern auch am Preis nichts. Hotels und Tauchbasen unterscheiden sich vom Preis nur minimal: 1 Tag (zwei Tauchgänge) kostet ca. 40 €, 5 Tage mit 10 Tauchgängen ca. 300 €. Der Open-Water Kurs beträgt ca. 280 €, ein Grundtauchschein ca. 190 €.
Dive Point Red Sea, Coral Beach Hotel, Tel./Fax 44 20 19, Handy 012-316 57 08 (Matthias Breit), hurghada@divepoint.com. Der Dive Point Red Sea hat ein schönes Hausriff und bietet einen guten Standort für Exkursionen.
Jasmin Diving Center, Hotel Jasmin Village, Tel. 44 64 55, Fax 44 64 41. Die Tauchbase von Monika und ihrem Team liegt direkt am Strand, mit Bootsanleger und modernster Tauchausrüstung.
SUBEX The Art of Diving, Al Dahar, Tel. 54 75 93, Fax 54 74 71, hurghada@subex.org. Subex bildet die Taucher vom Beginner bis zum Instruktor aus. Tauchgebiete werden als Ganztagestouren mit eigenen Tauchschiffen angefahren.

Surfen:
Surfanbieter gibt es in zahlreichen Hotels, darunter **Sofitel, Arabia Beach, Giftun Tourist Village** und **Three Corners Village.** Preisunterschiede sind minimal. Ein Surfkurs für drei Tage, jeweils drei Stunden kostet rund 100 € und sechs Tage, jeweils drei Stunden etwa 180 €. Die 1-wöchige Miete für ein Surfbrett kostet ca. 160 €.
Pro Center Tommy Friedl, Jasmin Village, Tel./Fax 44 64 50, e-mail info@procenterfriedl.com. Der Wind weht im Vergleich zu anderen Centern hier ziemlich heftig. Vormittags kommt der Wind sideshore von links und dreht nachmittags auf leicht ablandig.
Magawish Hotel, Tel. 44 26 20, Fax 44 27 59. Das Bungalowhotel Maga-

wish hat den Ruf an einem der besten Surfreviere Hurghadas zu liegen. Fast täglich weht ein steter, ablandiger Wind.

Wassersport: Wasserski, Parasailing, Banana Riding, Jet-Ski; direkt an den Anlegestellen am Strand wird bezahlt und losgelegt.

Bowling: Im Hurghada Bowling Center am Sindbad Village rollt von 19–3 Uhr die Kugel.

 Bus: Busverbindungen mehrmals tgl. in alle Richtungen. Bequeme Super-Jet-Busse über Sues nach Kairo und Alexandria, tgl. 12, 14.30, 16.40, 17 Uhr; Auskunft Tel. 54 67 67. Mehrmals tgl. nach Luxor und Assuan, Tickets ein bis zwei Tage vorher kaufen!
Fähren: Hurghada verbindet mit Sharm el Sheikh tgl. 9 Uhr, außer Mi, eine Fähre.
Leihwagen: Budget im Marriott Hotel, Tel. 44 39 50, und im Sofitel Hotel, Tel. 44 22 60; **Europcar** Tel. 44 36 60; **Hertz** Tel. 44 28 84.
Servicetaxis: Tgl. mehrmals in alle Richtungen.
Flüge: Egypt Air bietet täglich Flüge nach Kairo, mehrmals wöchentlich (Mo, Mi und Fr) nach Sharm el Sheikh, Auskunft Egypt Air im Tourism Center, Tel. 44 35 91. Der Badeort wird von allen großen Chartergesellschaften angeflogen. Die Taxifahrt vom und zum Flughafen kostet nicht mehr als 20 LE.

Ismailia

Lage: s. vordere Umschlagkarte D/E9, Karte S. 233
Vorwahl: 064

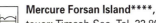 **Mercure Forsan Island****,** teuer; Timsah-See, Tel. 33 80 41, Fax 33 80 43. Exzellent geführtes Hotel am Krokodilsee, Blick von der Schwimmbadterrasse auf die Sues-kanal-Schifffahrt.
Crocodile Inn***, teuer; 172 Saad Zaghloul St, Tel. 33 15 55, Fax 33 16 66. Nette Zimmer mit Balkon im Stadtzentrum, etwas übeteuert.
El Burg***, moderat; Midan Orabi, Tel. 32 63 27, Fax 32 77 61. Ein schönes Hotel aus dem 19. Jh. mit Klimaanlage, Sattelittenfernsehen und eigenem Badezimmer.

 King Edward, Tel. 32 54 51, Al Tahrir St., nicht billig, aber sehr gut.
Chez George, Sultan Hassan St., günstig. Das Lokal hat den Charme einer alten Bahnhofsgaststätte, aber Fisch und Fleisch schmecken prima.

 Stelen-Garten: Besichtigung im Museum gegenüber erfragen. Ausstellung von Sphingen, Sarkophagen und das Sitzbild Ramses II.

 Ismailia-Museum, Mohammed Ali Quay, tgl. 10–16 Uhr. Kleines Museum am Stadtpark, das die Sues-Kanal-Geschichte mit vielen Fundstücken erzählt.

 Bahn: Alle 60–90 Minuten nach Kairo; mehrmals tgl. nach Ismailia und Port Said.
Bus: Alle 30–90 Minuten fahren vom Midan Orabi Busse nach Port Said und Sues (Anschluss Sinai), stündlich nach Kairo sowie ins Delta.
Servicetaxis: Mehrmals tgl. in alle Richtungen.

Kairo

*Lage: s. vordere Umschlagkarte C/D8
Stadtplan: hintere Umschlagkarte
Detailpläne: S. 98, 105 und 115
Vorwahl: 02*

Die **Tourist Information** hat in Kairo mehrere Büros, die von 9–17 Uhr besetzt sind:
Adly St. 5 am Bab el Louk, Tel. 3 91 34 54.
An den Pyramiden (gegenüber Mena House Hotel), Tel. 3 85 02 59.
Cairo International Airport Tel. 2 91 42 55 (Apparat 22 23 verlangen).
Am Ramses-Bahnhof Tel. 5 76 42 14.

Conrad International Hotel***, sehr teuer; Corniche el Nil St. 1191, Bulaq, Tel. 5 80 80 00, Fax 5 80 80 80. Eine der teuersten und exklusivsten Neueröffnungen. Es gibt Nichtraucher- und Raucherzimmer.
Baron Hotel**, teuer; Mahed el-Sahara St., Heliopolis, Tel. 2 91 57 57, Fax 2 90 70 77. Geräumige Zimmer und sehr guter Service.
Cairo Sheraton***, teuer; Midan el Galaa, Dokki, Tel. 3 36 97 00, Fax 3 36 46 01. Die höheren Etagen bieten einen tollen Blick auf den Nil, Zimmer sind klein.
Four Seasons***, teuer; 35 Giza St., Tel. 5 73 12 12, Fax 5 70 49 39. Blick auf Zoo, exklusive Einkaufs-Mall im Annex – eines der gut gelungenen neuen Hotels in Kairo.
Marriott Hotel***, teuer; Saray el Gezira St., Zamalek, Tel. 7 35 88 88, Fax 7 35 66 67. In dem ehemaligen Palast mit Garten – eines der schönsten Häuser Kairos – steigen im Sommer viele Araber aus den Golfstaaten ab.
Mena House Oberoi***, teuer; Pyramids Road, Tel. 3 83 32 22, Fax 3 83 77 77. Erbaut für die Ehrengäste der Kanal-Einweihung 1869. Das Mena House gilt als eines der schönsten Hotels der Welt; der Service ist sehr mäßig geworden. Zum Hotel gehört ein Golfplatz.
Mövenpick Jolie Ville***, teuer; Alexandria Desert Road, Tel. 3 85 25 55, Fax 3 83 50 06. Zwei Autominuten von den Pyramiden entfernt, geräumige Bungalows, sehr angenehme Atmosphäre, guter Service.
Nile Hilton***, teuer; Corniche el Nil, Tel. 5 78 06 66/4 44, Fax 5 78 04 75. Direkt neben dem Ägyptischen Museum, die Zimmer der Frontseite bieten einen wunderbaren Ausblick auf den Nil.
Longchamps Hotel*, moderat; Ismail Mohammed St. 21 (5. Stock), Zamalek, Tel. 7 35 23 11, Fax 7 35 96 44. Einst war das Longchamps das erste Haus in Zamalek. Der alte Charme der geräumigen Zimmer wurde mittlerweile leider wegrenoviert.
Victoria Hotel*, moderat; Gumhurija St., Midan Ramses, Tel. 5 89 22 90, Fax 5 91 30 08. Das Victoria stammt aus der britischen Kolonialzeit, in Zimmer 418 wohnte angeblich Ernest Hemingway.

Kairo hat eine kaum zu übersehende Zahl von Restaurants mit internationalen Speisenkarten. Buchstäblich an jeder Ecke findet man Kaffeehäuser, wo in der Regel die Männer unter sich sind, als weibliche Gäste allenfalls Touristinnen willkommen heißen (Ägypterinnen nicht). Und natürlich ist die Amerikanisierung des Speisezettels auch hier schon weit fortgeschritten: McDonalds, Kentucky Fried Chicken, Pizza Hut – alles was schnell kommt und noch schneller verzehrt wird, gibt es auch per Home Delivery Service frei Haus oder Hotel.

Moghul Room, Mena House Hotel, Pyramids Road, Tel. 3 83 32 22, sehr teuer. Das beste indische Restaurant Ägyptens. Stilvoll und ein absoluter Genuß, tgl. 12.30–14.45 Uhr, 19.30–1.45 Uhr.

Ciro's Pizza Pomodoro, Corniche el Nil, gegenüber vom World Trade Center, Tel. 5 79 65 12, teuer. In-Restaurant; leckere Pizza und köstliche Cannelloni bei Live- und Disco-Musik am Abend, abrockende Yuppies und Youngsters auf der zu klein geratenen Tanzfläche, tgl. 12.30–3.30 Uhr.

Arabesque, Kasr el Nil St. 6, im Zentrum, Tel. 5 74 78 98, moderat. Durch eine kleine Kunstgalerie betritt man das Lokal. Hervorragende ägyptische und französische Spezialitäten, tgl. 12.30–15.30 Uhr, 19.30–0.30 Uhr.

Café Riche, Talaat Harb. Zehn Jahre war die kleine ›Hyde Park Corner‹ der Kairoer Intelligenzia wegen Renovierung geschlossen; seit Sommer 2000 darf wieder diskutiert werden, tgl. ab 8 Uhr.

Four Corners, Sh. Hassan Sabri 4, Zamalek, Tel. 7 36 29 61 und 7 35 75 10, moderat. Omar Sharif wird hier öfter mit Kollegen gesehen. Gute italienische, chinesische sowie französische Küche in drei eleganten Restaurants und dazu eine nette Bar – das macht zusammen Four Corners (nahe der Deutschen Botschaft). Beliebter Treffpunkt für junge Leute, tgl. 11–15 Uhr, 18–24 Uhr.

Groppi, Sh. Abdel Khalek Sarwat, moderat. Altes Kaffeehaus im Zentrum, das als Treff noch von den häufigen Besuchen Nagib Machfus' zehrt, tgl. ab 9 Uhr.

Le Tabasco, Midan Amman 8, Dokki, Tel. 3 36 55 83, moderat. Das Restaurant mit großer Bar ist einer der Dauer-In-Treffs in Kairo – und die Küche ist dennoch exzellent geblieben. Die Karte wechselt jeden Tag (italienisch, französisch, türkisch, griechisch); Reservierung empfohlen, tgl. 19–2 Uhr.

Papillon, Tersana, 26th of July St., Mohandessin, Tel. 3 47 16 72/3 03 50 45, moderat. Exzellenter Libanese, leckere Mezze, köstlich auch die in Knoblauch eingelegten Hühnerflügel.

Zamakmak, Mohandessin, in einer Nebenstr. der St. Ahmed Orabi (beim Kaufhaus Omar Effendi), Tel. 3 47 82 32, moderat. Kairoer Ableger des berühmten Fischrestaurants aus Alexandria. Exzellenter Fisch und ägyptische Mezze in gartenähnlicher Atmosphäre, tgl. 12–1 Uhr.

Felfela, Sh. Hoda Sharawi 15, im Zentrum, Tel. 3 92 27 51, günstig. Kebab und Foul in vielen Variationen (probieren sollten Sie *foul iskanderani* und *foul pasterma*) sowie Täubchen und Wachteln, tgl. 7–24 Uhr.

Fishawi, Khan el Khalili St. 2, Hussein, Tel. 5 90 67 55. Das älteste Café der Stadt, am Beginn des Khan el Khalili. Standardbestellung: *shai bi nana'a*, Tee mit frischer Minze, türkischer Kaffee und dazu eine Wasserpfeife (Eingang nahe der Hussein-Moschee), tgl. 8–3 Uhr.

Dinner- und Lunch-Kreuzfahrten auf dem Nil: Marriott Maxime, Tel. 7 35 88 88, sehr teuer. Um 13 und 14.30 Uhr sowie um 19.30 und 21.30 Uhr legt das Schiff ab; das Boot soll die Nachahmung einer Pharaonenbarke darstellen.

Alabaster-Moschee (Mohammed Ali Moschee), innerhalb der Zitadelle, tgl. 9–16 Uhr, außer Fr zum Mittagsgebet. Eine der schönsten Moscheen Ägyptens, das Minarett ist 80 m hoch.

Al Azhar-Moschee und -Universität, Midan Hussein, am Basar Khan el Khalili, immer zugänglich. 972 eingeweihte Moschee, die Universität entstand 16 Jahre später mit heute mehr als 150 000 Studenten

Cairo Tower, Zamalek, tgl. 9–24 Uhr. Wahrzeichen der Stadt in Form einer Lotusblume, 187 m hoch.

Hussein-Moschee, direkt am Eingang zum Basar Khan el Khalili, gegenüber der Al Azhar-Moschee; gelegentlich wird Nicht-Muslimen der Eintritt verwehrt.

Ibn Tulun-Moschee, Midan Ibn Tulun, tgl. 9 bis 16 Uhr. Die zweitälteste Moschee Kairos aus dem 9. Jh. Der Legende nach wollte Abraham hier seinen Sohn Isaak opfern.

Khan el Khalili-Basar, die Geschäfte sind meist ab 21/22 Uhr geschlossen. So sind einige Läden, darunter fast alle Juweliere, geschl., einige Geschäfte auch Fr.

Pyramiden, Giza, tgl. 8–17 Uhr. Eines der sieben Weltwunder der Erde.

Sultan Hassan-Moschee, Midan Salah el Din. Kairos höchstes Minarett mit 81 m.

Totenstadt, Baghala St. Ursprünglich Mamluckenfriedhof, durch die soziale Not leben heute rund 400 000 Ägypter in der Totenstadt.

Kait Bey-Moschee, Baghala St. Der Fußabdruck des Propheten Mohammed soll hier angeblich abgebildet sein.

Zitadelle, tgl. 9–16 Uhr. Ende des 12./ Anfang des 13. Jh. baute Salah El Din eine mächtige Festung mit Palästen und Ställen nahe den Mokattam Bergen.

Ägyptisches Nationalmuseum, Midan el Tahrir, neben dem Nile Hilton, tgl. Sa–So 9–16.30 Uhr, Fr 9–11.30 und 13.30–16.30 Uhr. Das 1858 erbaute Museum zählt zu den größten der Welt, ausgestellt werden 150 000 Objekte mit einer Sammlung von pharaonischen Grabbeigaben.

Islamisches Museum, Port Said St., Sa–Do 9–16.30 Uhr, Fr 9–11.30, 13.30–16.30 Uhr. 60 000 Exponate bestehend aus Moscheemobiliar, wertvollen Koranausgaben, Manuskripten etc.

Koptisches Museum an der U-Bahn-Station Mari Girgis, Alt-Kairo, tgl. 9–16 Uhr. Die Sammlung besteht aus Exponaten vom 3.–11. Jh., unter anderem Ikonen und die älteste gebundene Psalmen-Handschrift der Welt.

Mukhtar Museum, Tahrir 1 an der El Galaa-Brücke, tgl. außer Mo 9–15 Uhr, Fr 9–12 Uhr. Ägyptens berühmtester Bildhauer Mahmud Mukhtar (1883-1934) zeigt in seinen Skulpturen das nationale Erwachen Ägyptens.

Schon seit Jahrhunderten gilt der **Basar Khan el Khalili** im Herzen der Altstadt von Kairo als Einkaufs- und Handelszentrum Ägyptens. 1382 von dem mamlukischen Prinzen Jaherkas el Khalili gegründet, ist er der älteste Bazar in Afrika. Inmitten eines Labyrinths von engen, verwinkelten Gassen stößt man auf allerlei Kitsch, aber auch auf traditionelle Handwerkskunst wie handgeblasene Parfümflaschen, Holzschnitzarbeiten, Töpferwaren, Messinggegenstände, Alabasterarbeiten und Papyrus. Echter Papyrus – aus Zyperngras hergestellt – ist sehr teuer, Papyrus aus Bananenblätter wird dagegen wesentlich billiger angeboten.

Reichhaltig ist das Angebot an Gold- und Silberschmuck in orientalisch aber auch schlichtem Design. Schmuckstücke werden nach Gewicht verkauft. Der derzeitige Preis für 21-karätiges Gold ist rund LE 45 pro Gramm und LE 2 für Sterlingsilver. Als exzellente Goldschmiede sind z. B. die libanesischen

Nasser-Brüder bekannt. Sie bieten eine extravagante Designerkollektion an. Mohamed Amin verkauft neben Modeschmuck auch antike Stücke wie beduinischen, jemenitischen und afrikanischen Schmuck (70 El Muizz Li-din Allah St.).

Schöne Kunsthandwerksstücke der Beduinen findet man bei Bayt al Sinnari und Wikalat al Ghuri (Teppiche, Kilims, geflochtene Körbe sowie Silberschmuck).

Außer im riesigen Basar Khan el Khalili, wo man feilschen und handeln darf, stößt man sonst eher auf Festpreise. Im **Zentrum**, also vom Midan Tahrir stadteinwärts, findet man jede Art von Geschäft. Preise und die Qualität der Waren sind hier unteres bis mittleres Niveau. Besser und teurer kauft man in **Zamalek** in der 26th of July St. ein: Die Sheba Galerie führt eine wunderschöne Kollektion handgemachter Silberstücke (6 Sri Lanka St.); Nomad verkauft beduinische Produkte (14 Saray al Gezira St., 1. Stock, Tel. 3 41 19 17, und im Marriott Hotel). Schöne Dinge lassen sich auch im **Yamama Center** an der Ismail Mohammed St. und in **Mohandessin** rund um den Zamalek Sporting Club an der Gam'at el Dawel el Arabiya St. erstehen. Die beste und teuerste Auswahl, darunter Designerkleidung, Lederartikel und Schuhe, findet man im eleganten **World Trade Center (**El Markaz el Tugari el Alami), Maspero, Corniche el Nil, 400 m nördlich des Fernsehgebäudes. Einige der Geschäfte führen in Ägypten hergestellte Baumwollkleidung etwa von Benetton oder Naf Naf.

Der **Zeltmacher-Bazar** hinter dem Tor Bab Zuweila ist berühmt für seine farbenfrohen Kissenbezüge, Überdecken und Wandteppiche.

Wasserpfeifen gibt es am Suk al Futh, Muizz el Din Allah.

In **Dokki**: Azza Fahmy entwirft ausgefallenen Silberschmuck (Al Ain Galerie, 73 El Hussein St., Dokki). Die Al Ain Galerie verkauft beduinische Teppiche und Kilims, geflochtene Körbe und Silberschmuck (73 Husayn St., Dokki, Tel: 338 13 42),

Zahlreiche **Kunstgalerien** in Kairo stellen die Arbeit von talentierten ägyptischen und ausländischen Künstlern aus, die auch zum Verkauf angeboten werden. Mashrabeya (8, Champollion St., Downtown, Tel. 5 78 44 94), Townhouse Galerie (Husayn Pasha St., Downtown, Tel. 5 75 59 01).

Buchhandlungen: Wer noch Lesestoff für die Reise braucht, sollte ihn sich in Kairo besorgen. Ein breites Angebot an englischsprachiger Literatur findet man in den beiden Läden der **American University** (AUC), einer auf dem Campus (Kasr el Aini St. 113, Hill House, Tel. 7 97 53 77, tgl. 8.30–16 Uhr, Sa 10–15 Uhr, Fr und den ganzen August geschl.); der andere im AUC-Wohnheim, Mohammed Ibn Thakeb St. 16, Zamalek, Tel. 3 39 70 45, tgl. 9–16 Uhr, Sa 10–15 Uhr, Fr geschl.

Auf deutsche Bücher spezialisiert ist man bei **Lehnert & Landrock,** Sherif St. 44, im Zentrum, Tel. 3 93 53 24, tgl. 9.30–14 Uhr, 17–19 Uhr, So geschl. Eine faszinierende antiquierte Bücherkollektion findet man im **L'Orientaliste** (Kasr El Nil St. 15, Downtown, Tel. 575 3419, geöffnet Mo–Sa 10–19.30 Uhr), gefüllt mit alten Mappen, Drucken, seltenen Editionen und der weltgrößten Kollektion von original David-Roberts-Lithographien (auch alte Karten etc.) **Abdel Zaher** verkauft wunderschöne handgemachte Bücher, die in feinem

Leder gebunden sind (El Sheikh Mohammed Abdu St. 31, hinter El Azhar, Tel. 5 11 80 41).

Arabische Literatur, auch in Übersetzungen, sowie französische, englische und deutsche Titel findet man bei **Madbouli,** Midan Talaat Harb, im Zentrum, (Tel. 3 47 74 10, tgl. 7–14 Uhr).

Kairoer Nächte sind lang, ganz lang. Empfehlenswerte Restaurants, Bars und Diskos gibt es sowohl in Hotels wie auch außerhalb. Gewarnt sei vor den Neppläden entlang der Pyramids Road: Nachtclubs, die oft erst um 2 Uhr morgens mit ihrem Bauchtanzprogramm beginnen und dem Gast wahre Wucherpreise für Speis und Trank abzuknöpfen versuchen (vor der Bestellung lieber nach den Preisen fragen!). Erlebenswert, zumindest einmal, sind diese Etablissements mit ihren Darbietungen auf alle Fälle. Die vorwiegend weibliche schwarzafrikanische Gemeinde sammelt sich im **Africana** (Taxifahrer kennen den Weg!).
Deals, El Mahaad el Swisri St. 2, Zamalek, Tel. 7 36 05 02, günstig. Bar und Restaurant mit frischer Musik, jungem lässigen Publikum und sehr fairen Preisen. Unbedingt besuchen.
El Samar im Gezira Sheraton Hotel, Gezira, Tel. 7 36 15 55, Luxus. Ägypten hat eine Bauchtanzkönigin, und die heißt, auch wenn die junge Konkurrenz nachdrängt, seit Ewigkeiten Fifi Abdou. Sie tritt nur in diesem Club auf; Reservierung nötig.
Café Curnonski, 5, Sh. Sayed el Bakri, Zamalek, Tel. 7 35 65 50, Bar und Restaurant. Treffpunkt für in Ägypten lebende Ausländer.
Jackie's Joint im Nile Hilton Hotel, Zentrum, Tel. 5 78 04 44, teuer. An den unberechenbaren Türstehern dieser Disko vorbeizukommen, hat mit Aussehen und Auftreten, gelegentlich aber auch mit großzügiger Bakschisch-Zufuhr zu tun.
Johnny's, Le Pacha Boat, Zamalek, Tel. 7 35 57 34, teuer. Im Restaurantschiff Le Pacha drängeln sich die Leute oft in Dreierreihen um den Tresen, die Musik ist laut bis unerträglich laut.
La Bodega, Zamalek, 157, 26th July St., 1. Etage des Hauses Baehler's Mansion, Tel. 7 35 67 61, 735 05 43, teuer. Kairos stilvollstes Bistro mit zwei Restaurantbereichen, Bar und kleinen Lounges. Sehr beliebter Treff. Immer reservieren!
Abu Bakr, Nebenstraße zur 26th of July St., hinter Pizzeria Maison Thomas, Zamalek, Tel. 7 35 96 40, moderat. Hangout junger Leute, die nach einer guten Mezze gemütlich Shisha rauchen.
Windows of the World, Ramses Hilton Hotel, Corniche, Maspero, Tel. 5 74 44 00, teuer. Bei Live-Entertainment hat man von der gediegenen Bar im 27. Stock den besten Blick über das nächtliche Kairo.
Cairo Jazz Club, 197, 26th of July St, Agouza, Tel. 3 45 99 39, teuer. Der einzige Jazz Club in der Stadt. Unter anderem wird auch Reggae und sanfte Rockmusik gespielt.
World Trade Center, Corniche el Nile, Maspero, teuer. Die Schicken und die Reichen treffen sich am liebsten ab 23 Uhr im World Trade Center, das gleich mehrere Hot Spots der Kairoer Szene beherbergt. Das **Downstairs** ist eine American Bar mit viel Neon und wild zusammengemixten Cocktails. Französische und chinesische Küche stehen auf der Speisekarte des Bar-Restaurants **Piano, Piano,** in dem ein Klavierspieler bis 3 Uhr morgens für gediegene Hintergrundmusik sorgt. Vom Piano, Piano zieht man weiter ins **Upstairs,** eine teure Edel-Disco mit Kontakthof-Charakter …

Sound & Light-Show an den Pyramiden. Die Pyramiden und die Sphinx in wechselnd farbigem Licht, aus Lautsprechern Geschichte(n) und Anekdoten aus dem alten Ägypten – ein Hörspiel unter freiem Himmel gibt mehrmals jeden Abend in Englisch, Französisch und anderen Sprachen einen groben Überblick über Leben und Wirken der Pharaonen. Die deutsche Version läuft jeden So und Mi um 19.30 Uhr im Winter bzw. 22.30 Uhr im Sommer.

Oper und Theater:
The Alvin Alley Dance Theater Company, das Bolshoi-Ballett und viele andere international bekannte Ensembles setzen Kairo auf ihre Tourneepläne. Die **Kairoer Oper** bietet ein exzellentes Veranstaltungsprogramm: Opern, Operetten, Tanz, Popkonzerte, Klavierabende, Jazzmusik, Konzerte des Kairoer Symphonieorchesters. Mozart, Bach, Beethoven und Eigenproduktionen wie »Zauberflöte« oder »Figaro« auf Arabisch gehören zum Standardrepertoire. Den aktuellen Veranstaltungskalender entnimmt man der englischsprachigen Zeitschrift »Egypt Today« oder der »Al Ahram weekly«. Die Preise für die Eintrittskarten beginnen bei 25 LE aufwärts. Für Studenten mit internationalem Studentenausweis gibt es ermäßigte Karten ab 5 LE. Für Männer herrscht Krawattenpflicht. In Jeans ist man deplaziert. El Tahrir St., Zamalek, Tel. 7 37 06 01/3.

Weitaus populärer als die Oper sind Revue-Theaterstücke, die zum Teil seit Jahren ohne Unterbrechung laufen, wie die Stücke des renommiertesten ägyptischen Regisseurs Lenin el Ramle. »Bil Arabi Fisih« (in einfachem Arabisch) ist eine Parodie auf die Ägypter und die Araber der Golfstaaten und wird ständig aktualisiert. Der zweite Dauerbrenner ist »Mama Amerika« und handelt von der Abhängigkeit von und der Hörigkeit der Araber gegenüber den USA. »El Zaim« (›Der Führer‹), ist eine märchenhafte Parabel auf moderne Staatsoberhäupter Arabiens, mit dem panarabischen Superstar Abdel Imam in der Hauptrolle.

Die tanzenden Derwische (The Whirling Derwishes): »Allah, hey, Allah, hey – Allah lebt«, singen sie im Rhythmus, während sie sich in Trance tanzen. Die Sufis wirbeln mit ihren wunderschönen Kostümen in Kairos Wikalat el Ghoury jeden Mittwoch und Samstag. Das Gebäude ist islamische Architektur, drinnen wird Kunsthandwerk gezeigt. Manchmal fällt die Vorstellung auch unangekündigt aus. Beginn ist ca. 21 Uhr, seien Sie aber mindestens eine halbe Stunde eher dort, um sich einen der wenigen Sitzplätze zu reservieren. Die Aufführung ist kostenlos. Wikalat el Ghoury an der Al Azhar-Moschee, Auskunft Tel. 5 11 04 72.

Pharaonic Village, Jacub Island, Giza, tgl. 9–21 Uhr, Winter 9–17 Uhr. Pharaonisches Disneyland, das auf einer Insel das pharaonische Ägypten mit leibhaftigen Pharaonendarstellern nachstellt.
Ballonfahrten, Tel. 2 99 19 46, Fax 3 03 82 14. Bei schönem Wetter Erkundungsfahrt über dem Land der Pharaonen.
Golf, Mena Haus Oberoi Hotel, Giza, Tel. 3 83 32 22, Fax 3 83 77 77. Außerdem Katamaya Heights in Katamaya, Tel. 5 98 05 12, pro Tag 280 LE, und Gezira Club, Tel. 7 35 60 00.
Reiten, Eurostable, Giza, Reitstall nahe den Pyramiden, Tel. 3 85 58 49, und Gezira Club, Tel. 7 35 60 00.

Bahn: Vom Ramses-Bahnhof *(mahatet ramsis)* gehen alle Züge ab: Richtung Alexandria (6–21.30 Uhr stündlich; jeweils mit 1. Klasse), Sueskanal (6–22 Uhr alle 60–90 Minuten), Luxor (10, 12, 20.15, 20.45, 22.45 Uhr; jeweils mit 1. Klasse) und Assuan (7.30, 15.45, 18.45, 19, 19.15, 19.45, 21, 22, 22.15 Uhr; jeweils mit 1. Klasse) sowie im Sommer ein Schlafwagenzug Richtung Marsa Matruh (Mittelmeer).

Taxi ab Stadtmitte ca. 5 LE, Hoteltaxen haben feste Tarife.

Zugauskunft: Tel. 5 75 35 55, 7 61 70 33, 5 10 40 99.

Reservierungen für den sehr komfortablen Schlafwagenzug (Wagon Lits) nach Luxor und Assuan macht man rechtzeitig unter Tel. 5 74 94 74.

Busse: Kairo verfügt über ein dichtes Busnetz.

Super-Jet-Busse fahren vom **Mahattit Turguman, Stadtmitte**, hinter dem Al-Ahram Gebäude ab: Richtung Alexandria viertelstündlich 5–1 Uhr; nach Hurghada um 9, 12, 15, 23, 23.30, 24, 0.30 Uhr; Auskunft Tel. 5 76 02 61.

Mahattit Abud in Schubra ist Abfahrtspunkt der Alexandria-Linien der West Delta Bus Co., jede Stunde von 7–18 Uhr.

Vom **Sinai-Bahnhof in Abbasia**, Tel. 4 82 47 53, starten die weniger komfortablen Busse der East Delta Bus Co. Richtung Dahab um 8.30, 14, 17.15, 24 Uhr; El Arish 8.30, 16.30 Uhr; El Tur/Sharm el Sheikh 7, 8.30, 10, 14, 16, 17, 20, 23.30, 24 Uhr; Nuweiba/Taba 8, 20.30, 23 Uhr; Katharinenkloster 11.30 Uhr.

Von **El Kolaly**, Tel. 5 74 28 14, geht es Richtung Ismailia 6–19.30 Uhr alle 45 Min., nach Port Said 6.30–19 Uhr alle 30–45 Min., Suez 6–19.30 Uhr alle 30 Min.

Die Busse der Upper Egypt Bus Co. starten am **Mahattit Abud in Schubra**, Tel. 4 31 67 23: nach Assuan 17 Uhr, Luxor 20.30 Uhr, Hurghada 5, 7.30, 9.30, 17, 20.30, 21.15 Uhr, ins Fayoum 6–19 Uhr alle 15 Min. Unterhalb der Zitadelle am **Mahattit el Alaa** oder **Midan el Alaa** fahren Busse Richtung Bahariya um 7, 15, 20 Uhr. Zusätzlich am Mi, Fr, So um 12 Uhr nach Bahariya über Farafra, Farafra 6.30 Uhr, Dakhla 7, 18.30, 19, 20 Uhr, Kharga 9, 21 Uhr. In naher Zukunft soll diese Bushaltestelle verlegt werden. Mit dem Taxi zu erreichen, nur wenige Minuten von der Zitalle entfernt zur Haltestelle **Mazdar el Ali.**

Leihwagen: Kairo ist der zentrale Ort für Autovermietungen, One-way-Touren sind nur gegen hohe Aufpreise möglich. Internationale Anbieter in Kairo:

Avis: Flughafen Tel. 2 65 24 29,
Meridien Hotel Cairo Tel. 3 62 17 17,
Meridien Heliopolis Tel. 2 90 18 19,
Nile Hilton Tel. 5 78 04 44,
Sheraton Gezira Tel. 7 36 15 55.
Budget: Flughafen Tel. 2 65 23 95,
Semiramis Intercontinental Tel. 7 95 71 71.
Hertz: Flughafen Tel. 2 91 42 55,
Ramses Hilton Tel. 5 74 44 00,
Zamalek, 26th of July St., Tel. 3 47 41 72,
Heliopolis, Mohammed Ebeid St. 1, Tel. 2 91 82 44.
Smart Car: Tel. 3 65 43 21.
Europcar: Flughafen, Tel. 2 65 22 12,
Libnan St. Max Bldg. Mohandessin, Tel. 3 47 47 12, 3 47 47 13.

Flüge: Egypt Air fliegt alle für Touristen wichtigen Orte im Land mehrmals täglich an. Flughafen-Information Tel. 2 43 30 90. Egypt Air hat Büros u. a. im Nile Hilton Hotel, Tel. 5 74 73 22, 5 75 98 06, im Zentrum Adly St. 6, Tel.

3 90 09 99 und am Flughafen, Tel.
2 44 14 60, 2 45 02 60, 2 45 44 00.

Je nach Verkehr sind es zum Cairo International Airport 20 (nachts) bis 60 Minuten (tagsüber) ab Stadtmitte. Es gibt drei Abflughallen: eine für Inlandsflüge, zwei für internationale Flüge, den alten Terminal 1, *matar el adim* (Egypt Air), und den neuen Terminal 2, *matar el gedid* (u. a. Lufthansa, Swiss Air, Austrian Airlines, KLM, British Airways).

Straßentaxis bekommen für die einfache Fahrt zum Flughafen 15–20 LE, Hoteltaxen und Limousinen-Service haben feste Tarife ab 40 LE aufwärts ab Stadtmitte.

Karanis

Lage: s. Karte S. 135

 Museum und **Tempelruinen**

Katharinen-Kloster

s. Sharm el Sheikh

Kharga

Lage: s. vordere Umschlagkarte C2/3, Karte S. 299
Vorwahl: 0 92

 Tourist Office: Tel. 92 16 11, Fax 92 12 05.

 Pioneers Hotel, , moderat; Tel. 92 79 82, 92 79 83, Fax 92 79 86, über Kairo-Reservierung 02/7 38 08 79, Fax 7 38 08 35. Das mit Abstand beste und luxuriöseste aller Oasen-Hotels, ausgestattet mit Restaurants, Bar und Swimmingpool. Außerdem bietet das Hotel ein acht Tage andauerndes sogenanntes Desert Package an: Luxor, Oase Baris, Kharga, Dakhla, Abu Simbel, Luxor.

El Kharga Oasis, günstig; Tel. 92 15 00. Einfaches, modernes Hotel.

 Amun-Tempel, erbaut von Persern; ein Wandrelief zeigt Seth, den Gott der Oase mit blauem Körper.
Christliche Gräber des 4.–6. Jh.

 Bahn: Desert Link zweimal wöchentlich (Di, Do) von Kharga nach Qena.
Flug: zweimal wöchentlich (Mi, So) Flüge von/nach Kairo.

Kom Ombo

Lage: s. vordere Umschlagkarte E1, Karte S. 210

 Die nächsten empfehlenswerten Hotels befinden sich in Assuan.

 Doppeltempel, tgl. 8–16 Uhr. Der Tempel ist dem Krokodilgott Sobek geweiht und dem falkenköpfigen Haroeris.

 Busse und **Servicetaxis** pendeln zwischen Assuan und Kom Ombo mehrmals tgl. Es empfiehlt sich aber, für einen kurzen Tagesausflug ein Taxi zu mieten.

Luxor und Theben-West

Lage: s. vordere Umschlagkarte E3
Stadtplan Luxor: S. 184
Übersichtsplan Theben-West: S. 196
Vorwahl: 095

Tourist Information: im Visitor's Center an der Corniche, tgl. außer Fr 9–16 Uhr, Tel. 37 22 15.
Tourist Police, Tel. 37 66 20.

Old Winter Palace***,** sehr teuer; Corniche, Tel. 38 04 22, Fax 37 40 87. Das schönste Hotel Luxors.
Isis Hotel***,** teuer; Khaled Ibn Walid St. 10, Tel. 37 27 50, Fax 37 29 23. Sehr lebhaftes, von vielen Reisegruppen besuchtes Hotel mit Pool am Nil.
Mövenpick Jolie Ville**,** teuer; Crocodile Island, Tel. 37 48 55, Fax 37 49 36. Auf einer Nilinsel wohnt man wunderschön inmitten eines kleinen botanischen Gartens; Küche und Service sind gut.
New Winter Palace***,** teuer; Corniche, Tel. 38 04 22, Fax 37 40 87. Sehr angenehme Zimmer. Der Swimmingpool liegt im ehemaligen Königspark des Old Winter Palace.
Mercure Inn Luxor**,** moderat; Maabad Luxor St. 10, Tel. 38 07 21, Fax 37 00 51. Einfaches Mittelklassehotel.
Amun El Gezira Hotel, günstig; West Bank, Tel. 31 09 12. Leider kein Geheimtipp mehr. Saubere und einfache Pension. Ahmed und seine Tochter Manal führen das Dorfhotel, in dem man morgens von Eseln und Hühnern geweckt wird und in einem wunderschönen Garten frühstückt.

Billig in Luxor zu essen, ist kein Problem. An jeder Ecke gibt es kleine Restaurants mit den Kebab-Kofta-Standards und Hamburgern auf der Karte. Ansonsten ist man weigehend den Hotelküchen ausgeliefert.
1886 im Old Winter Palace, Corniche, Tel. 38 04 22, sehr teuer. Eines der besten Restaurants Ägyptens verwöhnt in angenehm gediegener Atmosphäre den Gast mit französisch angehauchter Küche. Kerzenlicht, ein Klavierspieler – wunderbar. Unbedingt am Vortag reservieren.
Marhaba, Corniche, günstig. Über dem kleinen Touristenbasar mit den beiden Buchhandlungen liegt im 1. Stock dieses einfache, aber sehr gute Restaurant. Man speist mit Blick auf den Nil ägyptische Spezialitäten.
Tut-anch-Amun, West Bank, Corniche, günstig. Mohamed kocht täglich Gemüse- und Fleischgerichte. Erstklassig schmeckt sein *Um Ali*, eine Süßspeise mit Milch und Rosinen.

Lunch und Dinner auf dem Nil:
Sheraton und Novotel bieten Nile Cruises für Dinnerfahrten; auch Lunchfahrten nach Dendera oder Esna; Buchung über die beiden Hotels.

Karnak-Tempel, tgl. 7–17 Uhr. Ab der 12. Dynastie begann der Bau von Karnak, zu Ehren der thebanischen Göttertriade Amun, Mut und Chons.
Luxor-Tempel, tgl. 7–19 Uhr. Geweiht dem Weltenschöpfer Amun.
Tal der Könige, tgl. 7–19 Uhr. 64 Pharaonengräber wurden bisher entdeckt, darunter 1922 das Grab des Kindpharao Tutanchamun (KV 62) und 1995 das Grab der Söhne Ramses II. (KV 5).
Tal der Königinnen, tgl. 7–19 Uhr. Wunderschönes Grab der Königin Nefertari, die Lieblingsfrau Ramses II.
Hatschepsut-Tempel, tgl. 7–19 Uhr. Ein atemberaubender Tempel mit dem sich die Pharaonin ein unvergleichliches Denkmal setzte.
Ramesseum, tgl. 7–19 Uhr. Totentempel Ramses II., mit Reliefen von Kriegsszenen.

Luxor-Museum, tgl. 9–13 Uhr, 17–22 Uhr, Winter 9–14 und 15–21 Uhr. Ausgestellt werden pharao-

nische Statuen und Obelisken, in einem der schönsten Museen Ägyptens.
Mumien-Museum, tgl. 9–13 und 16–21 Uhr. Ausstellung von Tiermumien, unter anderem Bastet-Katzen, Chnom-Widder und Sobek Krokodil.

Luxors Händler sind die ausgefuchstesten des ganzen Landes. Zwischen Luxor-Tempel und Bahnhof erstreckt sich der bunte **Basar,** in dem es alle Arten von pharaonisch-ägyptischen Souvenirs ebenso gibt wie Lederwaren, Lebensmittel, Stoffe, Schmuck und Parfumessenzen. Fürs Handeln und Feilschen braucht man hier viel Ausdauer.

Luxor-Besucher sind Frühaufsteher – oder werden es angesichts der hohen Mittagstemperaturen, die einem jede Besichtigung zur Mühsal machen. Nachtleben außerhalb der Hotels gibt es nicht.
Aladin Disco, Isis Hotel, Khaled Ibn Walid St., teuer. Luxors beliebtester Dance floor.
The King's Head Pub, Khaled Ibn Walid St., Tel. 37 12 49, Fax 38 04 89, teuer. Luxors einziges English Pub mit Dart und Pool Billard. Immer einen Besuch wert.

Sound & Light-Vorstellungen im Karnak-Tempel: Einen beeindruckenden und sehr informativen Überblick gibt ein Hörspiel-Rundgang durch die 2000jährige Geschichte des Götterbezirks Karnak – nicht verpassen! Vorstellungen in Deutsch: Mi 21 Uhr, Sa und So 19 Uhr; Auskunft; Tel. 37 22 41.
Freiluft-Oper: Eine feste Einrichtung scheint im Oktober – im Zwei-Jahres-Rhythmus – die Aufführung der Oper Aida vor dem Hatschepsut-Tempel zu werden.

Ballonfahrten: Das Tal der Könige von oben entdecken. Hod Hod, Mohamed Solimian, organisiert Ballonfahrten, Tel. 37 01 16 oder Handy 0 12/ 2 15 13 12.
Rad- oder Eselstour ins Tal der Könige: Eine Tour mit dem Rad oder auf dem Esel ist ein besonderes Erlebnis (früh aufbrechen!). Räder kann man in den Hotels mieten; Eselstreiber erwarten ihre Kunden auf der Westseite des Nils.
Felukenfahrt auf dem Nil: Eine Segelpartie bei Sonnenuntergang hat nicht nur für Verliebte und Romantiker ihren Reiz. Die Boote liegen unterhalb der Corniche; ca. 20 LE/Std.
Kleine Bergwanderung zum Hatschepsut-Tempel: Vom Tal der Könige aus erklimmt man, ehe die Hitze unerträglich wird, die Berge und steigt vom Kamm, der eine wunderbare Aussicht bietet, hinab zum Hatschepsut-Tempel.
Golf: Der Royal Valley Golf Club ist ein neuer 18-Loch-Championship-Kurs inmitten der Wüste, etwa 25 Min. von der Stadtmitte entfernt, Tel. 4 14 65 38.

Bahn: Tgl. viele Züge Richtung Kairo und Assuan, nachts ein komfortabler Schlafwagenzug (Wagon Lits), Auskunft Tel. 37 20 18.
Bus: Regional- und Fernbusse verbinden Luxor mit allen Landesteilen, Abfahrt von Karnak St. nahe dem Horus-Hotel, Auskunft Tel. 37 21 18.
Fähren: Auf die Westseite des Nils setzt man, da es keine Brücke in Luxor gibt, für ca. 10 LE mit einem der Motorboote über, die an der Corniche liegen (z. B. vor dem Winter Palace). Die öffentlichen Fähren (vor dem geschlossenen Savoy Hotel) bringen einen für weniger als ein Pfund nach Theben-West.
Servicetaxis: Ohne lange Wartezeiten kommt man von der Karnak St. in

Luxor Richtung Kairo, Assuan und Hurghada.
Flüge: Egypt Air, Tel. 38 05 80, Büro am Winter Palace Hotel, bedient tgl. Kairo, Assuan, mehrmals wöchentlich Sharm el Sheikh. Luxor wird auch von allen Chartergesellschaften angeflogen. Flughafen-Auskunft Tel. 37 46 55. Das Taxi vom und zum Flughafen kostet 15–20 LE.

Marsa Alam

Lage: s. vordere Umschlagkarte G2, Karte S.290

Kahramana, moderat; Reservierung über Kairo Tel. 02/7 60 59 87, Fax 7 49 93 27, oder Satellitentelefon 0 08 73 76-2 02 86 90, Fax 0 08 73 76-2 02 85 90. 25 km nördlich von Marsa Alam liegt das aus Naturstein erbaute Hotel. Es hat zwar kein hauseigenes Korallenriff, dafür aber eine Tauchbase, von der aus Bootstrips zu den nahegelenen Riffen unternommen werden.
Mangrove Bay Resort, moderat; Tel. 02/7 48 67 48, Fax 7 60 54 58. Das Mangrove liegt 9 km südlich des Utopia (s. unten) und ist preislich etwas günstiger. Es ist nicht ganz so luxuriös wie das Utopia, hat aber auch einen schönen weißen Sandstrand und den gleichen Zugang zu einem 20 km langen Korallenriff.
Marsa Shagra, Red Sea Diving Safari, moderat; Reservierung über Kairo Tel. 02/3 37 18 33, Fax 7 49 42 19, redseasaf@hotmail.com. 19 km nördlich von Marsa Alam liegt das Tauchcamp, das sich auf Unterwassersport spezialisiert hat. Am Strand stehen Zelte, auf einem Hügel Steinbungalows und Chalets.

Shams Alam Hotel and Beach Resort, , moderat; Reservierung über Kairo Tel. 02/4 17 00 46, Fax 4 17 01 58, oder Satellitentelefon 0 08 73 76-2 07 94 95, Fax 0 08 73 76-2 07 94 96. Das Hotel liegt 50 km südlich von Marsa Alam und ist umgeben von einem wunderschönen Mangrovenwald. Zum Resort gehört ein 900 m feiner Sandstrand, Taucher und Schnorchler kommen auch auf ihre Kosten.
Utopia, moderat; hat kein Telefon, dafür aber Zimmer mit Klimaanlage, Swimmingpool, Tauchcenter und einen wunderschönen weißen Sandstrand.

 Bus: Regelmäßiger Bustransfer von Safaga oder Quseir.

Marsa Matruh

Lage: s. Karte S. 164 (ca. 280 km westlich von Alexandria)
Vorwahl: 046

Beau Site Hotel ****, teuer; El Shati, Tel. 4 93 20 66, Fax 4 93 33 19. Das mit Abstand gepflegteste Hotel am Ort; auch der Strand ist ausgesprochen sauber.
Riviera Hotel***, moderat; Suk/Corniche, Tel. 4 93 00 04, Fax 4 93 00 04. Die Hotelfassade macht mehr her als das Interieur.

Die Strandhotels verleihen Ausrüstungen zum **Surfen** und **Jet-Ski.**
Von Marsa Matruh lohnt die Weiterfahrt zur 300 km entfernten **Oase Siwa.**

Wunderschöner, türkisfarbener **Strand** entlang Marsa Matruhs Küste.

Bahn: Während der Sommermonate gibt es tgl. mehrmals Züge von/nach Alexandria und Kairo (Schlafwagen; rechtzeitig reservieren).
Bus: Tgl. mehrere Verbindungen nach Alexandria, Kairo, Siwa und Richtung libysche Grenze.
Servicetaxis: Tgl. mehrmals in alle Richtungen.
Flüge: Egypt Air bedient im Sommer die Strecke Kairo–Marsa Matruh mehrmals; von Oktober bis Mai nur einige Male pro Woche; Auskunft bei Egypt Air, Galaa St., Tel. 03/93 43 98.

Minya

Lage: s. vordere Umschlagkarte C6, Karte S. 177
Vorwahl: 086

 Nefertiti/Aton Hotel****, moderat; Corniche, Tel. 34 15 16, Fax 36 64 67. Das einzige 4-Sterne-Hotel weit und breit.
Lotus Hotel**, günstig; Port Said St., Tel. 32 45 00, Fax 32 45 76. Sauberes und ruhiges Hotel. Auf der Dachterrasse kann man den Abend genießen.

 Gräber von Beni Hassan, 19 km südlich von Minya in Abu Qurqas, dort mietet man eine der Kaleschen zum 3 km entfernten Nilufer.
Hermopolis Magna und Tuna el Gebel: Am Westufer führt die Fahrt 32 km nach Süden, vorbei an El Roda nahe der verfallenen Hauptstadt des Mondgottes Thoth Hermopolis Magna. 4 km südlich von El Roda findet sich rechter Hand nahe dem Dorf Ashmunein die Totenstadt Tuna el Gebel.
Ruinen von Tell el Amarna: 54 km südlich von Minya in Mallawi.

 Bahn: Minya liegt an der verkehrsreichen Bahnverbindung zwischen Kairo und Luxor/Assuan. Die Züge fahren mehrmals tgl..
Bus: Mehrmals tgl. Busse in alle Richtungen.
Servicetaxis: Südlich des Bahnhofs warten Taxis auf Passagiere Richtung Kairo ebenso wie Richtung Luxor/Assuan.

Nuweiba

Lage: s. vordere Umschlagkarte G7, Karte S. 245
Vorwahl: 062

 Steigenberger La Playa Resort, teuer; Mahla Bay, nördlich von Nuweiba, Reservierung über Kairo Tel. 02/3 41 99 53, Fax 3 32 35 64, oder Tel. 0 10/1 73 00 30, Fax 0 10/1 73 00 32. Modernstes und angenehmstes Hotel nördlich von Sharm el Sheikh.
Basata Village, 55 km nördlich Nuweiba, moderat; Tel./Fax 50 04 81. Urlaub alternativ: Gemeinsames Essen, Schlafen in Strohhütten oder unter freiem Himmel – das ist die erfolgreiche Idee des deutschsprechenden Sherif Ghamrawy, der beseelt ist von den Möglichkeiten des sanften Tourismus.
Bawaki Beach Hotel***, moderat; 18 km nördlich Nuweiba, Tel. 50 04 70/1, Fax 3 52 61 23. Schöne Anlage am Strand.
El Salam Touristic Village***, moderat; Tel. 50 04 41, Fax 50 04 40. Einfaches Hotel, sehr abgelegen.
Hilton Coral Nuweiba, moderat; Tel. 52 03 20, Fax 52 03 21. Begrüntes Hotel, etwas abgelegen. Das Abendbuffet ist recht lecker.
Sallyland Tourist Village**, moderat; Tel. 53 03 80, Fax 53 03 81, an der Straße

von Nuweiba nach Taba gelegenes ruhiges und weitläufiges Bungalowdorf, sehr angenehm.
Regina Nuweiba Resort, moderat; Tel. 50 06 31, Fax 50 06 35. Einfaches und kühles Ambiente. Der Strand ist sehr schön und weitläufig.

Es gibt drei chinesische Restaurants und nur ein empfehlenswertes ägyptisches, das **Walid el Sharkih** am Hafen.

Blue Desert, von einem belgischen Künstler bemalter Felsen und Steinbrocken, dazu verwendete er 10 t blaue Farbe auf einem Gebiet von 14 km².
Colored Canyon, rund eine Stunde nordwestlich von Nuweiba, berühmte Sandsteinschlucht, weil sie weiß, gelb und rot schimmert.

Aqua Sport im Coral Hilton organisiert Wüstensafaris, Tauchlehrgänge, Fahrten mit dem Glasbodenboot und Tretboot, Parasailing und Banana Riding.
Schwimmen mit einem Delphin: Südlich des Hafens fragt man nach Olin und Abdallah. Abdallah ist ein junger stummer Fischer und Olin ein Delphin. Für 10–20 LE kann man bzw. frau – das Tier scheint Frauen zu bevorzugen – im Wasser mit ihm spielen und tollen.
Tauchen: Tauch- und Surfkurse vermitteln die Hotels.

Bus: Mindestens einmal täglich nach Dahab, Sharm el Sheikh, Taba und Richtung Kairo/Delta; Auskunft Tel. 64 92 50.
Fähre: Zwei Fähren (11, 18 Uhr) verbinden Nuweiba tgl. mit Aqaba/Jordanien, Tickets gibt es direkt am Hafen.
Servicetaxis: Mehrmals tgl. Richtung Taba, Dahab, Sharm el Sheikh, Kairo/Delta.

Port Said

Lage: s. vordere Umschlagkarte D/E9, Stadtplan: S. 236
Vorwahl: 066

Tourist Information, Palestine St., Tel. 23 52 89, tgl. 10–16 Uhr.

Heluan Port Said***, teuer; Corniche, Tel. 32 08 90/5, Fax 32 37 62. Vom Hotelzimmer blickt man direkt auf die Einfahrt des Sueskanals; gepflegtes Hotel, guter Service.
Holiday Hotel**, moderat; Gumhurriya St., Tel. 22 07 11-3, Fax 22 07 10. Einfaches, etwas abgewohntes, aber sauberes Hotel in der Stadtmitte.
Sonesta Port Said Hotel***, Sultan Hussein St., Tel. 32 55 11 und 32 64 10, Fax 32 48 25. Ordentliches Hotel mit eigenem Strand, empfehlenswert.

An Cafés und einfachen Restaurants mangelt es Port Said wahrlich nicht. Zu empfehlen:
Nosrat I., Canal Cruiser. Vor Anker an der Kanalpromenade, moderat. Um 14.30 und 20.30 Uhr legt das kleine Schiff zu Lunch- und Dinnerfahrten innerhalb der Kanaleinfahrt ab; sehr gute ägyptische Küche.

Moschee Port Fuad, moderne islamische Architektur.

Kriegsmuseum, 26. Juli St., tgl. 10–18 Uhr. Die Sammlung umfasst u. a. Waffen, Tagebücher und Briefe Gefallener und stellt mit Zinnsoldaten Schlachten nach.

Bahn: Alle 60–90 Minuten nach Kairo, mehrmals tgl. nach Ismailia und Port Said.
Bus: Alle 30–90 Minuten nach Ismailia/Sues (Anschluss Sinai) und Kairo; stündlich ins Delta und zu den Mittelmeerstädten.
Servicetaxis: Mehrmals tgl. in alle Richtungen.

Port Taufik

s. Sues

Quseir

Lage: s. vordere Umschlagkarte G3, Karte S. 290
Vorwahl: 0 65

 Wie Hurghada soll sich Quseir, 85 km südlich von Safaga, im Laufe dieses Jahrhunderts zum pulsierenden Touristenzentrum entwickeln. Bisher findet man hier eine eher ruhige Alternative zu Hurghada; man wohnt sehr gut im
Mövenpick-Hotel, Tel. 33 21 00, Fax 33 21 28,
Flamenco Beach Ressort, Tel. 33 38 01, Fax 33 38 13;
Fanadir Beach, Tel. 43 92 60, Fax 43 14 15,
El Qadim Bay, Tel. 43 21 00 und 43 21 01, Fax 43 21 28.

Sea Fun, **Tauchsafari** im Roten Meer, ab/bis El Qusair zum Elphinstone Reef, Dolphin Reef, Shab Sharm, Reservierung über Hotel.

 Busse und Servicetaxis: mehrmals tgl. in alle Richtungen.

Sharm el Sheikh

Lage: s. vordere Umschlagkarte G5, Karte S. 245
Vorwahl: 062

Tourist Information, Sharm el Sheikh Government-Building, Tel. 2 41 05 59, tgl. 10–16 Uhr.
Tourist Police für den Sinai, Tel. 60 06 75 und 60 03 11.

 Sharm el Sheikh ist der mit Abstand teuerste Ort Ägyptens. Billige Hotels gibt es hier kaum, in jedem Fall muss man rechtzeitig buchen.
Conrad International, Ras Nasrani, teuer; Tel. 67 05 85, Fax 67 05 80. Das Hotel steht in unmittelbarer Nähe des Nasrani-Riffes, die Zimmer sind altmodisch, bieten aber alle Blick aufs Meer.
Hilton Fayrouz***,** teuer; Naama Bay, Tel. 60 01 36, Fax 60 10 40. Eine der schönsten Hotelanlagen in Sharm: geräumige Bungalows mit Gartenterrasse. Der hoteleigene Strand wirkt selbst bei voller Belegung des Hotels halbleer.
Hyatt Regency Hotel***,** teuer; The Garden's Bay, Tel. 60 12 34, Fax 60 36 00. Eine weitläufige Hotelanlage, geräumige komfortable Zimmer; eines der modernsten Hotels von Sharm.
Marriott Beach Resort Sharm El Sheikh***,** teuer; Naama Bay, Tel. 60 01 90, Fax 60 01 88. Im Sommer 1996 eröffnet, sehr angenehmes Hotel.
Mövenpick Sharm El Sheikh***,** teuer; Naama Bay, Tel. 60 01 00, Fax 60 01 11. Die von weißem Marmor bestimmte Hotelanlage, bei der sich der Architekt offenbar von einer Synthese aus pharaonischem und indischem Tempel inspiriert fühlte, ist so weitläu-

fig, dass es praktisch ist, ein Fahrrad für die Strandfahrt zu mieten, falls man im euphemistisch *Sports Area* genannten Teil der Anlage wohnt – also: bei der Zimmerbuchung in jedem Fall auf *Front Area* bestehen; der Strand ist arg klein.
Ritz Carlton***,** teuer; Om el Seed, Tel. 66 19 19, Fax 66 19 20. Das luxuriöse Ritz ist spezialisiert auf Spa-Kuren, Wellness-Urlaub mit duftenden Massagen und Kleopatra-Bädern mit aromatischen Ölen.
Sonesta Beach Resort***,** teuer; Naama Bay, Tel. 60 07 25/7, Fax 60 07 33. Schöne Pools, aber kleiner Strand, der Service ist ausgesprochen gut.
Falcon Hotel*,** moderat; Naama Bay, Tel. 66 30 80, Fax 67 05 80. Saubere und günstige Zimmer; sehr schöner Pool.
Pigeon House,** moderat; Naama Bay, Tel. 60 09 97/8, Fax 60 09 95. Einfaches Haus, aber sehr gemütlich (ideal auch für Jugendgruppen).
Shark's Bay Bedouin Home,** moderat; 15 km nördlich von Sharm el Sheikh, Tel. 60 09 43, Fax 60 09 41. Ein Treff für junge Leute und solche, denen 5-Sterne-Häuser aus dem Katalog ein Greuel sind.

Sharm el Sheikh hat ohne Zweifel die höchste Restaurantdichte des Nahen Ostens – weil es fast nur aus Hotels mit jeweils groß angelegter Gastronomie besteht. Selbst bei einem dreiwöchigen Urlaub könnte man nicht alle Lokale besuchen. Aus der Masse hier einige Empfehlungen:
Beach Restaurant im Hilton Fayrouz, Naama Bay, Tel. 60 01 36, teuer. Man sucht den frischen Fisch selbst aus, bestimmt, wie er zubereitet wird, der Maître hilft mit kompetentem Ratschlag; täglich ab 19 Uhr, Reservierung empfohlen.

Hardrock Café, Naama Bay, Rock & Blues zur Standard-Hardrock-Küche.
Kokai im Ghazala Hotel, Naama Bay, Tel. 60 01 50 (Durchwahl 95 51 verlangen), teuer. An der Promenade der Naama Bay liegt das japanisch-polynesische Restaurant mit köstlichen Fleisch- und Fischgerichten. Fisch nach japanischer Art wird direkt am Tisch zubereitet; täglich ab 18.30 Uhr, Reservierung ist empfohlen.
Shin Seoul Restaurant, Sharm Mall, Naama Bay, moderat. Wem der Sinn nach fernöstlicher Küche steht, speist hier richtig. Die Café-Bar gleich nebenan bieten Cappuccino, Grappa und Cocktails.
Viva La Vista & El Patio, Naama Bay, moderat. Neben dem Red Sea Diving College liegt an der Promenade das Viva, Café und Restaurant. Gute Küche, etwas schleppender Service.
Chopsticks, Naama Bay, leckere, chinesische Küche im Stadtzentrum.
Café Sharm Mall, Naama Bay, vor der Boutique namens Dai Mantovani trinkt man gemütlich Café, raucht Wasserpfeife und hat ab dem frühen Abend Mühe, einen Platz zu ergattern.

Katharinen-Kloster, tgl. 9–12 Uhr außer, Fr, So und an koptischen Feiertagen. Das griechisch-orthodoxe Kloster ist das kleinste Bistum der Welt und beherbergt den biblischen brennenden Dornbusch.

Vom Einkaufsbummel in Sharm el Sheikh kann man eigentlich nur abraten, wenn man die Möglichkeit hat, noch anderswo in Ägypten Souvenirs zu kaufen. Was auch immer – alles ist in Sharm um 50 bis 100 % teurer als sonst, weswegen es in vielen Geschäften zwei Preise gibt: einen für Einheimische, einen für Touristen.

Am Tag in der Sonne brutzeln, nachts bis zum frühen Morgen unterwegs – für viele Urlauber ist das der Traum von Erholung, den man in Sharm mühelos realisieren kann. Beinahe jedes Hotel hat eine Bar, Disco und/oder Nachtclub. Als Attraktionen locken Russian Shows, ziemlich professionelle Tanzgruppen aus dem ehemaligen Ostblock, die der orientalischen Riege kräftig Konkurrenz machen.
Bus Stop im Sanafir Hotel, Naama Bay, moderat. Auf zwei Etagen kann man hier trinken, tanzen, Billard spielen; vor 23 Uhr ist nichts los; tgl. geöffnet.
Cactus im Mövenpick Hotel, Naama Bay, teuer. Der Türsteher dieser Disko weist Gäste sogar ab, wenn drinnen alles leer ist; erst ab Mitternacht lohnt es sich, hier vorbeizukommen; täglich ab 22 Uhr.
The Spot im Ghazala Hotel, Naama Bay, teuer. Sharms schönster Tresen, eine American Bar mit viel Neon, kleiner Tanzfläche, Musik aus den Charts; an der Promenade, täglich ab 21 Uhr.

Besteigung des Moses-Berges (2285 m), Berg Sinai am Katharinen-Kloster.
Besteigung des Katharinen-Berges (2642 m), gut trainierte, sportliche Berggeher schaffen den Aufstieg in ca. 5 Std., Abstieg rund 3 Stunden.

Wassersport:
Tauchen, Schnorcheln, Surfen, Banana Riding, Paragliding, Jetski, Glasbodenboote, Ausrüstung und Kurse bieten alle Hotels an und zahlreiche Anbieter an der Strandpromenade:
Sun'n Fun, Naama Bay, Tel. 60 16 23, Parasailing kostet pro Person 120 LE, zu zweit 200 LE und zu dritt 280 LE. Außerdem organisiert Sun'n Fun Jeep Safari-Touren (ab 25 US$), Bootsausflüge (ab 36 US$) und Wüstentrips (ab 35 US$).
SUBEX, c/o Jolie Ville Mövenpick, Naama Bay, tgl. 8–18 Uhr, Tel. 60 13 88, Fax 62 60 13 77, sharm@subex.org. Die Subex Tauchbase liegt am Strand. Für 28 US$ darf man 6 Tauchgänge machen, allerdings kostet die Ausrüstung hier extra.

Bus: Mittlerweile ist auch Sharm el Sheikh an das hervorragende nationale Bussystem angeschlossen. Vom Ort Sharm el Sheikh nach Kairo fährt täglich um 23 Uhr ein komfortabler Super-Jet-Bus, Auskunft Tel. 60 16 22. Die weniger gemütlichen Busse des National Bus Service fahren Richtung Kairo (7, 8, 10, 13, 16.30, 23.30, 24 Uhr), Richtung Dahab (8, 9, 15, 17 Uhr), Nuweiba (9, 17 Uhr), Katharinen-Kloster (8 Uhr), Suez (9, 11 Uhr), Taba (9 Uhr), Ismailia (12, 23.30 Uhr; Anschluss Sues, Port Said/Delta), Auskunft Tel. 60 06 00, 60 06 60.

Fähre: Sharm el Sheikh und Hurghada verbindet eine Fähre (tgl. außer Mi).

Leihwagen: Die Mietwagenpreise in Sharm sind im Schnitt sogar höher als in Europa (es lohnt sich, vor Urlaubsantritt über internationale Verleiher die Preise zu erkunden). Anbieter sind unter anderen **Avis** im Sonesta Beach Resort, Tel. 60 09 79, **Max Europcar** im Fayrouz Hilton, Tel. 60 01 40, und **Budget** im Coral Bay Hotel, Tel. 60 16 10. One-Way-Anmietungen sind nicht möglich.

Servicetaxis: Taxifahrten auf dem Sinai sind teuer; selbst in Sharm el Sheikh wird man kaum für unter 10 LE gefahren, und sei die Strecke noch so kurz. Minibusse und Servicetaxis fahren vom Ort Sharm el Sheikh in alle Richtungen.

Flüge: Egypt Air fliegt täglich mehrmals nach Kairo, Sa und Do nach Luxor. Auskunft und Reservierung im Egypt Air Office im Mövenpick Hotel, Tel. 60 03 14, 60 01 00 oder im Stadtbüro Sharm el Sheikh, Tel. 60 10 56/7.

Die Taxifahrt vom und zum Flughafen kostet rund 20 LE.

Siwa

Lage: s. Karte S. 164
Plan der Oase: S. 169
Vorwahl: 046

 Siwa Paradise, moderat; Tel. 4 60 22 89, Fax 4 60 22 90. Luxuriöse Zimmer, aber auch einfache Hütten inmitten von Palmenhainen gelegen, mit natürlichem Swimmingpool. Freundliche Besitzer.
Cleopatra Hotel, günstig; Tel. 4 60 21 48. Nicht sehr sauberes Hotel, der neue Annex ist dagegen prima.
Palm Trees Hotel, günstig; Tel. 4 60 23 04. Einfach und sauber.

 Amun-Tempel, von deutschen Archäologen restaurierter Tempel, von dessem antiken Orakel Alexander der Große sich die Herrschaft über die Welt prophezeien ließ.
Oktoberfest, jedes Jahr treffen sich beim Oktober-Vollmond Siwas Männer auf dem Berg Gebel el Dakrur, um Streitigkeiten beizulegen.

 In den zum Teil warmen und **heißen Quellen** der Oase kann man baden. Da einige sehr verschmutzt sind, sollte man sich das Wasser vorher jedoch genau ansehen.

Wüstentouren: Trips in die Wüste vermittelt das Abdu Restaurant; die Touren über das Safari Paradise sind überteuert.

 Da man in Siwa außer Fahrrädern nichts irgendwie Berädertes mieten kann, sollte man unbedingt mit dem **Auto** anreisen.
Busse (sehr erschöpfende Fahrt!) über Marsa Matruh von/nach Alexandria und Kairo verkehren täglich.
Servicetaxis gibt es in Siwa nicht allzu viele.

Sohag

Lage: s. vordere Umschlagkarte D4, Karte S. 177

 Kloster Deir al Abiad

Sues

Lage: s. vordere Umschlagkarte E8, Karte S. 233
Vorwahl: 062

 Red Sea Hotel***, moderat; Riad St. 13, Port Taufik, Tel. 33 43 03, Fax 33 43 01. Belebtes und beliebtes Hotel an der südlichen Sueskanal-Einfahrt.
Summer Palace Hotel**, moderat; Port Taufik, Tel. 22 44 75 und 22 54 34, Fax 32 19 44.
White House Hotel**, moderat; Salam St. 322, Tel. 22 75 99, Fax 22 33 30. Sehr gepflegtes und sauberes kleines Hotel.

 El Magharbel, Salam St. 320, günstig. Gute ägyptische Hausmannskost.

Bahn: Mehrmals tgl. nach Ismailia (Anschluss Kairo und Delta) und Port Said.
Bus: Fast jede Stunde fahren tagsüber von der Faars St. Busse auf den Sinai, nach Port Said und über Ismailia nach Kairo sowie ins Delta, außerdem Richtung Rotes Meer (Hurghada).
Servicetaxis: Mehrmals tgl. in alle Richtungen.

Taba

Lage: s. vordere Umschlagkarte G7, Karte S. 245
Vorwahl: 062

 Taba Hilton *****, teuer; Tel. 5 30 14 07, Fax 5 78 70 44. Das Hotel wurde berühmt, weil sich hier die israelischen und palästinensischen Friedensunterhändler regelmäßig trafen und treffen. Das Hotel ist Zwischenstation für Reisegruppen von und nach Israel. Exzellent ist das italienische **Restaurant Casa Taba** am Strand (rechtzeitige Reservierung empfohlen).

Steigenberger La Playa Taba, s. Nuweiba.

 Bus: Mindestens einmal tgl. nach Nuweiba, Dahab, Sharm el Sheikh und Richtung Kairo/Delta; Auskunft Tel. 64 92 50. Von Eilat/Israel aus fahren Busse mehrmals tgl. in alle größeren Städte Israels (u. a. Tel Aviv, Jerusalem, Haifa).
Servicetaxis: Mehrmals tgl. Richtung Nuweiba, Dahab, Sharm el Sheikh, Kairo/Delta.
Flüge: Einmal wöchentlich, bisher immer Mo, 6.45 Uhr, gibt es einen Flug nach Kairo. Vom Nachbarort Eilat/Israel kann man mehrmals tgl. nach Tel Aviv/Jerusalem fliegen.

Wadi Natrun

Lage: s. vordere Umschlagkarte B 8/9, Karte S. 143

 Klöster Deir Abu Maqar, Amba Bishoi, Deir el Suriani und Deir el Baramus.

Reiseinformationen von A bis Z

Ein Nachschlagewerk – von A wie Anreise über N wie Notruf bis Z wie Zoll – mit vielen nützlichen Hinweisen, Tipps und Antworten auf Fragen, die sich vor oder während der Reise stellen. Ein Ratgeber für die verschiedensten Reisesituationen.

Anreise

■ ... mit dem Auto

Für die Einreise mit dem Auto von Mitteleuropa gibt es keine sichere Strecke in den Nahen Osten. Wer dennoch sein Vehikel mitnehmen möchte, der ist auf Fähren angewiesen.

Man braucht auf alle Fälle den internationalen Führerschein, eine internationale Kfz-Zulassung, die grüne Versicherungskarte (eventuell eine gesonderte Haftpflichtversicherung) und ein Carnet de Passage (aktuelle Informationen sollte man unbedingt bei den Automobilclubs einholen).

Da überall Visa verlangt werden, muss man diese rechtzeitig zu Hause beantragen.

■ ... mit dem Schiff

Ab Genua und Neapel fahren alle zwei Wochen zwei Frachtschiffe der Grinalvi Lines nach Alexandria und Port Said. Die Überfahrt von Genua beträgt 10–14 Tage und von Neapel 5–7 Tage. 12 Passagiere dürfen jeweils an Bord des Frachters.

Auskunft erteilt
Transcamion Schiffahrtsagentur
Bodenseestr. 5
81241 München
Tel. 0 89/83 50 03
Fax 0 89/60 73 14

Von März bis Januar gehen die Autofähren der italienischen Gesellschaft Adriatica di Navigazioni auf hohe See. Auslaufhafen ist Venedig über Piräus zum israelischen Mittelmeerhafen Haifa. Kosten: pro Fahrzeug zwischen 500 und 1300 €, pro Person zwischen 650 und 850 €. Jugendliche und Studenten unter 26 Jahre erhalten ermäßigte Tickets. Die Schiffe sind vier Tage unterwegs und fahren höchstens viermal im Monat.

Informationen bei:
Seatours International
Weißfrauenstraße 3
60311 Frankfurt am Main
Tel. 0 69/1 33 32 10
Fax 0 69/1 33 32 18.

Eine dritte Möglichkeit ist die Anreise über Aqaba/Jordanien. Zweimal täglich läuft ein Fährschiff nach Nuweiba am Roten Meer aus. Tickets sollte man einen Tag vor Abreise erstehen, und zwar an der Anlegestelle im Hafen.

■ ... mit dem Flugzeug

Aus Deutschland, Österreich und der Schweiz gibt es täglich mehrmals Flüge nach Ägypten. Die Flugzeit beträgt rund vier Stunden. Alle großen Fluggesellschaften fliegen Kairo an. Chartergesellschaften wie Condor, LTU, Hapag Lloyd und die ägyptische Fluggesellschaft Egypt Air bedienen die Strecke nach Assuan, Luxor, Sharm el Sheikh, Taba und Hurghada. Alexandria wird unter anderem direkt von der Lufthansa angeflogen.

Egypt Air fliegt mehrmals wöchentlich von Frankfurt/Main, München, Düsseldorf, Berlin, Zürich und Wien. Verspätungen und schlechter Bordservice sind allerdings das Markenzeichen der ägyptischen Staatslinie.

Tickets kosten von 300 € an aufwärts; Last-Minute-Angebote gibt es bereits ab 200 € inklusive eine Woche Hotel.

72 Stunden vor Abflug müssen Sie Ihren **Rückflug bestätigen.** Bei allen internationalen Fluggesellschaften genügt ein Telefonanruf. Nicht so bei Egypt Air; hier müssen Sie sich in einem Büro der Airline für alle In- und Auslandsflüge zum Rückbestätigen einen Sticker für Ihr Ticket abholen. Ansonsten kann es passieren, dass Sie beim Einchecken feststellen, dass Ihr Platz bereits vergeben wurde!

■ ... mit dem Bus

Eine Busverbindung aus Israel ermöglicht die Weiterreise nach Ägypten. Mehrmals täglich fahren Busse die Strecke Tel Aviv, Haifa, Jerusalem und andere Orte bis nach Eilat/Taba (außer am Sabat, das heißt ab Fr Sonnenuntergang bis Sa Sonnenuntergang); tägliche Busverbindungen gibt es auch in Jordanien, von Amman aus über Petra Richtung Aqaba. Von Aqaba und Eilat aus muss man sich dann mit dem Taxi und zu Fuß über die Grenze bewegen.

Apotheken

In großen Städten findet man zahlreiche gut sortierte Apotheken. In Ägypten besteht keine Verschreibungspflicht für Medikamente. Sie werden vom Staat subventioniert und kosten nicht viel, importierte Arzneimittel sind teuer. Oft werden Medikamente aus dem Ausland mit anderem Namen geführt.

Arbeitsmöglichkeiten

Au-pair-Mädchen sind in Ägypten sehr gefragt, weil die meisten Familien mindestens zwei Kinder haben und viele Mütter der Oberschicht ihre Kinder liebend gerne der Obhut ausländischer *Nannys* überlassen. Viele ägyptische Kinder aus der Oberschicht besuchen internationale Schulen, darunter die beiden deutschen Gymnasien, die einen exzellenten Ruf genießen. Deshalb sind junge Frauen aus Deutschland auch sehr gefragt. Nähere Informationen erhalten Sie über die Zentralstelle für Arbeitsvermittlung, Auslandsabteilung, Postfach 17 05 45, 60079 Frankfurt.

Wer gerne ein **Praktikum** machen möchte, kann sich bei der Deutsch-Arabischen Handelskammer in Kairo über deutsche Firmen in Ägypten erkundigen, die eventuell vakante Stellen anbieten. Tel. 02/3 41 36 62, Fax 3 41 36 63.

Auskünfte

Reiseinformationen erhält man beim Ägyptischen Fremdenverkehrsamt:

■ ... in Deutschland
Kaiserstr. 64 a
60329 Frankfurt am Mai

Tel. 0 69/25 23 19 oder 25 21 53
Fax 0 69/23 98 76

■ ... in Österreich
Elisabethstr. 4
1010 Wien
Tel. 00 43/1/5 87 66 33
Fax 00 43/1/5 87 66 34

■ ... in der Schweiz
Office du Tourisme d'Egypte
9, rue des Alpes
1201 Genf
Tel. 00 41/22/7 32 91 32
Fax 00 41/22/7 38 17 27

■ ... im Internet
Fündig wird man auch im Internet. Als Einstiegsluken empfehlen sich folgende Homepages:
– Offizielle Website der ägyptischen Regierung (Tourismus, Kultur, Gesundheitswesen, Umwelt): www.idsc.gov.eg
– The Middle East Times (Egypt Edition), kritische, oft zensierte Wochenzeitung für Politik, Wirtschaft, Gesellschaft, Kultur (zensierte Artikel online): www.metimes.com
– The Cairo Times, ebenfalls zensierte Wochenzeitung, die nebst aktuellen Informationen ihre zensierten Artikel online veröffentlicht: www.cairotimes.com
– Egypt Today, das Monatsmagazin (Reportagen, Kultur, Life Style, Archäologie): www.egypttoday.com
– Die christliche koptisch-orthodoxe Kirche Ägyptens: www.coptic.net
– Online-Entertainment-Guide: www.cairocafe.com
– Website des Theban Mapping Projects von Kent Weeks, Infos über das Grab der Söhne Ramses II. im Tal der Könige: www.kv5.com
– Tauchen auf dem Sinai und am Roten Meer: www.hurghada.com und www.sinaidivers.com und www.diversguide.com/redsea/index.html
– Informationen zur Menschenrechtslage in Ägypten: Amnesty International: www.amnesty.org und Egyptian Human Rights Organisation: www.eohr.org.eg

■ ... in Ägypten
Die **Broschüren** Cairo by Night and Day, Alexandria by Night and Day und Upper Egypt by Night and Day, erhältlich an den Hotelrezeptionen, enthalten nützliche Informationen über Hotels, Restaurants, Reisebüros, Zug- und Bus-Fahrpläne. Herausgeber ist das **Hauptbüro der Touristeninformation,** dessen kaum geschultes Personal von der Broschürenverteilung abgesehen, leider keine Hilfe für den Reisenden zu bieten hat!

Bab el Louk
Sh. Adly 5
Kairo
Tel. 02/5 92 30 00

Büro für Tourismusinformation
Tahrir
Talat Harb 22
Tel. 02/5 74 64 40

Behinderte

Als Reiseland ist Ägypten Behinderten absolut nicht zu empfehlen. Bürgersteige, sofern überhaupt vorhanden, sind meist zugeparkt und von unterschiedlichem Niveau. Rollstuhlfahrer, die notgedrungen auf der Straße fahren, dürfen von Autofahrern keinerlei Rücksicht erwarten. Bei öffentlichen Gebäuden gibt es keine Rampen für Rollstuhlfahrer. Auch große 5-Sterne-Hotels verfügen weder über behindertengerechte Zimmer noch entsprechende Toiletten oder Lifte. Zudem: Die ärztliche Versorgung entspricht nicht mitteleuropäischem Standard.

Diplomatische Vertretungen

■ ... in Ägypten
Botschaft der Bundesrepublik Deutschland
Sh. Hassan Sabri 8
Kairo-Zamalek
Tel. 02/3 41 00 15 oder 02/3 39 96 00
Fax 02/3 41 05 30
(Fr und Sa geschlossen)

Das Konsulat der Bundesrepublik Deutschland in Alexandria wurde geschlossen.

■ ... in Deutschland
Botschaft der Arabischen Republik Ägypten
Waldstraße 15
13156 Berlin
Tel. 0 30/4 77 54 70
Fax 0 30/4 77 10 49

Konsularabteilung für Visa
Südstr. 135
53175 Bonn
Tel. 02 28/9 51 27 11
Fax 02 28/9 51 27 20

Generalkonsulate
Eysseneckstr. 34
60322 Frankfurt am Main
Tel. 0 69/9 55 13 40
Fax 0 69/5 97 21 31

Harvestehuder Weg 47
20149 Hamburg
Tel. 0 40/4 10 10 31-32
Fax 0 40/4 10 61 15

■ ... in Österreich
Botschaft der Arabischen Republik Ägypten
Trautsohngasse 6
1080 Wien
Tel. 00 43/1/4 02 67 21
Fax 00 43/1/40 26 72 10

■ ... in der Schweiz
Botschaft der Arabischen Republik Ägypten
Elfenauweg 61
3006 Bern
Tel. 00 41/31/3 52 80 55
Fax 00 41/31/3 52 06 25

Drogen

Auf Besitz, Konsum und Handel mit Drogen steht, wie in den Ankunftshallen der Flughäfen zu lesen, die Todesstrafe durch Erhängen.

Eintrittsgelder

Eintrittskarten für Museen, Tempelanlagen und Ausgrabungsstätten kosten zwischen 20 und 50 LE (Sommer 2000). Für einige Highlights (z. B. Mumiensaal im Ägyptischen Museum in Kairo oder das Grab der Nefertiti im Tal der Königinnen, Theben) müssen teilweise erhebliche Extra-Eintrittsgelder bezahlt werden.

Studenten zahlen bei Vorlage eines aktuellen (!) internationalen Studentenausweises die Hälfte.

Elektrizität

220 V beträgt die Stromnetzversorgung, manchmal 110/115 V. Sie sollten auf jeden Fall Adapter dabeihaben, weil

die Steckdosen unterschiedlich genormt sind. Eine Taschenlampe kann nicht schaden, ab und zu kommt es zu Stromausfällen. Batterien sind für wenig Geld erhältlich, dafür halten sie aber nicht sehr lange.

Essen und Trinken

Ohne viel Öl, löffelweise Zucker und Honig ist die ägyptische Küche undenkbar. Am liebsten, weil am günstigsten, wird vegetarisch gekocht und gegessen. *Foul* (Bohnenbrei) und *tamaya* (Gemüsefrikadellen) stehen dabei ganz oben auf dem Speiseplan und werden an jedem Straßen-Restaurant für wenige Piaster verkauft.

Günstig, besonders schmackhaft und sättigend sind die diversen Vorspeisen *mezze*, die mit reichlich Öl zubereitet und *aish baladi* (Fladenbrot) serviert werden: *babaghanough* (Mus aus Auberginen, Sesampaste und Knoblauch), *betingan* (in Knoblauch eingelegte Auberginen), *tehina* (ölige Sesamcreme mit Knoblauch), *hummus* (Kichererbsenmus), *wara eynab* (mit Tomaten, Reis und Zwiebeln gefüllte Weinblätter), *tabulah* (Tomaten-Gurken-Petersilie-Knoblauch-Zwiebel-Salat), *salata zebedi* (Joghurt-Gurken-Salat).

Der Gaumenschmaus setzt sich auch bei den vegetarischen Hauptgerichten fort: Besondere Köstlichkeiten sind *bamia* (Okraschoten mit Tomatensauce und Knoblauch), dazu Reis, *kosheri* (Reis-Linsen-Nudel-Gericht, kredenzt mit gebratenen Zwiebeln und auf Wunsch mit einer scharfen, knoblauchhaltigen Sauce abgerundet), vielgeliebt und vielgehasst ist *molucheija*, eine Suppe mit schleimigem spinatartigem Gemüse.

Für Geflügel und Fleisch gibt es nur wenige landestypische Spezialitäten: Ausgezeichnet schmecken *shawerma* (ägyptisches Gyros) mit Rind, Huhn oder Lamm auf dem Grill aufgespießt und gebraten in einer Brothülle, überzogen mit einer *tehina*-Sauce. Wachteln und gefüllte Täubchen, *hamam mahshi*, sind eine wahre Delikatesse.

Fischkenner und -liebhaber genießen Paradiesisches aus dem Roten Meer: Krabben, Garnelen, Hummer, Barrakudas und Tintenfische werden je nach Küstenregion unterschiedlich zubereitet. *Fesich* ist ein gepökelter Fisch, der sehr intensiv riecht, aber auf der Zunge zergeht.

Kalorien hin, Kalorien her, die Nachspeisen sollten Sie unbedingt probieren: *bakhlava*, in Blätterteig gefüllte zermahlene Nüsse mit Honig überzogen, oder *basbousa*, ein Honigkuchen mit Nüssen, und *mehalabeya*, Milchreis mit Rosinenöl. Lecker ist auch *ruz bil laban*, Milchreis mit einem Schuss Rosenöl.

Tee und Kaffee runden die vollwertige Mahlzeit ab. Den schwarzen Tee kann man mit frischer Minze bestellen, empfehlenswert ist auch der türkische Kaffee, den man am besten mittelsüß, *ahwa masbut*, bestellt. Dazu schmeckt eine Wasserpfeife entweder mit Apfel-, Erdbeer-, Minz- oder Früchtegeschmack.

Kein Stella Local schmeckt wie das andere. Das leichte helle ägyptische Bier hat stets einen anderen Geschmack und ist dem dunklen Stella Export vorzuziehen. Beide Biere sind mehr Meisterwerke der Chemie als der Braukunst. Stella und europäische Exportbiere gibt es in Restaurants und allen großen Hotels. An ägyptischen Tafelweinen sind die roten Omar Khayam und Pharaones, die weißen Cru des

Ptolemées und Gianaclis sowie der Rosé Rubis d'Egypte zu empfehlen.

Frische Fruchtsäfte gibt es an jeder Straßenecke. Je nach Saison entweder Mango, Karotten, Zuckerrohr, Orangen, Bananen oder Guave.

Feiertage

Ägypten ist das Land der Feiertage schlechthin. Zu den reichlichen islamischen Feiertagen und Festwochen kommen noch die staatlichen Feiertage. In manchen Monaten hangeln sich die Ägypter von Fest zu Fest.

■ Islamische Feiertage

Obwohl im Alltagsleben der Gregorianische Kalender verwendet wird, richten sich die Feste nach dem islamischen Kalender. Mit der Flucht des Propheten Mohammed von Mekka nach Medina im Jahre 622 n. Chr., der Hidschra, beginnt die islamische Zeitrechnung. Das Jahr 2001 entspricht dem islamischen Jahr 1421/22. Ihm liegt das Mondjahr mit 354 Tagen zugrunde, es kennt keine Schaltjahre. Deshalb verschieben sich die islamischen Feste gegenüber dem Gregorianischen Kalender mit 365 bzw. 366 Tagen jedes Jahr um 10 bis 11 Tage nach vorne. Die endgültige Entscheidung über den Beginn großer Feste trifft der Groß-Sheikh der Al Azhar-Universität. Sobald er mit dem bloßen Auge am Nachthimmel das erste Stückchen der Halbmondsichel erblickt, beginnt beispielsweise Ramadan.

Ramadan: Während des Fastenmonats Ramadan erlahmt tagsüber das Leben. Dafür verwandelt sich die Nacht in ein turbulentes, vierwöchig andauerndes Volksfest.

Eid El Fitr: Drei, mancherorts vier Tage lang wird das Ende des Fastenmonats Ramadan gefeiert.

Eid El Adha: Im Monat der Pilgerfahrt nach Mekka liegt das fünftägige Opferfest, auch Hammelfest genannt. Es erinnert an Abraham, der bereit war seinen Sohn zu opfern.

Awil Sanaa Hijreya: Islamisches Neujahrsfest.

Ashura: Ashura ist eine Fastenspeise aus Weizen, Milch und Zucker, nach der das gleichnamige Fest benannt ist, an dem Ägyptens Muslime fasten. Der historische Hintergrund: Als der Prophet Mohammed sah, dass die Juden von Medina zum Gedenken an die Rettung Moses' und seiner Israeliten durch die Teilung des Roten Meeres fasteten,

Islamische Feiertage

	2001	2002	2003
Ramadan (Beginn)	20.11	9.11.	30. 9
Eid El Fitr (Beginn)	9. 1.	20.12.	30.11
	31.12.		
Eid El Adha (Beginn)	9. 3.	27. 2.	18. 2
Awil Sanaa Hijreya	26. 3.	15. 3.	4. 3
Ashura	7. 4.	26. 3.	15. 3
Mulid El Nabi	5. 6.	25. 6.	14. 6

gebot er den Muslimen gleiches, da sie Moses als Propheten verehren.

Mulid El Nabi: Der Geburtstag des Propheten Mohammed.

■ Koptische Feiertage

Wenn die christliche Minderheit feiert, dann hat das weit weniger Auswirkungen auf das öffentliche Leben als bei muslimischen Festen. Die Kopten haben seit 284 n. Chr. ihren eigenen Kalender. Weihnachten fällt auf den 7. (in Schaltjahren 8.) Januar, Neujahr ist am 11. (12.) September, Ostern liegt ein bis drei Wochen später als bei den römisch-katholischen Christen. Auf den koptischen Ostermontag, der religiös ohne Bedeutung ist, fällt meist Sham el-Nessim, übersetzt ›Duft des Westwindes‹, ein Frühlingsfest, das seit pharaonischen Zeiten gefeiert wird. Ägypter aller Konfessionen unternehmen dann mit Kind und Kegel Picknickausflüge, und sei es nur ein Grillnachmittag auf dem begrünten Mittelstreifen einer verkehrsreichen Ausfallstraße.

■ Nationale Feiertage

Offizielle Feiertage sind: 25. April (Befreiung des Sinai), 1. Mai (Tag der Arbeit), 18. Juni (Jahrestag des Abzugs der britischen Truppen), 23. Juli (Jahrestag der Revolution 1952), 6. Oktober (Jahrestag der Überquerung des Sueskanals).

Hinzu kommen Gedenk- und Feiertage, an denen das öffentliche Leben seinen normalen Gang nimmt: 4. Februar (Vatertag), 14. Februar (Valentinstag), 3. März (Tag der Lehrer), 18. März (Muttertag), 21. März (Tag der Ärzte), 25. März (Tag der Künstler), 23. September (Tag des Sieges von 1956 über Israel).

Fernsehen und Radio

Täglich um 20 Uhr gibt es auf Kanal 2 des ägyptischen Fernsehens Nachrichten in englischer Sprache. Schwerpunkt der Neuigkeiten sind die Tagesaktivitäten des Präsidenten und seiner Minister. Viele Hotels speisen Satellitenprogramme ein, darunter Euro-News, CNN, Deutsche Welle, Eurosport, MTV, Arte und BBC World Service.

»Präsident Hosni Mubarak hat heute…« – so beginnen fast täglich bei Radio Cairo die deutschsprachigen Nachrichten um 18 Uhr. Auf UKW 95,4 kHz quälen sich täglich eine Stunde lang Amateursprecher durch die Sendung, die von der staatlichen Zensur auf inhaltslosem Niveau gehalten wird. Nachrichten hört man am besten auf der Deutschen Welle (6075, 9545 und 13780 kHz) oder dem BBC Worldservice (639 und 1025 kHz).

Fotografieren

Striktes Fotografierverbot gilt für militärische Anlagen, Brücken, Bahnhöfe, Flughäfen, Häfen und Hafenanlagen. Die Ägypter lassen sich nicht gerne ungefragt ablichten. Deshalb höflich nachfragen *(mumkin sura),* vielleicht auch ein kleines Bakschisch anbieten, und so gut wie niemand wird mehr Nein sagen können. Fragen sollten Sie unbedingt, wenn Sie eine verschleierte Frau fotografieren wollen. In Museen und Gräbern muss man eine Gebühr bezahlen und darf keinen Blitz verwenden – häufig ist das Fotografieren aber auch verboten. Für Stative und Videokameras werden hohe Gebühren verlangt. 10–20 LE für Fotoapparat, bis 300 LE für Stativ, Videokamera 150–400 LE.

Frauen alleine unterwegs

Ägypten zieht immer mehr alleinreisende Frauen an. Sie sollten nie vergessen, dass Sie sich in einem islamischen Land aufhalten und von den meisten Männern für bloßes Freiwild gehalten werden, da alleinreisende Frauen in der ägyptischen Gesellschaft so gut wie nicht vorkommen. So können Sie sich nach Auskunft von erfahrenen weiblichen Reisenden allzu aufdringliche Ägypter vom Hals halten: Seien Sie selbstbewusst und freundlich, aber immer distanziert. Wählen Sie weite T-Shirts und Hosen als Kleidung. Sollten all diese Tipps nicht helfen und Sie werden belästigt, dann schimpfen und schreien Sie laut – es wird Ihnen sicher jemand zu Hilfe eilen und den Übeltäter zurechtweisen. Allzu freundliche, tiefe Blicke, kumpelhafte Berührungen bei einem Gespräch können schnell zu Missdeutungen führen. Erzählen Sie gleich zu Beginn, dass Sie verheiratet sind und Kinder haben (auch wenn es nicht stimmt), das hält Ihnen einen Gutteil der Verehrer vom Leibe. Sie sollten keinesfalls ohne männliche Begleitung trampen oder Einladungen in Wohnungen von Männern annehmen.

FKK

Verboten, ebenso ›Oben ohne‹, auch wenn des öfteren zu sehen.

Fremdenführer

Es gibt gute und schlechte Tourguides, man muss einfach Glück haben. Es lohnt sich, im Hotel oder Reisebüro nach einem lizensierten Fremdenführer zu fragen. Richten Sie sich darauf ein, in Souvenirläden geschleppt zu werden. Die Tourguides verdienen an jedem verkauften Stück rund 30 % Kommission, mehr als sie an Gehalt bekommen.

Am Eingang des Ägyptischen Museums in Kairo warten stets einige lizensierte Führer, die sachkundig aber flink durch das Museum leiten.

Geld

Das ägyptische Pfund (LE = Livre Egyptienne) ist unterteilt in 100 Piaster (PT). Im Umlauf sind Münzen zu 5, 10, 20 und 25 PT, Noten zu 1, 5, 10, 20, 50 und 100 LE sowie 25 und 50 PT. Es gibt zwar keine Kontrollen, aber mehr als 20 LE dürfen nicht eingeführt werden. Es ist ohnehin günstiger, in Ägypten zu tauschen. Der Kurs des Pfundes ist an den US$ gekoppelt. Die durchschnittliche Umtauschrate liegt (Sommer 2000) bei 1 LE = 0,60 DM/4,21 öS/0,48 sfr/0,31 Euro.

Bargeld tauschen alle Banken und Wechselstuben, die in Hotels oft rund um die Uhr geöffnet sind, auch an Sonn- und Feiertagen. Sie sollten es allerdings dort wegen der höheren Gebühren und des schlechteren Kurses versuchen zu vermeiden.

Pro Tag und Bankfiliale darf man drei **Euroschecks** im Wert von je 700 LE einlösen.

Zahlreiche Geschäfte und Restaurants sowie internationale Hotels akzeptieren **Kreditkarten** (American Express, Visa, Euro/MasterCard, Diners: Diners Club tgl. 9–20 Uhr, Nile Hilton Annex, Tel. 02/5 78 33 55, Fax 5 79 49 36, maximal 1000 US$ wöchentlich in cash). Mit der Euro/MasterCard und Visa kann man bei vielen Banken Bargeld abheben. Für Visa, EC-Karte (mit Maestro-Logo) und Eurocard befinden sich Bankautomaten häufig in großen Hotels, wie das Marriott Hotel in Zamalek. Mit der American Express Card kann Bargeld normalerweise nur in Verbindung mit einem Scheck eingelöst werden.

Gesundheit

Nicht vorgeschrieben, aber empfehlenswert sind Schutzimpfungen gegen Polio und Tetanus, für Wüsten- und Oasentrips Malaria- und Hepatitis-Prophylaxe. Sonnencremes mit hohen Lichtschutzfaktor, Sunblocker und eine Kopfbedeckung sollten unbedingt mitgeführt und beim Baden und langen Besichtigungstouren unter der stechend heißen Sonne auch genutzt werden. Als den Fluch der Pharaonen bezeichnen viele die häufigste Erkrankung während einer Ägyptenreise – Durchfall. Vorbeugen können Sie durch den Verzicht auf ungeschältes Obst, Salate, rohes Gemüse, Speiseeis, Eiswürfel und nicht abgekochtes Leitungswasser. Ganz wichtig! Trinken Sie gegen die unmerkliche Dehydration des Körpers viel Wasser, das Sie überall in Plastikflaschen abgefüllt bekommen (Baraka, Siwa oder Safi).

Schnitte und Hautabschürfungen können sich im warmen Klima schnell entzünden. Wunden, die man sich bei Korallenriffen zugezogen hat, verheilen langsamer als gewohnt. Bei Bissen von Skorpionen oder Schlangen sollte man sich sofort in ärztliche Behandlung begeben. Wer auf Wüstentour geht, sollte ein spezielles Erste-Hilfe-Set dabei haben und sich damit schon vor der Reise vertraut machen. Die Reiseapotheke sollte ferner enthalten: Kopfschmerz- und Kohletabletten, Pflaster, Desinfektionstücher und Mittel gegen Insektenstiche.

Deutschlands gesetzliche Krankenversicherungen übernehmen in Ägypten keinerlei Kosten – anders als private Versicherer. Darum sollte unbedingt eine Reisekrankenversicherung inklusive Rücktransport (Flug) abgeschlossen werden.

Die gefährliche **Bilharziose** ist in Ägypten weit verbreitet, insbesondere in ländlichen Gebieten. Generell sollten Sie nicht im Nil schwimmen – auch wenn Sie Ägypter ein Bad nehmen sehen. Die Krankheit wird durch den sogenannten Pärchenegel, dessen Zwischenwirt bestimmte Süßwasserschnecken sind, übertragen. Die Larven der Egel bohren sich in Sekundenschnelle durch die menschliche Haut und dringen übers Blut in die Leber ein. 40% der ägyptischen Bevölkerung leiden an Bilharziose, die bei nicht sofortiger Behandlung durch Nierenversagen, Leberzirrhose oder Blasenkrebs tödlich enden kann. Bisher sind alle Versuche, die Krankheit in den Griff zu bekommen, gescheitert.

Der **Arzt der Deutschen Botschaft** ist unter Tel. 02/3 61 02 11, Fax 3 61 07 36 zu ereichen (eigene Praxis) oder über die Botschaft, Tel. 02/3 39 96 00.

Goethe-Institute

■ ... in Kairo:
Abdel Salam Arif St. 5
Tahrir
Tel. 02/5 75 98 77
Fax 02/5 77 11 40

Hussein Wasif St. 13,
Missaha Square
Dokki
Tel. 02/3 48 45 00/1 oder 3 48 46 03

■ ... in Alexandria:
Batalsa St. 10
Azarita
Tel. 03/5 75 98 77

Karten

Ägyptenkarten sind in vielen Variationen erhältlich. Im Land selbst bekommt man sie in Buchhandlungen und oft auch an den Zeitungskiosken der größeren Hotels. Wenig anfangen kann man mit den kostenlosen *Tourist maps,* die oft so ungenau sind, dass man sich garantiert verläuft.

Folgende empfehlenswerte Karten sind erhältlich: Freytag & Berndt (Maßstab 1:1 000 000), eine sehr brauchbare Straßenkarte; was fehlt, ist der Westen ab Marsa Matruh bis zur libyschen Grenze. Kümmerly + Frey/Lehnert & Landrock (Maßstab 1:950 000): der Westteil Ägyptens fehlt. Den Westteil bis zur libyschen Grenze dokumentiert das von Isis Kairo herausgegebene Blatt. Sehr handlich ist der 120seitige Straßenatlas (Maßstab 1:1 000 000 bzw. 1:500 000) von Shell Egypt und Automobil Association. Er enthält gute Stadtpläne von Alexandria, Assuan, Kairo und anderen wichtigen Orten. Für den Sinai: Die Sinai Map of Attractions South Sinai (Maßstab 1:250 000) von Survey of Israel Tzofit Ltd./Osiris Office Cairo ist die beste Karte, wenn man den Sinai erkunden will. Von den großen Städten Kairo, Alexandria usw. gibt es in den Buchläden und Kiosken der Hotels eine Reihe von Karten, die aber häufig viele Fehler enthalten und in die Irre leiten.

Kleidung

Für den Sommer empfehlen sich im ganzen Land leichte Baumwollsachen. Im Winter herrschen im Norden meist frühlingshafte bis kühle Temperaturen. Darum sollten Sie wärmere Kleidungsstücke und eine Regenjacke mitbringen. Im Süden kann es nachts ebenfalls frisch werden. Frauen sollten schulterfreie Tops, kurze Röcke und Kleider sowie kurze Hosen zu Hause lassen. Aber auch Männer machen sich mit Shorts und schulterfreien Shirts in den Augen der Ägypter einfach lächerlich. In Badeorten, wie Sharm el Sheikh, Dahab, Hurghada sind die Ägypter in Kleidungsfragen ihrer Gäste mittlerweile hart gesotten.

Kriminalität

Kairo hat mit 56,4 Tötungen/Morden je 100 000 Einwohner nach einer Studie der Universität Bochum die höchste Mordrate der Welt, weit vor anderen Megastädten wie Rio de Janeiro (36,6), Mexiko City (27,6) oder New York (12,8). Die Taten, die die Statistik hochtreiben, geschehen fast ausnahmslos im nahen sozialen und familiären Umfeld; Übergriffe auf Ausländer kommen so gut wie nicht vor. An belebten Plätzen muss man mit Taschendieben rechnen, ebenso mit Trickdieben, die beim Geldwechsel auf der Straße mit sagenhaften Kursen locken, den Geldtausch dann plötzlich platzen lassen – und ehe Sie sich versehen, fehlt mit dem Wechsler die Hälfte des Geldes, das Sie tauschen wollten.

Auf den Straßen kann man sich als Tourist Tag und Nacht sicher fühlen.

Maßeinheiten

Es gilt das metrische System. Falls Sie allerdings ein Stückchen Ägypten kaufen wollen: gängiges Flächenmaß ist das *feddan* (4201 m²)!

Moscheebesuch

Andersgläubige dürfen Moscheen besuchen, sollten aber darauf achten, sich dezent zu kleiden. In einigen Moscheen besteht Kopftuchpflicht. Vor Betreten der Gebetshalle müssen die Schuhe ausgezogen und beim Wärter abgegeben werden.

Nachdem sich eine Gruppe ausländischer Muslime bei der Ägyptischen Antikenbehörde lauthals über die Eintrittspreise in den Moscheen beklagt hat (nirgendwo sonst muss man in einem Gebetshaus Eintritt bezahlen), ist der Eintritt für Touristen angeblich frei. Ob die neue Regelung tatsächlich überall eingeführt wurde, ist jedoch zu bezweifeln.

Kairo verfügt über zahlreiche historische Moscheen. Dazu gehört die Hussein-Moschee, gebaut 1792, wo der abgeschlagene Kopf von Hussein Ibn Ali, Enkel des Propheten Mohammed, liegen soll. Aus dem 9. Jh. stammt die Ibn-Tulun-Moschee, die zweitälteste Moschee Ägyptens. Der Legende nach wollte Abraham an dieser Stelle seinen Sohn Isaak opfern. Die älteste Moschee der Welt, steht in Altkairo, die Al-Azhar-Moschee, gebaut 970. Sie übernimmt die Funktion eines islamischen Vatikans: Hier wird darüber entschieden, was den Muslimen erlaubt und was verboten ist.

Museen

Ägyptische Museen sind täglich geöffnet. Es gibt keine festen **Öffnungszeiten**, jedes Museum trifft eigene Regelungen. Im Winter und im Sommer verschieben sich die Zeiten um jeweils eine Stunde. (Im Kapitel Tipps und Adressen von Ort zu Ort sind die Öffnungszeiten der jeweiligen Museen aufgeführt.) Freitags gegen Mittag wird eine zweistündige Gebetspause eingelegt.

Die **Eintrittspreise** bewegen sich zwischen LE 10 und LE 20, je nach Popularität und Standort des Museums. Für den Mumiensaal im Ägyptischen Museum in Kairo entfällt eine zusätzliche Gebühr in Höhe von LE 40. Aber es lohnt sich, ein Ticket zu kaufen: Ramses II. liegt hier in einer luftdichten Glasvitrine mit zehn anderen großen Pharaonen und Königinnen aufgebahrt.

Das schönste Museum Ägyptens ist das Nubische Museum, Mathaf el Nuba, in Assuan. 1200 Exponate spiegeln die verschiedenen Etappen nubischer Geschichte wider – von der prähistorischen Zeit bis zur Islamisierung.

Interessant ist auch das Luxor Museum, das von einem italienischen Architekten konzipiert wurde. Die »neue« Halle widmet sich ausschließlich den Funden aus der Luxor-Cachette. Hier sind unter anderem Statuen der Götter Amun und Mut zu sehen. Das Mumienmuseum in Luxor zeigt verschiedene Tierarten, die die alten Ägypter als Gottheiten verehrten, aber auch eine menschliche Mumie, den Hohepriester und General aus der 21. Dynastie, Maseharti.

Naturschutzgebiete

Zu den Naturschutzgebieten Ägyptens zählt der **Nationalpark Ras Mohammed in Sharm el Scheikh**. Es gibt nicht viele Plätze auf der Erde, die ein so reiches Unterwasserleben bieten wie die Umgebung der kleinen, nur etwas über 3 km langen Halbinsel Ras Mohammed (der Park umfasst insgesamt 400 km^2). Der höchste Punkt mit drei Terrassen liegt 65 m über dem Meer. Es ist das Shark Observatory mit Aussicht auf die Shark Observatory Bay und das Meer, in dem sich Barrakudas, Trompetenfische, Napoleonfische und sogar kleine Haie und Delphine tummeln. Rund um das Ras existieren rund 150 Korallenarten, die zwischen 75 000 und 20 Mio. Jahre alt sind.

Den größten Mangrovenwald (über 4 km) im Sinai findet man im **Nationalpark Wadi Nabq**. Unter das Naturschutzprogramm fällt auch das Gebiet um **Ras Abu Galum**, an dessen wunderschönem Strand, im türkisfarbenen Meer noch einige unberührte Korallenriffe zu finden sind.

Notruf

Ambulanz: Tel. 77 02 30 und 7 00 00 18 (kommt nur selten), stattdessen ruft man besser in Notfällen das El Salam Hospital an, Mohandessin, Tel. 3 03 47 80.
Polizei: Tel. 122

Öffnungszeiten

Einkaufen kann man Tag und Nacht: Geregelte Öffnungszeiten gibt es nicht. Im Sommer öffnen die Läden meist um 10 Uhr, von 14–16/17 Uhr ist Mittagspause, und am Abend schließt man je nach Lust und Laune zwischen 21 und 23 Uhr. Supermärkte öffnen um 9 Uhr und sind durchgehend – unabhängig von der Jahreszeit – bis ca. 21/22 Uhr geöffnet. Banken (Fr und Sa geschlossen) und Behörden (Fr geschlossen) sind von 8 bis 14 Uhr geöffnet. Private Firmen haben oft Fr und Sa zu.

Organisierte Rundfahrten

Die ägyptischen Reisebüros (vorwiegend in Kairos Downtown zu finden) bieten zahlreiche organisierte Gruppenfahrten oder Rundreisen mit Bus oder Geländewagen an. Die Qualität der einzelnen Angebote variiert von gut bis extrem schlecht. Es empfiehlt sich daher, erst mehrere Angebote zu vergleichen.

Tipp: Mit den örtlichen Beduinen kann man im Jeep oder auf dem Kamel wunderbare Ausflüge in die Berg- und Wüstenwelt des Sinai unternehmen.

Post

Rechnen Sie damit, dass Ihr Brief oder Ihre Postkarte niemals, innerhalb einiger Monate oder – insh'allah – schon nach drei Tagen den Empfänger erreicht (Preis 1,25 LE für Air Mail). Post gibt man am besten an der Hotelrezeption ab oder direkt im Postamt. Die Briefkästen – die blauen sind für Air Mail – sind manchmal tote Briefkästen oder werden als Müllbehälter missbraucht.

Für dringende und sichere Sendungen sind Kurierdienste empfehlenswert; zuverlässig und schnell werden Sendungen von und nach Europa binnen drei bis fünf Tagen ausgeliefert. Briefe bis 500 Gramm kosten bei EMS, dem internationalen Express Mail Service der

Postgesellschaften, 46 LE. Anders als EMS, das nur zu den regulären Öffnungszeiten der Postämter Sendungen annimmt, bieten Federal Express, Tel. 02/357 13 04, und DHL, Tel. 02/302 98 01, rund um die Uhr ihre Dienste an. Rechnen Sie damit, dass die Post zur Kontrolle geöffnet und zerfleddert wird.

Rauchen

In Behörden, öffentlichen Gebäuden und auf Egypt Air-Flügen unter vier Stunden ist Rauchen verboten – eigentlich. Man wird aber kaum einen Ägypter finden, der sich daran hält. Die beliebteste und meist verkaufte Zigarettenmarke ist »Kleopatra« (1,50 LE), leicht im Geschmack. Erhältlich sind aber auch alle Zigaretten der großen internationalen Konzerne (4 LE).

Reisen im Land

Wichtig: Um die Sicherheit der Touristen zu gewährleisten, sind private Überlandtouren derzeit nicht erlaubt. Bei längeren Strecken, wie z. B. Luxor – Assuan, müssen Individualtouristen auf den Zug oder aber auf Überlandbusse ausweichen, die im Konvoi fahren. Es ist mit einer Wartezeit von ca. 1 Tag zu rechnen.

■ ...mit dem eigenen Auto

Stellen Sie sicher, dass Ihre Hupe auch gut und laut funktioniert – sonst betrachtet man Sie als Luft im ägyptischen Verkehrschaos. Hupen bedeutet, andere auf Überholmanöver aufmerksam zu machen, gefährliche Situationen zu retten, den Verkehrspolizisten an der Kreuzung daran zu erinnern, dass es an der Zeit ist, die Spur freizugeben, Radfahrer aus dem Weg zu treiben, Fußgänger zu stoppen, welche die Straße überqueren wollen – wie Ägyptens Regierung ein geplantes Hupverbot durchsetzen will, ist schwer vorstellbar.

Die vierspurige Autobahn nach Alexandria ist sehr gut ausgebaut. Aber abgesehen davon muss man auf fast allen Straßen mit tiefen Schlaglöchern, unerwarteten Fahrbahnverengungen und Begegnungen mit Eselskarren, Ziegen- und Kamelherden rechnen! Vermeiden Sie Überlandfahrten bei Nacht. Die Straßen sind selten beleuchtet; Autos fahren ohne Licht oder nur mit Standlicht und blenden erst vor der Begegnung mit dem Gegenverkehr kurz auf.

Offiziell gelten dieselben Verkehrsregeln wie in Europa, zum Beispiel die Geschwindigkeitsbeschränkung von 50 km/h in Ortschaften (an die sich keiner hält), außerhalb der Orte 100 km/h (Vorsicht: Die Polizei stellt Blitzgeräte auf und ahndet, wenn Bakschisch das Problem nicht löst, Verkehrssünder mit einer hohen Geldstrafe oder Führerscheinentzug).

■ ...mit dem Mietwagen

In allen Städten und Touristenorten gibt es eine Reihe von internationalen und lokalen Autovermietern. Unüblich sind One-Way-Vermietungen, für die man die komplette Rückführung des Wagens per Fahrer zum Ausgangsort bezahlen muss (selten weniger als 250 US$). Bei lokalen Anbietern ist es wichtig, dass vorhandene Fahrzeugschäden und sämtliche Konditionen (Kilometerbegrenzung, Versicherungen, etc.) im Vertrag ausdrücklich aufgeführt sind. Die Preise für einen Wagen der Mittelklasse liegen bei 300–400 US$ pro Woche. Die Straßenwerbungen der lokalen Vermieter sind an allen Orten unübersehbar. Von den großen internationalen Verleihfirmen sind Hertz, Avis, Budget und Europcar in Ägypten vertreten. Ausländer benötigen einen internationalen Führerschein. Autovermietungen in Kairo:

Avis
Garden City
Mamal el Sukkar St. 16
Tel. 02/3 54 86 98/3 54 74 00
Fax: 02/3 56 24 64
Am Flughafen
Tel. 02/2 65 24 29

Budget Rent-a-Car
Al-Maqrizy St. 5, Zamalek
Tel. 02/7 35 00 70, 7 35 94 74, 7 35 25 65
Fax 02/7 36 37 90
Am Flughafen
Tel. 02/2 65 23 95

EuropCar
Lubnan St., Max Bldg., Mohandessin
Tel. 02/3 47 47 12/3
Fax 02/3 03 61 23
Am Flughafen
Tel. 02/2 65 22 12

... mit dem Bus

Ägyptens Busnetz ist ausgezeichnet, selbst die entlegendsten Orto und Oasen sind zu erreichen. Auf allen Fernstrecken ist eine Reservierung empfehlenswert. Je weniger touristisch das Ziel, desto älter und unbequemer sind die Busse. Am modernsten, bequemsten und teuersten sind die Super-Jets, die auf allen Fahrten Videofilme zeigen, meist in ohrenbetäubender Lautstärke.

Eine Warnung: In Kairos überfüllten Bussen zu fahren, ist kein Vergnügen, schon gar nicht für Frauen, die aus dem anonymen Gedränge heraus häufig arg belästigt werden.

... mit dem Taxi

Über einen Mangel an Taxis kann man sich nicht beklagen. Taxifahrer ist einer der häufigsten Zweitjobs von Beamten und Lehrern. Mit einem Wink hält man an der Straße Taxis an. Sie sollten über den Preis vor Abfahrt feilschen. Neuankömmlinge erkundigen sich *vorher* nach den gängigen ortsüblichen Preisen. Stadttaxis nehmen mehrere Fahrgäste mit, die in die gleiche Richtung wollen. Bezahlen Sie den Fahrer, nachdem Sie ausgestiegen sind, die Fenster sind immer heruntergekurbelt. Lassen Sie sich danach auf keine Diskussionen mehr ein, sondern gehen Sie einfach Ihres Weges. Taxis, die vor Hotels, Bars usw. parken, verlangen überhöhte Tarife.

Für Überlandstrecken oder Touren zwischen Dörfern, wo Busse nur gelegentlich fahrplanmäßig halten, eignen sich Sammeltaxis oder Minibusse. Der Fahrer fährt erst los, wenn der Wagen bis auf den letzten Platz besetzt ist. Deshalb sind die Fahrten sehr günstig. Wenn Sie ein Sammeltaxi alleine mieten wollen, zahlen Sie einfach alle Plätze.

... mit dem Flugzeug

Egypt Air fliegt mehrmals täglich von Kairo aus Sharm el Sheikh, Hurghada, Luxor, Alexandria, Assuan und Abu Simbel an; Marsa Matruh, Katharinen-Kloster und Taba mehrmals wöchentlich. Das große Manko: Chronische Verspätungen, miserabler Service. Eine Rückbestätigung, auch der Inlandsflüge, ist obligatorisch.

... mit dem Zug

Die Zugverbindungen von Kairo nach Alexandria, Luxor und Assuan sind sehr gut. Die Strecke nach Alexandria wird in einem bequemen, klimatisierten Zug in etwa zwei bis drei Stunden zurückgelegt. Tickets gibt es am Ramses-Bahnhof für ca. 40 LE (Ausländer zahlen den doppelten Preis); am besten so früh wie möglich besorgen, da die Züge chronisch ausverkauft sind. Richtung Luxor und Assuan verkehren komfortable Schlafwagenzüge. Die Fahrt dauert fahrplanmäßig 11 bzw. 15 Stunden; tgl. zwischen 19 und 22 Uhr in Kairo vom Ramses-Bahnhof. Schlafwagenplätze sind mindestens eine Woche vorher zu buchen, und zwar bei Wagons Lits im Ramses-Bahnhof, Tel. 02/5749474 und 5749274 oder bei Isis-Travel, Tel. 02/7494326. Der Preis für ein Zweibettabteil, Abendessen und Frühstück inklusive, beträgt rund 190 US$.

■ ... mit dem Nilschiff

Die Tempel zwischen Luxor und Assuan kann man bei einer Nilkreuzfahrt in drei bis sieben Tagen auf bequeme Art besichtigen. Die Strecke Kairo-Luxor, die von einigen verantwortungslosen Veranstaltern angeboten wird, sollte man jedoch wegen der anhaltenden Gefahr terroristischer Attacken keinesfalls unternehmen. Nilkreuzfahrten sind keine Trips auf Traumschiffen, sondern ein Transportmittel. Galakleidung ist nicht verlangt. Halten Sie das Gepäck klein – die Kabinen sind es auch.

■ ... mit der Fähre

Sharm el Sheikh und Hurghada verbindet mehrmals die Woche eine Fähre, für die es zwar einen Fahrplan gibt, der aber selten eingehalten wird; Auskunft in Sharm el Sheikh bei Spring Tours, Tel. 062/600131, in Hurghada unter Tel. 065/546901. Offiziell gelten für die fünfstündige Fahrt folgende Zeiten: Sharm el Sheikh-Hurghada, Abfahrt Fr, Mo, Mi jeweils um 11 Uhr; Hurghada-Sharm el Sheikh, Abfahrt So, Di, Do jeweils um 9.30 Uhr. Tickets müssen zwei Tage im voraus reserviert werden; Verkauf von Resttickets am Boot.

■ Weiterreise nach Israel

Taba und Rafah (nahe dem Mittelmeerort El Arish) heißen die Grenzübergänge von und nach Israel. Die Ausreise ist relativ unkompliziert; hat man allerdings ein Auto dabei, dann kann es Stunden dauern, bis alle Formalitäten erledigt sind. Von Kairo aus fährt täglich morgens 5 Uhr ein Bus nach Jerusalem. Täglich außer Fr und Sa gibt es Flüge von El Al und Air Sinai.

■ Weiterreise nach Jordanien

Zweimal täglich läuft ein Fährschiff von Nuweiba am Roten Meer nach Aqaba (Jordanien) aus. Tickets sollte man einen Tag vor Abreise kaufen, und zwar an der Anlegestelle im Hafen. Kairo hat tägliche Flugverbindungen nach Amman.

Reisezeit

Von Oktober bis April reist es sich im Land der Pharaonen klimatisch am angenehmsten. In den Sommermonaten ist es in Oberägypten mit Temperaturen knapp unter oder über 40 °C extrem heiß. In Unterägypten, einschließlich Kairo, kommen zu der großen Sommerhitze eine hohe Luftfeuchtigkeit und Smog – beides macht den Aufenthalt in der Stadt unangenehm. Der Winter in Alexandria bringt extreme Temperaturschwankungen. Es kühlt gelegentlich so sehr ab, dass es zu Hagel- und Schneeschauern kommt. Hingegen regnet es in Kairo ganz selten, der Tag bringt frühlingshaftes Wetter, der Abend herbstliche Niedrigtemperaturen und Wind. Im Sinai ist es im Winter und

Herbst warm, die Wassertemperaturen bewegen sich um 20 °C. Im Hinterland regnet es hin und wieder heftig; in der Wüste fallen nachts die Temperaturen bis knapp über 0 °C.

Wenn der fünfzigtägige Wüstenwind Chamsin (arabisch für fünfzig) weht, nimmt das Firmament die Farbe der Wüste an. Zwischen März und Mai kann das Wetter in Sekunden umschlagen: Stundenlang, manchmal auch tagelang trägt der Chamsin feinen Wüstenstaub mit sich, der dann ganz Ägypten bedeckt.

Sicherheit

Die Strecke von Kairo nach Luxor sollte man im Moment aus Sicherheitsgründen nicht fahren, weder mit Auto, Bus, Zug oder Schiff. Über die aktuelle Reisesituation informiert Sie das heimische Außenministerium.

Souvenirs

Das ägyptische Kunsthandwerk findet seinen Ursprung bei den Beduinen. Beduinische Teppiche und Kilims, geflochtene Körbe und Silberschmuck findet man z. B. auf dem Basar Khan el Khalili in der Altstadt von Kairo, dem ältesten Handelszentrum Ägyptens (s. auch Tipps und Adressen S. 332).

In Al Alamein verkaufen Beduinenfrauen handgefertigte Kleidungsstücke mit feinen Stickereien, für die vor allem der Nord-Sinai bekannt ist.

Wer lange genug stöbert, findet einzigartige Antiquitäten aus Ägyptens Kolonialzeit in der Attarin-Straße in Alexandria. Besucher aus aller Welt kaufen hier ein. Im Goldsouq am Midan Talrii/Manshcya läßt sich gut nach günstigem Schmuck stöbern, Krimskrams findet man in dem lebhaften Markt Zanket el Sittet.

In den Badeorten am Roten Meer und im Sinai ist alles übertauert, angefangen von der Postkarte bis hin zu Parfumessenzen und Schmuck. Die Händler lassen auch hartnäckigen Feilschern kaum eine wirkliche Chance.

In Hurghada hat 1996 das Empire Shopping Center (am Emprie Hotel) über 30 Läden für Kleidung, Leder, Bücher, Schmuck und Fotoartikel eröffnet.

Im Basar von Luxor einzukaufen, ist ziemlich nervig. Die vielsprachigen Händler glauben, Nationalitäten von der Ferne zu erkennen und locken in der jeweiligen Landessprache ins Geschäft. Die Buchhandlung im Tourist Bazar neben dem New Winter Palace Hotel führt zahlreiche internationale Bücher zu einem fairen Preis.

■ Handeln und Feilschen

Kaufhäuser, Geschäfte und kleine Läden (Baqal) haben Festpreise und lassen ungern oder gar nicht mit sich handeln. Dagegen floriert das Handeln auf Märkten und Basaren, wo die Ware meist die Hälfte des geforderten Preises wert ist.

Wenn Sie dem Händler bei einer gemeinsamen Tasse Tee am Ende 50–60 % des zuerst angegebenen Preises bezahlen, dann haben Sie gut gehandelt. Am besten geht man so vor: Nachdem Sie den Preis erfragt haben, bieten Sie weniger als die Hälfte der geforderten Summe. Der Händler wird darauf natürlich nicht eingehen, stattdessen nur ein wenig von seinem Preis abrücken, mit dem Zusatz *only for you*. Lassen Sie sich davon nicht beeindrucken, erhöhen Sie die Summe ein wenig, bis Sie sich einig werden.

Zur Taktik gehört es durchaus, die Verhandlungen abzubrechen und zu gehen. Oder aber die Summe bar auf den Tisch zu legen, so dass dem Verkäufer gar keine andere Wahl bleibt, als zuzustimmen.

Sport

Nationalsport ist Fußball – von der Mehrheit am liebsten aus der Perspektive des Fernsehsessels betrachtet. Ansonsten bolzen Kinder und Jugendliche, wo immer sich ein freier Platz findet, so staubig und dreckig das Gelände auch sein mag. Alle anderen Sportarten sind eine Freizeitbeschäftigung der wohlhabenderen Schicht, denn nur die kann sich Eintrittsgebühren für Tennis- und Squashplätze oder Schwimmbäder überhaupt leisten.

■ Angeln

In Ägypten kann man aufs Geradewohl (ohne Angelschein) die Rute auswerfen – egal ob im Nil, Mittelmeer oder im Roten Meer. Wer im Nil angelt, sollte sich jedoch der hohen Schadstoffbelastung bewusst sein. In den touristischen Badeorten werden Tagesausflüge für Hochseeangler angeboten.

■ Ballonfahrten

Über den Nil schweben, das Tal der Könige von oben sehen – möglich macht's eine Ballonfahrt. Mehrmals täglich steigen, je nach Wetterlage, in Luxor und gelegentlich auch in Kairo, die Ballons von Salem Balloon auf und laden zu einmaligen Fotosafaris ein. Rechtzeitige Voranmeldung unter Tel. 02/2 99 19 46, Fax 02/3 03 82 14.

Wer eine Ballon-Tour durch Ägypten plant und Rat in Sachen Vorab-Genehmigungen etc. braucht, kann sich an Monique Carrera wenden, Rickenbachstr. 213, CH-4715 Herbetswil, Tel. 00 41/62/3 94 12 35, Fax 62/3 94 15 48.

■ Golf

Luxor, Sharm el Sheikh und Hurghada haben Golfplätze. Kairos schönste Anlage liegt unterhalb der Pyramiden von Giza und gehört zum Mena House Oberoi Hotel, Tel. 02/3 83 32 33. Ägyptens exklusivste Anlage liegt vor den Toren Kairos und heißt Katamaya Heights, Tel. 02/5 98 05 12.

■ Reiten

Der Ritt auf dem Kamel gehört zum spaßigen Pflichtprogramm bei den Pyramiden. Wer Ausflüge auf dem Pferderücken bevorzugt, hat in Kairo in den großen Clubs (z. B. Gezira Club, Zamalek, Tel. 02/7 35 60 00, oder nahe der Pyramiden im Eurostable, Tel. 02/ 3 85 58 49; fragen Sie nach Mahmoud Breesh) die Gelegenheit zu einem Ritt auf gesunden Tieren. Mahmoud organisiert auch romantische Mondscheinritte in die Wüste. Auf dem Sinai und am Roten Meer vermieten Beduinen Pferde für Wüstenausflüge.

■ Segeln

Das Rote Meer ist eines der ruhigeren Reviere für Segeltörns. Ungestört und unbeobachtet kann man hier vom Boot aus angeln, Korallenriffe und Schiffswracks betauchen, mit Delphinen schwimmen, an Deck sonnenbaden, die Stille genießen. Viele Agenturen vermieten Jachten ab 21 m Länge. Die Schiffe sind meist luxuriös ausgestattet, u. a. mit Satellitennavigation (Inklusivpreise 120–400 US$ pro Person und Nacht). Ägyptische Agenturen dürfen mit ihren Schiffen die heimischen Hoheitsgewässer kraft Gesetz nicht verlassen. Wer im Roten Meer außerhalb der ägyptischen Hoheitsgewässer segeln will, wende sich an eine israelische Agentur, für die solche Restriktionen nicht gelten. Auskünfte unter anderem in Sharm el Sheikh bei Camel Dive Club, Tel. 0 62/60 07 00, in Hurghada bei Subex Branch Egypt, Tel. 0 65/54 75 93.

■ Surfen

Hurghada ist der Hot Spot für die Surfergemeinde. Es weht ein ständig ablandiger Wind, der manchmal so heftig ist, dass Anfänger nicht mit dem Brett aufs Meer hinaus dürfen. Surfbretter kann man für ca. 180 US$ pro Woche mieten. Einige Reiseveranstalter befördern Surfausrüstungen als kostenloses Fluggepäck. Anfängerkurse werden ab 150 US$ angeboten.

■ Tauchen – s. unten

■ Wandern

Das heiße Klima in Ägypten regt nicht gerade zu ausgiebigen Wandertouren an. Der Sinai lockt jedoch mit einer bezaubernden Wüsten- und Bergwelt, die man in mehrtägigen Ausflügen erkunden kann. Diese Wanderungen sollte man nie ohne beduinische Begleitung unternehmen. Einige kleine Reiseveranstalter bieten auch kombinierte Biking- und Trekkingtouren an. Zu den neueren Trends gehören Fastenausflüge in die Wüste um das Katharinen-Kloster.

■ Wasserspaß

Wasserski, Banana Riding, Jet-Ski, Paragliding – jede Art von Vergnügen auf, im und über dem Wasser wird am Roten Meer angeboten. Um mitzumachen, muss man nur an die Stege gehen, von denen die verschiedenen Aktivitäten starten.

Tauchen

Viele Riffe sind in einem erbärmlichen Zustand oder bereits zerstört. Denn noch gar nicht so lange ist es verboten, Korallenbänke zu plündern. Ohne Tauchschein bekommt man heute nirgends mehr eine Ausrüstung geliehen, und ohne Check Dive geht ebenfalls so gut wie nichts mehr – es gab in den letzten Jahren zu viele Tauchunfälle.

Jede Tauchschule lehrt heute ökologisch richtiges Verhalten, was andererseits aber noch lange nicht heißt, dass sich nicht noch immer zu viele Vandalen in Neopren am Roten Meer tummeln.

■ Gesetzliche Regelungen für Taucher

Zum Schutz der Riffe hat Ägypten einige wenige Tauchvorschriften erlassen, für deren Einhaltung bei organisierten Trips die Tauchschulen und die Kapitäne der Boote verantwortlich sind.
– Harpunen dürfen weder mitgeführt noch benutzt werden.
– Aus dem Meer darf nichts mitgenommen werden, weder Korallen noch Muscheln, auch keine toten Fische.
– Wer mutwillig Korallenbänke beschädigt, kann für den Schaden in unbegrenzter Höhe haftbar gemacht werden; bei schweren Verstößen drohen zusätzlich hohe Geldstrafen.

Mehr und mehr sind es die Taucher selbst, die unter Wasser für Ordnung sorgen und Korallenräuber mit einem kräftigen Zug an der Tauchermaske zum umweltfreundlichen Aufstieg zwingen.

■ Allgemeine Tauchrisiken

Ägypten hat nichts, was dem deutschen TÜV auch nur annähernd gleichzusetzen wäre. Es liegt also einzig an den Tauschulen, wie sie ihr Leih-Equipment, vor allem die Flaschen, warten, wo sie das tun – und wie oft. Bei Tauchschulen mit Dumpingpreisen kann man davon ausgehen, dass am ehesten an der Wartung und am Material gespart wird. Billig-Tauchschulen sind wie Billigflieger – man bezahlt mit höherem Risiko. Taucher sollten besser ihr eigenes Equipment mitbringen.

Telekommunikation

An fast allen Kiosken und in den meisten Supermärkten kann man Ortsgespräche für rund 50 PT führen. Für öffentliche Fernsprecher brauchen Sie eine Telefonkarte (erhältlich in Kiosken, Supermärkten und im ›Sentral‹, dem Telefonamt. Internationale oder nationale Gespräche können Sie von großen Hotels aus führen, wobei ein Drei-Minuten-Gespräch (= meist minimale Länge) ins Ausland zwischen 25 und 35 LE kostet. Viel günstiger sind Telefon- und Business Center, die es zuhauf gibt. AT&T, MCI, Global One und Sprint (Kosten werden vom Konto oder der Kreditkarte abgebucht) haben in Kairo Zugangsnummern. Surfer loggen sich über CompuServe (Kairo: 4 56 10 00/Scitor; Alexandria: 4 84 31 75/Scitor) und AOL (Kairo: 5 80 07 70; Alexandria 484 31 75; Hurghada: 44 50 44; Sharm el Sheikh 60 16 36) ein; Internet-Cafés gibt es in allen größeren Orten.

D1- und D2-Handys funktionieren in beiden GSM-Netzen Ägyptens über Roaming. Gespräche nach Deutschland kosten pro Minute über 1,5 €; ankommende Gespräche etwas über 0,5 €. Die Telefonauskunft ist nicht zu gebrauchen.

Die Vorwahl nach Ägypten lautet 00 20.

Die einzelnen Städte haben folgende Nummern: Alexandria 03, Assuan 0 97, El Arish 0 68, Hurghada 0 65, Ismailia 0 64, Kairo 02, Luxor 0 95, Marsa Matruh 03, Port Said 0 66, Sharm el Sheikh 0 62, Sues 0 62.

Internationale Vorwahlnummern von Ägypten aus:
BRD 00 49
Österreich 00 43
Schweiz 00 41

Touristenpolizei

»Tourist Police« steht auf den Armbinden der Polizisten. Der Name steht einzig für körperliche Präsenz an allen touristischen Plätzen. Um Auskünfte zu erteilen oder Hilfe zu leisten, fehlen den Beamten leider meist jegliche Fremdsprachenkenntnisse.

Trampen

Autostopp ist nicht unüblich. Entlang von Landstraßen und Autobahnen sieht man vereinzelt einheimische Tramper, ganz selten allerdings Ausländer. Das ägyptische Verkehrsnetz ist so gut ausgebaut, dass Trampen nicht nötig ist. Alleinreisenden Frauen ist der Autostopp nicht zu empfehlen.

Trinkgeld

Ein Bakschisch in Ehren kann niemand verwehren. Vor allem Kellner, Liftboys, Kofferträger, Zimmermädchen, Türaufhalter, Parkwächter sowie Toilettenpersonal halten dankbar die Hand auf. In Cafés und Restaurants sollten es 5% der Rechnung sein, je nach Höhe des

Betrages mal mehr, mal weniger. Ansonsten genügen ein halbes Pfund, für Zimmermädchen pro Woche rund 10 LE. Weil Taxifahrer ohnehin schon höhere Preise von Ausländern verlangen, ist ein Trinkgeld unnötig.

Unterkunft

■ Hotel

Die Egyptian Hotel Association (EHA) in Kairo verzeichnet mehr als 140 000 Betten in über 800 ägyptischen Hotels und vergibt bis zu fünf Sterne für die ägyptischen Herbergen. Bei der Verteilung ist die EHA sehr großzügig, so dass man im Vergleich zu europäischem Standard in aller Regel ein bis eineinhalb Sterne abziehen kann, um eine realistische Wertung zu erzielen. Obwohl die Zahl der Angestellten in ägyptischen Hotels sehr groß ist, schlägt sich das nur selten in besserem Service nieder, da man bei Ausbildung und Schulung des Personals knausert.

Die Hotelrechnung muss in harter Währung (US$, DM, Kreditkarte) beglichen werden. Wer in LE bezahlt, muss einen Umtauschbeleg der Bank vorlegen. Über Reisebüros sind Buchungen oft wesentlich billiger. Vor allem im Sommer kann man über die Hotelpreise verhandeln. Zu dieser Zeit ist eine Reservierung nicht unbedingt erforderlich. In Kairo und Alexandria sollten Sie jedoch von Mitte Juli bis Ende August rechtzeitig reservieren, da Araber aus den reichen Golfstaaten die Hotelzimmer belegen. Günstige Angebote bieten die örtlichen großen Reisebüros mit festen Zimmerkontingenten.

■ Pension und Ferienwohnung

Die wenigen Pensionen sind nur von mäßigem Standard. Wer eine Ferienwohnung mieten will – sei es in Kairo, am Roten Meer oder am Mittelmeer –, wende sich am besten an eine der Agenturen, die jede Woche in der Middle East Times annoncieren.

■ Camping und Jugendherberge

Jugendherbergen gibt es in Kairo, Luxor und Assuan, nicht aber auf dem Sinai und am Roten Meer. Campingplätze, wie man sie aus anderen Urlaubsländern kennt, werden von den Tourismusmanagern, die eine wohlhabende Klientel im Sinn haben, eher boykottiert als gefördert. Sofern es Plätze gibt, befinden sie sich oft in erbärmlichem Zustand. Die Übernachtung kostet dafür selten mehr als 4–8 LE. Grundsätzlich ist wildes Zelten in Ägypten verboten. An einigen abgelegenen Stränden und Buchten wird es jedoch toleriert.

Visa

Der Reisepass muss am Einreisetag mindestens noch sechs Monate gültig sein. Das Visum gibt es für 15 US$ am Flughafen vor der Passkontrolle am Bankschalter. Außer der Visa-Stempelmarke, die Sie in den Pass einkleben, füllen Sie das weiße Formblatt aus, das Sie im Flugzeug bekommen haben (oder hier vor der Grenzkontrolle finden). Die restlichen Formalitäten werden von den Beamten erledigt. Es lohnt sich nicht, Visa zu Hause von den Botschaften oder Konsulaten ausstellen zu lassen – es ist viel zu teuer. Im Land selbst kann man sein Visum, das anfänglich einen Monat gilt, jederzeit verlängern lassen. Auch Wiedereinreise-

Visa (Re-entry/ Multiple entry visa) bekommt man gegen eine geringe Gebühr in den Pass gestempelt (in Kairo: Mugamma, Midan Tahrir, Passfoto mitbringen, tgl. außer Fr 8 bis 13 Uhr).

Wüstentouren

Es gibt wohl kaum etwas Schöneres, als in der Wüste unter sternenklarem Himmel zu nächtigen. Fahren Sie aber nicht allein, ohne Vierradantrieb, sorgfältige Planung und entsprechende Ausrüstung in die Wüste. Man muss sich unbedingt um nötige Genehmigungen kümmern – falls Sie von Militärs erwischt werden, drohen ein paar Tage Haft und die Beschlagnahme des Fahrzeugs. Am Roten Meer und im Sinai werden überall organisierte Wüstentouren angeboten. Wertvolle Informationen (Planung, Touren, Ausrüstung, Straßen- und Pistenkarten) enthält der Führer »On the Road in Egypt« von Mary Dungan Megalli (American University in Cairo Press); zu kaufen in allen internationalen Buchläden Kairos.

Zeitungen und Zeitschriften

Alle führenden deutschsprachigen und internationalen Zeitungen und Zeitschriften sind an Kiosken und in großen Hotels in der Regel 1 bis 3 Tage nach Erscheinen erhältlich. In englischer Sprache erscheinen die regierungsnahe Tageszeitung The Egyptian Gazette und die wöchentliche Al Ahram Weekly sowie das Monatsmagazin Egypt Today. Sehr lesenswert (Politik, Gesellschaft, Wirtschaft) sind die unabhängigen Blätter, die wöchentliche Middle East Times und die wöchentliche Cairo Times. In französischer Sprache erscheinen täglich die regierungsnahe Le Progrès Egyptien sowie die wöchentliche Al Ahram Hebdo. Veranstaltungstermine findet man in der Monatsbroschüre Cairo-Entertainment Culture Guide.

Zeitunterschied

Ägyptens Uhren gehen eine Stunde vor. Sommer- und Winterzeit beginnen bzw. enden zu anderen Terminen als in Europa, so dass es in der Übergangszeit für ein paar Tage lang entweder gar keinen Unterschied oder zwei Stunden gibt.

Zoll

Sie können ihre üblichen persönlichen Gegenstände ein- und ausführen. Nur Videokameras, die extrem hohen Importzöllen unterliegen, müssen angemeldet und in den Pass eingetragen werden. 1 Flasche Alkohol darf eingeführt werden; bei der Ankunft darf man zusätzlich in den Duty-free-Shops am Flughafen oder in der Stadt (zweimal jährlich, innerhalb von 24 Stunden nach Ankunft) bis zu drei Flaschen Alkohol bzw. drei Paletten Dosenbier kaufen.

Kleines arabisches Wörterbuch

Die arabische Schrift besteht aus 29 Buchstaben (26 Konsonanten, 3 Vokalen [a, u, i]) und wird von rechts nach links geschrieben. Die Worte sind, ähnlich der Stenografie, über oder unter dem Konsonanten mit Vokalisierungszeichen versehen. Diese Vokalisierungszeichen, genannt *fatha, kasra* und *damma* (a, i, u), sind besonders wichtig, denn ein Wortstamm kann viele verschiedene Bedeutungen haben. Jedes arabische Land hat seinen eigenen Dialekt, der sich mehr oder weniger an das Hocharabische anlehnt. Ägyptens *ameia* (Umgangssprache) – bei allen anderen arabischen Staaten wegen seiner groben Form nicht sehr hoch geschätzt – wird aber überall verstanden, weil Ägypten seit jeher als größter nahöstlicher Filmproduzent die gesamte Region bis hin zu den Golfstaaten mit Serien und Spielfilmen versorgt.

Presse und Rundfunk bedienen sich der hocharabischen Sprache. Vieles in Ägypten ist neben Arabisch auch auf englisch ausgeschildert bzw. beschriftet.

5	chamßa
6	ßitta
7	ßaba
8	tamanja
9	tißa
10	ashra
11	hedashar
12	etnashar
13	talatashar
14	arbaatashar
15	chamastashar
16	ßittashar
17	ßabaatashar
18	tamantashar
19	tißaatashar
20	ashrin
21	wahid we ishriin
22	itnin we ishriin
30	talatin
40	arbain
50	chamsin
60	sittin
70	sabain
80	tamanin
90	tißain
100	meija

Ziffern und Zahlen

0	sifr
1	wahid
2	itnin
3	talata
4	arbaa

Sprachführer

Kalender

Sonntag	jom e'hadd
Montag	jom el itnin
Dienstag	jom et talata
Mittwoch	jom el arbaa
Donnerstag	jom el chamis
Freitag	jom el gmaa
Samstag	jom el ßabt
heute	innaharda
gestern	imbereh
morgen	bukra
Abend	bilehl
Nacht	leil
Woche	usbuu
Monat	shahr
Jahr	sana

Allgemeines

Grußformel für Guten Tag	es salama aaleikum
Antwort	aleikum es salama
Guten Morgen	ßabah el cher
Antwort	ßabah en nur
Guten Tag (nachm./Abend)	mißa el cher
Antwort	mißa en nur
Gute Nacht	dußbakh uala cher
Antwort (m/w)	we inta min ahlu/we inti min ahla
Hallo	ahlan oder ahlan we sahlan
Antwort (m/w)	ahlan bihk/ahlan bihki
Wie geht's? (m/w)	isaijak/isaijik?
Danke, gut (m/w)	alhamdulilah kuwaijis oder mumtaz
ich heiße	ißmi
wie heißen Sie (m/w)?	ißmak/ißmik eh?
Auf Wiedersehen	maaßalama
Wie bitte?	naam oder afandim?
ich verstehe nicht (m/w)	ana mish fahim/fahma
können Sie es bitte noch einmal wiederholen (m/w)	uhl da kamahn marra min fadlak/fadlik
bitte (m/w)	min fadlak/min fadlik
danke	schukran
bitte	afuan oder el afw
ja	aiowa oder ah
nein	lah
Entschuldigen Sie	afuan
das macht nichts	maalesch
Rechnung	hesab
Geld	filus
Wasser	maya
Mineralwasser	maya madahnija
Kaffee	qahwa
Milch	laban
Zucker	sukkar
Tee	shay
Brot	aish
rechts	jimien
links	shimal
was?	eh?
wer?	mihn?
wo?	fehn?
wohin?	aala fehn?
wann?	imta?
wie?	isay?
Wie spät ist es?	ißaa kahm?
Können Sie mir helfen?	mumkin tißahidna?
Wo ist das Touristeninformationsbüro?	fehn il maktab el istahlamaht?
Haben Sie einen Stadtplan?	andak/andik charihit el madina?
Wann ist das Restaurant geöffnet?	el mataam maftuh imta?
die Moschee	el masjid
das Museum	el mathaf
der Tempel	el maabad
die Kirche	el kanihßa

das Geschäft	el mahall
der Markt	es suk
Können Sie mir ein Taxi rufen (m/w)?	mumkin tutlubli takßi/tutlubihli?
Was kostet das Taxi für einen Tag/für eine Fahrt nach …?	bikahm ugrit et-takßi fil johm el wahid aaschahn es ßafar ila …?
Ich möchte mit … sprechen (m/w)	ana aiez akallim maa/ana aiza …
Wo gibt es …?	fehn nilahi …?
Wieviel kostet das?	bikahm da?
Das ist zu teuer	da rahli auwi
Ich möchte (m/w)…	ana aijs/aijsa …
Gibt es das in einer anderen Farbe/Größe?	fih da bilohn tahni/ma'as tahni?
Ich nehme es	ana achud da
Wo ist eine Bank?	fehn hina bank?
Wo kann ich Geld wechseln?	fehn mumkin araijer il filus?
Geben Sie mir bitte 1 kg Bananen/ 2 kg Orangen	id-dihni min fadlak/fadlik kihlu mohs/itnehn kihlu burtuahn
Wo kann ich … … telefonieren … eine Telefonkarte kaufen?	mumkin aamil telefon fehn/ mumkin aschtiri kart telefon fehn?
Haben Sie ein Zimmer frei?	fi ohda fadia?
… mit Dusche und Toilette	bi dush we toilette?
… mit Frühstück	bi iftar?
Haben Sie ein anderes Zimmer?	fi ohda tania?
Haben Sie eine deutsche Zeitung (m/w)?	andak/andik gerida almahni?

Literaturtipps

Andrews, C.: Der Stein von Rosetta. London 1985
Belzoni, G.: Entdeckungen in Ägypten. Köln 1982
Brunner-Traut, E.: Die Alten Ägypter. Stuttgart 1987
Brunton, P.: Geheimnisvolles Ägypten. Zürich 1951
Carter, H.: Das Grab des Tutenchamun. Wiesbaden 1980
Ceram, C.W.: Götter, Gräber und Gelehrte. Hamburg 1965
Cohen, Sh. & R.: Red Sea Diver's Guide. London 1994
Durrell, L.: Alexandria Quartett. Hamburg 1977.
Eggebrecht, A.: Das Alte Ägypten. 3000 Jahre Geschichte und Kultur des Pharaonenreiches. München 1984
Ende, W./Steinbach, U.: Der Islam in der Gegenwart. München 1991
Fathy, H.: Architecture for the Poor. Chicago 1973
Flaubert, G.: Reisetagebuch aus Ägypten. Zürich 1991
Franzero, C.M.: Kleopatra und ihre Zeit. München 1975
Friedell, E.: Ägyptens Geschichte und Kultur der Frühzeit. München 1964
Frischauer, B.: Es steht geschrieben. Die großen Dokumente. Zürich 1967
Goscinny/Uderzo: Asterix und Kleopatra. Stuttgart 1965
Herodot: Historien II. Der ägyptische Logos. München 1961
Hobbs, J.J.: Bedouin Life in the Egyptian Wilderness. Kairo 1990
Hobbs, J.J.: Mount Sinai. Cairo 1995.
Hoornung, E.: Grundzüge der Ägyptischen Geschichte. Darmstadt 1978

Jobbins, J.: The Red Sea Coast of Egypt. Kairo 1989
Kamil, J.: Luxor. New York 1973
Kamil, J.: The Monastery of Saint Catherine. Kairo 1990
Karnouk, L.: Modern Egyptian Art. Kairo 1988
Kees, H.: Der Götterglaube im alten Ägypten. Darmstadt 1980.
Khoury, A.T. (Übers.): Der Koran. Gütersloh 1987
Kümmerly + Frey/Lehnert & Landrock: Egypt. Landkarte. Kairo und Bern
Machfus, N.: Das Hausboot am Nil. Berlin und Kairo 1982
Megalli, M.D.: On the road in Egypt. Kairo 1989
Michalowski, K.: Alexandria. Wien und Zürich 1971
Niebuhr, C.: Reisebeschreibungen nach Arabien und anderen umliegenden Ländern. Zürich 1992
Rauch, M.: Land & Leute Ägypten. München 1996
Rugh, A./B.: Family in Contemporary Egypt. Kairo 1988
Saadawi, N.: Gott stirbt am Nil. Köln o.J.
Sadat, J.: Ich bin eine Frau aus Ägypten. München 1987
Schüssler, K.: Ägypten. Altertümer, Koptische Kunst, Islamische Denkmäler. München und Zürich 1987
Schüssler, K.: Die ägyptischen Pyramiden. Köln 1985.
Seif, O.: Khan al-Khalili. Kairo 1991
Siliotti, A.: Sinai. Vercelli 1994.
Tadros, H.R.: Social Security and the Family in Egypt. Kairo 1984
Vandersleyen, C.: Das alte Ägypten.

Literaturnachweis

Flaubert, Gustave: Reisetagebuch aus Ägypten, S. 176. Hrsg. von Georg A. Narciss. Steingrüben Verlag GmbH, Stuttgart, 1963. Alle Rechte vorbehalten S. Fischer Verlag GmbH, Frankfurt am Main.

Herodot: Historien II. Der ägyptische Logos. München 1961, S. 13, 19, 20, 133. Mit freundlicher Genehmigung des Goldmann Verlages, München.

Niebuhr, Carsten: Reisebeschreibungen nach Arabien und anderen umliegenden Ländern. Zürich 1992, S. 142; mit freundlicher Genehmigung des Manesse Verlages, Zürich.

Für einige Zitate konnten die Rechteinhaber nicht ermittelt werden; wir bitten diese, sich zu melden.

Abbildungsnachweis

Soweit nicht unten aufgeführt, stammen alle Fotos in diesem Band von **Axel Krause**/laif (Köln).

Das Titelbild fotografierte Dietmar Necke (Böblingen).

Archiv für Kunst und Geschichte (Berlin)   S. 21, 22, 23, 27, 30, 31, 32, 40, 63, 67, 73, 84.

Ullstein Bilderdienst (Berlin)
S. 35, 36, 89.

Clemens Emmler/laif (Köln)   S. 146, 217, 235, 291, 293

Ewald Lieske (Großhansdorf)   S. 271

Fischtafeln und Begleittext »Unterwasserwelt der Rotmeerküste« (S. 284–287) mit freundlicher Genehmigung von Ewald Lieske

Kartographie:
Berndtson & Berndtson Productions GmbH © DuMont Buchverlag

Register

Personenregister

Abu Abdallah Shafii 59f.
Abul Abbas (Heiliger) 154
Achethotep (Minister) 133
Aga Khan (Aga Sir Sultan Mohamed Shah) 215, 217
Ahmed Ibn Tulun 93
Al Hakim (Kalif) 248
Alexander der Große 10, 26, 39, 152, 169, 187, 235
Alexander der Große (russ. Zar) 255
Alexander II. (russ. Zar) 254
Alexander, Sir Harold (General) 166
Ali (Kalif) 59
Amenemhet III. (ägypt. König) 136
Amenophis I. (ägypt. König) 26, 194
Amenophis II. (ägypt. König) 204
Amenophis III. (ägypt. König) 185, 186, 192, 197, 216
Amenophis IV. s. Echnaton
Amr Ibn el As (Feldherr) 10, 20, **26,** 40, 97, 115, 239
Anba Samaan (Heiliger) 209
Anderson, Gayer (General) 107
Andrews, Carol 148
Antonius (Heiliger) 279
Antonius (röm. Herrscher) 26, 28f.,162
Aristarch von Samos 151
Arridaios, Philipp 190
Augustus (röm. Kaiser) 26, 29, 39, 158, 182, 210

Bakra, Salwa 87
Balduin I. (König von Jerusalem) 241
Bankes, W. J. 148
Banna, Hassan el 44
Beduinen 11, 52, 56, 233, **273ff.**
Begin, Menachem (israel. Premierminister) 37
Belzoni, Giovanni 126, 204, 224
Ben Ezra, Abraham (Rabbi) 117
Bey, Essad 8
Briten s. Engländer
Brugsch-Bey, Emil 126
Burckhardt, Johann Ludwig 224
Burton, James 200
Byzantiner 10, 20, 26, 39, 241

Cäsar (röm. Staatsmann) 28f., 230
Carnarvon (Lord) 203, 204
Carter, Howard 100, 126, 185, 201, 203f.
Carter, Jimmy (amerikan. Staatspräsident) 37
Chahine, Youssef 84
Champollion, Jean François 30, 75, 85, **148**
Cheops (ägypt. König) 22, 121, 144, 176
Chephren (ägypt. König) 22, 144
Christen 47f., 186, 187, 299, 303
Christie, Agatha 215
Churchill, Winston (engl. Premierminister) 167
Claudius (röm. Kaiser) 182, 209

Dahan, Rami el 87
Dajan, Moshe (israel. Politiker) 33, 35
Damyanah (Heilige) 147
Däniken, Erich von 24
Darius I. (pers. König) 304
Decius (röm. Kaiser) 281
Deinokrates 151
Deutsche 166f., 168
Diokletian (röm. Kaiser) 63, 147, 152, 164
Djoser (ägypt. König) 10, 22, 39, 131, 210
Dörrie, Doris 24
Dreyer, Günter 178f.
Durrell, Lawrence 150

Echnaton (ägypt. König) 10, **23f.**, 176, 187, 188, 192
Eje (ägypt. König) 102, 204
El Ghuri (mameluck. Sultan) 114
Empereur, Jean-Yves 159
Engländer 11, 30, **32,** 33, 40, 97, 146, 153, 217, 232f., 227, 232f., 235
Eugénie (franz. Kaiserin) 31, 232
Euklid 151, 152

Farid, Soheir 87
Faruk (ägypt. König) 11, **33,** 34, 40, 50, 78, 106, 106, 136, 144, 145, 150, 154, 160
Fathy, Hassan 86, 305
Fatima (Fatma) 28, 57, 59
Fatimiden 10, **27f.**, 77
Fawzy, Shahira 275
Flaubert, Gustave 83, 182
Franzosen 97, 232f., 236
Friedell, Egon 12
Friedrich August I. (dtsch. König) 255
Fuad (ägypt. König) 78

Gazzar, Abdel Hadi Al 81
Ghali, Boutros 13
Goddio, Franck 158f.
Goethe, Johann Wolfgang von 60
Grant, Michael 28
Griechen 21, 26, 210, 252

Hakims, Tawfiq el 87
Hamama, Faten 84
Hanem, Kutchuk 83
Haremhab (ägypt. König) 100, 102, 176, 190
Hassan (Sultan) 106
Hatschepsut (ägypt. Königin) 10, **23,** 188, 190, 191, 198, **207f.**, 238, 246
Hawass, Zahi 300f.
Herodes 117
Herodot 15, 20, 21, 22, 137, 144, 146, 217, 298, 302, 304
Homer 152
Hussein (Enkel Mohammeds) 111f.

Husseins, Taha 87
Hyksos 10, 23, 39

Ibn Tulun, Ahmed 97, 107
Ikram, Salima 101
Imhotep 22, 39, 73, 131, 210
Iskander, Nasri 101, 301
Ismail Pasha (ägypt. Vizekönig) 10, 31, 97, 157, 232, 234f.
Israelis **33ff.**, 38, 41, 52, 233, 241, 257, 258

Jaherkas el Khalili (mameluck. Prinz) 109
Jesaja 24
Juden 29, 47, 52, 58, 152, 241
Justinian (byzant. Kaiser) 251, 252, 256, 273

Kaii 124
Kambyses (pers. König) 26, 169, 302
Kalthum, Umm **78f.**, 149
Katharina (Heilige) 250
Kitchener, Horatio Herbert (Lord) 32, 217
Kleopatra (ägypt. Königin) 26, 39, **28f.**, 152, 158, 162, 164, 182
Konstantin (röm. Kaiser) 255
Kopten 11, 47, 48, 52, 54, **63ff.**, **74f.**, 112f., 113, 160, 176, 275, 322

Lane, Edward William 56, 82
Latif, Abdel 121
Lean, David 84
Lesseps, Ferdinand von 31, 232, 235, 236
Louis Philippe (franz. König) 104

Machfus, Nagib 41, 44, 87, **88f.**, 94, 151
Makarius der Große (Heiliger) 142f.
Mamelucken 10, 29ff., 77f., 97, 154
Mariette, Auguste 98, 210
Markus (Evangelist) 152, 255
McLaine, Shirley 24
Mena, Abuna 48f.

Personenregister

375

Mentuhotep I. (ägypt. König) 23, 39, 183, 198f.
Mernissi, Fatima 50
Mohammed (Prophet) 26, **57f.**, 252
Mohammed Ali (ägypt. Statthalter) 10, **30f.**, 40, 97, 104, 146, 153, 154, 160, 209, 229, 304
Montgomery, Bernard (Marschall) 166
Morsi, Abdel Wahab 81
Moses 117, 244, 246, 247, 250, 253
Mousa (Präfekt) 104
Mubarak, Hosni (ägypt. Staatspräsident) 11, 18, 34, **37f.**, 41, 42, 43, 44, 54, 85, 88, 103, 151, 267
Mukhtar, Mahmud 80f., 103
Muslime 11, 16, 47, 186
Mussolini, Benito (ital. Regierungs-chef) 167

Nacht (Amun-Priester) 73, 82
Napoleon (franz. Kaiser) 30, 40, 115, 152, 232
Nasser, Gamal Abdel (ägypt. Staatspräsident) 11, 32, 33, **34f.**, 36, 40f., 43, 44, 51, 54, 78, 85, 111, 228, 232
Nefertari (ägypt. Königin) 198f., 225
Nektanebes 182, 220
Nelson, Horatio (Admiral) 30, 152
Nero (röm. Kaiser) 135, 182
Niebuhr, Carsten 150
Nixon, Richard (amerikan. Staatspräsident) 107
Nofretete (ägypt. Königin) 23, 99, 176
Nubier 11, 26, 205, 212, **218f.**, 215

Octavian s. Augustus
Omar I. (Kalif) 26, 59, 152
O'Toole, Peter 84

Pahlevi, Reza (pers. Schah) 107
Palästinenser 36, 233
Pascal, Blaise 28
Paulus (Heiliger) 281
Pearson, Michael 17
Peter der Große (russ. Zar) 254
Petrie, Flinders 121, 247, 249

Pinodjem (ägypt. König) 194
Plutarch 28
Pompejus (röm. Staatsmann) 230
Ptolemäus II. (Herrscher) 152
Ptolemäus III. (Herrscher) 210
Ptolemäus VI. (Herrscher) 208
Ptolemäus XIV. (Herrscher) 26
Pusch, Edgar 41

Ragab, Hassan 119
Rahman, Omar Abdel 44, 89
Rami, Ahmed 78f.
Ramses I. (ägypt. König) 188, 199
Ramses II. (ägypt. König) 10, 23, **26,** 99, 126, 124, 126, 145, 176f., 181, 185, 188, 192, 198f., 200, 216, 223, 225
Ramses III. (ägypt. König) 188, 185, 191, 197
Ramses VI. (ägypt. König) 203, 204, 247
Rasul, Abdel 126
Rifaat, Alifa 87
Römer 26, 39, 239, 265, 284, 299, 303, 304
Rommel, Erwin 166

Saadawi, Nawal el 50, 87
Sadat, Anwar el (ägypt. Staatspräsident) 33, 34, **35f.**, 39, 41, 42, 43, 54, 79, 85, 99, 107, 257
Said Pasha (ägypt. Vizekönig) 237
Sajid Ahmed el Badawi (Heiliger) 145f.
Saladin (kurd. Sultan) 10, **28f.**, 97, 104, 106, 270
Saleh, Ahmed 218
Saleh Neg el Din Ayub (Sultan) 107
Schiiten 59f.
Sechemchet (ägypt. König) 131
Selim I. 30
Semerchet (ägypt. König) 249
Senmut 208
Sesostris I. (ägypt. König) 23
Sesostris III. (ägypt. König) 192
Sethos I. (ägypt. König) 126, 176f., 188, 199, 204, 210
Seti I. (ägypt. König) 182
Shaarawi, Hoda 50

Shafii, Abu Abdallah 61f.
Shafik, Doria 50f.
Shagarat el Dur (Sultanin) 107f.
Sharid, Omar 84f.
Shenuda (Patriarch) 143
Shenuda III. (Patriarch) 64
Simaika, Marcus 112
Strabo (griech. Geograph) 159, 202
Streisand, Barbara 85
Suleiman Aga el Silahdar 106
Sunniten 59, 60

Theodosius 273
Thutmosis I. (ägypt. König) 23, 194, 207, 202
Thutmosis II. (ägypt. König) 23, 191, 207
Thutmosis III. (ägypt. König) 23, 100, 126, 188f., 185, 207, 216
Thutmosis IV. (ägypt. König) 122f.
Tischendorf, Friedrich Konstantin von 253ff.
Trajan (röm. Kaiser) 115, 182
Turan Shah (ägypt. Sultan) 107
Tutanchamun (ägypt. König) 10, 23, **26,** 66, 100ff., 122, 183, 185, 186, 192, 201, 203f., 260
Tutar (Prinzessin) 108

UNESCO 218, 224

Verame, Jean 257
Verdi, Giuseppe 31
Vespasian (röm. Kaiser) 209

Weeks, Kent 200f.

Yamu Nedjeh 185

Zaghloul, Saad 97, 149
Zeit, Nasr Abu 151

Ortsregister

Abu Mina 164, 312
Abu Simbel 26, 39, **223ff.**, 312
Abu Zenima 246, 312
Abukir 30, **147**
Abusir al Taposiris 164
Abydos 21, 26, 66, **176ff.**, 199, **313**
Addis Abeba 44
Agami 80
Agilkia (Insel) 220f.
Agricultural Road 142
Ahmed-Hamdi-Tunnel 232, 244
Ain Khudra 267
Ain Musa 244
Ain Sukhna 244, **278, 313**
Alexandria 11, 17, 28, 29, 52, 64, 146, 150ff., 273, 313ff.
- Abul Abbas-Moschee 154
- Bibliothek 153
- Fort Kait Bey 152, **155,** 315
- Griechisch-Römisches Museum **155f.**, 160, 315
- Kom el Shukafa **156f.**, 315
- Manshaya 157
- Montaza-Palast 161
- Pompejus-Säule **156**, 315
- Ras el Tin-Palast 155
- Royal Jewellery Museum **160**, 315
- Villa der Vögel 161
Alexandria Desert Road 146
Assiut 44, **176, 317**
Assuan 11, 85, **215ff.**, 218, **318ff.**
Assuan-Staudamm 13, 18, 221f., 229

Baharija (Oase) 298, **299ff., 319**
Bardawil-See 239f.
Baris 305
Bawiti 300f.
Beit el Wali-Tempel 223
Beni Hassan 175
Beni Suef 175
Bernice 292
Bigga (Insel) 221
Bir Nasib 247
Bitterseen 232

Blaue Wüste 257
Bubastis 144

Coloured Canyon 269
Coral Beach Nature Reserve 257f.

Dahab 263, **266f., 320f.**
Dahshur 133
Dakhla (Oase) 18, **303, 321**
Damanhur 143, **146**
Darau 212, 213
Darb el Arba'ain 206, 305
Deir Abu Maqar 142f.
Deir el Abiad (Deir Anba Shenuda) (Kloster) 176, 346
Deir el Baramus 143
Deir el Qaddis Antwan (Kloster) 279f.
Deir el Suriani (Kloster) 143
Deir Sitt Damyanah 149
Dendera 75, 157, **181f., 322**
Dimeh es Siba 135
Dinshawi 32
Dumiat (Damietta) 149, 322

Edfu 39, 75, 182, **210f., 322**
Eilat 271, 323
El Alamein 168, 166f., 323
El Arish 240f., 323f.
El Gouna 289, 324
El Mahalla el Kubra 153
El Tur 248
Elephantine (Insel) 215, 216
Esna 75, **208f., 325**

Farafra (Oase) 302f., 325
Fayed 234
Fayoum (Oase) 22, **134ff.**, 212, **325**
Forest of Pillars 247, 250

Gebel el Dakrour 170f.
Gebel el Mawta 170
Gebel el Teir 304f.
Gebel Fuga 247, 250
Gezira el Fara'un 270
Gianaclis (Weinbaugebiet) 143, 146

Giza 24, 39, **119ff.**
- Cheops-Pyramide 10, 24, 39, **121**
- Chephren-Pyramide 10, **121f.**, 128
- Chephren-Taltempel 123
- Mykerinos-Pyramide 10, **122,** 128
- Nazlet el Samman 124ff.
- Sphinx 122f.
Gurna 86f., 126

Hamamet Fara'un 246
Hatschepsut-Tempel 23, 38, 41, 194, **206ff., 338**
Hawara-Pyramide 136f.
Hurghada 8, 17, 278, **283ff.**, 294f., **326ff.**

Ismailia 44, **234f., 329**
Israel 10, 12, 33f., 37, 52, 237, 270f., 274

Jakobs-Insel 115
Jordanien 12, 33, 37, 274

Kairo 8, 10, 11, 16f., 20, 27, 29, 34, 40, 45, 48, 52, 64, **94ff., 330ff.**
- Ägyptisches Museum 38, 41, **98ff.**, 108, 126, 304
- Al Azhar-Universitätsmoschee 28, 50f., 60, 77, 82, 89, **112ff.**, 332
- Amr Ibn el As-Moschee 115f.
- Andalusischer Garten 102f.
- Bab Zuweila 108
- Ben Ezra-Synagoge 117f.
- Blaue Moschee 108
- Cairo Tower 103, 111, 332
- El Ghuri-Moschee 114
- El Moallaqa-Kirche 117
- El Muayyad-Moschee 114
- El Nasir-Moschee 106
- Gayer Anderson-Museum 107
- Hussein-Moschee 109, 111, 332
- Ibn Tulun-Moschee 75, **102,** 332
- Khan el Khalili 88, **109ff.**, 106, **332f.**
- Koptisches Museum 116f., 332
- Manial-Palast 118f.
- Mausoleum Shagarat el Dur 107
- Mohammed Ali-Moschee 104

- Museum für islamische Kunst **108,** 332
- Nilometer 118
- Opernhaus-Komplex 103
- Rifai-Moschee 106f.
- Sergius-Kirche 117
- St. Barbara-Kirche 117
- Sultan Hassan-Moschee **106,** 332
- Töpferviertel 115f.
- Zitadelle 31, **104,** 332

Kalabscha-Tempel 223
Karanis (Kom Aushim) 135, 337
Karnak 26, 74, 185, **187ff.,** 338
Katharinen-Berg 250, **257**
Katharinen-Kloster 248, **250ff.,** 344
Kattara-Senke 12
Kharga (Oase) 18, 303f., 337
Kitchener-Insel 217
Kom Ombo **212f.,** 219, **337**
Kuwait 38

Libyen 10, 12
Lisht 133
Luxor 11, 39, 68, 85, **182ff.,** 337ff.
- Luxor-Tempel **185f.,** 338
- Luxor-Museen **191f.,** 338f.

Marsa Alam 52, **291,** 295, **340**
Marsa Matruh **168,** 169, **340f.**
Maryut-See **146,** 150
Medina 58, 59
Medinet Fayoum 136
Medinet Habu-Tempel 197f.
Medum 133f.
Mekka 56, 58, 205, 252
Memnon-Kolosse 197
Memphis 10, 21, 22, 26, **130,** 183
Mentuhotep-Tempel 206
Minya 44, **175, 341**
Mons Claudianus **289,** 307
Mons Porphyrites 282f.
Mosesberg 250
Mut 267

Nabq 18
Nasser See 15, 18

Natrun-Tal s. Wadi Natrun
Neu-Gurna 86f.
Nil 10, **12ff.,** 17, 174, 190, 220f.
Nildelta 142ff.
Niltal 12f., 14, 174ff., 222
Nuweiba 268f., 341f.

Paulus-Kloster 281f.
Philae (Insel) 39, **220f.**
Philae-Tempel 220f.
Port Fuad 236, **237**
Port Said 236ff., 342f.
Port Taufik 232, 342f.
Ptahhotep-Mastaba 133

Qantara 235
Qasr Dakhla 303
Qasr el Farafra 303
Qasr es Sagha 135
Qasr Kharga 304f.
Quarun-See 134, 135
Quseir **290,** 294, **343**

Rafah 241
Ras Abu Galum 267
Ras Banas 292
Ras el Barr 149
Ras Mohammed 17, 18, **261f.,** 262, 267
Ras Sudr 244
Red Sea Coastal Road 278
Rosetta 30, **147,** 148
Rotes Meer 17, 33, 52f., **262f., 278ff., 284ff.**

Sadd el Ali (Staudamm) 13f., 175, 212, 215, 218, 221, **223,** 224, **228**
Safaga **290f.,** 295, **326ff.**
Sakkara 22, 39, 99, 130, **131ff.**
Sharm el Loly (Bucht) 292
Sharm el Sheikh 8, 53, **258ff.,** 262, 294, **343ff.**
Shedwan Island 295
Serabit 247
Sinai 10, 12, 17, 33, 36, 41, **52f.,** 237, **244ff.**

Siwa (Oase) 168ff., 346
Siwa-Stadt (Shali) 170, 314f.
Sohag 346
Soma-Bay 289
Sudan 10, 12, 13, 18, 19, 23, 32
Sues 232, 315, 346f.
Sueskanal 11, **31ff.**, 34, 36, 40, 41, **232ff.**, 237, 244
Syrien 23, 33, 36, 37, 190

Taba 41, **270, 347**
Tal der Könige 194f., 199ff., 338
Tal der Königinnen 198f., 338
Tanis 102, 144f.
Tanta 145f.
Tell el Amarna 175f.
Tell el Farama 239
Theben-West 38, 44, 68, 73, 75, 82, 86, 185, **187ff., 337ff.**

Timsah-See 235
Tuna el Gebel 175
Tushka-Kanal **18f.**, 41

Wadi el Gamal 292
Wadi Feiran 248, **250**
Wadi Kid 265
Wadi Maghara 249f.
Wadi Mandar 265
Wadi Mukattab 243
Wadi Nabq 18, **264f.**
Wadi Nasib 246
Wadi Natrun 75, **142,** 347
Wadi Umm Misma 265f.
Weiße Wüste 301f.

Zafarana 278

DUMONT
RICHTIG REISEN

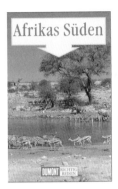

»Den äußerst attraktiven Mittelweg zwischen kunsthistorisch orientiertem Sightseeing und touristischem Freilauf geht die inzwischen sehr umfangreich gewordene, blendend bebilderte Reihe ›Richtig Reisen‹. Die Bücher haben fast schon Bildbandqualität, sind nicht nur zum Nachschlagen, sondern auch zum Durchlesen konzipiert. Meist vorbildlich der Versuch, auch jenseits der ›Drei-Sterne-Attraktionen‹ auf versteckte Sehenswürdigkeiten hinzuweisen, die zum eigenständigen Entdecken abseits der ausgetrampelten Touristenpfade anregen.«
Abendzeitung, München

»Die Richtig Reisen-Bände gehören zur Grundausstattung für alle Entdeckungsreisenden.«
Ruhr-Nachrichten

Weitere Informationen über die Titel der Reihe DUMONT Richtig Reisen erhalten Sie bei Ihrem Buchhändler oder beim
DUMONT Buchverlag · Postfach 10 10 45 · 50450 Köln · www.dumontverlag.de

DUMONT
KUNST-REISEFÜHRER

Der Klassiker – neu in Form: »Man sieht nur, was man weiß« – wer gründlich informiert reisen will, greift seit Jahren aus gutem Grund zu den DUMONT Kunst-Reiseführern. Seit 1968 setzen die DUMONT Kunst-Reiseführer Maßstäbe mit sorgfältig recherchierten Informationen von erfahrenen Autoren. Die neue Gestaltung ist übersichtlicher – die Qualität ist geblieben.

»...brillante Fotografien, detaillierte Zeichnungen und farbige Karten machen den neuen zu einem würdigen Nachfolger des alten Kunst-Reiseführers. Wer ihn benutzt, wird keinen zusätzlichen Museumsführer oder Ortsplan brauchen. Der gelbe Teil mit reisepraktischen Tipps wurde ausgeweitet.« *Die Zeit*

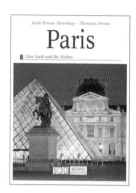

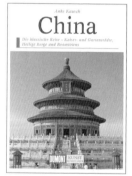

Weitere Informationen über die Titel der Reihe DUMONT Kunst-Reiseführer erhalten Sie bei Ihrem Buchhändler oder beim
DUMONT Buchverlag · Postfach 10 10 45 · 50450 Köln · www.dumontverlag.de

DUMONT
REISE-TASCHENBÜCHER

»Was den DUMONT-Leuten gelungen ist: Trotz der Kürze steckt in diesen Büchern genügend Würze. Immer wieder sind unerwartete Informationen zu finden, nicht trocken eingestreut, sondern lebhaft geschrieben... Diese Mischung aus journalistisch aufgearbeiteten Hintergrundinformationen, Erzählung und die ungewöhnlichen Blickwinkel, die nicht nur bei den Farb- und Schwarzweißfotos gewählt wurden – diese Mischung macht's. Eine sympathische Reiseführer-Reihe.«
Südwestfunk

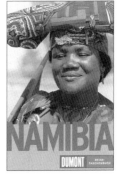

»Zur Konzeption der Reihe gehören zahlreiche, lebendig beschriebene Exkurse im allgemeinen landeskundlichen Teil wie im praktischen Reiseteil. Diese Exkurse vertiefen zentrale Themen und sollen so zu einem abgerundeten Verständnis des Reiselandes führen.« *Main Echo*

Weitere Informationen über die Titel der Reihe DUMONT Reise-Taschenbücher erhalten Sie bei Ihrem Buchhändler oder beim
DUMONT Buchverlag • Postfach 10 10 45 • 50450 Köln • www.dumontverlag.de

Titelbild: Feluke am Nil
Umschlaginnenklappe: In der Oase Siwa
Umschlagrückseite: Alltag in Kairo

Abb. S. 92/93: Kairo – Blick von der östlichen Nil-Corniche auf Feluken und die Stadtinsel Zamalek
Abb. 140/141: Alexandria – Fischer im Osthafen, im Hintergrund das Fort Kait Bey
Abb. S. 162/163: Siwa – Männer beim Umzug anlässlich des alljährlichen Oktoberfestes von Siwa
Abb. S. 230/231: Brücke in Ismailia
Abb. S. 242/243: Blick vom Mosesberg über den Sinai
Abb. S. 276/277: Einfahrt zum Antonius-Kloster

Über den Autor: Michel Rauch, geboren 1960, lebt in Kairo. Er arbeitet von dort aus als freier Nahost-Korrespondent für Zeitschriften und Fernsehen sowie als Autor für Buchverlage. Im DuMont Buchverlag erschienen von ihm »Richtig Reisen Israel und Palästina«, »Reise-Taschenbuch Sinai« und »EXTRA Ägypten«.
MichelRauch@yallacairo.com; www.yallacairo.com

Die Deutsche Bibliothek - CIP Einheitsaufnahme

Rauch, Michel:
Ägypten / Michel Rauch. - Köln : DuMont, 2001
(Richtig Reisen)
ISBN 3-7701-5840-7

© 2001 DuMont Buchverlag, Köln
Alle Rechte vorbehalten
Satz und Druck: Rasch, Bramsche
Buchbinderische Verarbeitung: Bramscher Buchbinder Betriebe

Printed in Germany   ISBN 3-7701-5840-7